高等院校经济管理类核心课程系列规划教材

国际市场营销学

INTERNATIONAL MARKETING

主　编　李文陆　副主编　王英辉

浙江大学出版社
ZHEJIANG UNIVERSITY PRESS

图书在版编目（CIP）数据

国际市场营销学／李文陆主编．—杭州：浙江大学出版社，2011.1（2013.2 重印）
ISBN 978-7-308-08283-9

Ⅰ．①国… Ⅱ．①李… Ⅲ．①国际市场—市场营销学—研究 Ⅳ．①F740.2

中国版本图书馆 CIP 数据核字（2010）第 259027 号

国际市场营销学
主　编　李文陆
副主编　王英辉

丛书策划　朱　玲　樊晓燕
责任编辑　朱　玲
文字编辑　李彩霞
装帧设计　联合视务
出版发行　浙江大学出版社
（杭州市天目山路 148 号　邮政编码 310007）
（网址：http://www.zjupress.com）
排　　版　杭州中大图文设计有限公司
印　　刷　德清县第二印刷厂
开　　本　787mm×1092mm　1/16
印　　张　16.25
字　　数　405 千
版 印 次　2011 年 1 月第 1 版　2013 年 2 月第 2 次印刷
书　　号　ISBN 978-7-308-08283-9
定　　价　29.00 元

浙江大学出版社发行部邮购电话　（0571）88925591

前 言

进入21世纪，世界经济形势发生了很大变化，中国企业与海外企业的往来日益频繁，中国已经由不重视营销工作变成了一个营销大国。同时，我们也必须意识到，企业面临的竞争越来越激烈，越来越具有国际性质。在这种形势下，无论是面向国内还是面向海外市场，无论是大型企业还是中小型企业，国际营销思维都不再是可有可无的问题，而是企业必备的素质。

基于以上的分析和认识，本书以现代经济发展为背景，以国际市场为导向，对国际营销的理论和实践问题进行了系统、深入的阐述。本书在编著时更加注重企业当前（或未来）中高层管理经营者对企业国际化的实际需要，将当前国际经营理论与现实的国际竞争形势整合分析论述，每章后结合该章内容以贴切的案例进行实证分析，加深读者对内容的理解。本书共分11章，包括国际营销的基本概念、国际营销环境分析和市场选择、国际营销调研和信息系统、国际营销战略、国际营销策略组合等内容。

本书在编写时始终强调培养国际营销者的技能、态度和能力的重要性，不仅借鉴、吸收和采纳了国际营销成熟的理论和观点，还选择了鲜活的案例，面向高等教育的需要进行编写。每章前面有学习目标，后有复习题和案例分析，使读者能够掌握重点，便于理解和复习。在编写过程中，我们广泛收集了国内外国际营销研究的最新成果，研究了国内外著名企业国际营销的成功案例，力求科学、系统地阐述国际营销的基本理论、基本知识和基本方法，重在培养学生的战略思维能力和实践创新能力。本书适用于高等学校国际市场营销学课程，也适合职业经理人的业余学习。

本书主编为石家庄铁道大学的李文陆博士，副主编为石家庄铁道大学的王英辉博士。参加编写的人员有：刘金方、郭跃显、赵丽琴、蒋秀兰、李占平、刘敬严、张萌、陶宇等。由于编著者水平有限，书中难免有错误和不足之处，敬请读者指正。

编 者

2010年9月

目 录

第一章　国际市场营销学导论

学习目标

1. 理解国际市场营销的基本含义；
2. 了解国际营销学的基本理论；
3. 明确企业进行国际营销的动因。

案例导入

法国雪铁龙在中国市场的尴尬

“雪铁龙”这一响亮的品牌曾被认为是最成功、最富诗意的本土化译名，然而，1997年试产的富康到2000年的年销量仅有5.2万辆，为产能的1/3。究其原因，主要还是富康车两厢的造型“惹的祸”。讲究面子的中国人在刚刚启动私车消费的时候，当然希望买一辆看上去更气派的三厢车，不少人当时为了“体面”放弃购买两厢的富康车，这使得富康损失了很大一块市场。最近几年，随着消费观念的转变，很多个人购车者开始青睐两厢车，可富康在众多靓丽的后起之秀的包围之中已经显露老态，其技术优势对市场的撼动力已不如当年。由于对目标市场的社会文化、消费心理与产品定位的结合不够到位，神龙富康没有能够在最佳的时机最大限度地赢得中国市场。

资料来源：新华网 http://news.xinhuanet.com/auto/2004-05/12/content_1464845.htm.

第一节　国际市场营销学概述

一、国际市场营销学的定义和特征

国际营销是一个统称，它泛指一切在两个或两个以上国家和地区之间进行的工商活动，包括商品的进出口贸易（国际贸易）、对外直接投资、技术授权、国际承包工程、管理合同、合作生产、国际劳务等。国际营销是超越国境的市场营销，是引导企业的商品和劳务提供给一个以上的国家消费者或用户，以满足其需求，实现企业赢利目标的商业行为。上述定义包括两大领域——生产领域和流通领域，一种手段——提供产品或服务，一个原则——满足国外顾客需求，一个目标——企业获得利润。因此，国际营销的实质就是企业通过为国外顾客提供满意的产品或服务从中获得合法利润的经济贸易活动。

国际营销的基本特征是：①超出国界进行的商业活动。②国际市场环境更加复杂，企业不可控的因素更多。③要满足国外消费者千差万别的需求。④达到企业战略目标。

二、国际市场营销与市场营销

国际营销主要引申自国内营销，两者的经营指导思想、营销的核心理论，以及营销的基本步骤和方法都是相同的，譬如营销观念、消费者行为、市场细分、目标市场选择、营销组合运用等原理和原则都是彼此适用的。但由于国际市场环境的复杂性和多变性，营销工作的艰巨性大大超过国内营销。

（一）营销环境不同

在国际市场营销环境和目标国家市场的营销环境中，各种主要社会力量可能造成企业的营销机会和构成的威胁比国内营销复杂得多。如在社会文化方面，世界各国人民的消费方式，期求满足需要和欲望的侧重点是以文化为基础的。各国的文化背景不同，风俗习惯、教育水平、语言文字、宗教信仰、价值观念、艺术和美学观念差异也很大，不同国家的人民，不同的文学、艺术和美学观念差异也很大，因此会对同一产品抱有不同的态度。这就直接影响产品的设计、产品被接受的程度、信息传递的方法、分销和推广的措施等。

（二）经营方式不同

企业从事国内营销通常是利用本国资源，在本国生产，并在国内市场上销售。国际营销一般是在国内营销的基础上发展起来，国内营销往往是国际营销的先导。在国际营销中由于资本、资源、技术、服务的广泛流动，生产一个产品可以是甲国的资源、乙国的资本、丙国的技术、丁国的劳动力，这种组合使得国际上各种要素的产品在国际营销中的比重日益增大。

（三）国际营销管理难度大

国际营销管理包括决策、计划、组织、控制，都比国内营销管理难度大。首先，国际营销环境的不可控因素较多，预测难度大，直接或间接影响决策、计划和调控的客观性；其次，由于跨国家、跨地区经营，各种不稳定因素增加，企业各种营销策略的协调困难加大，尤其全球营销中母公司与子公司或分支机构使实现公司全球范围战略目标的组织协调工作难度更大。

总之，国际营销是国内营销超越国界的延伸，这种超越国际的延伸大大增加了其复杂性、多样性。企业要想适应经济国际化的大趋势，参与国际市场营销活动并取得成效，就必须了解国际营销的原理、策略和方法，探索国际营销活动的规律性问题。

三、国际市场营销与国际贸易

国际营销与国际贸易存在许多区别。

（一）两者内涵不同

国际贸易是指世界各国之间的产品和服务的交换，由各国的对外贸易组成。国际营销则是指超越国界的市场营销活动，是国内市场营销在国际市场的延伸。

(二)两者隶属学科不同

国际营销学属于国际企业管理学的一个分支学科，而国际贸易学属于经济学的一个分支学科。

(三)两者研究的领域不同

国际营销学是微观经济学，进行国际营销活动的主体是企业；而国际贸易学是宏观经济学，进行国际贸易活动的主体为单个企业或国家。

(四)两者的外延不同

一般来讲，国际贸易仅是产品和服务的进口和出口；而国际营销除了包括低级形式的进口与出口外，更包括高级形式的国外生产。前者仅仅是货物或服务的跨越国境活动，而国际营销除了货物和服务的跨越国境之外，更重要的是决策和管理的跨越国境活动。

(五)两者的动机不同

国际贸易的动机是比较利益，而国际营销的主要动机是追求利润。

(六)两者的国际参与过程不同

国际营销是在企业进入国际市场以后，企业的市场营销活动，包括市场调查、产品开发、定价分销、广告宣传、促销及售后服务等各个环节。而国际贸易是在企业与外商建立贸易关系后，通过一系列的贸易流程而完成的国际交易。

美国经济学家费恩·特普斯特拉(Vern Terpstra)对此进行了比较，见表1-1。

表1-1　国际营销与国际贸易的比较

内　容	国际贸易	国际营销
1.行为主体	国家	公司或企业
2.产品是否跨越国界	是	不一定
3.动机	比较利益	利润动机
4.信息来源	国际收支表	公司账户
5.市场活动		
购销	是	是
仓储、运输	是	是
定价	是	是
市场研究	一般没有	有
产品开发	一般没有	有
促销	一般没有	有
渠道管理	没有	有

资料来源：Vern Terpstra. *International Marketing*, 4th ed. Illinois: The Drydern Press, 1987(4).

四、国际营销的主要理论基础

第二次世界大战以后，跨国公司、国际企业的大量营销实践为国际营销学的形成奠定了基础。

（一）市场营销相关理论

1. 市场营销组合理论

产生于20世纪50年代的传统营销组合理论，作为经典理论奠定了现代营销学的基础。营销组合理论把影响企业营销活动的决定性因素划分为企业可控因素与不可控因素两大类。营销可控因素主要包括产品（Product）、分销渠道（Place）、促销（Promotion）、价格（Price）。市场营销组合理论主张把企业可控的这四个基本市场因素进行有机组合（合并简称为4P's），使之成为一个有机整体，以适应千变万化的外界环境，并全面影响消费者。市场营销活动的影响因素见图1-1。

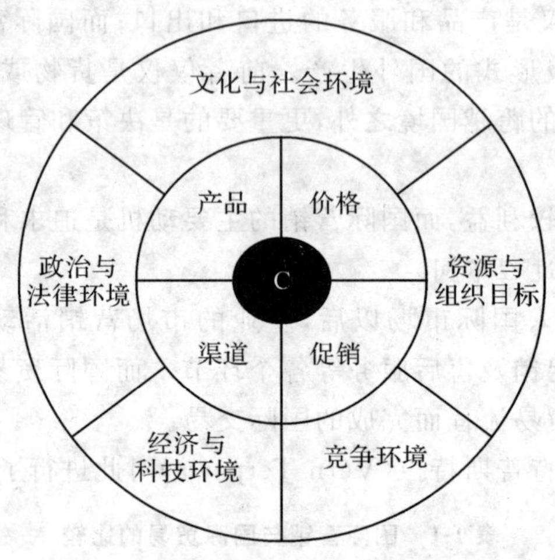

图1-1　市场营销活动的影响因素

2. 大市场营销理论

壁垒很高的市场可称为封闭型或保护型市场。除了市场营销组合的4P以外，企业为了成功地进入这种特定市场，并从事业务经营，在策略上还必须协调运用经济的、心理的、政治的和公共关系的手段，以博得外国或地方的各有关方面（利益集团）的合作与支持，从而达到预期的目的。这就是美国西北大学教授菲利普·科特勒所说的"大市场营销"。

（二）国别优势

1. 比较优势理论

比较优势（comparative advantage）原理证明了国际贸易存在的基本合理性。只要两个国家具有不同的资源优势，两国间的自由贸易就可以给双方带来利益，增进两国的福利，即使一国在所有产品的生产上相对于另一国都具有绝对优势（absolute advantage）也没有关系。

在国际贸易领域，比较优势理论是解释国际贸易存在和贸易利益的主导理论，从亚当·斯密的绝对优势理论到大卫·李嘉图的比较优势理论，再到赫克歇尔—俄林的要素禀赋理论，比较优势理论形成了完整的体系。

2. 国际产品生命周期理论

国际产品生命周期理论更进一步解释了国别优势转移的内在机理。1966年美国哈佛大学教授雷蒙德·弗农（Raymond Vernon）从国际产品生命周期中总结出国际贸易的经验模式。他认为，在发明创新上占有优势的国家或厂商，可以在新产品创新后一段时间内，在贸易中占有优势,并成为这种产品的出口国。但新产品进入国际市场的若干时间后,会被仿制。由于模仿国具有廉价的劳动力要素以及相对丰富的资源,贸易的比较利益就会从创新国转移到模仿国,创新国的优势消失,并由出口国变为进口国。国际产品生命周期理论很好地解释了美国新产品制造业经过一段时间后转移到国外进行生产的原因,以及在这一过程中贸易模式所受到的影响。

3. 国家竞争优势理论

对比较优势理论进行扩展的过程中,波特教授(Michael E. Porter)在《国家竞争优势》一书中提出了"钻石模型"(diamond of national advantage),该理论认为一国比较优势或劣势由四个因素构成:要素状况,需求状况,相关产业和辅助产业,企业战略、结构和竞争。

钻石模型是一种动态化的理论,描述了一国是如何在一段时间内在某一产业中建立和形成自己的竞争优势。依赖低成本要素优势(如廉价的劳动力)的企业能够促进一国早期的经济增长,但其他国家迟早会出现更低的要素成本。为了使经济持续增长,需要通过改善和提高该产业的机械设备和技术水平以扩大该国的竞争优势。但是,对于一国来说,如果要保持其竞争优势,也必须对相关产业和辅助产业的设备和技术进行更新,同时,国内顾客对产品的要求也会不断提高,他们希望得到最好的产品。

第二节　国际市场营销学的研究对象、内容及方法

一、企业进行国际市场营销的动因

前已述及,国际市场要比国内市场复杂得多,从事国际营销也比从事国内营销困难得多。那么,企业为什么还要进入国际市场开展国际营销呢?

当今的世界经济,是以各国的相互依赖为主要特征的。巴西的一场干旱及其对咖啡生产的影响可能会改变世界市场上的咖啡价格。伊拉克入侵科威特引发了海湾战争,并进而影响了世界各国的石油价格、股票价格,甚至房地产价格。2002 年底在美国西海岸码头发生的长达几周的罢工,不仅影响了美国与其他国家正常国际贸易的进行,而且影响了许多产品在美国市场上及相关国家市场上的价格。现在许多品牌的汽车都不是完全在一个国家生产的,而往往是在甲国生产部件,在乙国组装,在各国销售,仅在十几年前这种现象还是极少见到的,现在则是普遍现象。互联网的广泛使用,更拉近了各国之间的距离。

总之,由于近几十年来各国的科技进步、通讯事业的发展,以及交通运输设施的改进,世界贸易和投资得以迅速发展。这种情况下,本国市场再也不是专供本国企业销售的场所,而是充斥着外国的产品。以美国市场为例,85%的望远镜、70%的计算器、50%的收音机和摩托车以及 30%的电视机都是日本货。面临这种竞争,美国企业为了求得生存和发展,必须发现新的市场机会。越来越多的企业发现,国外市场上的投资收益率要远远高于国内。有的企业在国外的业务成了公司的主要收入来源。表 1-2 显示了国际营销对美国一些大企业的重要性。

表 1-2 一些美国公司的国际营销业务所占比重 （单位：%）

公司名称	净利润比重	销售收入比重	资产比重
雅芳(Avon)	65	65	59
美国无线电(Cable & Wireless)	83	70	64
德州仪器(Texas Instrument)	93	61	44
可口可乐(Coca Cola)	77	67	60
高露洁棕榄(Colgate-Palmolive)	78	76	64
陶氏化工(Dow Chemical)	61	56	58
吉列(Gillette)	64	63	63
固特异(Goodyear)	77	47	49
麦当劳(McDonald's)	58	58	56
惠普(Hewlett-Packard)	53	56	53
国际商用机器(IBM)	66	61	51
史克必成(Smithkline Beecham)	94	78	73
强生(Johnson & Johnson)	50	49	41
施乐(Xerox)	61	50	54

资料来源：Subhash C. Jain. *International Marketing*, 6th ed. South-western, a division of Thomson Learning, 2001:17.

对于发展中国家来说，全面地开展国际营销活动，也是企业避开各种形式的贸易保护主义、扩大产品和劳务的国际销售、学习和掌握外国先进技术和管理方法，从而获得更大利润、取得竞争优势的一种有效途径。因此，近年来不仅发达国家的企业营销活动逐渐趋于国际化，而且发展中国家和地区的国际营销活动也有很大发展。自我国实行对外开放政策以来，进口贸易有了长足进展，而且更引人注目的是，我国的企业正在逐步向国际化迈进。各种非贸易形式的国际营销活动正在迅速发展。据商业部统计，截至 2001 年底，中国累计批准境外投资企业共 6601 家，中方协议投资总金额达 83.6 亿美元。经过批准的境外投资企业大多为国有企业。如果加上未经政府批准的投资，我国在海外投资的总规模要比上面的数字大得多。应该说，我国对外经济贸易形式正在由较为单一的对外贸易向较为广义的国际企业(international business)转变；正在由经常以商品进出口业务为依归的管理观念和组织机构向多元化、国际化转变。可以预见，中国企业的国际营销活动在近年内必将有一个较大的发展。

归纳起来，从企业角度来看，从事国际营销至少有以下几条重要原因：

(1)产品在本国已处于生命周期的衰退期，但在其他某些国家却正处于介绍期或增长期。随着产品进入新市场，相当于延长了产品生命周期。例如，20 世纪 70 年代末，黑白电视机在日本已进入衰退期，在中国则处于成长期。这时日本电视机厂商借中国政府刚刚放松对家电产品的进口限制之际，将其行将淘汰的黑白电视机大举出口到中国这个庞大的市场上，使黑白电视机的生命周期延长了许多年。

(2)在国外市场上往往可以获得更高的利润。即使利润率不高，也有可能增加总销售额和总利润额。

(3)扩大销售量,实现规模经济效益,使得单位成本下降,研究与开发费用也可以在更大的营业额基础上分摊。

(4)在某些场合,国外市场上竞争的激烈程度低于国内市场。在这种情况下,企业到国际市场上另辟蹊径,反而可以得到生存与发展。美国市场是世界上最大的市场,因此很多企业把其主要营销业务都集中在美国国内,不愿到复杂的国际市场上去冒风险。然而近年来,美国市场上充斥着外国产品。例如,1999 年美国最畅销汽车前三位都是外国品牌:第一是丰田佳美,第二是本田雅阁,第三是大众帕萨特。许多产品在美国市场上竞争的激烈程度远远高于国际市场。迫于国内竞争的压力,不少美国企业不得不到国际市场上去寻求新的营销机会。近年来中国市场上也出现了类似的情况。许多行业都出现了产品供过于求、竞争异常激烈的状况。从电视机、洗衣机、空调等家用电器,到服装、鞋类、食品、饮料等几乎所有行业,价格战此起彼伏,企业毛利率一降再降。这种局面迫使许多国内企业到国际市场上去寻求生存和发展。

(5)地区多样化(即国际营销)往往比产品系列多样化更优越。最典型的例子是美国的里格利公司(Wrigley)。该公司只有口香糖一个产品系列,但公司的地区多样化政策使口香糖的生产和营销业务遍布世界各主要地区,从而使该公司一直保持在美国《财富》杂志的 500 家大公司之列。

(6)国外市场潜量巨大。市场是由人口和购买力等因素构成的,任何一个国家的国内市场都要远远小于世界市场。美国是世界上最大的市场,然而 95%的人口和 75%的购买力是在美国以外。其他任何一个国家的市场规模与整个世界市场相比,更是微不足道。因此愈来愈多的企业把希望和未来寄托在国际市场上。

(7)对于大多数发展中国家和社会主义国家的企业来说,进入国际市场的一个重要原因,就是取得国内短缺的外汇,用外汇进口生产急需而国内没有供应的物资、技术和设备,以便进一步发展生产力,提高竞争能力。

(8)与出口相比,国际营销是一个含义更广的概念,因为它还包括国外的投资和生产制造活动。因此,较之出口贸易而言,国际营销还具备以下几项特殊优点:

①可以避开关税、配额等贸易壁垒。目前国际贸易中保护主义仍然是很严重的,我国许多产品的出口都因进口国的关税、配额等贸易壁垒而受到限制。然而,如果将生产移至市场国,就可以避开重重限制。此外,还可将生产移至无贸易限制的第三国进行,并以该国作跳板,将产品销往目标市场。例如,我国棉纺织品出口受到欧美等国的配额限制,而发达国家对那些同类产品生产比较落后的国家,往往无配额限制。因此,在某些发展中国家设厂生产,并将产品出口到发达国家,成为我国纺织品行业中不少企业绕过贸易壁垒、扩大出口的重要手段。彩电行业也有类似的现象:按照 WTO 的规定,中国向东盟国家出口彩电的税率为 15%,但如果从越南生产出口,由于有东盟国家内部的互惠条款,税率仅为 5%,到 2006 年,东盟国家内部将实现零关税。因此,TCL 用了多年时间煞费苦心强攻越南市场,收购当地工厂,进行当地生产,其目标不仅仅是越南市场,更重要的是以越南为跳板,走向整个东盟市场。

②充分利用国外的资金、技术和管理经验。通过以合资、独资等形式到国外生产,可以利用国外的资金,学习和掌握国外合营者或同类企业的先进技术和管理经验。

③充分利用国外的资金、技术和管理经验。在某些情况下，到国外投资或生产可以使企业充分利用国外的劳动力资源和廉价的原材料，进一步降低成本，提高竞争力。

④更接近市场，可以更直接地获得信息。通过到国外设厂生产，使企业更接近市场，更直接、更及时地掌握需求动态及竞争状况，从而使产品更加适销对路，使竞争策略针对性更强。

⑤可以享受外国政府的优惠待遇。许多国家限制进口，但鼓励外资的投入，并相应地规定了一些鼓励外来投资的优惠条件。企业到国外进行直接投资，可以享受到这些优惠待遇。

综上所述，企业从事国际营销，可以得到多种利益。正由于这些原因，近年来世界各国的企业都在积极地寻求世界市场，利用世界资源，美国库珀斯一莱布兰公司战略管理部门主任格雷迪·米恩斯甚至说："今后十年几乎任何公司如果要取得成功，就必须参加世界市场的竞争。"这种强调尽管有些过分，但足见美国企业进军国际市场的强烈欲望和决心。对我国企业来说，尽管从事国际营销也可以得到上述诸多利益，但并不是所有的企业都应立即到国际市场上去全面地开展营销活动。对于许多不具备条件的企业来说，盲目地进入国际市场必然会蒙受损失。因此，企业在决定是否应进入国际市场时，既应看到国际市场上的机会，又应考虑本企业是否已具备管理、资金、人员以及其他方面所必需的资源。也就是说，只有在国际市场上具有很好的机会，而且本公司也拥有必需的资源来利用这种机会时，企业才能作出进入国际市场的决策。

二、国际市场营销学的研究对象

国际营销学通常是从微观角度着手探求一个企业如何运用科学的经营管理手段，增强竞争能力，打入国际市场。其主要内容是企业从事国际营销的基础理论研究，国际营销环境、机会、战略、策略、方法、措施以及国际营销管理。其研究对象是微观的、发生在不同国家之间的国际市场营销，而且主要着眼于企业的出口营销活动。

三、国际市场营销学的研究内容

国际市场营销学的研究任务和内容，就是在全面考虑营销环境不可控因素的基础上，确定营销目标，规划国际市场进入和发展战略，制订国际市场营销策略，并有效地组织实现和检查控制。这里，企业的可控因素通常包括产品、价格、促销和分销渠道，而不可控因素包括政府、经济、竞争等。

国际营销是一种跨越国界的市场营销活动，那么，对于一个准备涉足国际市场或进一步拓展现有海外市场的企业来说，应该如何进行国际营销管理呢？一般来讲，国际营销管理过程包括四个基本步骤：①分析国际营销机会；②选择和进入国际市场；③确定国际营销组合；④组织与控制国际营销活动。

（一）分析国际市场机会

从逻辑上讲，企业只有在具备现实的和潜在的海外市场机会时，才有开展国际营销的可能和基础。当然，国际营销机会不是现成的，需要对国际营销环境进行深入的分析。

企业的营销活动从国内扩展到海外，其关键的变化在于相对不可控的外部营销环境发生了变化，即由一元的、单面的环境变成了多元的、多面的环境。正是由于营销环境的这种变化，才导致了国际营销的策略和技巧得以适应性地发展、延伸和复杂化。国际营销环境分析主要包括经济环境、政治环境、法律环境、文化环境、地理环境、技术环境在内的与企业的国际营销活动有关的各个因素。对这些因素的分析、研究、评估和比较是制订国际营销战略和对策的基础。

在国际营销战略分析过程中，企业营销人员必须深入地开展国际营销调研活动，全面地了解目标市场环境、市场需求及其动态、消费者行为、分销渠道和竞争者的情况等。虽然，国际营销调研的工具和方法与国内营销调研基本相同，但是它们的应用环境却差异很大，这正是其复杂性和困难性所在。

（二）选择和进入国际市场

经过上一阶段的分析和评估，寻找到符合企业目标和资源的海外营销机会后，摆在营销人员面前的新任务就是如何将这些机会变成现实，即考虑选择哪些海外市场及如何进入被挑选的目标市场。

如同国内营销一样，任何一个企业均不可能满足市场上所有消费者和用户的所有需求。因此，企业不可能盲目地进入国际市场，而应该有效地运用市场细分的方法对国际市场进行科学的分析，并从中选出对本企业最适合的海外目标市场。在确定目标市场的同时，企业必须考虑以什么方式进入所选定的国际市场。可供选择的进入方式很多，依据进入的程度分为三个层次，即以出口方式进入（间接出口、直接出口），契约方式进入（许可经营和其他契约合作形式）和投资方式进入（新建或收购）。企业应根据目标市场的营销环境、自身的资源条件、进入成本、预期收益和风险等因素进行综合评估和选择。

（三）确定国际营销组合

在选择了目标市场和进入方式之后，企业需要进一步确定营销组合策略。国际营销组合策略通常分为四个策略子系统，即产品策略、价格策略、渠道策略和促销策略。对企业来说国际营销组合策略是企业的“可控因素”，企业在目标市场上的竞争地位和经营特色正是通过营销组合策略的运用体现出来的。国际营销者的根本任务就是恰当地安排营销组合，使之与作为“不可控因素”的国际营销环境相匹配，这是企业国际营销活动能否成功的关键。

（四）国际营销活动的组织与控制

一个成功地进行国际营销的企业都有一个与之相适应的组织结构和控制系统。为此，企业应通过建立健全国际营销组织，合理地调配人力及各种资源，有效地实施既定的营销方案；还要建立相应的指挥系统和控制系统，对营销计划的执行情况进行经常性的监督、协调和控制，以确保国际营销目标的实现。

【知识链接】

日本电视机打入中国的4P营销组合

20世纪70年代末，日本家电厂商认真地从人口、购买力和购买动机等方面分析中国市场，认为中国家电市场的潜力是巨大的，关键是如何制订出有效的营销组合策略。接着，他们在一些“中国通”的参谋下，制订了一套打入中国市场的4P营销组合策略，见表1-3。

表 1-3 日本电视机打入中国市场的 4P 营销组合

4P	内容
产品	1. 电压从 110 伏改为 220 伏 2. 针对中国电压不稳状况，电视机要有稳压装置 3. 针对中国频道和制式 4. 适应中国消费习惯：耗电量低、增大音量 5. 以 12 英寸为主，提供保修服务
价格	考虑当时尚无其他外国品牌竞争，决定价格稍高于中国产品
促销	1. 在中国香港电视及《大公报》、《文汇报》等媒体中刊登广告 2. 在中国内地大做广告 3. 提供日本电视剧
分销	1. 由港澳国货公司代理、经销港澳交款、内地取货 2. 由归国探亲人员及港澳同胞带入 3. 直接发货到中国内地各大城市

资料来源：根据 http://hi.baidu.com/pmktwt/blog/item/c71c5ad1a37fb83b9a502734.html 改编。

四、国际市场营销学的研究方法

国际营销学的研究方法可以分为两大类：其一，理论研究；其二，应用研究。应用研究又具体包括：动机研究、市场分析、销售分析、产品研究、广告研究、工业市场研究等。

（一）动机研究

动机研究是指应用社会科学的技巧，发掘、评估市场上某种营销行为的推动力，包括对消费者的态度和思想进行深入分析，以发现消费者购买某一特定产品或特殊品牌的潜意识。动机研究可以采用试验方法、深度访谈等技巧。

（二）市场分析

市场分析即对影响消费需要的各种不同因素的调查分析，如总需求、相对需求、重置需求、市场饱和点及消费率的调查和分析。通过市场分析，根据市场和销售潜量、销售配额来确定某市场对某一特定商品的吸收量。销售指数是市场分析的基本工具，它反映每一销售区域市场的潜在需求量，可用直接资料法、必然结果资料法、任意因素法、复相关等方法编制而成。

（三）销售分析

销售分析是指通过对销售记录的评价、市场和消费者研究，以便销售部门获得有效的方案。它包括：销售路线的分析、产品及营销活动领域的销售行为分析、市场占有率的测量、产品及销售人员的利润分析，对顾客和分配者及销售人员销售倾向的确定等。

（四）产品研究

产品研究是指通过对消费者使用产品、购买产品的习惯和对产品设计的偏好等的研究，使产品本身和包装能满足消费者的需求，并且帮助生产者决定提供怎样的产品给市场。

（五）广告研究

广告研究是指为帮助企业完成广告的特定目标，以影响未来顾客的心理和活动的广告计划、广告的制作和播放以及评价广告效率的方法研究、创作研究、广告效率研究等。它可以采用意见试验、认知及会议等方法，测定广告的效果。

（六）工业市场研究

工业市场研究是指对工业市场购买的购买习惯和市场情况的研究，工业品的销售方法和分配渠道的研究、工业品供应和生产周期的研究等。

复习思考

1. 国际营销与国内营销和国际贸易有何联系与区别？
2. 阐述国际营销学理论对企业从事国际营销的启示。
3. 企业为什么要从事国际营销活动？
4. 国际营销学研究的主要内容是什么？采用的主要方法呢？
5. “无论是在德克萨斯州的 Dime Box 还是在坦桑尼亚的达累斯萨拉姆，营销者的任务是一样的。”试讨论之。

案例分析

全球计算机产业

计算机产业虽然只有 40 多年的历史，但在全球经济中的重要地位已不容置疑。1990 年，计算机产业的总销售额达到 3000 多亿美元，是信息技术部门中的最大产业。在世界信息技术部门收入的 6600 亿美元中，电子数据处理设备的收入占 50%。在计算机对世界经济产生日益显著影响的同时，其产业内部也在发生变化。新企业不断进入，美国企业始终占据支配地位。在激烈的竞争中，许多美国企业变成了真正的跨国公司。

一、产业特征

1. 规模与范围

计算机硬件产业由制造、销售和数据处理设备的维修构成。它与半导体和电信设备产业密切相关。虽然亚洲和欧洲的计算机市场需求增长很快，美国仍是最大市场。这个产业中最大的 100 家企业在全球范围的员工总数达 200 万人，其中美国有 120 万人，亚洲有 27 万人，其余在欧洲。

计算机市场可以从不同角度细分。外围设备（如磁盘、驱动器和打印机）可以与中心处理器分开，两者又可以依据规格或成本进行细分。1988 年，主机系统和个人计算机的销售各占销售总额的 22%，但个人计算机销售的增长速度要比主机系统快 2～4 倍。自 1982 年以来，小型计算机市场（约占全部市场的 14%）逐渐被个人计算机和主机系统所挤占。

2. IBM 及计算机产业的早期发展

尽管对电子数字计算机的研究早在 20 世纪 40 年代就开始了，只是在第二次世界大战之后计算机才真正进入商品化轨道。在整个 60 年代，以 IBM 为主的美国公司开发出一代比一代复杂的机器，并占据了世界每一个市场。到 1971 年，IBM 拥有世界市场份额的 62%，其他美国公司占市场份额的 30%，欧洲和日本产品分别占市场份额的

4.1%和3.4%。

IBM虽然有许多鼓励创新的政策，但在50年代分析家们认为IBM是一家技术保守的公司，其竞争对手定期公布新技术。当时，IBM生产6种互不兼容的计算机。为一种计算机编写的程序不能用在另一种计算机上，而软件费用占新机器开发成本的40%。

为了解决这类问题，IBM在1964年推出了360线系统计算机，把所有计算需求综合为一体。这种计算机是最早的多目标兼容计算机，它的设计和生产成本如此之高，以致于《财富》杂志把它称做"IBM的五亿美元赌注"。在经历了启动阶段的困难后，IBM在市场份额和利润上获得回报。1970年，IBM计算机占有美国市场的70%，远远领先于竞争对手通用电器和RCA。为了赶上IBM，世界上许多国家的企业和政府部门纷纷制订计算机开发计划。

3.技术变化与标准

技术变化引起计算机成本降低和外形缩小，引发了计算机产业的快速增长。70年代后期，计算机生产中开始普遍采用标准化的半导体原件。与传统电子管相比，半导体原件体积小、稳定性高、运算速度快、成本低，由此引起的计算机体积缩小，在市场上产生新的需求，并对大型计算机销售构成威胁，到80年代，个人计算机和工作站开始替代小型机。

大型计算机时代是专门运行系统盛行的时代。最初，IBM与其他制造商把运行系统软件与硬件捆在一起卖。随着美国司法部施加的压力不断增加，1969年之后，IBM把硬件和软件分开出售，这为其他企业生产和销售IHM兼容机打开了方便之门。尽管如此，IBM仍占有市场支配地位。

小型计算机行业也采用了专门运行系统。80年代的微机革命使得硬件和软件生产商能够生产和销售相互兼容的产品。操作系统的生产商，如微软(开发的操作系统MS-DOS)和AT&T(开发的操作系统是UNIX)允许其他企业生产兼容产品。除苹果机外，个人计算机的硬件标准也放开。计算机软件和硬件标准的放开，导致这个行业不断地创新、大幅度削价和产品寿命周期的缩短。

4.生产、营销及研究与开发

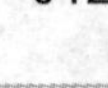

计算机产业的获利能力在不同细分市场和不同时期不尽相同。与大型计算机相比，个人计算机的销售成本较高，但经销费用较低。在计算机的主要生产企业中，年均有1/3的员工从事生产，1/4的员工从事销售，1/10的员工从事研究，1/5的员工从事维修。劳动力成本对企业竞争实力的影响不很重要。在个人计算机的总可变成本中，劳动力成本所占比重不到5%，而元器件(如半导体、印刷电路板、磁盘驱动器)的成本占了75%。

直到70年代末，IBM的计算机业务以租赁为主。这种方式有利于减少经销费用和计算机更新换代，但却使用户不得不依赖于IBM提供的服务和支持。进入80年代，这种情况有了很大改变，包括IBM在内的计算机生产商开始通过零售商或邮购方式销售产品。

除生产和经销成本外，研究与开发是决定计算机生产商竞争实力的一个重要因素。主要企业在研究与开发上的费用支出几乎占年收入的10%，另外还支出10%用于新厂房建设和设备购置。显然，大型机和个人计算机是计算机产品系列中两类完全不同的产品。开发一种新的大型机产品需耗时5年左右，成本高达5亿美元。个人计算机开发所需时间和费用要少得多。

二、国际市场

1. 早期贸易形式

自20世纪60年代初起，美国就是计算机产品的最大出口国。美国公司的海外生产也增长迅速，欧洲和日本的主要市场需求很快由当地生产来满足。1960年，IBM公司的经营范围已扩大到87个国家，在海外有19个生产厂，员工达30000人。到1972年，IBM的跨国经管活动已波及126个国家，海外生产企业有22个，雇用员工115000人。1967—1972年，IBM的国际贸易收入平均每年增长22%，占公司总收入的44%。

IBM在60年代和70年代初期的跨国经营模式体现了它的国际生产战略。从60年代中期起，IBM追求的跨国经管目标是平衡贸易。因此，海外销售的增长在很大程度上依靠当地生产而不是出口。这一时期，IBM在联邦德国、意大利和法国的市场份额达75%，在英国所占市场份额是50%，在日本则占有40%的市场份额。

2. 竞争优势的转移

总体上看，1990年数据处理设备和零部件国际贸易总额达700亿美元，占消费总额的1/4。进口额和出口额在消费总额中所占比重在不同地区和不同时期是不同的（见表1-4）。

在20世纪70年代后期和80年代，美国的进口和亚洲的出口呈现出强劲增长势头，而欧洲则更多依赖进口。在计算机国际贸易的这种趋势变动中，日本和一些新兴工业化国家发展很快，成为计算机的成功出口国。同时，美国在世界计算机行业的地位不断下降，由70年代的支配地位变为与日本平分秋色。欧洲作为计算机生产基地，也呈下降趋势，但幅度不大。

竞争优势的转移并不能完全归因于要素成本。首先，工资在计算机生产成本中只占很小比重；其次，美国、欧洲和日本在电子行业中的工资差异到1990年已完全消失。只有亚洲新兴工业化国家（或地区）的成功可以在很大程度上归因于劳动力成本。多数大型计算机企业均在亚洲设立制造工厂，专门从事劳动密集型的元器件生产。1990年，我国台湾地区的计算机产品出口额达52亿美元，仅次于日本，居亚洲第二。

表1-4 计算机及其部件的消费和国际贸易 （单位：10亿美元）

						年增长率%	国际贸易占消费比重%				
年度	1978	1981	1984	1987	1990	1978—1990	1978	1981	1984	1987	1990
进口											
美国	0.9	1.8	8.1	15.3	23.4	31	5	5	12	19	24
亚洲	0.8	1.7	3.2	5.2	12.2	25	15	19	17	12	17
欧洲	3.1	6.0	10.2	18.8	27.8	20	33	44	33	30	31
合计	4.8	9.5	21.4	39.3	63.4	24	15	17	18	21	24

续表

年度	1978	1981	1984	1987	1990	年增长率% 1978—1990	国际贸易占消费比重% 1978	1981	1984	1987	1990
出口											
美国	4.4	9.0	14.0	18.8	25.9	16	26	26	21	23	26
亚洲	0.8	2.0	8.5	18.9	33.3	36	16	22	44	42	47
欧洲	1.8	2.9	4.9	9.3	11.8	17	20	21	16	15	13
合计	7.1	13.9	27.5	47.0	71.0	21	22	24	24	25	27
消费											
美国	17.1	35.0	65.8	82.1	97.8	16					
亚洲	5.4	8.7	19.2	44.7	71.4	24					
欧洲	9.3	13.7	31.2	61.7	89.7	21					
合计	31.8	57.4	116.2	188.5	258.9	19					

亚洲计算机生产与出口的快速增长也与其他因素有关。在日本,对计算机需求的数量与品位不断提高,许多前沿性技术普及很快。与计算机相关行业,如半导体、电子消费品、办公室打印与复印设备,也发展迅速。政府和企业在研究与开发领域投资很大。亚洲新兴工业化国家(或地区)竞争优势的提高却起因于不同条件。在这些国家(或地区)中,市场需求不大,技术通常借助许可证贸易或吸引外商直接投资获得,但是相关行业的发展对计算机行业发展起了重要促进作用。在电子消费品生产中积累的技能可以直接用在计算机产品的装配中。虽然这些国家(或地区)在商品化半导体元件生产中大量投资,但计算机的关键部件(如微处理器)仍依赖美国和日本。

3.对外投资与国际战略

世界计算机市场贸易格局的变化在很大程度上归因于企业的跨国经营战略。从日本企业的观点看,美国是一个比欧洲更大、更容易进入的市场。欧洲传统上不欢迎日本的产品,而且没有形成统一市场。美国市场有更成熟的需求、更先进的技术,是计算机行业占支配地位企业的母国。

对美国企业来说,欧洲和拉丁美洲传统上是出口和对外投资的目标地区。日本市场比较排斥美国企业。IBM靠在日本当地生产才站稳脚跟。结果,1990年美国计算机企业的销售总额中,在欧洲的销售占32%,在亚洲的销售仅占11%。不是所有美国企业都采用这种对外投资战略,一些没有采用这种战略的企业往往在海外市场难以获得成功。例如,通用电器公司在国际计算机市场的进入战略上,倾向于出口和技术许可贸易,从未进行过大量的海外直接投资,因此在70年代不得不退出计算机市场。

对外直接投资在占领海外市场中的作用可以用下列公式估算:

总消费额一国内企业在当地市场销售额一外国企业的进口额=外国企业在当地的生产额

运用这个公式得出的结果是:外国企业的当地生产占美国消费的6%,占亚洲消费的21%,占欧洲消费的48%。在日本和欧洲,外国企业的当地生产是进口的2倍。

三、政府政策

除经济和技术因素外，各国政府政策也是影响世界计算机产业发展的一个重要因素。美国计算机企业的大量对外投资，一个主要动因是东道国政府吸引外资的优惠政策。不同国家政府也制定各种政策规范跨国公司的生产经管活动，这类政策会对跨国公司的竞争实力产生不利影响。例如，IBM以降低全球性生产经管活动的效率为代价增加在日本和欧洲一些国家的当地生产，以适应这些国家的有关政策。东道国政府也经常支持本国企业抵制外国竞争对手。尽管美国、欧洲和日本对计算机产业的发展都具有举足轻重影响，它们制定的有关政策却不尽相同。

1. 美国的国防开支与反托拉斯

在20世纪60年代，美国计算机行业的多数设计上的创新和零部件技术开发是由政府资助的。从50年代到80年代，军队资助了许多早期、试验性计算机开发，以及前沿性研究。1967—1975年，国防部每年在数学和计算机科学研究上的经费支出平均为2.8亿美元。这个数字在1975—1986年上升到3.8亿美元。70年代和80年代，政府用于数学和计算机研究的预算中，有40%拨给了大学。这是对计算机行业发展的另一重要资助。而且，政府部门是计算机产品的最大客户。即使到了80年代，计算机产品的民用市场也很大，联邦政府仍购买约50%的美国生产的大型计算机。

美国政府的政策对计算机国内市场的竞争也有很大影响。司法部对IBM提出的三次反托拉斯诉讼，对促进计算机产业发展的意义是深远的。政府干预限制了IBM对计算机市场的垄断，促进了技术扩散。

2. 日本的产业政策

日本在20世纪30年代就开始了对计算机的研究，但是直到1957年，计算机产业的发展并没有得到政府支持。在此后25年中，政府对技术合作、研究与开发、国内需求的资助，使日本计算机企业受益匪浅。

日本政府在信息技术产业的最初目标是IBM日本子公司。50年代末，IBM获得在日本生产计算机的许可，但业务活动却受到限制。日本政府规定了IBM在日本生产的产品类型、数量和市场份额，并要求出口1/3的产品，在60年代，日本政府对计算机进口征收15%到25%的关税，规定进口限额，并通过日本电子计算机公司(JECC)鼓励国内需求。这家专营计算机租赁业务的公司借助政府资助和低息贷款以低收费向顾客租赁计算机。

在60年代，即使借助政府支持，日本企业仍依赖美国公司的技术。当IBM推出360系列产品时，日本计算机无论在质量、价格还是技术上都远远落后。于是，日本政府把360系列产品在日本的生产推迟到1966年，并严格限制产量。1970年，IBM推出的370系统产品对日本企业是一个沉重打击。由于多数美国合作伙伴已退出计算机行业，日本企业陷入困境。为了促使日本计算机行业快速发展起来，日本政府组织了三个联合研究项目，并给予大力资助。1961—1969年，日本政府对计算机产业的各种资助平均每年达6000万美元；1970—1975年，增加到3.1亿美元；1976—1981年间，进一步增加到6.35亿美元。

到1975年日本市场放宽限制时，日本企业已占有相当大的国内市场份额，开始进入国际市场竞争。IBM首先认识到在未来全球市场竞争中日本企业将会起到的作用。

在80年代，日本政府对计算机产业的影响仍很显著，但其作用在逐渐削弱；日本市场开放，以及日本企业的经济实力和市场地位的明显加强，使得对产业发展的支配力由政府转向企业。政府则把目标转向支持企业开发先进半导体技术和超级计算机，促使日本企业摆脱对外国技术和软件标准的依赖。

3. 欧洲的技术合作

早在60年代，欧洲国家政府就致力于缩小在信息技术上与先进国家水平的差距。它们大力资助研究与开发活动，鼓励企业扩大生产以便在国内市场中获得规模经济效益。这些企业从政府部门收到订货单，以及各种各样的补助。由于每个国家政府只支持本国企业，没有一家企业能够达到很大经济规模，从而在整个欧洲地区建立强有力的市场支配地位。一些著名欧洲公司如德国的西门子公司、英国的ICL、法国的Bull和意大利的Olivem，都只在本国占有市场支配地位。而且，欧洲市场通常对外国的投资和贸易开放，使得美国公司在许多国家的市场占据了重要位置。

1967—1975年，法国、德国和英国政府资助计算机和微电子研究计划的经费从平均每年1.84亿美元增加到3.56亿美元。尽管欧洲国家在钢铁、航空和航天研究计划中有长期合作的历史，但在80年代以前，这些国家政府从未在信息技术的研究上合作过。这期间欧洲国家的合作多发生在私人部门。1982年，欧共体制订了“欧洲信息技术战略计划”。这是一项为期10年、耗资几十美元的计划，目的是促进国家之间的研究与开发。研究的成果只能应用于欧洲地区。外国公司设在欧洲的子公司可以参加这项计划，但受到一定程度限制。到1986年，这项计划资助了200个项目，包括240个合伙人和2900位研究人员，共耗费资金13亿美元，其中50%出自欧共体。

另一项合作研究计划是由欧洲研究协调机构 The European Research Coordination Agency 启动的，资助的研究领域有能源、新材料、生物技术和信息技术。这项计划虽然不是欧共体的计划，但却包含了19个西欧国家。它资助的是具有商业应用价值的合作研究与开发而不是基础性研究。研究计划的参加者的项目获得欧洲研究协调机构的批准后，就可以向本国政府申请资助。到1987年，有600家公司参加了165个项目，经费支出总额达40亿美元，其中25%用于信息技术。

四、企业之间的竞争

计算机行业的市场结构是寡头垄断结构。大型计算机市场的集中程度要高于其他类型计算机市场的集中程度。1990年，世界大型计算机市场中，最大四家企业的市场份额是77%。这个数字在微机市场中为51%，计算机辅助设备市场中是30%，其中IBM所占市场份额分别是51%，24%和10%。

美国企业几乎从一开始就在世界计算机市场占有支配地位。即使到1990年，其他国家计算机产业已有很大发展时，美国企业在世界市场仍占有64%的份额，在美国国内市场则占有88%的份额。IBM海外销售额在全部销售额中所占比重稳步上升，从1960年的20%提高到1989年的59%。

计算机企业在国际市场上分配资源的方式对其成功至关重要。在70年代，当欧洲和日本的计算机企业尚处于起步阶段时，美国公司就开始考虑制订差异化战略，以不同形式组织跨国经营活动，以便获得不同的核心能力。

在70年代，美国和日本企业分别在各个国家市场中占支配地位，而欧洲企业在欧洲市场中地位却比较薄弱，在 1990 年也只占有 30％的市场份额。以 IBM 为首的美国企业在这一区域建立的市场支配地位很难被欧洲的小企业所动摇。而且，不统一的欧洲市场很难使欧洲企业发展成为能与具有世界规模的美国企业抗衡的大型企业。

五、国际联盟的作用

计算机行业竞争的一个明显特征是国际联盟的重要性日益突出。这些国际联盟促进了跨国技术转移和新企业的市场进入，缩小了不同国家企业在能力上的差别。一项调查表明，1975—1990 年由 24 家最大计算机公司之间的国际联盟进行的交易达 226 项。其中 40％的交易是供货协议，19％是技术转移，20％是联合研究与开发项目，21％是合资经营。在 20 世纪 80 年代初，计算机产业就已成为企业联盟活动最活跃的产业。计算机企业在价值链的所有环节采用联盟形式。约有 1/3 是产品和零部件交易，1/3 是技术开发与转让，1/5 是制造。随着时间推移，企业联盟在技术开发与转移中的作用趋于增加。在 1984 年以前，29％的企业联盟从事联合研究与开发及技术转移，这个数字在 1985—1989 年上升到 37％。联盟的合伙企业的贡献也不断变化，或是技术交换技术，或是技术交换市场。这种变化似乎与联盟企业所在地区有关。

资料来源：百度文库 http://wenku.baidu.com/view/2748e000a6c30c2259019e51.html.

第二章　国际市场营销环境

学习目标

1. 掌握国际经济环境和国际政治环境的构成要素及其与国际市场营销之间的关系；

2. 理解国际法律环境、国际社会文化环境和国际技术环境的构成要素及其与国际市场营销之间的关系；

3. 了解国际市场营销环境的基本内容及其评估方法。

案例导入

文化差异

著名的荷兰学者霍夫斯特曼对 70 个国家 116000 个人进行问卷调查，发现国家文化的差异表现在以下四个方面。

1. 权力距离

权力距离是指一个机构或组织内下级在接受分配不平等的权力的程度。

高权力距离的国家有以下准则和价值观：

(1)不平等从根本上是好的；

(2)每个人都有自己的位置，有人地位高，有人地位低；

(3)大多数人应依赖一位领导；

(4)权力者被授予特权；

(5)权力者不应隐藏其权力。

1.2　对不确定性的回避

即人们感到不确定情势的威胁，从而形成信念和制度以回避可能的风险暴露的程度。

高不确定性回避的国家有如下准则和价值观：

(1)避免冲突；

(2)不能容忍不正常的人和思想；

(3)法律非常重要，应被遵守；

(4)专家和权威通常是正确的；

(5)统一思想是重要的。

2.3 个人主义和集体主义

个人主义将每个人都视为独一无二的，人们对自己的评价主要依据自己的成就、地位以及其他特征。

集体主义则主要依据人们所属的群体加以评价。

高个人主义的国家有以下准则和价值观：

(1)人们对自己负责；

(2)个人成就就是理想；

(3)人们不必动情地依靠组织和群体。

而高集体主义的国家则有以下准则和价值观：

(1)个人的身份以群体成员关系为基础；

(2)群体做决策是最好的；

(3)群体保护个人来换取个人对群体的忠诚。

4.男性化和女性化

男性化是指在社会中占统治地位的价值是成功、金钱和事业。女性化是指在社会中占统治地位的价值是关心他人和生活质量。

高度男性化社会有以下准则和价值观：

(1)应该严格区别性别角色；

(2)男人是专断的、占支配地位；

(3)工作优于其他职责，如家庭；

(4)成就、成功和金钱都是重要的。

若干国家的文化差别情况见表 2-1。

表 2-1 若干国家的文化差异情况 (100=最高;50=中等)

国家(地区)	权力化程度	不确定性回避	个人主义	男性化
澳大利亚	25	32	98	72
加拿大	28	24	93	57
英国	21	12	96	84
美国	30	21	100	74
中国	89	44	39	54
新加坡	77	2	26	49
奥地利	2	56	68	98
德国	21	47	74	84
瑞士	17	40	75	93
墨西哥	92	68	42	91
法国	73	78	82	35
意大利	38	58	89	93
希腊	50	100	45	67

续表

国家(地区)	权力化程度	不确定性回避	个人主义	男性化
丹　麦	6	6	85	8
挪　威	12	30	77	4
瑞　典	12	8	82	2
巴　西	75	61	52	51
印　度	82	17	62	63
以色列	4	66	66	47
日　本	32	89	55	100

资料来源：百度文库 http://wenku.baidu.com/view/c454d5868762caaedd33d4d8.html.

加入WTO,我国企业的市场竞争环境将发生三点明显的变化：一是企业进入国际市场的障碍和风险减少；二是国内市场更加开放，因而竞争也就更为激烈；三是我国的对外贸易体制也将发生根本性的变化。这样，一方面，企业形成了开拓国际市场的更大的驱动力；另一方面，企业参与国际市场竞争的条件得以改善。面对这些变化所带来的机遇，适应经济发展的潮流，对国际市场的战略性开拓进行大胆的探索，无论是从国家的国际化战略的角度，还是从企业拓展生存空间的角度，都是必要的。

国际营销环境是指国际企业外部一切与国际营销有关的因素的总和。国际营销是在一个非常复杂、瞬息万变的国际环境中进行的营销活动。从事国际营销的企业必须根据国际环境的变化而不断调整其营销策略。一个企业要想打入国际市场，如果不了解国际营销环境，是绝不会成功的。所以要想进入国际市场的企业必须了解各国尤其是与目标国在经济、政治、法律、社会和文化背景方面存在的差异。对企业来说，它是一个不可控制的因素。企业只能认识环境、适应环境，适应越好，效益越高。

第一节　国际营销环境概述

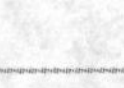

按现代系统论，环境是指系统边界以外所有因素的集合。环境和系统之间存在着物质、能量和信息的输入和输出关系，并影响和制约着系统的运行。国际商务环境是指围绕并影响企业生存与发展的各种因素的总和。这些因素既包括宏观政治、经济、法律、文化和宗教，也包括微观行业市场特征、厂商行为和消费者行为等。它们对企业国际经营活动的影响方式、方向和强度各不相同。因此，分析和把握国际经营过程中各因素的现状与变动趋势，是提高国际经营决策和管理效率的必要前提。

一、国际营销环境结构

国际营销环境的构成尽管是多种多样的，但从不同角度可以将其划分为不同的类型。

(一)间接环境和直接环境

以国际营销环境对国际经营活动的影响方式为标准，可以将其区分为间接和直接环境两大类型。

间接环境也被称为一般环境或客观环境。它是所有企业在国际经营过程中必须面对而又无法控制的各种因素的总和,它包括政治、经济、法律、社会文化和技术等。间接环境对企业的影响主要通过直接作用于企业活动和透过直接环境作用于企业两种渠道实现的。各间接环境因素的作用方向与强度并非一致,其作用大小也因产业特征或产品生命周期的不同而互有差别。间接环境与产业特征之间的关系可以用表 2-2 加以表示。

表 2-2 间接环境与产业特征之间的相互作用

	消费资料	生产资料	用其他产品代替与补充的可能性	生产规模的经济效益与经验曲线效果	资本密集度	技术革新的可能性	买方集中度
政治因素							√
经济因素	√	√	√	√	√		
法律因素							√
社会文化因素	√						
自然因素		√			√		
技术因素		√	√			√	

注:"√"表示存在相互作用关系。

直接环境又称作业环境。它是对具体企业经营活动产生立竿见影作用的各因素的总和。这些因素主要包括市场环境(如产业、客户和竞争)和事务环境(供应商、投资者、融资者)等。直接环境对企业经营活动的影响一般都是通过构成直接环境的各要素之间的相互作用而实现。这种相互作用被称为直接环境构成者的结构特性。结构特性的表现方式很多,且因产业而异。表 2-3 归纳了有关直接环境要素的结构特性。

表 2-3 直接环境的结构特征

	结构特征
顾　客	(1)市场规模 (2)对不同性质产品的选择
中间商	(1)中间商数目 (2)规模与分布 (3)形态的不同性 (4)各供货企业产品的经营比例
供应商	(1)供应商数量 (2)规模和分布 (3)对供应产品的依赖程度 (4)对企业的供货比例
竞争者	(1)竞争对手数量 (2)规模与分布 (3)对竞争产品的依赖程度 (4)拳头产品的存在

（二）母国环境、东道国环境和国际环境

以国际营销环境涉及的地理范围为标准，可以将国际经营环境区分为母国环境、东道国环境和国际环境。

母国环境是企业在实施国际经营过程中所面临的直接或间接影响其行为与决策的各类本国因素的总和。这些因素不仅会对企业国际化经营产生“推力”或“阻力”，而且对其国内正常经营也会产生各种各样的影响。例如，母国政府为改善国际收支状况，对资本外流采取外汇管制措施。这些措施必然会制约以本国为基地的各类公司向海外的扩张。

就环境因素构成而言，东道国与母国环境是一致的。但是，在各因素对国际经营影响程度方面，他们可能与母国环境有着较大的区别。在母国，尽管国际经营环境较为复杂多变，但企业决策者们长期生长、生活和工作在这一环境之中，对有关环境因素的变动规律较为熟悉；对环境的变化可以较好地加以预见、接受和做出及时的反应。在东道国，尽管构成经营环境的因素与母国相同，但是，国际经营者们对其具体特征和变动规律往往缺乏应有的认识；在决策过程中也就不可能做出及时的反应。从这种意义上说，也就是东道国环境因素具有难以评估和预测的特征。例如，1994年以后，中国政府为了适应国内经济体制改革的需要，先后实施了人民币经常项目下有条件的可自由兑换（1994）、取消所有经常性国际支付和转移的限制（1996.1）和接受《国际货币基金组织协定》第8条规定实现人民币经常项目可自由兑换（1996.12）等外汇管理体制改革。受这些外汇政策调整的影响，外国企业对华投资规模不断扩大，由1993年底的实际投资额275.15亿美元增加到1998年的454.63亿美元，年增长率高达10.57%。

国际环境是由母国与东道国环境之间，以及各东道国环境之间相互作用形成的。它包括一系列的跨国政治、法律、惯例和经济等因素。这些因素不仅对规范企业的国际经营活动具有重要意义，而且也是国际企业用于解决和协调经营过程中可能出现的各种矛盾冲突的重要工具。

二、环境矩阵

影响国际经营活动的环境因素特征很多，不同特征对企业影响程度也不一样。为了对国际经营环境有一个总体的了解，我们可选择两类与企业经营活动关系较为密切的特征为参照系，用矩阵的方式对有关环境因素进行概括性描述。

通常在构建这一环境矩阵时所采用的特征指标主要有变化程度和复杂程度等。所谓变化程度主要是指环境因素的“可变性”。因此，静态因素主要是指那些基本不变的且可以分辨和预见的因素。反之，那些无法根据过去情形加以推测的环境因素就是动态因素。决定环境的因素很多，其中有经济发展中不可预见的变化、顾客需求和偏好的迅速改变、政府的稳定性、人口特征的意外变化、利益集团影响的扩大、技术变革等。

企业环境的复杂程度有高低之分。决定环境复杂性的因素主要有两个。其一是，需要发生相互作用的单位的数量，即数量越少，环境越简单；反之，越复杂。其二是，企业所需知识的复杂程度。根据这两类指标，有关环境矩阵如表2-4所示。

第Ⅰ象限表示基本可预见的环境。在该象限中，涉及的相互作用的单位较少，需要的知识也不复杂，如包装纸盒生产部门。第Ⅱ象限在变化程度上与第Ⅰ象限相似，但环境更为复杂，如家庭用品制造行业。第Ⅲ象限代表有限客户、供应商和竞争者的动态环境，如向零售店批发产品的制衣企业。其环境的动态性主要是因为着装潮流的快速变化。第Ⅳ象限表示既复杂又动态的环境，信息产品生产企业就属此类。

表 2-4　环境矩阵

		变化程度	
		静　态	动　态
复杂程度	简　单	Ⅰ静态且可预见环境 产品和服务少 客户、供应商、竞争者少 对复杂知识需要很少	Ⅲ动态且不可预见环境 产品和服务少 客户、供应商、竞争者少 对复杂知识需要较少
	复　杂	Ⅱ静态且可预见环境 产品和服务多 客户、供应商、竞争者多 对复杂知识要求较高	Ⅳ动态且不可预见环境 产品和服务多 客户、供应商、竞争者多 对复杂知识要求很高

三、国际营销环境评估的"冷"、"热"分析法

这一分析方法是由美国学者伊西阿·A. 利特法克(Isiah A. Litvak)和班廷(Peter Banting)率先提出的。他们认为，构成一国国际经营环境的因素不外乎七种，即政治稳定性、市场机会、经济发展水平与成就、文化一体化程度、法令阻碍、自然阻碍、地理和文化与国际经营者所在国的差距等。他们对国际经营都存在着"冷"(不利)和"热"(有利)两种作用方向。但是，前四种因素更多地强调其对国际经营活动积极影响的一面。因此，人们常常将这四种因素的特征变化与"热"的程度联系起来考察，即前四种因素的特征越明显，"热效果"就越高；反之，则相反。与这一情形相反，后三种因素更注重其特征变动对国际经营活动的消极影响。故将其与冷的程度联系起来考察。这也就是说，后三种因素的特征越明显，"冷效果"越大，越不利于国际经营活动的开展。

这种环境评估方法主要用于对国际直接投资环境的对比分析。因此，在具体应用中，首先，将各国有关上述七种因素填在同一张表格中，通过对比分析得出不同目标市场国家在相同因素上所具有的不同"冷"与"热"的程度。然后，将各国综合评估结果进行比较评定，就可以得出各有关国家投资环境的"冷"、"热"差异。通常，一国投资环境越好，"热度"就越大，就越接近投资者对目标市场环境的需要；反之，离投资者对目标市场环境的需要越远。

表 2-5 是利特法克和班廷根据当时情形，从美国投资者角度对有关十国经营环境所做的"冷"、"热"对比分析及其优劣位次排列。其中，加拿大投资环境最佳，埃及最次。不过，值得注意的是，由于母国与东道国之间地理文化差距是影响国际经营环境的重要因素之一，并且不同行业、不同企业决策者的眼光差异，对于同一东道国，不同国家企业所做出的评估结果会出现一定的差异，同一母国内不同企业的评估结果也可能会有一定的出入。例如，就德国和新加坡而言，美国企业可能会认为德国较佳，而日本企业可能会认为新加坡的环境比德国更好。

表 2-5 美国企业对十国经营环境的冷热评估

		政治稳定性	市场机会	经济发展与成就	文化一元性	法律阻碍	自然阻碍	地理文化差异
加拿大	热	大	大	大	中	小	中	小
	冷							
美国	热	大	中	中	大	小	小	小
	冷							
德国	热	大	大	大	大	中	小	中
	冷							
日本	热	大	大	大	大	大	中	大
	冷							
希腊	热	小	中	中	中	小	中	大
	冷							
西班牙	热	小	中	中	中	中	大	大
	冷							
巴西	热	小	中	小	中	大	大	大
	冷							
南非	热	小	中	中	小	中	大	大
	冷							
印度	热	中	中	小	中	大	大	大
	冷							
埃及	热	小	小	小	中	大	大	大
	冷							

第二节 国际营销的经济环境

世界经济一体化是一个利弊兼具的过程。它既给世界经济及其各个部分的发展提供了新的机会和广阔的空间,也对以往的世界经济秩序和制度造成巨大冲击。作为一个正在经历大规模工业化和经济市场化的发展中国家,中国加入世界经济一体化和全球化的进程,很可能会受到冲击。但是加入 WTO 是国家和民族的重大抉择,是对世界市场原则和经济运行体制的最大引进,是我国经济发展的一个重要关头。在世界经济一体化的环境中,企业将面对更多的国际竞争,应付竞争首先要了解营销所在地的经济环境。

经济环境是指与国际企业有关的各种经济因素的总和,它在影响国际企业经营的众多因素中,是最直接、最基本的因素。考察经济环境时,必须考察一国或地区居民的收入水平,该国或该地区所处的经济发展阶段、经济制度与市场结构等,它们常是国际营销决策制定过程中首先要考虑的因素。它可以从两个方面进行分析:一是从世界经济整体来说的国际经济环境,简称世界经济环境;二是从单个国家角度看待的国际经济环境。

一、世界经济环境

自第二次世界大战以来,世界经济发生了深刻的变化。可能最为根本的变化就是全球市场的出现。全球性竞争者对新机会作出的反应是取代当地的竞争对手。目前，世界经济一体化的程度明显增长。20 世纪初，经济一体化的程度为 10%，如今，这个数字已经接近 50%。一体化在两个地区表现得最为明显，即欧盟和北美自由贸易区。

在过去的 10 年里，世界经济出现了几个对企业意味深长的趋势。

(一)贸易和资本的国际化

20 世纪 90 年代以来，国际贸易和国际投资迅速增长，并呈现出国际贸易年均增长速度比世界经济增长快，高出约 4 个百分点，而国际直接投资(FDI)年均增长速度又高于国际货物贸易的年均增长速度近 1 倍。国际直接投资产生的贸易创造效应大于贸易替代效应，成为贸易与经济增长的助推器。

以美元计算的世界贸易值之大是史无前例的。每年的货物和服务贸易额约为 40000 亿美元。而伦敦的欧元市场每个工作日的交易额达 4000 亿，每年合计 1000000 亿美元，是世界贸易美元价值的 25 倍。此外，全球每天的外汇交易额接近 10000 亿美元，即每年 2500000 亿美元——世界货物和服务贸易额的 40 倍。这些数据导致了一个不容忽视的结论：全球的资本流动额大大超过了全球的货物和服务贸易额。国际间资本流动的规模速度扩大带动了全球贸易，从而促进全球经济的发展。

(二)世界经济一体化

世界各国的经济联系越来越密切，各国之间、各跨国公司之间在产品、服务及资本之间的贸易，创造了世界经济一体化。在 21 世纪初，世界经济一体化在区域层次和全球层次展开。地球上任何一个国家，要想在国际竞争中占据有利地位，组织或参与区域性、全球性组织已成为世界性趋势。作为区域层次的是区域经济组织，其代表是欧洲联盟、北美自由贸易区、亚太经济合作组织。作为全球层次的是世界贸易组织。

(三)世界经济竞争激烈化

由于越来越多的企业跨越国界从事全球经营和销售，因而提高了国际市场的竞争程度。如在高科技市场上，过去，西方主要工业国家是竞争强手，当今，一些新兴工业化国家和地区，如巴西、墨西哥、新加坡、韩国、印度等以及中国的香港和台湾地区也积极地投入这一领域的竞争，从而使高科技领域的竞争日益激化。

世界经济竞争的激烈化首先表现在竞争对手多元化，竞争范围变得日益广阔，竞争程度日益深化等方面。国际竞争中的国际商品市场的竞争，如资金、技术、劳务、信息市场等，还表现在竞争策略的发展变化，尤其是表现在产业结构的发展策略上。此外还表现在竞争方式与手段的多样化上，即除价格竞争外，还有质量、品种、技术、服务、广告、商标、信息、信誉等因素的竞争。全球竞争的提高驱使企业寻求更好的方法去满足国际目标顾客的需求，企业主要集中通过产品、价格、分销、促销、售后服务等营销策略，提高企业的竞争优势。

二、国家经济环境

国家经济环境是指东道国的经济发展水平和当前的经济形势、市场容量、生产要素的质量和供应状况、各种服务体系的完善程度等经济因素。国家经济环境是投资国在投资接受国所面临的经济影响和制约因素，它是投资国选择东道国首先要考虑的因素。

(一)经济发展阶段

一个国家的经济所处的发展阶段不同、居民收入的高低不同，消费者对产品的需求也就不一样，从而会直接或间接地影响到国际营销。例如，经济发展水平较高的国家，其分销制度偏重于大规模的自动性零售业，如超级市场、巨型市场及购物中心；而经济发展阶段较低的市场，则偏重于家庭式及小规模经营的零售业。以消费品市场来说，经济发展水平高的国家，在市场营销方面，强调产品款式、性能及特色，强调运用大量广告及销售推广活动，注重产品的功能及实用性。它的推广侧重于顾客的口头传播介绍，价格因素比产品品质更为重要。因此，对不同经济发展阶段的国家，应采取不同的市场营销策略。美国著名经济学家罗斯托认为经济发展应分为六个阶段：

1. 传统社会

属于传统阶段的国家，缺乏先进的生产力，尤其未能采用现代科学技术从事生产，社会民众一般知识水平较低，也没有什么社会建设可言。

2. 起飞前夕

起飞前夕阶段是向经济起飞的过渡时期。在此阶段内，现代的科学知识开始应用于农业及工业生产方面，各种交通运输、通讯及电子设施逐渐建立，人民的教育及保健亦受到重视。

3. 起飞

处于起飞阶段的经济，大致已见成长之雏形，各种社会设施及人力资源的运用已达到一定的水平，农业及各种产业亦逐渐现代化。

4. 趋向成熟

在趋向成熟阶段内，不但能维持持续的进步，而且能不断追求更现代化的科技以应用于各种经济活动。同时处于此阶段的国家大多能积极参与国际经济活动。

5. 高度消费

高度消费时期的经济，已脱离所谓拥有经济主导部门的经济形态，注重服务行业，个人所得税激增，公共设施、社会福利设备日益完善，整个经济进入大量生产、大量消费的阶段。

6. 追求生活质量

罗斯托认为，从高度消费阶段向追求生活质量过渡是人类社历史一大转折，将第一次不再以有形产品的数量的多少来衡量社会的成就，而要以劳务形式反映的“生活质量”的程度作为衡量成就的新标志。

大致来说，凡属前三阶段的国家是发展中国家，而已达到后三个阶段的国家，则是发达国家。值得注意的是，并不是每个国家的经济发展都要依次经过这六个阶段，有的国家可能跳过其中一两个发展阶段。同时，每个国家每个发展阶段持续的时期长短亦不尽相同。就是在同一阶段内，短的只要 10 年、20 年，长的需要 50 年、80 年，才能度过这个发展阶段。多数发展中国家都呈现出两面的经济形态，一方面有最现代化的经济形态，另一方面却又同时存在着落后的农业式经济形态。尤其是发展中国家二元经济形态往往混合相间。因此，对发展中国家进行国际营销，必须要有一套极有弹性的营销策略，才能胜任这种难以区隔化的市场需求。特别值得注意的是，一个国家处于不同经济发展阶段，其对进口产品的需要和可能性也就不同。在传统社会阶段，一个国家的经济主体是农业和手工业，技术落后，生产力水平低，以自给自足为主，有剩余产品才用于交换，进口的需要和可能性都不大；起飞前夕阶段是一个国家的经济从封闭型的农业经济向开放型的工业化经济转轨时期，生产技术水平有所提高，经济增长较快，急需进口大量的先进技术和机器设备以实现经济起飞。但其出口主要是资源或劳动力密集型产品，出口能力小，外汇收入尚不足以满足进口产品的需要，因此，进口的可能性较小；在起飞阶段，一个国家的工业化已初步建成，经济持续稳定地增长，进口产品种类和数量都迅速增大，而其出口能力也有所提高，外汇收入增加，进口的可能性也增大；在趋向成熟阶段，一个国家的工业化已经建成并趋于完善，积极参与国际分工，主要进口资源密集型或劳动密集型产品；在高度消费时期，一个国家的各种资源得到有效配置，经济发展日趋完善，进口的需要和出口的能力稳定而平衡地增长。

了解各国的经济目标，将有助于认识各国对国际营销的态度。例如，某一国致力于完成第一项目标，显然在该国家投资将易招致损害，尤其是发展中国家往往认为国际企业将影响本国整体经济发展，因此常有冲突发生。但是，从相反的角度来看，国际企业正可以利用发展中国家的不利因素（指科技落后，资金不足等），帮助其完成经济目标，从而获得一定的利益。因此，深入了解东道国的经济发展阶段与经济目标，是进行国际营销的必要工作。

（二）市场规模

在经济环境中，影响市场规模的因素主要有人口和收入两个方面。

1. 人口

研究国际营销的经济环境时，人口的数量是首先要考虑的。在一定条件下，一个国家的人口越多，市场就越大。但是这只是问题的一个方面，当人口增长过多时，也会影响消费者的购买力和高档产品的生产和销售。此外，人口的各种不同特征，如人口总量、增长率、分布、年龄、性别等，对市场都会产生多方面的影响。

• 总人口

人口是需要构成的基本因素，总人口数决定着市场的规模和潜量。一国的人口越多，如果收入水平不变，那么对食物、衣服、日用品等生活必需品的需要量也就越大；反之，对生活必需品的需要量就越小。因此，按人口数目可大略推算出市场的规模。到目前为止，世界上有10个国家人口超过1亿，它们是中国、印度、美国、俄罗斯、印度尼西亚、巴西、日本、巴基斯坦、孟加拉国和尼日利亚。

• 人口增长率

人口增长率与国际营销的市场关系密切。如果一个国家的人口数字不少，但增长率低，甚至负增长，那么从长远看，那个市场的潜力很小，不会是一个增长的市场；如果一个国家的人口增长很快，它对食品、衣服和住房的要求会越来越多。

• 人口年龄结构

国际营销人员应该看到，年龄结构对营销决策的深远影响。因为，年龄构成特定商品市场，根据年龄结构可以细分许多不同的消费市场。如，婴儿物资供应市场、儿童物资供应市场、青年物资供应市场、成人物资供应市场、老人物资供应市场等。各种市场均有不同的需求以及不同的购买动机和习惯。譬如，近几十年来，世界上老年人越来越多，尤其是在发达国家，所占的百分比也越来越大。抽样调查表明旅游是老年人消磨晚年的最大兴趣之一，老年人海外旅游即使在经济萧条时也是有增无减的，当今老年人市场成为日本旅游公司最主要的争夺目标。而落后国家多是金字塔式的人口结构，年龄大的人口占百分比相对较少，因为他们的健康水平及卫生设备没有达到较高的程度。但在发展中国家，老年人仍占一定的比例，因此不能忽视老年人市场。

• 人口性别

性别也是影响国际营销的一个重要因素。从性别来看，国际营销人员把市场划分为男性市场和女性市场。这不仅是因为男女需求不同，而且还因为在购买家用商品时对男女有传统的分工。如，女性通常购买洗衣粉、食品等，而男性购买汽车和保险单。但随着就业的妇女人数的增多，这种传统分工也在改变，现在趋于由双方决定。要用性别计分市场的另一个原因是男女接受广告的习惯有明显的不同。如，男性多喜欢看足球和拳击节目，而女性爱看连续剧，因此，在国际营销中必须注意性别的差别。目前，西方国家人口结构随着总人口年龄的老化，男性比例正在下降，原因是女性比男性寿命长。估计到 2030 年，70 岁以上的女性要比同龄男性多一倍。

• 人口地理分布

人口地理分布与市场营销有着密切的关系。中国目前有 13 亿多人口，分居在 960 万平方千米的土地上。这一大面积的土地中有平原和高山，有湖泊、河流和沙漠，气候差别大，很多地方并不适合人类居住，多半的人都居住在物产比较富庶、生活比较方便的东部地区，假如从黑龙江的黑河市到云南的瑞丽县划一条直线，线的右边约有全国 43％的土地。却住了 94％的人口；线的左边有 57％的土地，但却只有 6％的人口，这样不平均的分布是地形、历史、交通、资源、经济与生活习惯等不同因素所形成，人口分布与自然环境及社会经济条件是密切联系的。一方面，工业发达后，世界各国都有一个明显的趋势，即农村人口普遍减少，人口逐渐向城市集中，如日本人口 70％集中在城市；另一方面，由于西方国家市区房租昂贵，环境污染情况日益严重，市中心人口逐渐移向郊区，郊区扩大后形成大都会地区。如日本的东京、法国的巴黎就是这样。人口集中在城市，代理商就可以少一些；人口分布均匀，就要多找几个代理商。

2. 收入

市场不仅由人口构成，而且还由收入构成。只有人口，没有收入并不形成实际的市场，所以收入状况是决定市场规模及其质量的另一个指标，衡量一国收入状况的指标有：

• 国民生产总值

国民生产总值是衡量一个国家经济实力与购买力的重要指标，从国民生产总值的增长幅度，可以了解一个国家经济发展的状况和速度。工业品的推销与国民生产总值有关，消费品的推销与这个指标关系不是很大。

• 人均收入

按人口计算的平均收入，在一定程度上反映一个国家人民生活水平的高低，也在一定程度上反映出商品需求的构成。一般来说，一国人均收入增长，对消费品的需求和购买力就大；反之，则对消费品的需求和购买力就小。

• 个人可支配收入

个人可支配收入指个人收入中扣除负担的税金后剩下的能够用作个人消费支出或储蓄的收入。个人消费支出模式主要受个人收入影响，随着个人收入的变化，个人消费模式就会发生相应的变化。另外，个人储蓄的变化也是影响社会购买力和个人支出的一个因素。在一定时期个人收入不变的情况下，如果储蓄增加，购买力和消费支出便减少；反之，如果储蓄减少，购买力和消费支出便增加。

• 个人自由支配收入

在个人可支配收入中，扣除个人或家庭衣、食、住、行的基本开支，剩余的就是个人自由支配收入。这笔钱既可储蓄，又可用来购买电视机、电冰箱、大型家具、汽车、旅游等。非生活必需品的推销与个人自由支配收入的大小有很大的关系。

• 家庭收入

家庭收入与家庭人口多少、就业人数和就业者收入高低有关。家庭收入高，对消费品需求大，购买力也大；家庭收入低，对消费品需求小，购买力也小。

人口和收入两个因素要结合起来看，才能了解市场规模的大小，美国有两亿人口，收入又高，是世界上市场规模最大的国家。中国市场比美国市场规模小，因为中国人口虽然多，但家庭收入少。

（三）经济特征

经济特征主要指目标国的自然经济条件、基础设施、城市化程度、通货膨胀等方面。

1. 自然经济条件

一个国家的自然条件是指自然界的实际状况和潜在的财富，如矿藏和水利资源，以及土地面积、地形和气候。各种自然状况对市场营销活动有着直接或间接的影响。向气候炎热、风沙大的地方推销空调与向温带地区海边城市推销空调其营销策略就不一样。日本汽车能在中国香港和东南亚市场打败英国市场，一个重要的原因就是日本汽车进入市场时，考虑到当地的气候炎热，在汽车上装上了冷气设备，使机器不发热，汽车的马力又不受影响。而英国的汽车却没有装上这种设备，也因此丢掉了市场。各国的地形条件不同，有的是平原，有的是山区，平原国家，一般来说公路和铁路运输便捷，而山区会使运输成本增高。可通航的河流与不可通航的河流的经济价值也是不一样的，可通航的河流经济价值高，因为它们能使任何地区运输都很方便，甚至地处欧洲内陆的瑞士也可通过河道用轮船运货到大西洋港口。因此，评估市场潜力时，市场国的港口和码头也不应被忽视。

自然资源的差异也影响一个国家的经济和购买力。如科威特、沙特阿拉伯、委内瑞拉等盛产石油的国家，其生活水平与购买商品的能力和结构等无不受石油产量及价格的影响。

有些国家，本身并无丰富的自然资源，但由于所在的地理位置和交通运输状况，可进口原料，加工再输出，也可获得高度的经济发展，如早年的英国，近年的日本和新加坡。

2. 基础设施

基础设施是分析国际经济环境的重要因素。它主要包括运输条件、能源供应、通讯设施以及商业和金融的基础设施。运输条件包括各种运输方式，如铁路、公路、水运、航空是否完备，效率如何；能源供应是否充分，成本如何；通讯设施包括各种信息媒介的发达程度以及传递的质量如何；商业和金融基础设施包括各种信用和银行机构、广告代理机构、商业网络。营销调研组织等的可获性及其效率如何？一般来说，经济发展水平越高的国家，基础设施越完善。

运输条件决定了实体分配的效率。日本人口稠密，土地面积仅为巴基斯坦的一半，但是汽车运输和铁路运输能力却分别是巴基斯坦的100倍和5倍。能源供应既反映一国的电气化程度，也在一定程度上反映了电气产品的市场规模，人均能源消费量还能最有效地反映一国总体基础设施的完善程度，通讯设备的水平和规模，对商业信息的传递、广告媒介和促销工具的选择都有重要影响，商业和金融基础设施则对整个市场营销的效率产生影响。因此，国际营销人员在进入目标国家时对其基础设施必须加以分析、研究。

3. 通货膨胀

通货膨胀问题一直是困扰着各国政府的一个棘手的问题。因此，必须注意目标市场通货膨胀对企业营销的影响。一般来说，通货膨胀会使实际工资下降，购买力下降，需求也会下降；但有时，消费者往往担心物价继续上涨，纷纷抢购商品，反而刺激了需求，所以进行营销决策时必须具体问题具体分析。

4. 城市化程度

国际营销人员必须注意研究有关国家城市化程度与本企业产品营销之间的关系。城市化是当前各国经济发展的趋势。随着科学技术迅速发展，生产力迅速提高，从事第一产业的人口越来越少，而从事第二、第三产业的城市人口越来越多。由于城市居民与乡村居民生活方式和消费观念的差异，往往在消费行为上也有所不同。农村居民在食物、住房、服装等方面许多需求都能自给自足。而城市居民主要通过货币交换来满足这些需求，城市的文化教育设施比较完善，现代化信息传播比较快捷。因此，思想比较开放，文化水平、劳动技能、价值观念都比较先进，对新产品、新技术接受较快。而农村居民比较保守、落后。国际营销人员必须注意这种城乡差别，以便制订正确的营销策略。

第三节　国际营销的政治和法律环境

全球营销的制度环境是由各种政府和非政府的代理机构组成。这些机构执行法律或制定商务行为指南，处理各种相关的营销问题，包括价格控制、进口和出口产品的骨架、贸易法、标签、食品和医药法规、雇佣条件、共同砍价、广告内容以及竞争手法等。如今政治联盟乃至国界的意义都在减弱。这种变化使得世界政治秩序的历史基础——主权国家的概念正在剧烈地动摇。

一、国际政治环境

政府行为是现代经济活动的重要组成部分之一，是形成国际经营中政治风险的主要原因。它通过对企业活动的干预和调控以达成自己的目的，展示自己的政治倾向。因此，任何企业要顺利地贯彻其国际经营战略，提高国际经营效果就必须对目标市场的政治环境予以充分的关注，并努力把握其内在规律。

（一）国际营销政治环境构成

政治环境主要由政府组织结构与形式、政党体系和国家利益等因素构成。

各国政体尽管互有差别，但总体上可以大致地归纳为代议制和集权制两大类。前者可以被进一步地划分为共和制和君主立宪制，后者可分为绝对君主制和独裁制。由于不同政体国家政府组织的形成方式与政党地位构成各不相同，其政治环境的稳定性和规范性也各有千秋。就一般而言，在代议制国家，尽管各政党在政府中的地位变化不定，但政策与法规的延续性、稳定性和透明度较高，政治环境也比较宽松。与此相反，集权制国家要相对差一些。

政党体系可分为多党制、一党制和一党控制制。在不同体系下，各政党的地位和对政府的影响力度不同，对外来企业的态度也有差别。因此，任何企业在从事国际经营活动，特别是国际投资时，都必须对东道国各政党予以充分重视，力求避免卷入当地的政党之争，以降低可能会面临的政治风险。

国际企业对东道国政治环境关注的目的不在于这些因素本身，而是为了更准确地判断这些因素与政策稳定性的相互关系。所谓政治环境的稳定性，是指政治活动中各关键参与者之间现存关系在一定时期内有无根本性变化；而政策稳定性则是指与国际经营活动相关的政策措施的连续性和可预见性。

在一个相对稳定的政治环境中，尽管投资者与东道国之间存在着各种各样的利益矛盾，但他们可以通过对可控因素的调节达到避免与东道国政府间冲突的目的；而在一个缺乏稳定性的环境中，企业的这种控制效果往往很低。例如，政局的动荡、政权的更替等。它们对外来经营者所产生的巨大的负面影响绝不是企业自身可以防范的。不可否认，政治环境与政策调整之间存在着一定的差别。但是，政治环境变更对国际经营活动的影响大多是通过政策变动表现出来的，只是政局变动引起的政策调整通常都具有非延续性和不可预见性，它所产生的影响更为巨大；而非政局变更引发的政策调整幅度通常要小得多，它所产生的影响也要小得多。当然，这种政策调整是否具有延续性和可预见性，通常与该国国际化程度和国内经济环境变化程度有关。例如，在高速成长的发展中国家，要保持对外经济政策的长期稳定是不可能的，但对于一个国际化程度较高的国家，这种政策调整大多具有延续性和可预见性。反之，在那些国际化程度较低，特别是刚刚从计划经济向市场经济转变的国家，其政策制定者由于受传统意识影响，在政策调整过程中对其延续性和可预见性问题考虑得较少，更多地关注于自己所期望的目标是否能够尽快地实现。

（二）东道国政府的态度和政治干预

一国对外经济政策的调整往往与该国政府对外来经营者的态度密切相关，这种态度也就是我们通常所说的政策调整的思想基础。毫无疑问，要把握东道国政策动向就必须对东道国政府对国际经营者的态度予以高度重视。

一国政府对外来经营者的态度通常包括积极、消极和中性等三大类型。这些态度倾向的具体表现就是其对跨国经营的政策性安排。当一国政府对外国经营者持积极态度时，它将会采取一系列有利于国际经营活动顺利开展的政策措施，如优惠的税收、信贷、信贷担保、投资安全担保等。当一国政府持中性态度时，有关政策安排通常与本国企业享受的待遇相同。当这种态度转变为消极时，东道国政府会采取各种手段对国际企业的活动予以限制。

在经济全球化高速发展的今天，尽管各国经济与世界经济的联系日益密切，但在全球化的过程中，各国政府所关心的仍然是本国民族利益。封闭也好，开放也罢，它们充其量不过是用于发展本国民族经济的一种手段而已。因此，大多数国家在对待国际企业方面都是采取有限制的利用态度，即通过一系列的管理和限制措施确保国际企业的经营活动与本国经济发展目标相一致。东道国对国际企业的管理与限制手段很多，大体上包括：①以法律形式控制国际企业的投资领域和所有权比重；②通过津贴和政府采购等优先支持本国企业发展，调整国内外企业的市场竞争地位；③通过对外来经营者的业绩要求和当地成分要求，强化国际企业经营活动与当地经济之间的联动效应，促进本国经济成长；④强化对人力资本流动的控制，改善国内人力资本的供求关系和社会就业状况；⑤保留对外国资本的征用权；等等。在这些政策措施中，保留对外国资本征用权的影响力度最大，也是最不利于一国吸引外国资本的政策。

政治干预是指政府采取各种措施，迫使外国企业改变其经营方式、经营战略和策略的行为。政府干预的形式有以下几种：

1. 没收、征用和国有化

没收是指政府强迫企业交出其资产，且不给企业以任何经济补偿。征用是指政府强迫企业交出资产，但给企业一定的经济补偿，而对企业来说，这绝对不是一桩自愿的买卖。国有化是指政府将企业的资产收归国有，由政府接管。没收、征用和国有化的区别在于：没收、征用是政府强迫外国企业交出其资产，但不一定由政府接管，而可能由该国的民营企业接管；而国有化则是指政府强迫外国企业交出资产后由政府接管。市场国政府的没收、征用和国有化是企业开展国际营销面临的最严重的政治风险。

市场国政府之所以采取这些措施，是认为该行业对国家的国防、国家主权、国民福利、经济增长至关重要，不能掌握在外国企业的手中。一般来说，最容易被没收、征用和国有化的行业包括公共事业和某些自然资源的开采业，如交通运输、煤炭、石油等。近年来，采取这些极端措施的国家越来越少，但这些现象依然存在，仍然是企业从事国际营销的最大风险，企业对此不可掉以轻心。

2. 本国化

近年来，越来越多的国家采取本国化措施来对付国外企业的投资。本国化实际上是一种逐渐地控制外来投资的过程，最终结果与征用或国有化相似，只是不像征用和国有化那样突然和激烈。一些国家特别是发展中国家这样做，主要是出于对外来资本的某种恐惧感，这种恐惧感主要表现在：第一，害怕规模庞大的外资企业会吞并本国企业；第二，担心外资企业会牺牲本国人民的利益，剥削本国经济；第三，认为外资企业可能由于某种原因不愿努力促进东道国经济和社会的发展；第四，害怕外资企业的经营方式所带来的外国文化会影响本国文化，尤其害怕本国过分他国化。市场国政府采取本国化的具体措施包括：①逐渐使外国企业缩小其在本国某一行业或某一企业中的所有权比例；②提拔本国人担任企业的高级管理职务；③使本国人有更大的决策权；④使更多产品国产化，而不仅限于进口后在本国组装；⑤制定有关出口法规使本国企业更多地参与国际市场。由此可见，市场国政府的这种干预形式，对企业的国际营销来说也是一种较为严重的政治风险。

3. 外汇管制

有些国家由于国际收支逆差严重，外汇储备短缺，不能维持本国货币对外汇的比价，在这种情况下，政府就可能对外汇买卖、国际结算和外汇汇率实行管制。外汇管制的主要目的是促进国际收支平衡，防止资金外流，加强外汇储备与维持货币信用的稳定。外汇管制对企业的影响主要表现在：一是企业所得全部或部分利润、资本不能从进口国汇回母国公司；二是进口国实行差别汇率或汇率发生变动，使出口企业的利润有可能遭受损失；三是企业生产所需的原料、设备和零部件不能自由地从国外进口，因为市场国政府限制企业自由买进外汇。因此，企业在开展国际营销以前，必须了解市场国外汇管制的各项措施，搞清楚该国是否实行差别汇率制，并预测汇率可能发生的变动，以避免外汇管制带来的风险。

4. 贸易壁垒

贸易壁垒是指一个国家为了限制外国商品进口所设置的障碍,分为关税壁垒和非关税壁垒。关税壁垒是指一国采取提高关税的办法,以阻止、限制外国商品进口,削减其竞争力,用高关税来保护国内市场。关税的种类繁多,主要有进口税、出口税、过境税、高额进口税、普惠税、特惠税、进口附加税等。征税的方法有从量税、从价税、混合税和选择税四种。除关税外,各国还经常使用非关税壁垒来限制商品的进口。非关税壁垒即进口限制,具体是指市场国政府在法律上和行政上限制进口的各项措施。目前,在贸易保护主义浪潮席卷全球之际,非关税壁垒被许多国家采用。通常使用的非关税壁垒有:进出口许可证;进口配额;关税的分类和估价;复杂的海关手续;政府采购手续及国家补贴;过严的卫生、安全、技术质量标准;特定的包装装潢条例;等等。据统计,非关税壁垒的种类已达近千种之多,归纳起来主要有两大类:一类是限制进口数量的各种措施;另一类是限制国外产品在本国市场上销售的各种措施。各国采用非关税壁垒手段限制进口的做法已影响到世界贸易总额的40%左右。在个别商品部门中,其影响范围更大,例如,纺织品和服装贸易的世界贸易额的80%受到非关税壁垒的限制。和关税壁垒比较起来,非关税壁垒具有保护作用稳定、针对性强、机动性大、隐蔽性明显、遭到报复的可能性小等特点。因此,在国际营销中,企业应该了解市场国贸易壁垒的各项规定和措施,以便准确估计进行国际营销的可能性及发展前景。

5. 税收管制

市场国政府在税收方面的管制措施也会对企业的经营活动产生影响。如一些较贫困的国家,其经济发展经常受到外汇短缺的威胁,因此,在税收控制的情况下,当地政府往往不作任何通知,就征收外国企业较高的营业税或其他税种,以保证东道国的财政利益。有时政府还对外来企业征收特别税,这种歧视性的税收政策间接表示了东道国政府不再欢迎外国企业在本国经营。另外,政府还会违背前约,提前结束企业的免税期。这些措施都会导致外国企业利益的受损。

6. 价格管制

一个国家由于面临通货膨胀危机,政府往往会对重要物资、重要产品,尤其是日常生活用品,例如食品、药品、汽油、橡胶等,实行价格管制。政府实行价格管制的目的通常是为维护本国公众的利益,保障公众的基本生活,但这种价格控制直接干预了企业的定价决策。不少国家对进口商品实行最高限价,减少进口商的利润以达到减少进口的目的;有的国家又对进口商品实行最低价格的限制,减小进口商品的市场竞争力或达到减少进口的目的。因此,价格管制也是保护政策的一种方式,在实行价格管制的国家开展国际营销就会碰到很大的困难。

7. 劳动力限制

在许多国家,工会的力量很强大,很有政治影响,往往能使政府制定很严格的法规来限制外资企业的人事政策,例如不许任意解雇工人、不许关闭工厂等,从而构成了对劳动力使用的限制。在欧盟的一些国家,人们认为社会必须充分就业,若失业人数稍有增加,尤其是遭到外资企业解雇而造成短期失业的人数增加,就会认为是国家危机。因此,在国际营销中也要考虑市场国的劳动力使用问题。

8. 行政组织结构及其办事效率

每个国家的政府组织结构都不相同，各国有关经济管理的组织机构名称不同，分工也不一样，企业进入市场前必须了解清楚，方能有效进行业务联系。这些组织机构办事效率的高低、法制观念的强弱、办事是否清廉，对企业的业务开拓来说至关重要。从政府机构的设置和它的办事态度中更能看出政府有关经济管理的战略要点，其中包括对外国投资的态度、政府归还内债和外债的能力、国家对待经济增长的态度和措施、国家创造外汇的能力、国家管理经济的财政及货币措施等。这些是企业国际营销能否顺利进行的重要因素。

9. 政治制裁

当今，从事国际营销的企业，特别是大的跨国企业集团很容易被卷入几个国家之间或一个国家内的若干政治派别之间的政治争端中去。这些企业，或是被相互对立的国家及政治派别当做武器来反对其政治对手，或是在一个国家对另一个国家进行政治制裁时成为这一制裁的牺牲品。一方面，其中一方可能通过对企业实施暴力手段来迫使对方政府作出反应；另一方面，一方又可能会利用对企业的贸易限制来反击另一方，迫使其改变自己的行为。而这一切都会使企业莫名其妙地成为受害者。

10. 东道国的国际关系

在研究一国国内政治环境时，还要考虑该国的国际关系。其原因在于：第一，对市场国来说，开展国际经营活动的企业本身就是外国的一部分，因而也是该国国际关系的一部分；第二，企业在市场国的经营过程中，在产品及生产的供需方面都或多或少地又与其他国家发生往来，市场国与其他国家的关系必然会影响到企业的这些贸易往来。

东道国与企业母国的关系是研究市场国国际关系时的最重要的一个方面。例如，我国企业到某国去投资建厂，如果该国与我国关系正常，则对企业在那里的经营有利；反之，如果该国对我国的内外政策持敌视态度，就可能给我国的企业造成不利的影响。

研究市场国国际关系时应注意的另一个重要问题，即该国与其他国家的关系。如果某国是某一区域性组织（如欧盟、东南亚国家联盟、阿拉伯国家联盟、拉美自由贸易联盟等）的成员国，企业在决定是否在该国进行贸易或投资时，就必须考虑这一因素。如果某国与许多国家均为敌对关系，企业在决定是否在该国进行贸易或投资时就需要谨慎从事，要认真研究该国一般从哪些国家进口商品，又向哪些国家出口商品。例如，非洲国家曾限制与南非的贸易。又如，阿拉伯国家不与以色列贸易，并对在以色列投资建厂的所有国家的企业实行抵制政策。据估算，被抵制的企业或品牌达1800多个，其中1500多个是美国的企业和品牌，如通用汽车公司、施乐公司、可口可乐公司等均为被抵制的企业。

此外，一个国家参加国际组织的状况也对该国的经贸政策发生影响。例如，WTO成员方不得擅自增设新的贸易壁垒；一国参加了国际货币基金组织可以改善该国的财政状况，但同时其经济政策也受到某种程度的约束。许多国际组织或国际协定都对其成员国或缔约国的经济政策或经济行为规定了某些限制性条件。一般来说，某国参加的国际组织或国际协定越多，则被规章束缚也越大，采取各种极端性经济政策和措施的可能性也就越小。

政治形势包罗万象，牵涉面广。政治形势的各个方面深刻地影响着经贸活动。因此，开展国际营销活动的企业必须对相关国家的政治形势进行调查研究和分析，才能争取主动，避免损失。

二、法律环境

在形成国际经营环境的各种因素中，法律因素起着极为重要的作用。可以说，任何其他因素的作用或社会机制的运行往往都是通过一定的法律形式表现出来，并对国际经营活动产生影响。法律因素对国际经营活动的影响不仅包括对企业行为的规范，而且也为企业维护自身的利益提供了必要的手段。

国际经营活动涉及的法律因素主要包括国际法、东道国法和母国法律等三个不同层面。但是，这里我们将主要讨论东道国法对国际经营的影响。因为，有关国际法尽管是以调节国际商务活动为对象，但它更多的是对不同法律体系的综合与协调，以缓解国别法律差异对国际经营活动的制约。例如，"联合国国际货物销售合同公约"就是以各国合同法或商法对国际货物买卖规定的差异为调节对象的。国内法对域外商务活动的管辖因受"属地原则"的影响而非常有限。与此不同，东道国法律对国际经营活动的影响可以说是无所不及的，是国际经营者必须慎重对待的重要环境因素。

从国际法律体系看，尽管各国法律制度千差万别，但在总体上大致可以归结为大陆法和英美法等两大体系。前者又被称为成文法。它主要适用于欧洲大陆及其过去的属地国。其特点是，有关法律规定由国家立法机构制定，并以条文的形式表现出来，判例在适用这类法律的国家不具有决定性意义。英美法又被称作习惯法、判例法和不成文法。它主要流行于英、美、加及其过去的属地国。其特点是，有关法律规定不以规范性法律条文表示，以往的判例对案件的处理具有决定性意义。了解国际法律体系的目的不在于这些法律的历史渊源、结构和风格，而在于把握这些法律的本质。例如，对财产权的处理，习惯法主要依赖于使用该项财产的历史，即哪个当事人事实上率先使用，便拥有对该财产的所有权；而成文法则以明确的法律手续为条件。

不论一国法律属于何种体系，其目的不外乎以下几个方面：第一，防止不公平竞争，如反托拉斯法、限制性商业惯例和保护竞争法等；第二，维护消费者利益，防止欺诈性商业活动对消费者利益的影响；第三，保护社会公众利益，要求企业承担社会责任。当然，除了这些目的外，在各国涉外经济法中，保护本国利益似乎是无一例外的重要目标之一。国际经营者在分析东道国法律环境时，除了要了解其立法目的和法律特征外，还应该把握有关国家的司法状况和司法程序。因为，有些国家，特别是某些发展中国家还存在着法制观念不强，存在着有法不依、执法不严的问题。

第四节 国际营销的其他环境要素

一、社会文化环境

社会文化环境是指一个社会的意识、价值观、风俗、语言、教育、社会结构、宗教和道德观的总和。它具有继承性、相关性和共享性等特征。由于社会文化环境内容庞杂、涉及面广，它对国际经营活动的影响可以说是无所不及的。中国海洋石油有限公司（简称中海油）

首次海外上市推介的失败就充分表明了这种文化差异的影响。为募集国际资本,1999 年 10 月,中国海洋石油有限公司总裁卫留成带领中海石油在全国率先向海外资本市场发起冲击,然而让他没有想到的是,就是这家最没有理由失败的企业却在纽约和香港大败而归。中海油没能上市,而此后不久中国石油天然气集团公司和中国石油化工集团公司却先后在海外资本市场成功登陆。在上述 3 家企业中,论资产,中海油资产质量最好;论管理,它的国际化程度最高;论创收,它的赢利能力最强。可是,中海油这次为什么翻船了呢?通过对中海油那次路演资料的查阅,我们发现,海上石油专营权是他们推出的最大的卖点。然而,让卫留成没有想到的是,他引以为荣的最大卖点却在海外投资者眼里变成了最大的风险。对于这种认识上的差异,我们可以从两个不同角度得到验证。其一是,海外投资者的质询。在路演过程中,投资者对中海油的海上石油专营权是否最终会被取消的问题频频发问,卫留成在大会、小会上也一再给予解释,然而投资者的疑虑始终都未能打消。其二是,中海油第二次上市主承销商——美林集团中国区总裁李晓嘉的解释。他认为,中海油的这次失败是一种物极必反的结果。他说:如果一个东西太好了或不可能再好了,一旦发生变化就可能向坏的方面转化。今天你是专营者、垄断者,但目前市场都在破除垄断,说不定哪天你就会失去专营权,到那时你怎么办?由此可见,中海油兵败纽约和香港的关键就是由文化差异造成的国内外投资者对垄断经营的认识差异。吸取第一次失败的教训后,2000 年 2 月,卫留成又带领中海油路演队重新出现在国际资本市场的舞台上。但这次精明的海外投资者发现中海油的诉求点发生了变化,专营权已不再是他们强调的重点,这次强调的重点转向了自营部分。2 月 27 日、28 日,几经周折的中海油终于在纽约和香港两地同时上市,股票认购平均超额 5 倍,且当日香港和纽约两地每股收盘价涨幅分别达到 16%和 4.86%。

(一)物质文化

物质文化是指人们所创造的物质产品以及用来生产产品的方式、技术和工艺。物质文化是可以感知的,它对人们的生活方式和消费方式具有强烈的影响。例如,在非洲,尽管天气炎热,但由于供电能力与系统有限,家电产品市场规模并非像想象的那样广阔。由于物质文化是可以感知的,在国际经营活动中,有关该因素的影响便于把握,经营管理者通常都能够了解当地居民拥有和希望拥有的产品,以及应该为其设计与生产什么样的产品。

(二)语言

语言是社会文化的载体,它既是从事国际经营活动最直接的障碍,也是接触和了解异国文化的重要工具。要掌握一种外国语言绝非易事。因为,语言本身并非像其表现形式所展示的不同字符的组合,它还包含了丰富的历史知识、情感和态度。

目前,世界上的语言有数千种之多,其中超过 5000 万人使用的文字有 13 种之多,而在国际经营活动中涉及的语言不仅仅局限于“有声语言”,还涉及众多的“无声语言”。这种无声语言主要有以下五种:时间语言、空间语言、物质语言、形体语言和协定语言。

(三)教育

教育水平在很大程度上反映了一国经济发展水平,它对国际经营活动的影响主要表现在:①教育水平的高低直接影响了人们的消费行为;②影响着国际经营策略的制订和运用;③影响目标市场调研活动的开展,等等。

(四)宗教信仰

宗教是社会文化的一个重要组成部分,也是文化的一个重要来源。它对人们的生活态度、价值观念、消费倾向和经营作风等都具有较大的影响。所有这些都在不同程度和不同方面与国际经营活动相关联。在国际经营活动中对宗教影响应注意以下几个方面:①宗教节假日的影响(如基督教的复活节、圣诞节和穆斯林的朝圣节等)。②宗教禁忌的影响。③宗教分裂的影响。一个国家或地区的宗教分裂与教派斗争可能把整个社会分裂成几个市场。这会给国际经营活动带来很多的困难。例如,在荷兰,天主教和基督教各有自己的政党和报刊,企业要想打进这些市场就必须在各种不同宗教报刊上刊登广告。④宗教等级的影响。有的宗教把社会成员分为几个不同的等级,各等级居民都有不同的需求和购买行为,从而,整个社会被人为地分割成几个不同等级的市场。

(五)审美观

在这里,审美观是指与美和高尚有关的观念。它主要体现在美术、韵律、色彩、形状等的特殊鉴赏力。审美观对国际经营活动的影响是多方面的。例如,不同国家和民族对特定颜色、花卉和动物等的感知差异,对产品设计、包装、装潢、广告宣传等都有着不同程度的影响。因此,在国际经营活动中,如果不善于审美和迎合销售对象的审美观,不仅难以取得成功,甚至会因犯忌而招致不必要的麻烦。

二、技术环境

技术是影响企业发展的关键因素之一。技术存在的状况可能是静态或几乎无多少变化的(如消费品生产),也可能是动态,乃至变化迅猛的(如电信和计算机产业)。现代市场竞争特征决定了,跟上技术变化的步伐对维持或获取市场竞争优势是十分关键的。因此,良好技术环境的存在与营造对国际经营活动开展与发展具有重要意义。举个例子来说,从福特的“T”型汽车面世,到今天汽车款式、规格和品牌的充斥,无不体现了技术进步对产业部门发展的巨大推动作用。在产业技术不断变化的今天,企业的生存和发展可以说与其技术优势的形成和保持着密切的联系。为了在竞争激烈的国际汽车市场维持现有地位或谋求更大的发展,各汽车制造厂家都加大了对新技术和新产品的开发力度。日本丰田公司为了提升自己的技术优势和降低零部件的成本,最近宣布将于2001年起与通用和大众分别接通设计开发用电子计算机系统,以加速汽车零部件的联合开发。据业内人士反映,这种合作方式不仅可以使丰田公司在技术开发竞争中处于有利的地位,而且还可以通过统一零部件规格的方式大幅度地降低成本。另外,为了适应各国对环境保护的要求,丰田公司已开始进行环保型汽车的研制与开发。这类汽车包括:低公害汽油发动机汽车、新型低公害燃料电池车等,并计划在2002年将燃料电池车推向商品化生产。

从现代国际企业发展过程可以看到,产品技术创新和对技术优势的保持几乎是每一企业赢得成功与发展的关键所在。但是,企业的研究与开发能力与技术环境密切相关。就一般情况而言,该环境主要包括人才供给、政策支持和法律保护等内容。在当今世界经济中,发达国家企业之所以成为技术开发与创新的先导者,就是因为它们拥有良好的技术环境。在发达国家,充裕的专门人才供给、政府对技术开发与创新的大力支持,以及完善的法律保护体系等,使这些国家的企业得以顺利地奠定相关技术优势,并在相关法律保护下赢得高额垄断利润。这种技术优势与高额利润所形成的资本优势相结合,决定了它们在国际市场竞争中的有利地位。当然,在法律保护条件下,企业得自某种专利技术知识的优势是有一定时间限制的。但是,如果企业在技术管理过程中将法律保护与自我保护方式结合起来,并采用合理的技术管理策略，其技术优势可能延续的时间会更长。

三、自然环境

自然环境主要包括自然资源、土地面积、地形和气候等因素。他们共同体现了一国的物质特征，是决定社会具有何种特征和以何种方式满足自身需要的主要因素。

就自然资源而言，在不同资源禀赋的国家，其产业构成、产品生产、经营成本的构成等都各不相同。这种资源禀赋差异既是导致国际贸易的重要因素，也是引发国际投资的动力。例如，中东地区丰富的石油资源既是该地区密集出口领域，也是吸引以稳定能源和化工原料供给为目标的国际直接投资的重要因素。

地理环境对国际经营活动的影响主要表现在产品战略和市场经营体系的建立与发展等方面。例如，对于一个以炎热地区为目标市场的企业，它在经营过程中就必须考虑温控设置的配套和防热保护功能的开发。

复习思考

1. 简述国际经营环境的基本内容和特征。
2. 为什么在国际化经营过程中，对企业经营环境的分析是一项十分重要的管理工作？
3. 试分析国际经济环境对企业国际营销的影响。
4. 什么是国际营销的政治环境？东道国政府干预的类型有哪些？
5. 企业管理人员在国际化经营过程中为什么要重视企业文化环境分析？

案例分析

安利公司营销模式的中国特色改造

任何一家跨国公司进入中国时都可能碰到水土不服的问题，需要在策略上作某些调整，但是这种调整大部分只是一种局部的战役性的调整，而安利公司是一种牵一发而动全身的战略上整个运营模式的转型，也许在3000多家进入中国市场的跨国公司中安利公司的经历是最为曲折了。

安利公司进入中国市场回顾

安利公司(Amway)是创办于1959年的一家生产日用品的跨国企业。在全球80多个国家有其分公司，营业代表几近300万。它由两位犹太人创办，设计了不同于传统行业的直销模式。通过口碑相传和营业代表的直接面对面销售来推广销售产品。现在安利公司在《福布斯》杂志全美最大的私人企业评选中排名第22位。

安利公司在1995年和广州经济开发区合作进入中国，投资1亿美金建立安利(中国)日用品公司，凭着优异的产品品质和不满意退款的承诺，安利公司的业绩快速增长，到1996年时达到15亿人民币。但中国的市场正处在计划经济到市场经济的转型过程中，市场本身的不成熟和复杂性在此时显露出来。这也是安利公司当初抱着巨大的信心来中国时所不曾预料到的。随着安利、雅芳引进直销这种新型营销模式，各种以"拉人"为目的宣扬迅速致富的非法传销开始同时混入市场，扰乱了市场秩序。1998

年4月，中国政府痛下决心，将所有以直销、传销形式销售的公司一律关闭。当时安利公司引以为豪的退货制度成为不法分子可钻的漏洞，每月承受几千万元的损失。市场对新型营销模式的接受出现了偏差和曲解。安利全球统一的营销模式在中国遭受到了巨大的挫折，安利公司付出了巨大的代价。

1998年7月安利公司配合政府政策，成功转型。以“店铺十雇佣推销人员”相结合的方式重新开业。将全国的分销中心转变为超市式或柜台式的店铺，明码标价。开始尝试着安利公司在全球都从未尝试过的店铺经营：从2001年元月开始，安利公司更是分别推出以伏明霞和世界名模英格丽小姐为形象代言人的纽崔莱营养品和雅姿化妆品的广告战略，开始一种主动的适应中国国情的改造，尽管是“摸着石头过河”，但取得了巨大的成功，在2000—2001财政年度达到了超过40亿元人民币的业绩。至此，安利公司经过了一个“成功进入—直销—禁止—转型—主动改造”的演变的历练过程。

许多人为安利公司适应市场变化的能力喝彩。公司创始人之一理查·狄维士的一段话道出了安利成功的秘诀。1999年11月，73岁高龄的他在中国庆祝了安利公司的40岁生日。他说：“做推销要到顾客家里去，我们要记住我们的客人身份。我们进入任何一个国家、任何一个市场，我们都是客人。”融入中国，安利的一个重要经营理念就是使自己融入当地社会。成为当地社会生活的一个组成部分。

安利之中国特色改造之一：销售制度的“转型”突破传统

一、转型模式对40年直销制度的改造

安利公司在中国的转型模式是前所未有的尝试，甚至可以说是脱胎换骨的改造。这是很多跨国企业到中国市场所没有经历过的。比较一下海外安利和中国安利在销售制度上的差异，可以很好地理解安利公司所做的适应中国国情的改造(见表2-6)。

表2-6 海外安利与中国安利之运营模式比较

	海外安利	中国安利
店铺运作	无店铺，仅通过直销商销售产品给顾客；海外直销商不得通过固定的零售店进行销售	店铺加雇佣推销人员相结合；中国营销人员在取得个体经营执照后可以申请成为经销商设点进行销售
计　酬	直销商可根据个人及小组的销售业绩计取报酬和奖金；同时，直销商按照公司制定计酬方式直接向下线直销商支付奖金和报酬，并自行缴纳税款	中国营业代表(直销员)只能按照个人销售额计酬；由公司直接向其支付所有报酬，并代缴有关税款
产品流转和定价	直销商对产品拥有所有权，可按照市场条件自行制定价格并赚取相应的零售利润	营销人员并不拥有产品的所有权，消费者无论是从店铺还是营销人员购买产品，统一价格
退货制度	直销商有义务受理退货并返还相应货款	只有公司有权接受退货并按有关规定提供退款
直销商和营业代表的身份、权利和管理	直销商是自主经营者，每一个直销商是由上下关系组成的销售网络中的一个成员	中国营业代表并不是自主经营者，而是安利公司的销售代表，所有营销人员和安利公司签约，由安利公司直接领导和管理，没有上下线和销售网络

二、销售渠道多元化尝试

安利公司传统销售渠道是营业代表的直销方式，在中国1998年转型以后，安利的销售渠道开始涉足多元化的发展。首先，除了传统的庞大营业代表队伍外，安利公司自己开设和经营超市或柜台式的专卖店；其次，允许经销商开设的零售渠道直接销售安利产品，全国有近450家经销商；再次，2001年9月安利公司在上海浦东最大的百货商厦浦东第一八佰伴新世纪商厦开设了雅姿美容专柜。销售终端进驻大型百货公司。在不经意间安利公司的销售渠道已经进行了多方位的尝试，为以后的腾挪转移留下了足够的空间。

除此以外，2001年安利公司在我国上海、北京、广州等地开通独具特色的电子商务系统——复合电子商务。安利(中国)负责人称，安利推出的电子商务是一种复合式的电子商务，不管是用电脑、电话还是手机无线上网，都可以很方便地订购产品，并且能够很好地解决商业信用、支付方式以及配送体系这三大制约网络销售的实际问题，有力地支援了安利营业代表开展事业。

三、清理门户整顿营业队伍

安利公司需要一支规模庞大的且非常优秀的营业代表队伍将其产品推销出去。自1998年7月安利公司转型以来，业绩呈直线上升趋势，2000年的销售额是18.6亿元，2001年飙升至40多亿元，业绩的过快增长和营业代表队伍的培训和管理产生脱节，不可避免地发生冲突和矛盾。安利的营销模式与传统商业的重大区别之一在于培训营销人员和利用会议形式向销售人员和消费者推介产品。但这种培训和会议控制不当往往会掺杂不健康色彩甚至为被禁止的传销“招魂”。在这个业绩刚刚开始起步，但国人仍“谈传销色变”的高度敏感的市场里，如果发生一些事情将对安利公司的长期发展带来极大影响。

安利公司在2001年4月进行清理门户，主动整顿营业代表队伍。据时任安利公司亚太地区总裁的郑李锦芬介绍，企业内部整顿包括：两个月内不再招收任何申请人加入安利的推销员队伍；未来一个月内对全国8000多名高级营销人员进行再培训，考核合格后才能上岗；全面设立培训讲师资格制度等。对营业代表的加入资格重新作了规定，比如年龄从18岁上升到22周岁，1970年以后出生的人必须有初中以上文化程度等。制度的改变是基于对国情的清醒认识，毕竟中国还是一个发展中国家，人们的文化水平还不是十分高，人口又特别多。这样可以提高营业代表的素质，消除隐患。

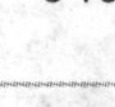

郑李锦芬对此解释为“没有短期的调整就没有长期的收益，没有扎实认真的整改就争取不到更宽松的发展空间”。主动“清理门户”将会使安利损失一定的经济利益，营销队伍也会产生震荡，但规范才能健康，健康才能长远发展，安利公司牺牲眼前短暂利益作出的对中国国情的调适正是看中中国市场在加入WTO以后的巨大发展潜力，要在中国市场谋求长期的发展。

安利之中国特色改造之二：产品/品牌的市场推广策略

安利公司秉承“口碑相传”的理念，诚如安利公司总裁狄维士在回答记者“为什么安利的产品坚持不打广告”所说的“一个产品你是相信广告宣传还是相信朋友的介绍”，安利公司40年经营模式的核心就是通过营业代表把优质的产品直接介绍给终端的客户家庭。但是安利公司1998年转型后所处的特殊市场背景和经营模式以及中国市场本身的特点使得安利公司必须在产品的市场推广策略上作出调整，以尽快塑造起安利的品牌形象。

当前国内市场的一个很大的特点是民众对广告的认可程度，很多人凭着广告去购物，甚至有这么一种思维，即广告打的多就是名牌，名牌的产品质量就高，信誉就好，国内商家对央视的追崇和对广告轰炸策略的屡试不爽充分地反映了中国市场的特点。

一、纽崔莱的广告策略

为了摆脱1998年传销给安利品牌造成的负面影响，在原安利洗涤用品和雅姿护肤用品产品线基础之上，安利推出了营养补充食品产品线的新品牌——纽崔莱。它承担了安利企业转型之后企业品牌提升和培育的作用。从2001年元月起，安利公司针对中国市场特点，突破其传统，开始大规模地在中央电视台以及全国15个省、市的47家电视台推出了以伏明霞为形象代言人的纽崔莱营养品食品的形象广告（据当时报道，仅制作费用就达150万元，虽然安利方面并没有透露这次投放的具体规模，但公司在广州地区的投放费就超过70万元，整体投放规模将不会是个小数目）。这次广告没有按照常规健康产品的方式进行，不是侧重于功能诉求，着重宣传产品的功效，而是直接推出品牌形象代言人。借助伏明霞青春、靓丽、健康的形象来树立纽崔莱的品牌。

这样，安利公司借2000年9月赞助中国奥运代表团来提升纽崔莱品牌形象和品牌价值，提高了企业与产品的知名度和美誉度；借助伏明霞的形象广告将纽崔莱品牌形象与奥运、冠军相联系，使品牌与健康向上的形象紧密联系在一起；又在2001年7月赞助亚洲男子篮球锦标赛，使纽崔莱与体育、运动结合的推广策略得到深化。

郑李锦芬对记者说，用知名人物传播品牌知名度是捷径，同时也是最具有风险的一条道路。安利延续了纽崔莱曾被指定为第27届奥运会中国体育代表团唯一专用营养品的公关效应，借奥运明星继续打造纽崔莱的品牌形象，试图突破单纯诉求产品营养健康功能的套路，很重要的一点是基于以往安利企业品牌所积淀的品牌资产。

二、雅姿品牌的推广计划

安利公司为了推广旗下除了Amway、纽崔莱外的另一个化妆品的品牌——雅姿，2000年9月，安利（中国）分别在上海、大连和北京隆重举行发布会，专程请到雅姿全球形象代言人、国际名模英格丽前来中国助阵，并从11月开始，连续在五家顶级的时尚杂志《时尚》(CosmoPolitan)、《瑞丽》(Ray)、《世界时装之苑》(ELLE)等刊登雅姿的系列广告。

广告的创意主题是"雅姿知己都知道"。在11月份以悬念的方式刊登了连续3版的广告，推出雅姿独具特色的品牌形象。广告创意首先以"雅姿是什么?"为悬念。引发读者对雅姿的好奇与兴趣；之后突出雅姿是全球五大最畅销的面部护肤品及化妆品之一，同时以"雅姿知己都知道"寓意世界其他国家和地区的人们广泛认同和喜爱雅姿化妆品，因而成为"雅姿知己"也拥有一份优越感；最后一版广告以上市不久的雅姿彩妆为主题，全面展示雅姿化妆品的多元品种、缤纷色彩和亮丽风采。随后，分别以基础化妆品、唇部化妆品和眼部化妆品为推广重点，围绕主题，全情演绎了雅姿化妆品的瑰丽色彩。

广告设计以英格丽小姐的明艳华贵的形象和风采为突破点，从整体品牌形象到局部产品的重点推广，版面设计简洁醒目、流畅俊秀、典雅唯美，令雅姿品牌的活力和美感得到绝佳体现。

安利公司"店铺十雇佣推销人员"特殊的经营方式和所处的市场特点，使它选择通过大众媒体进行广告宣传的市场策略来迅速广泛地建立企业与品牌知名度，提升企业和品牌形象，为产品销售建立一个更容易认知和认可的市场环境，增加大众对产品的认识，使营销人员在推广产品时更容易得到认同。在2000年，纽崔莱营养食品全年的销售总额达8.3亿元，占该公司总体业绩的45%。在国内市场的市场占有率超过20%，成为国内营养品市场的第一品牌。雅姿品牌的市场占有率也迅速提升，占到了安利中国总销售额的20%，已经成为国内化妆品的前五大品牌。安利公司的广告策略显然是着眼于中期和长期目标，有效地保持广告对品牌形象与销售的累积效应，利用纽崔莱和雅姿两个品牌形象的推广和培育，终极目的是树立安利公司的整体企业形象和持久的品牌认知，巩固和扩大市场占有率。

安利之中国特色改造之三：多方位的公关策略重塑企业形象

由于1998年的传销风波，社会各界对直销都有很深的误解。很多中国的消费者看到安利就会联想到对亲戚朋友坑蒙拐骗的非法传销，由于安利公司本身的巨大知名度，反而成了非法传销的代名词。据中国经济景气监测中心的调查，有67.3%的人对传销不感兴趣，甚至恐惧。事实上，甚至一些政府官员对安利转型情况和合法身份仍有误解，这对安利公司进一步开拓市场是非常不利的。

因此，安利公司在转型后面临的首要问题是在社会认同度极端低下的情况下，如何迅速提高安利公司声誉和企业形象成为公共关系部门的主要任务。安利公司一方面通过媒体和社会各界进行真诚的沟通，热心赞助各种公益事业；另一方面巧妙地利用安利公司领导人访问中国时进行"事件公关"。

一、政府公关公司领导人亲任形象大使

安利公司在进入中国市场后一直保持着和中国政府的联系和沟通，这可能是犹太人做生意的特点，更可能是深谙在中国做生意的特点。中国目前的市场虽然已经转向市场经济，但它不同于西方成熟的法制经济，政府的权力和市场有着千丝万缕的关系，只有同政府配合保持沟通，才能争取主动。

公司领导人利用自身访问的机会和中央地方各级政府主动进行沟通，介绍安利公司转型后的经营情况。2001年3月《中国经营报》等媒体报道了安利公司亚太地区总裁郑李锦芬女士的专题采访，展示其一个成功女性魅力的同时恰到好处地诉说了安利的风风雨雨；安利(中国)公司成立6周年之际行政总裁狄维士访华，拜见了包括吴仪副总理在内的高层和哈尔滨、天津等地方政府官员，在拜会的同时接受当地新闻媒体的采访报道；7月安利公司董事长温安洛在荣任美国商会主席后，立即率团访问中国，拜见江泽民主席，并接受了中央电视台《商界名流》的专访，《财经》、《南风窗》、《人民日报》、《光明日报》等媒体都进行了相关报道。

如此大容量高密度地对安利公司领导人的媒体报道，不能不说是安利公司非常高明的公关策略，不仅向世人暗示安利公司合法健康的形象及不平凡的身份和地位。借此机会消除人们对安利公司的疑虑，而且几乎是零成本，同时作为安利公司而言，和高层官员的互动交流可以减少彼此的误解，保持信息的畅通，取得政府的信任和支持，最大限度地减少跨国公司在外投资的政策风险，这种高层次的交流应该是最有效的政府公关。可谓是一箭三雕。

二、媒体沟通以诚取信

媒体是和大众进行沟通的桥梁，它巨大的覆盖面和受众对媒体的认可度可以很好地扩大安利公司的正面形象。安利公司利用时机有选择性地在一些媒体上推出对安利公司的整版宣传，在安利公司进入中国5周年之际在《人民日报》推出《风雨五载话安利》，以理性真诚的语调回顾了安利的5年规范经营历程以及对社会的回报，以其权威性来突出安利公司的合法性；在一些地方媒体如上海的《生活周刊》，从2001年起推出了安利的系列报道，从《风雨五载话安利》、《安利自述》到《安利告诉你》。多角度多侧面地报道了安利真实的一面。语调真诚，以情诉求，既突出了安利公司作为一种跨国公司的风范，又起到了很好地和公众沟通、消除误解的效果。

安利公司在一些户外媒体上也相应地作了一些企业的形象广告，如从2000年10月开始，安利在北京一线和环线地铁沿线每个车站月台以“安利，为您生活添色彩”为主题发布形象广告，同时在“复八线”402号车的6节车厢内发布同样的广告。在上海外滩这个万众瞩目的地方就在飞利浦广告牌的旁边树立起高12米、宽70米的巨大广告牌，现在已成为夜上海外滩一处耀眼的景观；在广州安利公司捐资铸造了十八匹奔马组成的名为《解放》的铜雕，现陈放在广州雕塑公园里。所有这些媒体的组合宣传进一步树立了安利公司的正面健康形象。

三、热心公益回馈社会

自1995年开业以来，安利(中国)公司参与赞助捐赠的活动多达100多项，捐款金额超过1200万元。从赞助“朝霞工程”有艺术天分的孩子到参与辽宁省的“前人植树活动”，从向广州慈善医院捐款到在湖南举办“下岗女工技能培训班”，从支持北京申办2008年奥运会义演到献爱心义务献血活动。安利(中国)公司积极投身于妇儿德育、文化教育、环境保护、救灾扶贫、社会建设、文娱康乐等社会公益活动。深入到社会的各个层面，安利公司自身的企业形象与声誉在活动中得到宣传和提升，优秀的企业文化和理念得到发扬和光大，使得安利在中国有上佳的口碑和形象。

安利公司中国转型的启示

一、安利(中国)公司面临的挑战

安利(中国)公司的转型目前来说是非常成功的，安利公司凭着对中国国情的理解和尊重，以及自身的智慧和勇气，在短短的两年里成功地走出了低谷，树立了非常正面的企业和品牌形象。据调查显示，在北京有58%的被访者表示认识安利，上海有64%，广州则为79%。而在被访者中，对安利公司正面评价最高的是北京，达89%，上海为54%，广州为75%。在使用过安利产品的被访者中，平均有89%对安利产品有良好印象。社会公众对安利营销人员的个人素质及专业操守的接受程度也是较高的。其中北京为63%，广州为53%，上海为42%。但安利(中国)公司在中国市场要取得进一步的发展仍然存在着不少的“忧患”：

其一，对营业代表规范管理的任务非常艰巨。这是个两难的选择。如果对营业代表的管理过分严格，会打击营业代表的积极性。而安利事业成功的根基在于营业代表对产品推广的努力，但若稍加松懈，个别营业代表在各种培训会议上的过分激励和宣扬财富可能染上传销色彩引起民众和政府部门的警惕。而且，营业代表过于快速的增长使得公司培训管理很难跟上。很难让每一个营业代表都形成正确的经管理念。这是摆在安利公司面前一个长期而敏感的问题。

其二,销售渠道的组合。销售渠道是厂家产品的通路。是每一个厂家考虑的重点,安利公司现在在各种渠道上都作了探索。那最终各种渠道如何进行组合和取舍?是像雅芳一样回归传统模式,还是继续探索走中国特色之路?这将是一个战略决策。特别是中国加入 WTO 后,相关的立法出台,外国的竞争者也将大批进来,必须未雨绸缪,早做决断。

其三,品牌策略的后续建设。安利公司不惜重金推出纽崔莱和雅姿品牌,以品牌策略来淡化安利色彩,不至于消费者在谈到洗涤用品、化妆品、营养品时都是安利。每类产品都赋予其明显的品牌特征,建立品牌识别。目前从业绩来说是成功的。但综观纽崔莱和雅姿的品牌广告,只不过站在一个较高的起点上将公司品牌与产品品牌有机地结合在一起;摒弃空洞的概念去诉求产品,这是大多数成熟品牌的创意之道。安利采用的手法并无惊人之处,安利这张牌不知道还能打多久?从长期看,如何创建多品牌构造型的组织结构,开发可以提供战略性发展方向的综合品牌架构,以及为核心品牌建立一套品牌策略和一套行之有效的可以跟踪其效果的品牌规划方案等将是品牌建设者必须考虑的。

二、安利(中国)公司转型的启示

"没有进入中国市场不能称之为真正的跨国企业。"郑李锦芬当初正是抱着这样的信念力促安利公司进入中国的。但中国市场幅员辽阔、地区差异显著、政策变化更是快。要在这里分一杯羹也非易事,它的复杂性远远超过了预先的估计,在 1998 年安利公司在中国市场几乎遭受到关闭的待遇。

之后在"保持传统离开中国"还是"改变自己适应中国"的抉择中安利公司坚定地选择了后者,开始一种真正本土化的改造:从运营模式到机构设置,从营业代表制度的重新建立到产品市场推广策略的重新选择,这场改造安利公司在短短三个月中就基本完成,然后逐步完善。安利(中国)公司在尽可能保留其传统的同时深刻地烙上了中国特色的印记,探索出一条既符合中国国情又保留安利特色的发展道路。

2001 年 9 月 13 日,温安洛谈到安利在中国的经验是"只有坚强的毅力和勇于调整,才能取得最后的成功"。

资料来源:卢泰宏.跨国公司行销中国.贵阳:贵州人民出版社,2006:45—49.

问题与讨论:

1. 安利进入中国后根据中国国内环境的哪些特殊性调整了营销策略?
2. 根据安利的曲折前进经历说明企业对营销环境的适应性。

第三章 国际市场选择

学习目标

1. 了解国际区域市场的成因及模式；
2. 掌握国际市场区域化的发展特点；
3. 掌握世界上主要区域市场特征。

案例导入

墨西哥成为汽车零部件进军美国市场的跳板

北美自由贸易区刚刚运作，日本跨国公司便把投资重点转向墨西哥，企图通过这块跳板来减少美国关税对其不利的影响。

2003年，按照北美自由贸易协定的要求取消了所有汽车零部件进口关税和国产比例(自制率)限制之后，墨西哥汽车零部件市场蕴藏的巨大潜力逐渐显现，为国外汽车零部件生产商带来了巨大商机。除《北美自由贸易协定》，墨西哥还与欧盟、部分南部非洲发展共同体国家签署了自由贸易协定，从而为汽车零部件生产商开发欧洲及南美洲市场提供了便利。

目前，日产是在墨西哥投资规模最大的日本汽车企业。2006年，日产在墨西哥投资8亿美元，建立了一家零部件生产企业，为该公司在北美销售的Versa和新一代Sentra车提供零部件。此外，日产在当地扩建了一个出口基地，出口Versa到欧洲。同样，中国企业也不甘示弱，2007年6月，中兴汽车公司与美国Chamco Auto公司签署协议，在墨西哥蒂华纳市(Tijuana)建立汽车组装厂，总投资额为4亿美元，年产能为15万辆，这是中国汽车企业在美洲建立的第一笔投资。该装配厂将于2009年开始出产运动型多功能车(SUV)和皮卡(小型货车)。中兴计划将该厂装配的汽车中25%出口美国。

资料来源：郭国庆. 国际营销学. 北京：中国人民大学出版社，2008：65.

第一节　国际区域市场的成因及模式

一、国际区域市场的成因

国际区域市场，又称为多国集团市场，是由若干个国家或地区，出于一定的目的，通过协议的形式，结成一定紧密程度的，以一定形式存在的国际区域经济联合体而形成的国际市场。国际区域市场于第二次世界大战结束以后日益流行，早先以欧洲经济共同体为代表，以后一系列国际区域市场先后产生。国际区域市场的产生和流行，大大改变了整个世界市场的格局，世界市场一体化和区域化两大趋势并存，成为当今世界经济的一大特征。

国际市场的区域化的根本原因，是国际经济发展要求市场不断扩大和贸易保护主义这两者之间的矛盾运动。随着科学技术的飞速发展，社会经济随之快速发展。社会经济的发展，必然导致经济规模的扩大，经济联系范围日益广泛，与此相适应，需要有一个相应扩大的国际市场。从理论上说，一个统一的全球市场，即世界市场，是适应社会经济发展的必然要求。但是，各个国家出于自身利益的考虑，均倾向于让别的国家或地区向自己开放市场，而自己的市场则尽可能给予封闭。问题在于国际经济交往总是双向的，这种一厢情愿的事情在当今世界很难实现。这一对矛盾运动的结果，是某些具有共同利益或共同语言的国家或地区，通过谈判，结成一定程度的联合体，互相之间相应开放市场，并进行一定程度的协作。由于国际区域市场比国别市场在规模上要大得多，且在区域市场内部实行一定程度的市场开放，从而能在一定程度上适应市场扩大的需要，同时，又由于国际区域市场的开放市场和优惠条件仅限在区域内部，能在一定程度上实现保护自身利益的目的。

除了上述根本原因以外，还有其他一些因素影响和决定着国际区域市场的形成和发展。

首先是经济因素。一般而言，国际区域市场的成员国之间，在经济上总有一定的互补性，而且具有一定的经济规模。任何一个国家或地区，之所以与其他国家或地区结成联合体，总是想在经济上有所获益。只有在经济上具有互补性，才会在经济交往中相互得益，而经济规模则是经济发展和交换扩大的前提条件。比如，北美自由贸易区的成员国美国、加拿大和墨西哥之间，既有较大的经济互补性，又使市场规模大大扩大。

其次是政治因素。政治是经济的集中表现，一些国家结成经济联合体，与政治总是有着种种关系。显然，敌对国家或地区之间是难于结成经济联盟的，经济集团的建立本身说明成员国之间在政治上有一定的关系。当然，有些多国集团的成立，本身就具有较强的政治色彩。欧洲共同市场和东南亚国家联盟的成立，其带有较强的政治色彩是众所周知的。

第三是地理因素。从已经成立的国际区域市场看，均在地理上相邻或相近，具有一定的地缘关系。这是因为，经济联系、市场交往，无非是人流、物流、信息流和资金流等的沟通与交换，地理上相邻或相近，往往有利于沟通的实现，体现效率优势和成本优势。

第四是社会文化因素。社会文化上的联系和亲和是经济联系的润滑剂和纽带。一般而言，结成联合体的国家或地区，往往具有某种相近的文化背景，或者是在文化上比较容易融合和交流。

二、国际区域市场的模式

国际区域市场的基本模式主要分为五种类型。

（一）地区性合作集团

地区性合作集团，也称为区域合作开发组织，是由几个国家或地区的政府协商同意联合参加某些对经济发展有益的基础工业项目，开展某些经济合作，以促进经济的发展。地区性合作集团是一种联合程度较低的多国合作组织，并没有消除或降低关税，仅属于由参加国的政府共同提供资金，购买一定量的商品，推动新的联合企业的发展。

（二）自由贸易区

自由贸易区（Free Trade Areas），是由签订有自由贸易协定的国家或地区组成的区域贸易组织或多国集团。集团各成员国之间消除贸易限制，商品和劳务可以自由流动，但成员国国内的经济政策同第三国的关税独立。显然，自由贸易区比地区性联合集团在市场开放和联合程度上均有较大提高。

（三）完全海关联盟

完全海关联盟（Customs Unions），是多边贸易组织或称为多国集团的一种形式，除了商品、劳务可以自由流动外，成员国设置共同的对外关税。完全海关联盟在自由贸易区的基础上有了更进一步的协作，即共同协调对第三国的关税。

（四）共同市场

共同市场（Common Market），是多边贸易组织或称为多国集团的一种形式，成员国中的商品、劳务和各种资源自由流动，并协调相互之间的国际国内经济政策，汇率相对稳定。共同市场是一种联合程度较高的多国集团，在共同市场内，各国通常有着协调的税收政策、社会福利体系，劳动力和资本也可以自由流动，此外，尽管成员国仍有自己的货币，但汇率通常是固定的，或只允许有小幅度的浮动。所以，共同市场的真正建成，意味着一个相对统一的经济体的形成。

（五）货币联盟

货币联盟（Monetary Unions），是多边贸易组织或称为多国集团的一种形式，在共同市场的基础上，成员国之间进一步统一货币。显然，一旦货币联盟建成，即形成一个高度统一的经济联合体，它同一个统一的国家的差别仅在于政治的结盟。

三、国家分类及其经济实力对比

近 10 年来，随着国际形势的发展，国际上使用的国家的分类及名称出现了一些变化，突出地表现在三方面：一是由于发展不平衡，发展中国家和地区在“分化”，出现若干个不同的层次，个别国家经济发展水平提高，已进入发达国家行列；二是由于冷战结束及苏联和南斯拉夫的解体，“东方国家”概念不复存在，出现“转轨国家”的新概念；三是随着经济全球化的进展，不少发展中国家和“转轨国家”建立市场经济体系，除商品市场外，金融市场也在发展和开放，成为发达国家重点开拓的“新兴市场”。根据世界银行的分类，世界现有 210 个国家和地区，人口过亿，1998 年 GNP（国民生产总值）28.86 万亿美元。发达国家有 29 个，发展中国家(地区)有 156 个,转轨国家有 25 个(已加入 OECD 的 3 国:捷克、匈牙利、波兰除外)。经济实力对比的一个显著特点是南北国家实力悬殊,占全球人口不到 1/5 的发达国家拥有世界生产总值的 3/4;而占全球人口 3/4 的发展中国家和地区仅拥有世界生产总值的不到 1/5。现将目前国际上通行的国家和地区分类及 GNP 等作简要介绍。

发达国家(或称工业化国家、北方国家等)是指经济发展水平较高和较富裕的国家。根据国际货币基金组织(IMF)的资料,发达国家原本包括 24 个:美国、加拿大、欧盟 15 国(法国、德国、意大利、英国、奥地利、比利时、丹麦、芬兰、希腊、爱尔兰、卢森堡、荷兰、葡萄牙、西班牙、瑞典)、挪威、冰岛、瑞士、日本、澳大利亚、新西兰、以色列。过去经济合作与发展组织(OECD)国家是发达国家的代名词,其构成也是 24 国,但名单上有土耳其而没有以色列。自 1994 年起,OECD 增加了 5 名新成员:墨西哥(1994 年)、捷克(1995 年)、匈牙利(1996 年)、波兰(1996 年)和韩国(1996 年)。至此,OECD 共有 29 名成员。但这 29 个国家是否都属发达国家,国际社会尚存争议。这些国家仅占世界总人口的 17%,但其总产值则占世界 GNP 的 79%。

发展中国家(或称第三世界国家、南方国家)是指主要分布在亚非拉的国家,这些国家经济上尚落后于发达国家,但正在逐步发展中。发展中国家与第三世界国家所涵盖的国家基本相同。不同的是,前者属经济概念,而后者属政治概念。由于发展中国家的差别和分化,在国际上越来越难形成一个整体与发达国家(北方国家)进行谈判和斗争,因此,近年来国际上"第三世界"概念在淡化,"南方国家"概念的使用也较少了。据 IMF 分类,发展中国家目前有 128 个,其中非洲 51 个,亚洲 27 个,中东和欧洲 17 个,拉美和加勒比地区 33 个。有些国际机构把一些地区算进去,因此,作为发展中经济实体数量更多。据世界银行资料,现有发展中国家和地区约 156 个,1998 年占世界人口总数的 76%,但仅占世界 GNP 的 19%。

这 156 个发展中国家和地区可再分为:低收入国家和地区(1998 年人均 GNP 低于 760 美元的国家和地区共 56 个);中低收入国家和地区(1998 年人均 GNP 在 761～3030 美元之间的国家和地区有 43 个);中高收入国家和地区(1998 年人均 GNP 在 9361 美元以上的国家和地区有 29 个)。联合国把人均 GNP(1994 年)低于 699 美元的国家定为最不发达国家,1994 年底世界上有 48 个最不发达国家,其中非洲 33 国,亚洲 9 国、美洲 1 国,大洋洲 5 国。一些石油输出国,如阿联酋和科威特等的人均 GNP 在世界上名列前茅,但它们缺乏广大的工业基地,一般被当做发展中国家,而不是发达国家。此外,按主要出口种类对国家和地区分类(即全部出口额的 50%以上均来自该种出口品),发展中国家和地区还可分为:制成品出口国和地区、非燃料初级产品出口国和地区、燃料(主要是石油)出口国和地区、劳务出口国和地区、综合出口国和地区(即设有一种出口品占到出口总额的 50%以上)。据世界银行分类标准,中国介于中低收入国家之间,属于制成品出口的发展中国家,1998 年 GNP 为 9289 亿美元,人均 GNP 为 750 美元。

转轨国家是指苏联解体后形成的国家和东欧国家,这是冷战结束、苏联解体而形成的产物。由于许多国家的独立,这类国家从原来的 9 个(苏联、保加利亚、捷克斯洛伐克、匈牙利、波兰、罗马尼亚、南斯拉夫、阿尔巴尼亚、蒙古)变成了 28 个(俄罗斯、白俄罗斯、乌克兰、爱沙尼亚、拉脱维亚、立陶宛、亚美尼亚、阿塞拜疆、格鲁吉亚、哈萨克斯坦、吉尔吉斯斯坦、塔吉克斯坦、土库曼斯坦、乌兹别克斯坦、摩尔多瓦、南联盟、马其顿、斯洛文尼亚、波黑、克罗利亚、阿尔巴尼亚、保加利亚、捷克、匈牙利、波兰、罗马尼亚、斯格伐克、蒙古)。1998年,转轨国家(已加入OECD的波兰、捷克和匈牙利等3国除外)占世界人口总数的7%,占世界GNP约2%。

新兴工业化经济体(又称半工业化、半发达国家和地区)系指一些已基本完成工业化任务,经济结构较合理,发展水平已接近或赶上发达国家的发展中国家和地区。这类国家和地区主要包括:新加坡、韩国、中国香港和中国台湾地区。它们都属于高收入国家和地区,其中新加坡和中国香港1998年人均GNP分别为30060美元和23670美元,高于或接近于美国人均GNP(29340美元)。一些国际机构把马来西亚、巴西、智利、阿根廷、墨西哥等也列入新兴工业化经济体。

新兴大市场国家和地区及新兴市场国家和地区(emerging markets)包括一些重要的发展中国家(地区)、转轨国家和个别发达国家。新兴大市场概念的明确提出始于美国商务部1994年初公布的《国家出口促进战略》报告。该报告确定一些国家和地区为美国出口和投资的重点。目前所涵盖的范围比刚提出时有所扩展,10个主要大市场为:中国经济区(含中国内地、香港和台湾地区)、印度、东盟、韩国、墨西哥、巴西、阿根廷、南非、波兰和土耳其。近年来,国际金融机构及媒体越来越多地使用"新兴市场"这一概念,这一概念所涵盖的国家和地区比新兴大市场多。如英国《经济学家》杂志使用这一概念所包含的国家和地区有25个:中国、中国香港、中国台湾、印度、印度尼西亚、马来西亚、菲律宾、新加坡、韩国、泰国、阿根廷、巴西、智利、墨西哥、委内瑞拉、哥伦比亚、希腊、以色列、葡萄牙、南非、土耳其、捷克、匈牙利、波兰和俄罗斯。1998年,"新兴市场"国家和地区占世界人口的57%,占世界GNP的近20%。

四、国际市场区域化的发展特点

(一)国际市场区域化是一个国际趋势

近几十年来,国际区域市场的发展有加速的趋势,区域市场的数量不断增加。至今,世界上绝大多数国家或地区均加入一定的国际区域市场。国际市场区域化的趋势估计还会继续下去。

(二)国际区域集团具有某种程度的交叉性

这种交叉性表现在不同的区域市场相互交叉,即某一个国家或地区既是某一个区域集团的成员,同时又是另一个集团的成员。比如,墨西哥既是北美自由贸易区的成员,又是哥伦比亚、墨西哥和委内瑞拉组成的三国集团的成员。

(三)国际区域市场有扩大的趋势

不少区域市场的成员国不断有所增加,规模不断扩大。比如,从美、加自由贸易区扩大到美、加、墨组成的北美自由贸易区;又比如欧洲共同体成立之初只有6个国家,后逐步增加。

(四)国际区域市场有不断高度化的趋势

所谓高度化是指国际区域市场的模式由低到高的演进。比如东盟,成立之初属于地区性合作集团,现正在向自由贸易区过渡;又如欧共体从共同市场向货币联盟过渡等。

(五)经济因素日益成为主要的因素

在政治、经济、文化和地理等因素中,经济因素越来越成为不同国家或地区结成区域集团的主要因素。

(六)国际市场区域化的主要启动者是政府

市场动主体是企业,市场活动的主要承担者也是企业;但是,国际市场区域化的推动者和实现者主要是政府。这是因为,多国集团是由不同国家或地区之间通过协议成立的国家集团,其决策者只能是政府。当然,这并不否定企业在国际市场区域化中所起的作用,特别是跨国公司在促进国际市场区域化中具有很大的影响力。

第二节 亚洲市场

全世界60亿人口有将近60%分布在亚洲。亚洲各国除了日本之外,经济发展水平远远低于美国和西欧,亚洲所创造的GDP只占全世界的四分之一强。可喜的是,亚洲近20年来的经济发展,使得西方各国也不得不刮目相看。

由于这里是讨论国际商务环境,所以将不涉及我们所熟悉的本土情况。而是主要讨论日本和东亚"四小龙",东南亚各国,南亚各国,以及中东各国。而中亚各国则将在讨论前苏联地区时提及。

一、日本和亚洲"四小龙"

东亚地区以日本的经济最为发达。新加坡、韩国、中国的香港和台湾地区这四个经济区的经济发展也令世人瞩目,被统称为东亚"四小龙"。本小节将主要介绍日本和东亚"四小龙"的情况,下一小节再介绍东南亚地区其他国家的情况。

日本是世界经济三强中的第三强,仅次于美国和西欧。日本拥有1.26亿人口,统计显示,日本2009年名义GDP为4749240亿日元,按照日本银行发布的日元兑美元年度平均汇率93.62换算,2009年日本名义GDP为50728.90亿美元。日本经济在20世纪80年代获得了持续的高速增长,其增长率是西方其他发达国家的2倍。从20世纪80年代中期开始,日本的国家综合竞争力在世界各国排名中高登榜首,并且在榜首的位置保持了8年。进入20世纪90年代之后,日本经济的增长速度放慢。90年代后期,则进入了经济发展的低迷时期。

日本经济在20世纪90年代之前的快速增长在很大程度上得益于日本通产省和产业界之间紧密配合。通产省运用其正式的和非正式的权力指导着日本企业精英的生产策略和投资战略。二战之后,通产省鼓励日本企业全力以赴搞好钢铁和造船等基础工业。当别的国家进入这些基础行业之后,通产省和日本的大企业又把战略重点转移到了生产汽车、家用电器和机床等。日本政府近年来一直表示要调整日本经济的产业结构,努力推动经济从外需主导型向内需主导型转移,最终确立以内需为主导的经济结构,但最近的一些经济数据表明,日本的汽车、钢铁、石油化工和机床等行业的出口依存度依然较高。

除了日本之外,东亚各国和地区的经济自20世纪60年代以来也都有较快的增长,其中增长最快的国家和地区有新加坡、韩国、中国的香港和台湾地区。由于它们除韩国之外都是中华文化的后裔,而它们韩国又崇尚中华文化,所以国际上又把它们统称为"亚洲四小龙”或者“四小虎”。

新加坡、韩国、中国台湾、中国香港都属于幅员不大、工矿资源不多，但地理位置优越且同西方发达国家有特殊关系的国家或地区。它们的经济发展具有一些鲜明的特点：

(1)增长速度快。从20世纪60年代开始，国民生产总值年平均增长速度都接近或超过10%。

(2)出口扩张迅速。中国台湾1970年出口总值是1960年的9倍，1980年为1970年的13倍；韩国1980年出口总值是1960年的534倍；新加坡1980年出口总值是1965年的20多倍。

(3)经济结构发生重大变化。韩国农业在国民经济中的比重从1961年的47.4%降为1985年的15%，工矿业从16.5%上升为33.4%；中国台湾农业比重从1952年的35.7%降为1978年12.1%，工业比重从17.9%上升为40.3%。中国香港与新加坡也从转口港变为工业城市。

(4)人均国民收入水平迅速提高。

(5)失业减少，收入分配相对平均。80年代这些国家和地区的失业率都降到4%以下，收入分配与美、日等国相比较为平均。

对新加坡、韩国、中国台湾、中国香港的经济发展起促进作用的有以下因素：

(1)外部世界比较有利的发展环境。20世纪50—70年代，世界主要发达国家经济高速发展，为亚洲四小龙的出口导向发展提供了良好的外部条件。科学技术革命使发达国家生产转向技术和资本密集工业，亚洲四小龙拥有质高价廉的劳动力资源，正好发展劳动密集工业。东亚地区的稳定也使它们可以把主要精力放在经济发展上。

(2)实行正确的经济政策。中国台湾从20世纪50年代后期开始，放弃凯恩斯主义政策，采用货币贬值以利出口，提高利率以抑制通货膨胀，并刺激居民储蓄以开投资来源等政策。韩国也仿效中国台湾货币贬值提高利率等方法。新加坡与中国香港则抓住有利时机，将消费城市转变为工业城市。

(3)发挥政府的积极作用。“亚洲四小龙”的政府都为经济发展创造各方面的有利条件，并积极参与投资，适当进行经济管理。

(4)中国优良的文化传统。“亚洲四小龙”同属中华文化区(也称汉文化圈或儒家文化圈)，在经济发展过程中，都注意发扬了注重教育、甘于吃苦、勤俭节约等传统。

二、东南亚各国

东南亚各国包括缅甸、老挝、越南、柬埔寨。泰国、马来西亚、新加坡、印度尼西亚、文莱、东帝汉、菲律宾等。新加坡在前面已经讨论过，下面仅介绍马来西亚、印尼、泰国和越南四国的情况。

马来西亚于20世纪60年代才摆脱殖民统治，获得独立。独立之后，马来西亚的经济得到快速发展。平均年增长率达5.3%，60年代在东南亚地区这算是很高的增长率了。马来西亚实行的是一种自由的外向型经济政策，鼓励对外贸易，鼓励私有企业，这种政策大大刺激了经济的发展。在20世纪70年代，尽管马来西亚的主要出口产品如橡胶与木材等价格下滑，但它却仍然保持了年平均6%的增长速度，这是很不容易的。到了20世纪80年代，马来西亚的经济增长速度起伏不定。可以说，马来西亚的经济增长取决于世界经济的开放程度，因为它依赖于有限的几类主要产品的出口，所以它的经济很容易受世界经济涨落的波动。

进入20世纪90年代之后，马来西亚经济继续高速增长。从1990年到1996年，年平均增长率达到8.7%的高水平。国际贸易增长得更快，进出口的年平均增长率高达20%以上。它的主要贸易伙伴是新加坡、美国、欧盟和日本。90年代，马来西亚经济发展的引擎是制造业和建筑业。1997年的亚洲金融危机，对马来西亚的经济发展有很大的冲击。

印度尼西亚是东南亚面积最大、人口最多的国家，也是第二次世界大战之后最早从殖民统治中获得独立的国家。从20世纪60年代中后期开始，印尼经历了长达30年的稳定增长。年平均增长率约为6%，人均收入增加了两倍。贫困人口比例从当初的70%下降到了20%以下，文盲率和婴幼儿死亡率大大下降。公路、铁路交通和通讯设施等基础建设得到很大的发展，建起了规模很大、种类较多、以出口为导向的制造产业。印尼的经济发展还得益于开发高收成的水稻良种，以及油田和气田的开发。

在1997年亚洲金融危机之前，泰国和越南也经历了多年的经济高速增长，年均增长率超过8%。日本、美国、香港的跨国公司纷纷到泰国大量投资，到越南去投资的则以台商、港商以及日本和新加坡的企业居多。

经历1997年金融危机之后，东南亚国家一边在国际组织的帮助下整顿金融秩序，一边进行战略调整。面对经济全球化和高技术的发展，东南亚国家都把科技发展作为新的经济发展战略的第一推动力。

受金融危机影响最大的泰国在1999年召开了全国科技大会，制订了今后20年的科技发展战略。为解决科研人员短缺问题，国家研究院和大学部制订了一个培养本国博士生的计划。政府给予资助，第一阶段(2000—2011年)全国将培养2万人。为了提高泰国中小企业在国际市场上的竞争力。1999年4月，泰国议会批准成立中小企业发展协会，政府计划五年拨款21亿泰铢，在五年内培养出11.6万名中小企业家。泰国科技部还设立了特殊基金，帮助中小企业更换设备，对使用技术改造基金的中小企业给予贴息补助。

泰国政府高度重视信息产业的发展，采取了一系列重大措施。为加强国家信息技术政策研究和统一管理，1999年，泰国将国家信息技术委员会(NITC)办公室组织结构进行了调整，并更名为国家信息技术政策办公室，划归国家科技发展署，给予该部门更大的灵活性和自主权。NITC于1999年下半年启动了创建信息技术化办公室工程，建立政府信息网，并批准了目前正在实施的软件园发展战略，重新启动微电子研究中心工程，拟拨款15亿泰铢。科技发展署还决定将每年由其掌握的8000万泰铢低息贷款主要用于支持开发。国家信息技术委员会还制订了泰国电子商务发展计划，以促进泰国互联网用户的发展。

三、南亚各国

南亚各国的经济在最近十多年里有很大的变化，其中尤其以印度的发展最值得注意。下面主要介绍印度、巴基斯坦、孟加拉国、斯里兰卡等国的情况。

印度是继中国之后，第二个人口超过10亿的国家。其经济发展水平还相对落后，人均GDP不足400美元。就业人口70%从事农业生产，但只创造了35%的GDP。作为英联邦成员国的印度，在政治制度和治理结构上承袭了许多英国的体制。在1990年以前，印度在电力、交通、重工业等关键行业上主要依靠的是国有企业。对外来投资采取限制政策，外资在印度企业只能占少数股权，还有种种繁琐的要求。例如，20世纪70年代可口可乐公司想要进入印度，印度政府就要求它透露可乐的秘密配方，使得可口可乐公司拂袖而去。

美苏冷战时期，印度基本上是偏向于苏联的。苏联解体使得印度的一些大宗产品如茶叶等失去了很大的市场。从1991年开始，印度实行经济改革，鼓励外商投资。例如，建设4000万线的电信系统共需要200亿美元的投资，澳大利亚的特尔斯特拉公司(Telstra)抢先一步，跟印度的大型企业摩迪集团建成了一家合资企业，生产供应分区网络设施。我国深圳的康佳集团前两年也在印度合资建立了彩电装配厂，生产彩电供应当地市场。20世纪90年代以来，印度在高新科技园建设，特别是在软件开发上的成就，令全世界所瞩目。

巴基斯坦、孟加拉国跟印度一样，在第二次世界大战之前长期处在英帝国的统治之下。1947年脱离英国统治获得独立时，按照宗教信仰分为印度和巴基斯坦两个国家，即信仰印度教的地区属于印度，信奉穆斯林的地区则属于巴基斯坦。当时的巴基斯坦在地理上被分隔成东西两大块，印度以西的一大块俗称为西巴基斯坦(即今天的巴基斯坦)；而在印度以东的一大块俗称为东巴基斯坦，东巴基斯坦于1971年从巴基斯坦分离出来成为孟加拉国。巴基斯坦和孟加拉国都是世界上的人口大国之一，它们的人口都在1.2亿以上，它们又都是经济相对落后的农业国。1990年以后，这两个国家也都开始了经济改革，试图吸引外资。但是，由于基础设施建设落后，对外资的吸引力有限。这种情形在90年代后期有所改观。例如，澳大利亚两家公司承建了连接巴基斯坦12个主要城市的光缆工程。全长达2100千米，当时是世界上最大的光缆单体工程。

斯里兰卡是位于南亚次大陆以南的一个岛国，也是一个经济相对落后的农业国，不过，20世纪90年代以来，制造业有了很大的增长，其中纺织品的出口一度占到出口总额的三分之二。斯里兰卡居民平均受教育程度较高，文盲率只有10%左右，英语使用比较普遍。但是，泰米尔猛虎组织的分裂活动使得斯里兰卡的政局动荡不安，减退了外商的投资兴趣。

四、中东地区

中东地区一般是指东至伊朗，北至土耳其，西至埃及，南至也门这一大片地区，共有十几个国家，其中除埃及属于非洲之外，其余都是亚洲国家。

中东素有世界文明摇篮的美誉，又是犹太教、基督教和伊斯兰教的发祥地。可是，近半个多世纪以来中东地区却是战火不断，20世纪六七十年代爆发了多次中东战争，80年代有两伊战争，90年代又有海湾战争。中东和平进程，充满了艰辛和曲折。连绵不断的战争给制造军火和防卫系统的跨国公司带来了滚滚的财源，却给无数无辜的老百姓带来了深重的灾难。

中东各国的经济发展很不平衡。沙特阿拉伯面积225万平方千米，人口2465万，经济总量在中东地区排第一，2005年国内生产总值(GDP)3074亿美元，人均GDP13947美元。以色列被视为是中东地区里经济发展、商业自由、新闻自由、整体人类发展度最高的国家，2007年GDP1400亿美元。以色列高新技术产业发展举世瞩目，特别是在电子、通讯、计算机软件、医疗器械、生物技术工程、农业以及航空等方面拥有先进的技术和优势。以色列地处沙漠地带边缘，水资源匮乏。严重缺水使以色列在农业方面形成了特有的滴灌节水技术，充分利用现有水资源，将大片沙漠变成了绿洲。不足总人口5%的农民不仅养活了国民，还大量出口优质水果、蔬菜、花卉和棉花等。中东地区的石油蕴藏非常丰富，号称世界油库。沙特每年的石油产值占国民总产值的1/3以上,石油出口额占总出口额90%以上。除了石油收入之外,中东地区的人民也想建立多样化的经济。例如,在阿拉伯联合酋长国,尽管本地人信奉伊斯兰教,但他们并不把自己的宗教信仰强加于人。居住在阿联酋的外籍人每月都有酒卡和猪肉卡,可到专卖店去买。阿联酋在保留本民族的传统时,能够尊重其他民族的宗教信仰、文化传统和生活习俗,以宽容的心态对待世界,因而吸引了许多外籍人士前去投资和工作。这个美丽开放的沙漠之国,也必将在多元的社会环境中变得更加繁荣。

第三节　大洋洲市场

广义的大洋洲包括澳大利亚、新西兰和位于南太平洋的诸多岛国。澳大利亚和新西兰是这一地区的两个大国,它们对周围那些岛国的经济有相当大的影响。许多年来,两国密切合作,可是,在世界观、文化和国民性格方面两者还有很多差异。两国公民都可以自由出入另一个国家,两国贸易也不存在任何壁垒或限制。

澳大利亚的国土面积相当于中国的80%,人口大约1900万,只有中国的1.5%。从大英帝国把它作为刑罚流放地开始算起,至今只有200多年的历史。作为英联邦的成员之一,澳大利亚过去跟英国经济有很强的联系,但最近一二十年的情况有很大的变化。

澳大利亚的国土虽然有大片的沙漠,可耕地占国土面积比例较小,但是物产丰富,煤炭、铁矿和其他矿产资源蕴藏量很大,有适合养牛、养羊的大片草场。澳大利亚的人均国民产值早在20世纪90年代中期就已经达到20000美元以上,位居世界各国的前列。澳大利亚的国际贸易相当活跃。以前,它的出口货物以矿产品为主,自从20世纪80年代后期开始,制造业产品在出口中所占的比重逐步上升,旅游和教育等服务业的出口也逐步发展起来。澳大利亚最主要的贸易伙伴早已不是英国,而是日本、美国、新西兰。在澳大利亚投资的最大外资来源国分别是美国、英国和日本,而澳大利亚到国外进行国际投资的三大去向国分别是美国、英国和新西兰。自20世纪80年代后期开始,澳大利亚经济也有了许多的变革,放松了政府的管制,采用了更高效的劳动力市场方式,加强了同亚洲地区国家的经济联系和交往。从20世纪90年代开始,澳大利亚的国际竞争力不断增长。进入21世纪,它的国际竞争力已经跻身前10名,成为名副其实的发达国家。

新西兰由北岛和南岛两个大岛以及若干小岛组成,国土面积27万平方千米,是我国台湾地区面积的7.5倍。人口380万,只有我国台湾地区人口的大约1/6。新西兰最大的城市是奥克兰,人口100万。也就是说,新西兰全国每4个人中,就有一个人住在奥克兰。新西兰80%的人口是英裔,华裔人口只有大约10万,仅占2.6%。

新西兰的政治制度与英国相似,英国女王是新西兰的名誉元首。新西兰总督由英国女王任命,执政领袖则由民众选举。1984年工党政府上台之后,实行经济自由化,但是遇到了种种阻力,进展十分艰难。从1985年到1992年,经济增长非常缓慢。但是,1993年始新西兰终于把管制最强的经济变成了管制最弱的经济,有利于经济发展的措施随后也充分显露了效果。从1993年开始,其经济获得了连续多年的高速增长。

在澳大利亚和新西兰以北，北纬20度以南的太平洋上，还有众多的岛国，太平洋上的众多岛屿可以分为三大岛群：玻利尼西亚(众岛屿之意)，密克罗尼西亚(小小岛屿之意)，美拉尼西亚(黑色岛屿之意)。不仅各岛群之间的文化差异非常明显，而且同一岛群的不同岛屿之间也有明显的文化差异。吃、住问题，各岛屿能够做到自给自足。但建设道路、交通、电力等基础设施所需的投资，则有赖外援。大多数制造业产品都需要进口，主要的外汇收入是依靠自然风景吸引国外旅游者。其中像巴布亚新几内亚这样的岛中大国，则跟澳大利亚、日本、韩国等有一定数量的国际贸易，出口的都是矿产品和农产品等，进口的则都是工业品和消费品。

第四节 美洲市场

美洲市场包括北美市场、加勒比海诸国及南美洲市场。

一、北美市场

这里所说的北美市场，包括加拿大、美国、墨西哥三个国家。

美国地处北美洲中部，面积936多万平方千米，物产丰富，经济发达。2008年美国GDP总量是13.98亿美元，约占全球GDP总量的18.3%。在北美洲各国中甚至于在全世界，拥有最高的人均收入。

20世纪90年代初苏联解体之后，美国成了世界上唯一的超级大国。其政治、经济实力无人能够与之匹敌。在全世界的货物贸易和服务贸易中，美国占了其中的1/7。低收入的发展中国家实施出口导向型的经济发展战略，以价廉物美的传统消费品进军美国市场，从而增加自己的收入，提升自己的生活档次。发达国家进军美国市场，瞄准的则是美国庞大的中产阶级家庭群落。

美元是世界上最为普遍的计价币种，在所有的国际交易中，有一半以上的交易是以美元计价的。美元也是各国外汇储备中最重要的一个币种。正是由于美元的强势和广泛使用，它成了全世界经济统计数据分析和比较的基准。联合国、世界银行、国际货币组织、世界贸易组织等均以美元作统计数据的价值单位。正因为如此，本书的很多地方也以美元作为价值单位。由于美国政治和军事实力强大，它也吸引了许多外来资本。一些政治上或经济上动荡不安的国家，有钱人纷纷把自己的钱财送到美国这个想象中的安全天堂。

美国消费者的产品占有程度高，这一点与收入高有关；同时也与消费品与工业品创新的接受程度较高有关。与世界其他国家相比，美国堪称全球性产业领先者的摇篮。例如，美国公司在计算机、软件、航空、娱乐、医疗器械和喷气式发动机等行业均处于世界主导地位。这个广大的市场吸引了许多外国公司。它的市场容量相当于整个西欧的市场容量，是日本市场的两倍。该市场的另一个显著特征是政府与企业之间保持着一定距离，这使得企业在美国比在世界上大多数国家有更多的市场进入机会。在其他方面，政府和企业界的密切关系往往会妨碍外国供应商的营销活动。

加拿大的国土面积997万平方千米，居世界第二位，人口不到3030万。其中80%以上的人口集中居住在美国和加拿大边境线以北 160 千米以内的狭长地带里。1997 年的 GDP 为 10345 亿美元。加拿大的政治和经济历史在很大程度上反映了它跟美国在地缘上和经济上的紧密联系。同时,加拿大又努力保持着自己有别于南边这个超级邻国的文化特性。

加拿大良好的基础设施建设对它的经济发展有很大的促进作用。从 20 世纪 80 年代中期开始,加拿大从民族主义和保护主义的政策转向了更加开放的经济政策。加拿大与美国之间的贸易开始繁荣起来,美加双边贸易现在是世界上最大的双边贸易。同时,加拿大支持北美自由贸易协定(North American Free Trade Agreement,简称 NAFTA)。

墨西哥是北美洲三国中经济最落后的。国土面积接近 200 万平方千米,人口约 9500 万。按照年平均汇率计算,墨西哥 2009 年名义国内生产总值为 8759.45 亿美元,按照《世界概况》估计,2009 年 7 月墨西哥人口为 111211789 人,以此计算,墨西哥人均国内生产总值约为 7876 美元。经济发展程度远远低于美国和加拿大。在语言上,墨西哥也跟美国和加拿大有很大的不同。美国和加拿大的主要语言是英语(加拿大的魁北克省等地使用法语),墨西哥的官方语言为西班牙语。

1988 年 1 月,美(国)加(拿大)自由贸易协定生效,形成了世界上最大的自由贸易区。该协定不仅大大降低了双方在各个领域里的关税,而且又建立了一个良好的争端解决机制。同时严格遵循关贸总协定的精神,不形成关税同盟和贸易集团,双方均可独立自主奉行各自同其他国家的贸易政策。这个协定后来又扩展到了墨西哥,成为北美自由贸易协定(1994 年 1 月 1 日正式生效)。

二、加勒比海诸国及南美市场

在加勒比海沿岸及其岛屿中,还有 20 多个国家和地区,包括古巴、危地马拉、多米尼加共和国、海地、洪都拉斯、萨尔瓦多、尼加拉瓜、波多黎各、哥斯达黎加、巴拿马、牙买加、特立尼达和多巴哥、瓜德罗普岛、马提尼克岛、巴哈马、巴巴多斯、伯利兹、安的列斯群岛(荷)、圣卢西亚、维尔京群岛、圣文森特和格林纳丁斯、格林纳达、阿鲁巴、多米尼加、安提瓜和巴布达、百慕大、圣基茨和尼斯联邦、开曼群岛。

加勒比海地区的 20 多个国家和地区的总人口约为 7000 万,是加拿大的 2.3 倍。而其经济发展水平远低于加拿大。这 20 多个国家的国民总产值不到 1.2 亿美元,只是加拿大的 20%,人均国民产值不及加拿大的十分之一。影响这些国家经济发展的历史和现实原因很多,比如美国的经济制裁和军事干预、政局动荡不安、教育体系落后、经济政策不当等。

南美地区包括巴西、哥伦比亚、阿根廷、秘鲁、委内瑞拉、智利、厄瓜多尔、玻利维亚、巴拉圭、乌拉圭、圭亚那、苏里南、法属圭亚那。南美各国在 15 世纪时陷入了当时的欧洲强国葡萄牙和西班牙的殖民统治。1494 年的罗马天主教法令划分了南美洲的殖民统治权,巴西归葡萄牙,南美其他各国则归西班牙统治。所以,至今,巴西的国语为葡萄牙语,而南美其余各国的国语则为西班牙语。

第二次世界大战以后的很长时间里,南美的很多国家都奉行进口替代政策来促进本国经济的发展,所谓奉行进口替代政策,就是用很高的关税和非关税壁垒来阻碍进口,以刺激本国工业的发展。南美的许多大国,如阿根廷、巴西、智利、委内瑞拉等,都曾采用这种立意良好的进口替代政策,但实行的效果却不尽如人意。到了 20 世纪 80 年代后期,这些国家终于纷纷降低关税,同邻国缔结自由贸易协定,让企业私有化,使自己的经济参与国际竞争。

这种政策变化不仅使得南美在世界贸易中的地位大为增强，而且吸引了大量的外资进入南美。南美各国的生产率和人均国民产值在20世纪90年代的大部分年份里有很大的提高。例如阿根廷1997年的人均国民产值即已接近9000美元。

第五节 欧洲市场

欧洲市场包括西欧市场、东欧及苏联地区市场。尽管苏联地区的若干个国家地处中亚地区，但是由于它们在历史和现实上都跟俄罗斯和其他地处东欧的原苏联地区国家有着较深的联系，所以仍放在这一节里介绍。

一、西欧市场

西欧诸国是世界上最繁荣富强的地区之一，其面积比澳大利亚还要小，该地区有23个国家，总人口接近4亿。西欧与美国、日本构成了世界经济的三强，其中西欧位列美国之后，排名第二。西欧的许多国家都是欧洲联盟(European Union，简称欧盟，EU)的成员国，也有少数几个国家独立于欧盟之外。

欧盟成员国按其政治经济实力又可以分为三类：

(1)经济富裕，人口较多，政治实力较强的有德国、法国、英国、意大利，它们同时又是西方七国集团成员。

(2)经济富裕，人口较少，政治实力不强的有：丹麦、比荷卢三国、奥地利、芬兰、瑞典等国。

(3)经济发展相对落后的有希腊、爱尔兰、葡萄牙、西班牙等国。

世界银行分类的高收入国家包括上述第(1)、(2)两类的全部国家和第(3)类中的西班牙和爱尔兰两国，而上述第(3)类中的葡萄牙和希腊两国则被归于中等收入国家之列。虽然欧盟各国采用的都是自由市场经济，但是政府干预和国有企业在这些国家的经济中依然起着很重要的作用。

从经济的角度上来看，德国是欧盟最重要的成员国。早在1995年，德国的GDP即达到24000亿美元，是世界上的第三个经济大国，而且是世界上的第二出口大国。德国强大的经济实力和德国政府严格的反通货政策，使得德国马克成为欧洲的主要货币。以致德国中央银行和Bundesbank事实上控制了欧盟的货币政策。

在政治上，法国对欧盟施加了很大的影响力。法国政府一直带头倡导在欧洲内部加强政治、经济和军事联盟，增强欧盟政府的权力。在一些对法国经济非常重要的产品上，例如农产品、水产品、汽车、半导体芯片等，法国一直主张限制自由贸易。法国的这些主张也不时受到其他国家的挑战，比如英国就一直坚定地抵制法国想要扩大政府对欧盟市场干预的意图。

英国政府近20年来一直致力于增强自由市场经济的作用。他们认为把欧盟成员国政府的政治权力转移给超国家的欧盟政府会导致对欧洲经济控制的强化。同时，作为一向支持自由贸易的国家，英国对法国的保护主义倾向总是作出重要的反击。英国的自由贸易政策使得伦敦自19世纪以来一直都是国际商务活动的中心。伦敦还跟纽约和东京并列为三大国际金融中心，仅在金融服务领域，伦敦就有30多万雇员。英国既是进出口大国，又是对外投资的集散地，还是许多跨国公司总部和地区分部的所在地。英国1996年的货物出口额为2580亿美元，占其当年GDP的23%，这些货物大部分出口到了欧盟其他成员国和美国。

二、东欧及苏联地区市场

这里的东欧国家包括阿尔巴尼亚、保加利亚、捷克、匈牙利、波兰、罗马尼亚、斯洛伐克以及波黑共和国、克罗地亚、马其顿、斯洛文尼亚、南联盟等。而苏联地区则包括俄罗斯、爱沙尼亚、拉脱维亚、立陶宛、白俄罗斯、乌克兰、摩尔多瓦、亚美尼亚、格鲁吉亚、阿塞拜疆、塔吉克斯坦、哈萨克斯坦、吉尔吉斯斯坦、土库曼斯坦、乌兹别克斯坦等国，都是苏联解体前后从苏联分离出来的独立国家。

俄罗斯是这个地区的唯一大国，拥有世界上最大的国土面积，1997年的人口是1.47亿，国民生产总值约为3950亿美元，人均国民生产总值2680美元。1917年十月革命建立起来的苏维埃社会主义共和国联盟，废除了市场经济和私有财产，土地集体化，消除了巨大的贫富差距。但是，由于长期同美国进行军备竞赛和其他种种原因，苏联人民的生活水平与西方发达国家的差距越拉越大。

戈尔巴乔夫1985年上台以后实行政治和经济改革的新思维，导致1991年苏联的解体，15个加盟共和国先后宣告独立。1992年，除爱沙尼亚、拉脱维亚、立陶宛和格鲁吉亚之外的11个新独立的苏联加盟共和国成立了独联体(CIS)。独联体中的大国自然是俄罗斯，它幅员辽阔，物产丰富。

俄罗斯和苏联各国都面临着经济转型的许多难题。

第一个难题是产权变革。叶利钦总统在俄罗斯实行"休克疗法"。从1992年开始大规模实行私有化。可是并没有有效地解决俄罗斯的经济问题，反而使俄罗斯经济陷入了长期的困境。直到20世纪90年代末期，俄罗斯经济才有所恢复和好转。

第二个难题是通货膨胀。由于经济的低效率，政府的财政收入来源减少，而需要花钱的地方很多，政府只得增加货币发行量。于是引起了一轮又一轮的通货膨胀。这种通货膨胀不仅使许多老百姓辛辛苦苦积攒下来的个人财富陡然间缩水，而且也使老百姓逐步丧失对政府的信任。好在近几年苏联地区各国在治理通货膨胀方面有了明显的好转。

第三个难题是政治上的不稳定性，以及政府的官僚作风和办事的低效率。这些因素使得许多国外的投资者观望徘徊，举棋不定。尽管如此，苏联各国依然蕴藏着巨大的国际商务潜力，它们拥有2.9亿人口和丰富的自然资源，迫切需要来自国外的资金、技术以及高质量的消费品。

俄罗斯轻工业基础极差，因此中俄双方经济的互补性极强。每年的中俄贸易逆差都以百亿美元计。这从一个方面说明了中国向俄罗斯出口消费工业品的可增长空间。俄罗斯一方面由于社会保障程度高，消费支付力有余。我国的优质商品到俄罗斯可翻10倍的价顺利卖出。另一方面，俄罗斯仍属消费品短缺型的社会，因此中国的商品对俄国人不是太多而是太少。

苏联各国中有多个国家跟我国有较长的边境线相连。20世纪80年代后期和90年代前期，我国的东北地区和西北的新疆跟这些邻近的国家有许多的边境贸易。这些贸易曾一度非常红火。后来因为一些不法商贩销售假冒伪劣产品，损害了中国货在这些国家消费者心目中的地位。

东欧各国的经济发展水平参差不齐。阿尔巴尼亚是欧洲最贫穷的国家。波兰、匈牙利、斯洛伐克、保加利亚、罗马尼亚、捷克等都是苏联的卫星国。它们的经济发展虽然各有潜力，也各有一本难念的经，但是它们也都面临着两个共同的难题。难题之一是由于经济合作互助委员会（经互会）的解体，苏联的卫星国失去了原先当然的经互会出口市场。第二个难题是如何把苏联各卫星国原先中央集权的计划经济改造为分权的市场经济。

美国是捷克共和国、匈牙利和波兰的最大投资国。

对于中欧和东欧国家来说，营销无疑是促进经济发展的关键。但它们也许需要几十年的努力才能达到与西欧国家相近的营销水平。该地区的国家需要发展基础设施，改变反复无常的法律和契约构架。此外，它们还应当发展商业文化和需求预测机制。

消费品在东欧市场上销售时只需做很小的修改。许多东欧国家的消费者对西方的品牌都很熟悉，认为它们的质量优于本国产品。但是，东欧国家分销渠道方面的基础设施比较薄弱，批发业不够发达，零售网点不足且缺乏吸引力，没有自助服务三线（选择、付费、取货）体制使得购物活动很不方便。

第六节 非洲市场

非洲有 50 多个独立国家，绝大多数都遭受过较长时间的殖民统治。它们虽然在 20 世纪 50 年代获得了独立，但是，殖民统治的痕迹依然对它们今天的国际经济交往有着重要的影响。例如，乍得、尼日尔、科特迪瓦（象牙海岸）以前都是法国的殖民地，今天仍然跟法国在经济和文化上有着密切的联系，它们的货币叫法郎，它们的法律制度、教育制度和政府机构都因循了法国的体系。法国的制造厂商、金融机构、服务行业在跟这些国家的国际经营中占有绝对的优势。相应地，肯尼亚、津巴布韦、南非等国则带有浓厚的英国痕迹，英国厂商在这些国家具有特别的竞争优势。南非是非洲经济发展水平较高的大国，毛里求斯则是非洲经济发展得最好的小岛国，其人均国民产值超过了南非。

许多非洲国家的经济都跟其自然资源紧密相连。利比亚富产石油，其人均国民产值早在 1994 年就达到 6500 多美元，居非洲各国之冠。安哥拉、加蓬、尼日利亚等国的原油产值也占各自 GDP 的一半以上。农业对许多非洲国家都很重要，农产品是一些国家的主要出口产品。比如，科特迪瓦出口额的 80%以上是咖啡、可可、棕榈油等农产品。可是，一些国家连绵不断的战乱严重毁坏了其经济的发展。

也许受到欧洲联盟成功的鼓舞，1999 年 9 月，第五届非洲统一组织特别首脑会议通过《苏尔特宣言》决定成立非洲联盟。2002 年 7 月 8 日，非洲统一组织在南非德班召开最后一届首脑会议，9 日至 10 日，非洲联盟举行第一届首脑会议，并宣布非洲联盟成立。非洲联盟的主要任务是维护和促进非洲大陆的和平与稳定，推行改革和减贫战略，实现非洲的发展与复兴。不过，以非洲各国差异的巨大以及大多数国家普遍贫困的现状，非洲联盟要想取得欧盟那样的成功，可能暂时还只是个美好的梦想。

复习思考

1. 简述国际区域市场的成因和模式。
2. 国际市场区域化的发展特点有哪些?
3. 指出下列地区经济和营销的特点:西欧、北美、东南亚、亚太。

案例分析

东日产业的国际区域市场分析

一、分析对象国家的选定

1981年,韩国的铜冶炼会社——东日产业为了保证原料的长期稳定供给,决定在海外进行铜矿的开发进口,并投入了投资对象国家的选定工作。

资源的禀赋是资源开发的前提,所以首先选定了澳大利亚、秘鲁、墨西哥、菲律宾、加拿大、智利、扎伊尔等七个国家为投资候选对象。

二、分析对象国家的现状

下面我们根据表3-1中所列举的11项环境要素来考察上述七国的状况。

表3-1 投资国环境分析要素

(1)政治稳定性	(6)税收优惠	(11)劳动力资源
(2)当地筹资的可能性	(7)经济开放政策	
(3)通货膨胀	(8)基础设施	
(4)资金回收的可能性	(9)免税进口	
(5)外汇管制	(10)对外资的限制	

1. 政治稳定性

澳大利亚作为英联邦的一员,一直保持着内阁负责制。1975年12月自由国民地方党的联合政权复活,在外交上采取亲美政策。

在秘鲁,1975年8月的不流血政变只不过是一次领导人的轻易交替。但是因物价上涨措施而怀有不满的人们掀起了暴动,使全国宣布了非常措施。总统贝尔木戴斯宣布要实施总统选举,向民主政权发展。秘鲁在1968年军事革命后虽然一直推行不结盟的中立外交路线,但是,总统把重点放在美洲大陆,特别是拉丁美洲,并在保持同第三世界及非结盟各国关系的同时,执行着立足民族主权的独立外交政策。

墨西哥自独立以来虽然因长期动乱而一直处于不稳定的状态,但是,1934年以后政局得到了稳定。目前,它作为中南美政治最稳定的发展中国家,外交上执行着亲西方路线。

在菲律宾,虽然当时的总统通过戒严维持着独裁统治,但是,天主教与知识分子的反抗十分严重。政体是两党制,没有理念上的对立。现在,在戒严令下,马科斯体制得以稳定,同时,作为政治性问题,民达那吾地区的伊斯兰教纠纷也得到了重视。

加拿大实施联邦制度,实行内阁负责制。1974 年第三届自由党内阁出台。1976 年 11 月在法国血统的加拿大人居住中心魁北克省诞生了宣称独立、与联邦政府分离的魁北党新政权。但是,魁北党的胜利并不意味着立刻从联邦中的分离与独立,它是在逐渐实施着争取最终独立的政策。

智利作为立宪共和国,是总统中心制。目前国家最高统治权由皮诺采特总统和四人军事评议会掌握着。在政界和部分社会阶层中,正出现反政府倾向。1977 年末,矿工及港口装卸工人罢工,并通过了对政府的人权及经济政策的谴责决议案,而且美国又支持这一举动,因此,现政府面临着很大的内外考验。

扎伊尔作为军政、民政的混合政体,是总统中心制。总统蒙布托创建的 MPR 党是唯一政党。他虽然一直以强有力的统治来谋求国内的稳定。但是,以前卡汤卡军为核心的 5000 多名军人最近从安哥拉进攻,再次成了纠纷的焦点。对外,扎伊尔执行不结盟的中立外交路线。

2. 当地筹资的可能性

在澳大利亚,可从当地金融市场筹措资金,但政府更希望通过发行股票的方式来筹措。

在秘鲁,政府虽然禁止外国企业在当地筹措资金,但却认可借入短期资金及不超过 3 年的中期资金。

墨西哥政府虽然把通过证券及金融机构融资的管理权限交给了财政部和中央银行,但当地贷款利率高,信用制度不完备。所以,外资企业多依靠保留利润和母公司汇款再投资。

在菲律宾,51%以上的外资企业是投资鼓励法和出口鼓励法的对象登记企业,其借入资金对自有资本的比率不得超过 60∶40。

加拿大没有这方面的限制。

智利正在经受着慢性资金不足的煎熬,加之高利率,所以,在当地筹措资金极其困难。

扎伊尔根据投资法优待外资企业,并有五家外资银行。

3. 通货膨胀

如果为了观察各国通货膨胀率而把 1973—1977 年的消费物价指数作一下比较的话,年平均比率,澳大利亚为 16.9%,秘鲁为 41.7%,墨西哥为 29.0%,菲律宾为 16.5%,加拿大为 9.9%,智利为 33.0%,扎伊尔为 25.4%。

4. 资金收回的可能性

在澳大利亚,外资企业利润、红利、授权收入的汇出,只要有准备银行的许可即可。对于汇出款的课税采用付方课税的办法,适用税率是红利为 30%,利润 10%,授权收入 42.5%。

秘鲁把利润汇出的限度从注册资本的 14%以内提高到 20%。在墨西哥,投资本金的偿还、授权收入与薪金的汇出等对外汇款完全自由。在菲律宾,政府认定本金及利润全额为投资外汇,对外汇出时,要与外汇汇率换算后方可汇出。加拿大对于资金收回没有什么特别的限制。在智利,纯利润及引进后经过 3 年的资金可以无限制地向海外汇出,同时也可以进行利润的再投资。在扎伊尔,对于外国人被雇用者的薪金汇出,允许外汇汇出到纯所得的50%。另外还保障红利和本金的汇出。但是,由于稳定化计划的实施,实际上出现了许多困难。

5.外汇管制

澳大利亚作为IMF的成员国实行管理浮动汇率制,只是资本流动需要得到批准。秘鲁实行政府集中管理的制度,对于民间进口,个别地按比例收取外汇。墨西哥自1946年成为IMF会员国以来虽然不实行外汇管制,但1976年比索汇价下跌后曾一度限制外汇,不过立刻又恢复了自由兑换。菲律宾作为IMF的成员国,对于2万美元以上的机械设备类资本品进口全部实行延期付款。加拿大虽然没有外汇限制,但对授权费有限制。智利实行中央银行集中管理制,为控制进口而严格外汇管理,大部分实行信用证往来,也是IMF成员国。扎伊尔大幅度地增加不要求进口许可证的商品项目,缓和外汇管理,促进实施外汇自由化。

6.税收优惠

澳大利亚没有只以外资企业为对象的减税制度。

在秘鲁,当制造业企业把利润用于再投资或增资的时候,公司所得税的减免比率随行业而变化;此外,还有贷款利息的优待、以地区开发计划为准的进出口关税及所得税的减免与加速折旧的优惠制度。

在墨西哥,国内资本占50%以上的企业,当国产化比率达到60%以上时,可依照行业与地区的不同给予5～10年的所得税、进口税和货物流通税的减免。

在菲律宾,如果是投资领域的话,所得税及10年内产生的纯损失可从应税所得额中扣除;此外还有加速折旧制度等各方面的税收优惠。

加拿大没有只对外资企业的特别减免税措施。

在智利,由于不区分外资与内资,所以,对于外资没有特别的税收减免措施。

在扎伊尔,公司建立后增资时,实行减免税措施;新建项目在5年间免征营业税;设施扩建及现代化投资时,5年内对申报利润免征营业税、不动产税。另外,如果有特别协定的话,在一般优惠制度上还可考虑例外的特急。

7.经济开发政策

澳大利亚目前推行稳定与协调的资源开发政策,促进以农产品贸易自由化等为主的出口贸易与工业化;同时还促进经济基础结构的整合和依靠大型成套设备的地区开发。虽然国家的综合计划和个别产业成套设备贮备计划不复存在,但却有地区统一计划。

在秘鲁,所得增长政策于1976年末结束,但1975—1978年的国家开发计划尚在实施中。秘鲁对矿产品出口提供优惠政策,并以建设公正的社会为目标,进行着生产部门的有效开发、人力资源的开发和恢复资源主权的斗争。秘鲁执行着独立自主的对外政策。1976年9月,小幅度地降低了汇率。

墨西哥政府为振兴出口和出口工业而与产业界和劳工界的代表共同调整了政策,并在为低所得阶层而努力稳定物价。1972—1980年,GDP年增长目标为7%～8%,年就业增长目标为3.4%,同时还包括所得分配的公正化、教育及社会福利的实施等目标。

菲律宾正在推行土地革命和消除地区收入差的工作,同时还在促进进口替代工业

的发展和出口贸易的增长。菲律宾的4年开发计划正在实施中,它的GNP年均增长目标为7%。同时还包括增加就业、所得分配公正化、物价水平的稳定及国际收支的稳定等各项目标。

加拿大实施稳定的高速增长政策,正在向年平均增长5.5%~6%的目标发展,采取降低外资比率、实现加拿大化的政策。在实施中,以协调的资源开发为目标的能源自主政策,虽然没有综合性的经济计划,但却有消除地区差别、实现公正分配的目标。特别是大西洋沿岸的欠开发地区正在成为开发重点。

智利现有目标是实现经济的持续高速增长、消除社会分配不公、减少对外依赖、强化国家安全保障;谋求生产资源的有效利用、积累与投资的增加、人力资源素质的提高、适用技术的使用;重点投资领域是矿业、住宅建设和制造业。

在扎伊尔,由于世界性的不景气和一次产品价格的下跌,对矿物资源的开发投资正处于沉滞状态。受安哥拉内战的影响,财政与经济一片混乱。因此,政府部门正在参与经济活动,计划使年平均经济增长率保持6%。重点工作是:农业增产、矿业的开发、运输及地区的开发。

8. 基础设施

澳大利亚总面积为769万平方千米,与公路延长长度的比率为11.5%,与铁路的比率为0.52%;海运能力及港口的吞吐能力分别为139万MT和227万MT。人均消费能源80.0MT(煤炭换算值)。每1000人拥有电话数为377台。

秘鲁总面积129万平方千米,与公路延长长度的比率为3.94%,与铁路的比率为0.19%;海运能力及港口吞吐能力分别为99万MT和18万MT。人均消费电力10.0MT(煤炭换算值)。每1000人拥有电话数为21台。

墨西哥总面积为197万平方千米,与公路长度的比率为8.89%,与铁路的比率为1.18%。海运及港口吞吐能力分别为117万MT和78万MT。人均消费能源73.7MT(煤炭换算值)。每1000人拥有电话数为45台。

菲律宾总面积为30万平方千米,总面积与公路及铁路长度的比率分别为31.0%和0.33%。海运及港口吞吐能力分别为18万MT和25万MT。人均消费能源12.8MT(煤炭换算值)。每1000人拥有电话数为45台。

加拿大总面积为998万平方千米,总面积与公路及铁路长度的比率分别为8.40%和0.27%。海运及港口吞吐能力分别为854万MT和532万MT。人均均消费能源220.65MT(煤炭换算值)。每1000人拥有电话数为550台。

智利总面积为76平方千米,总面积与道路及铁路长度的比率分别为8.42%和1.23%。海运及港口吞吐能力分别为83万MT和52万MT。人均消费能源13.72MT(煤炭换算值)。每1000人拥有电话数为43台。

扎伊尔总面积为235万平方千米,总面积与道路及铁路长度的比率分别为5.0%和0.11%。海运及港口吞吐能力分别为4万MT和5万MT。人均消费能源1.83MT(煤炭换算值)。每1000人拥有电话数为1台。

9. 免税进口制度

澳大利亚和智利没有这种制度。

秘鲁对于与国货有竞争的进口产品议以重税;对于原材料和资本品的进口予以优

惠,即根据行业和地区而变动减免税率。

在墨西哥,除了联邦地区、蒙特雷地区、瓜达拉哈拉地区外,要在其他地区从事产业活动的企业,可根据生产活动内容和对产业发展的贡献程度,在进口原材料零配件及机械设备时享受减免 50%～100%进口关税的优惠。

在菲律宾,企业从注册登记之日起,7 年内可以免交机械设备的进口关税及补偿税。但是,在取得所有权之日起的 5 年之内销售处理或转让财产时,要支付相当于免税额 2 倍的税金。

加拿大允许机械类的免税进口。

在扎伊尔,新建投资和扩建投资所需要的设备、器材、机械等可以免交进口税及货物流通税,但仅限于进口国内不能生产的资本品。

10. 对外资的限制

澳大利亚和秘鲁允许外国人对矿产业的投资比率在 50%以下;虽然墨西哥允许外国人对矿业投资比率最高为 49%,但外资审议委员会却拥有广泛的权限,可以灵活运用,因此,符合国家利益的情况下,外国人投资占 100%也是可能的。

在菲律宾,外国人在投资部门的投资比率要在 40%以下,在开发型企业的投资比率可以达到 100%,但在其他领域不得超过 30%。

加拿大允许外国人 50%以下的所有权。

智利虽然原则上允许外资所有权可达 100%,但临到具体合同时,每件事都要依外资委员会的判断而定。

扎伊尔虽然没有明文规定,但是,如比率不在 60%以下,实际上得不到认可。

11. 劳动力资源

澳大利亚总人口 1350 万,其中,就业人口 480 万。初等教育入学率为 10.5%,高等教育人数为 21 万,占总人口的 1.54%。周工作时间为 39.9 小时;周平均工资为 189 美元,每小时平均工资为 4.47 美元。约有 57%的企业拥有工会,虽然罢工较多,但是实行着强制仲裁制。

秘鲁总人口 1587 万,就业人口 387 万。初等教育入学率 13.2%;高等教育人数 16 万,占总人口的比率为 1.00%。周工作时间仅 48 小时,大学毕业生初任工作工资每月为 115.05 美元,平均每小时工资为 0.6 美元。工会实行自由入会制,劳资协议会进行干预,20 日以内不能解决的问题,由劳动部直接介入加以解决。

墨西哥总人口 6015 万,其中,就业人口为 1660 万。初等教育入学率为 10.7%;高等教育人数 41 万名,占总人口的比率为 0.68%。周工作时间 44.7 小时,周工资平均为 24.42 美元,每小时平均工资 0.53 美元。工会的组织比率是 35%;劳资关系比较协调,政府的介入和努力也很奏效。

菲律宾总人口 4251 万,就业人口 1377 万。初等教育入学率 11.0%;高等教育人口 68 万名,是总人口的 1.59%。周工作时间 46 小时,每小时平均工资 0.53 美元。工会组织比率为 25%。

加拿大总人口为 2283 万,就业人口为 914 万。初等教育的入学率为 10.2%;高等教育人数 69.2 万。周工作时间 38.6 小时,每小时平均工资为 5.44 美元。工会的组织比率 30%,劳资纠纷较多。

智利总人口1025万,就业人口为295万。初等教育的入学率为11.1%;高等教育人数13万,占总人口的比率为1.24%。周工作时间为48小时;通过与工会的协商来决定劳动条件,并实行经营参与制。

扎伊尔总人口2490万,就业人口631万。初等教育入学率为11.6%;高等教育人数1.6万,占总人口的0.06%。周工作时间48小时。

三、对象国家的环境分析

1.国别环境分析

从第一阶段对各国现状分析来看,扎伊尔的政局稳定性和企业国有化政策方面是成问题的。这是因为扎伊尔尚没有完全结束内战状态,加之推行过分的企业国有化政策,致使国内经济一片混乱。政府虽然采取了重新使企业恢复原状态的措施,但是,这些做法已使扎伊尔失去了信誉。

智利在1973—1977年间出现了严重的通货膨胀,国民经济秩序遭到破坏,出现了极为严重的混乱。另外,智利在对外资企业方面,既没有特别税收优惠制度,也没有资本品免税进口制度。智利关于保存环境的舆论在形成高潮,并制定了环境保护规定,出现了采用处罚的可能性。

2.因素分析

除了上述作为有问题地区而指出的智利和扎伊尔之外,在第二阶段,我们想以其余的国家为对象进行一下环境分析。

在政治的稳定性上,澳大利亚、墨西哥、加拿大长期稳定;菲律宾目前依赖总统的统治而维持着稳定;秘鲁虽然内部宣布了非常局势的混乱状态,但政府控制着局势。

在当地金融使用可能性方面,澳大利亚和加拿大允许通过公开股票市场筹措资金;但在墨西哥和菲律宾只能靠母公司的资金汇出和有限的金融。

秘鲁虽然禁止外商在国内筹集资金,但却允许借入短期资金和不超过3年期的中期资金。

年平均通货膨胀率方面,秘鲁和墨西哥最高,澳大利亚和菲律宾居中等水平,加拿大最低,为9%。

资金回收可能性方面,澳大利亚、墨西哥、加拿大无限制;在菲律宾,本金和利润可全额汇出;秘鲁特利润汇出的限度限制在注册资本的20%范围内。

在外汇管制上,墨西哥和加拿大是自由汇兑制;在澳大利亚,资本流动等则要得到批准;菲律宾和秘鲁实行着非常严格的外汇管制制度。

澳大利亚和加拿大没有税收方面的优惠,但秘鲁、墨西哥、菲律宾却赋予外商5年间免征各种税收的优惠。

在经济开发政策上,澳大利亚、加拿大、秘鲁推行稳定协调的资源开发政策,而菲律宾和墨西哥则不实行这一部门的开发政策。

从基础结构看,加拿大、澳大利亚、墨西哥的情况良好,菲律宾和秘鲁情况不佳。

就免税进口制度来讲,澳大利亚和秘鲁没有;加拿大和墨西哥对特定机械和部门实施少量的免税制度;菲律宾允许新建企业和设备更新有少量的免税进口。

在外国人所有权的比率方面,菲律宾、墨西哥、加拿大允许不足50%的外资所有比率;澳大利亚和秘鲁允许外资比率最高可达50%。

劳动力方面是菲律宾、墨西哥和秘鲁的条件有利,加拿大和澳大利亚平均工资高,条件不利。

资料来源:根据 http://www.lantianyu.net/pdf11/ts058031_8.htm 改编.

问题与讨论:

1.根据上述资料,哪个国家能成为最有利的投资候选对象?

2.如果变换行业的话(例如:建筑业、一般制造业、服务业),投资候选国的先后顺序有变动吗?

第四章 国际营销调研与信息系统

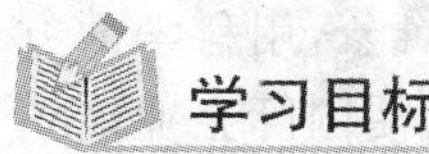

学习目标

1. 掌握国际市场营销调研的内容和程序；
2. 熟悉在国际市场营销调研中使用的方法及各种方法的优缺点；
3. 了解国际营销信息系统构成。

案例导入

煞费苦心的“市场调研”

日本企业界有一则流传甚广的故事：日本人对英国纺织面料在世界久享盛誉一直不服，却无从得知其中奥秘。于是便萌生一计，集中本国丝绸行业的部分专家进行烹调培训，然后派往英国在最有名的纺织厂附近开设餐馆。餐馆吸引了不少纺织厂员工前来就餐，日本人便千方百计向他们打探信息、搜集情报，但结果还是一无所获。不久餐馆宣布“破产”，由于很多“厨工”已同工厂的主管人员混熟，所以部分人就进入这家工厂工作。一年后，日本人分批辞职回国，成功地把技术带回了日本，并改进为更先进的工艺，产品返销英国。为了得到技术情况，日本人可谓煞费苦心，打了一个迂回战。

资料来源：市场营销教学案例库 http://jpkc.gcp.edu.cn/scsfx/coursedata/05/05_02/05_02_03.htm.

一个企业要想顺利进入国际市场，必须以国际市场营销调研作为先导。国际市场消费者需求的多样性与变动性，国际营销环境的差异性与复杂性决定了只有对国际市场进行科学、认真、全面的市场调研，了解不同国家和地区在经济、政治、法律和社会文化环境等方面存在的许多差异，企业才能在变化多端、风险与机遇并存的国际市场上捕捉商机。这就要求企业克服国际营销调研的困难与障碍，建立国际营销调研的信息系统，为企业国际营销决策提供依据。本章主要阐述国际营销信息的调研与信息系统。

第一节　国际营销调研概述

一、国际营销调研的概念

(一)国际营销调研概念

国际营销调研(international marketing research)是指从事国际营销的企业(包括出口企业和跨国公司)以扩大国外市场,增强海外营销为目的,以国外市场为对象,用科学的方法,系统地、客观地收集、记录、分析和整理有关国际市场的信息和资料,以使国际企业能正确认识市场环境、评价企业自身行为,为管理人员制定有效的营销决策提供充分依据。

国际营销调研是随着营销观念的演进而发展的。它强调企业在整个生产和销售的经营过程中都要时刻注意了解国际市场动向,把握机会,发现失误,随时改进既定的市场营销计划。国际营销的目的是为企业营销决策提供依据。营销调研活动依附企业营销决策问题而存在,营销调研过程具有明确的目的性,营销调研效果取决于对企业营销决策的作用。营销调研的方法应具有科学性,以保证调研结果的真实性和准确性。营销调研是一项复杂且技术性较强的工作,需要综合运用经济学、管理学等多学科知识,利用现代信息技术与手段,合理组织和科学安排调研活动。

国际营销调研具有系统性、客观性、辅助性。系统性是指对市场营销需要开展周密的计划思考和有条理地组织调研工作。客观性是指对所有的信息资料应客观地进行记录、整理和分析处理。调研人员必须是公正和中立的,对调研中所发现的结果能保持坦诚的态度,尽可能减少错误和偏见。这样调研结果才不会导致错误的市场营销决策。辅助性强调的是调研所得的信息,只能帮助市场营销经理制定决策,但决不能代替他们去作决策。

(二)国际营销调研与国内营销调研的区别

国际营销调研与国内营销调研的相同点表现在:两者的程序是一样的,都要首先确定营销中存在的问题,制订出调研计划,然后搜集、整理、分析并说明有关信息,最后撰写出调研报告供营销决策者使用。

国际营销调研比国内营销调研复杂度高、难度大。

(1)复杂度高。①信息需求复杂。国际经营相比国内经营往往风险大、涉及资金多,一旦决策失误,损失也更大,因此国际决策比国内决策更需要充分、及时、准确的信息。国际市场调研是在不同目标市场国家,不同的政治环境、法律环境、经济环境、人口环境等条件下开展的调研,要涉及该市场的政治、法律体系,经济发展现模、速度及趋势,外汇管制政策、人口规模与结构,宗教信仰和科技发展水平等各个方面。尤其需要充分调查与本企业产品相关的关税及税收政策、进出口政策、贸易保护政策等情况。②营销组织复杂。国际市场营销的调研地域要远远大于国内市场。不同的市场调研地域还预示着调研的组织安排、调研经费预算等方面将与国内市场调研存在着差异。

(2)难度大。①资料获取难。国内调研市场调研是在本国国内开展的市场调研,单一的政治、经济、文化、社会环境,对市场调研的开展较为容易,有些信息在国内很容易得到,在国外(尤其是在发展中国家)却很难得到或根本得不到。②障碍多。与相同文化背景下的国内市场营销调研不同,国际市场营销调研工作必须面对不同的文化、语言、行为方式、风俗习惯、社会制度等。这些不同之处会对国际市场调研产生不同程度的影响。同样的调研方法,在不同国家存在适用性问题,需要进行相应的调整与改变。③资料利用难。由于多种原因,许多国家的经济数据可能被有意夸大或缩小。另外国际组织统计资料的可比性不强,不同的国际组织会从不同的角度进行统计,有不同的统计口径,因此会出现不同的统计数字。

二、国际市场营销调研的作用

在广阔的世界市场中接受挑战,寻找机遇,要求企业对所面对的市场进行全面的调查和研究,通过大量的市场营销调研获取、处理和分析从环境中反馈回来的信息,并据此进行决策。国际市场营销调研在企业管理中的作用体现在以下几个方面。

(一)发现市场机会,把握潜在市场

市场营销调研对国内市场的经营活动是不可缺少的,在国际市场的经营活动中更是成功的关键因素。通过连续不断的国际市场营销调研,可以了解国际市场需要什么产品,不需要什么产品,从而确定企业的发展方向,避免不必要的费用支出及盲目的营销行为造成的损失。如一家美国公司了解到日本市场买不到番茄酱,为了捷足先登,该公司立即向日本运去了大量番茄酱,结果无人购买。原来,日本消费者喜欢用酱油类的调味品,而不喜欢番茄调料。

(二)诊断问题原因,优化营销组合

市场营销调研可以为管理人员解释为什么市场经营活动会发生差错。出现问题和差错时,营销调研就要寻求信息,来探索问题发生的原因。例如,改变包装对销售会产生什么影响? 换句话说,为了更好地服务顾客及潜在顾客,应该如何对产品/服务进行调整? 管理人员可以通过市场营销调研,广泛收集信息,探索问题发生的根源,抓住问题的本质,并针对问题有的放矢地加以解决。

(三)辅助预测,开拓新市场

市场调研对未来市场的变化发展趋势进行估计,帮助企业决策人员及时调整和制订合理的营销计划,应付可能出现的变化,使企业在国际市场的竞争中掌握主动权,立于不败之地。竞争者状况的改变、买主需求的变化等等都要求企业不断调整自己的营销策略。对这些变化的把握,只有通过不断地进行市场调研来完成。通过市场调研,企业可发现消费者尚未得到满足的需求,测量市场上现有产品及营销策略满足消费者需求的程度,从而不断开拓新的市场。营销环境的变化,往往会影响和改变消费者的购买动机和购买行为,给企业带来新的机会和挑战,企业可据此确定和调整发展方向。

【知识链接】

对头等舱旅客的调研

在经过详细的市场调研后,英国航空公司改变了它在横跨大西洋航线上头等舱的服务。对跨大西洋航线头等舱,大多数航空公司强调的都是高档服务。而英国航空公司通过调研发现,大多数头等舱的乘客希望的仅仅是能够睡安稳觉。现在,该公司头

等舱的顾客可以在飞机起飞前，在头等舱休息室就餐。一旦登机后，他们就可以穿上英国航空公司提供的睡衣，枕在枕头上，盖上毯子，享受一次免受打扰的旅行。到达目的地后，头等舱旅客可以吃早餐，进行梳妆和洗浴，并且可以在离开前穿上熨烫平整的衣服。

资料来源：许以洪.市场营销调研.武汉：武汉理工大学出版社，2006.

三、国际营销调研的内容

国际市场营销环境调研涉及的内容相当广泛，对于不同的产品或针对不同的问题，具体调研工作的开展所包含的内容有很大差异。在实际调研工作中必须依其调研目的来设计调研的内容，一般主要包括以下几方面：

（一）营销环境调研

国际市场的环境错综复杂，各种环境因素都可能对企业的经营活动产生直接或间接的影响。我国第一个开拓海外市场（俄罗斯市场）的零售企业天客隆，在走出国门之前，虽然有国家有关部门的大力支持，但天客隆集团在投资俄罗斯之前并没有认真研究当地的投资环境、市场行情、风俗习惯、消费心理和政策法规等，导致天客隆海外拓展之路付出了巨大代价。

国际市场营销环境的调研分为国际市场宏观环境调研和国际市场微观环境调研。国际市场宏观环境调研通常是指 PEST 调研，即政治法律环境调研、经济环境调研、科技环境调研、社会环境调研。政治环境调研需要了解相关国家的法律和政策、国际国内政治形势和政治氛围、贸易法规等，如目标市场所在国的政治稳定性、进入市场的政策限制等。经济环境调研需要了解的指标包括国家财务统计指标、人口与劳力指标和生产状况指标。调研人员不仅要了解这些静态指标，更要对其可能变动的情况进行分析，以便预测总体经济形势变动的趋势及其对市场状况的影响。社会环境的调研指标包括文化背景资料、社会统计资料和地理环境等对市场消费习惯等方面可能产生影响的因素。技术环境的调研指新技术、新工艺、新材料的发展趋势，新产品的技术现状及发展趋势，技术研发力量与开支等。国际市场微观环境调研涉及竞争者环境、供应者、购买者和社会公众环境及市场竞争结构。

（二）国际市场动态调研

调研人员必须通过市场动态研究，对市场的内部各因素进行了解和分析，从而确定该市场的现有规模、市场类型、市场可能的变化趋势以及其产品能争取到多大份额。

1. 消费者情况

消费者的数量、结构、偏好、行为等直接影响着市场规模和市场需求结构。需要调查消费者人口构成、消费者购买力水平和消费者行为。如消费者人均可支配收入以及不同收入阶层的状况与结构；消费者购买什么、为什么购买、谁决定购买、怎样去购买、什么时候以及在什么地方购买等问题。对这些问题进行细致调研以便了解市场规模和市场需求结构，从而为营销决策提供依据。如美国一家大型软饮料公司看好印尼市场，因为作为位居世界第五的人口大国，印尼拥有 1.8 亿人口的巨大市场。美国公司采取的营销策略是将浓缩液卖给印尼的瓶装商，由其在当地灌装和分销。但结果却令美国公司大失所望，产品未能在当地市场畅销。究其原因，由于缺乏深入的营销调研，公司管理人员忽视了两个因素：一是印尼虽有近 2 亿人口，但绝大多数根本买不起饮料；二是当地人喜欢带椰子味的甜饮料，并不习惯美国口味的碳酸饮料。在印尼，追求西方口味而又有支付能力的消费群体主要集中在少数几个大城市，人数不过数百万，仅占印尼人口的4%～5%[①]。

【知识链接】

Levi's市场调查

美国Levi's公司是以生产牛仔裤而闻名世界的。20世纪40年代末期的销售额仅为800万美元，但到20世纪80年代销售额达到20亿美元，40年间增长了250倍。这主要得益于他们的市场调查。该公司设有专门负责市场调查的机构，调查时应用统计学、行为学、心理学、市场学等知识和手段，按不同国别分析研究消费者的心理差异和需求差别，分析研究不同国家的经济情况的变化、环境的影响、市场竞争和时尚趋势等，并据此制订公司的服装生产和销售计划。例如，公司对德国市场的调查表明，大多数顾客认为服装合身是首选条件，Levi's随即派人在该国各大学和工厂进行服装合身测验。一种颜色的裤子就定出了45种尺寸，因而扩大了销售。Levi's根据美国市场调查，了解到美国青年喜欢合身、耐穿、价廉和时髦的服装，Levi's将这4个要素作为产品的主要目标，因而该公司的产品在美国青年市场中长期占有较大的份额。Levi's通过市场调查还了解到许多美国女青年喜欢穿男裤，公司经过精心设计，推出了适合妇女需要的牛仔裤和便装裤，使该公司的妇女服装的销售额不断增长。虽然美国及国际服装市场竞争激烈，但是Levi's靠市场调查提供的信息，确保了经营决策的正确性，使公司在市场竞争中处于不败之地。

资料来源：戴秀英.市场营销学.北京：北京大学出版社，中国农业大学出版社，2009:86.

2.消费量调研

该产品每年消费多少？产品的消费者是谁？是各种类型的人或工厂都消费该产品，还是仅局限于某些人或某些工业用户？产品在哪里消费？例如，洗衣机是全国各地都消费，还是集中在某一部分地区？各类购货人多长时间买一次该企业的产品？是每周一次，每月一次，还是季节性地购买？产品是如何使用的？

3.竞争情况调研

充分了解竞争对手的情况，做到"知己知彼、百战不殆"。竞争对手位于哪个国家、地区、是什么性质？竞争对手的产品线，产品结构，产品的性能、包装、商标、品牌，产品生命周期，消费者的接受程度，市场销售情况。哪些竞争对手准备扩大生产规模？竞争对手的人力、物力、财务和技术力量、生产能力、管理水平、信誉、经营历史等。竞争对手使用哪些销售渠道？进行何种促销活动？售后服务质量如何？

（三）国际市场营销实务调研

国际市场营销实务调研即市场营销决策的调研。企业要争取到最大可能的市场份额和赢利，就必须采用有效的营销策略组合，开发或改进适应市场的产品，选择适合的分销渠道和促销手段，制定合理的价格。

---

① 黄维梁.国际营销学：原理·策略·应用.北京：中国金融出版社，2000:84.

1. 产品调研

产品调研应包括:产品的生命周期、产品组合、售前和售后服务、商品的设计、功能和用途、使用方法和操作安全程度、商品的类型和在国际市场的销售情况、新技术、新工艺、新材料和新产品的发展趋势以及消费者对产品的特殊要求和对企业产品的设计、性能、包装方面的改进意见。如肯德基推出鱼类菜单,来适应日本消费者口味,扩大日本市场销量。亨氏公司专为中国市场开发婴儿米粉食品,而为墨西哥儿童推出水果饮品。

2. 价格调研

在国际市场上,价格的决定受多种因素的影响。只有深入地调查研究,才能掌握最低价格与最高价格之间的尺度,灵活应变。价格调研的内容包括:政府对价格的管制状况、税率对商品价格的影响、竞争产品、相关替代商品现行价格影响、新产品的定价策略、生命周期不同阶段的定价原则、产品在市场国需求弹性等。

3. 销售渠道调研

销售渠道调研的内容包括:对国外各市场零售网点的分析、市场上是否有能购买大宗数量商品的机构。对国外各类中间商(包括批发商、代理商、零售商)的选择和评价,经营该类产品的最主要的中间商有哪几家?经营现状(如规模、营业额增长速度、经营范围、推销队伍、顾客类别、地区分布、服务设施、市场地区等)如何?市场国在运输、储存等方面的条件如何?该国市场对交货期、运费率、运输时间、保险及包装的要求等情况。

4. 促销方式调研

促销方式调研的内容包括国际市场消费者的媒体习惯,如各种类型的消费者接触何种媒体形式,何时去何种媒体上作何种广告最好以及竞争者所使用的有效宣传广告方式,推销员的素质、水平、训练费用及在广告宣传上能起多大作用等。

四、国际营销调研的类型

按市场营销调研的功能可分为探索性调研、描述性调研、因果性调研和预测性调研四类。探索性调研的重点是“问题在哪”,描述性调研回答“是什么”,因果性调研重点是回答“为什么”,而预测性调研侧重定量研究,阐述“将来会怎样”。

(一)探索性调研

探索性研究(exploratory research)是指对研究的问题在不确定的情况下进行的试探性调研,掌握和识别所要研究的问题的基本特征和与之相关的各种影响因素,其目的在于发现问题,找出关键所在,明确调查对象,确定调查重点,为深入研究做必要的准备。比如,某企业最近产品销售下降很快,是什么原因呢?可能原因很多,不能一一进行深入调查,就要通过探测性调研寻找最可能、最重要的原因,确定调研的重点和方向。探测性调研一般采用简便易行的方法,如第二手资料的收集、小规模的试点调研、案例分析法、定性调研、专家或相关人员的意见集合等。

(二)描述性调研

描述性调研(descriptive research)是指对所研究的问题作出结论性的或准确的描述,使人们了解问题是什么样的,其目的是客观地反映研究对象的实际情况。如某商店了解到该店67%的顾客主要是年龄在18~44岁之间的妇女,并经常带着家人、朋友一起来购物。这种描述性调查提供了重要的决策信息,使商店特别重视直接向妇女开展促销活动。描述性市场调研可找出事物之间的关联关系，但不说明何者为因何者为果。常见的描述性调研有市场分析研究、销售分析研究、产品分析研究、销售渠道研究、价格分析研究、形象分析研究、广告分析研究等。描述性调研一般要进行实地调查，收集一手资料，摸清问题的过去和现状进行分析研究，寻求解决问题的办法。比如说，企业要了解目标市场的购买者、年龄层次、收入水平以及喜欢什么样的产品。与探测性研究比较，描述性研究需要有一个事先拟定的研究计划以及准备和收集资料的步骤。

（三）因果性调研

因果性调研（causal research）又称相关性调研，是指为了研究某种市场现象与各种影响因素之间客观存在的关系而进行的市场调研。因果性调研在探索性调研和描述性调研的基础上进一步研究产生某种结果的原因，是对事物的更深入的认识，它要回答"为什么"的问题。因果性调研要收集有关市场变量的数据资料，运用统计分析和逻辑推理等方法进行。

（四）预测性调研

预测性调研（predictive research）是为了预测所需要的有关未来的信息而进行的调研活动，是在说明研究对象的状况及变量之间关系的基础上，通过收集、分析和研究过去和现在的各种市场情况，运用预测方法，进一步研究和推测发展趋势的一种市场研究类型。它所回答的问题是"未来市场前景如何"，其目的在于掌握未来市场的发展趋势，为经营管理决策和市场营销决策提供依据。

此外，对市场营销调研还可以从其他角度进行分类。按市场调研的范围分为专题性市场营销调研和综合性市场营销调研；按市场调研的主体分为自行调研和委托调研；按调研时间不同分为一次性调研、定期调研和经常性调研；按调研的对象分类可以分为消费者市场调研、生产者市场调研、消费者及其购买行为调研、广告调研、形象调研、产品调研、价格调研、销售渠道调研等；按产品品种可以分成服装、百货、鞋帽、五金、交电、食品等各类商品的市场调研等；按调查样本数据收集及分析的特点分类可以分为定量调研与定性调研两类。

第二节　国际营销调研的程序和方法

一、国际营销调研的程序

国际营销调研程序一般包括以下几个步骤：

（一）明确问题，确定目标

调研人员在实际开展国际市场营销调研之前，把企业需要了解和决定的营销问题进行分析和提炼，从而提出有待调查的、影响企业开展营销活动的各种因素。这一阶段对整个营销调研甚至营销决策至关重要。例如，一个时期内企业在某国的销售额直线下降的真实原因是出现了强有力的竞争对手，而调研人员却误以为是代理商的责任心下降，就会使后面的各步骤和调研工作误入歧途，并可能导致错误的营销决策（如更换代理商），给企业带来更严重的损失。

(二)制订调研计划

制订调研计划，是明确调研目标工作的细化。在这一阶段，首先要确定营销决策需要哪些信息，然后再确定信息的来源，即取得信息的途径。需要的信息可能包括：顾客需求是否已发生变化？变化的趋势如何？市场国的政治、经济、文化等因素是否已发生变化？变化趋势如何？本企业在该国市场上的营销策略（进入市场的方式、目标市场的选择、产品、渠道、定价、促销等）是否有不适合？主要竞争对手的营销策略如何？有何值得借鉴之处？本企业应采用哪些措施提高竞争力并保持较高的市场占有率等。调研人员取得信息的来源主要有两种：即案头调研和实地调研。

(三)执行调研计划

该阶段要根据调研计划收集资料，并对其进行整理、统计和分析。

1. 收集资料

营销调研的资料收集阶段是调研工作中投入最大也最容易出错的阶段。资料收集包括间接资料收集和直接资料收集。收集资料的过程可由企业内部的调研人员完成，也可委托企业外部的专业调研公司完成。

2. 编辑整理

编辑整理资料是为了保证调查结果准确无误。没有经过处理的资料是杂乱无章的，由于调查人员工作失误、或是被调查者心存偏见等原因，这些资料中不可避免地会含有一些错误信息，要经过判断来决定资料是否可以用于调研需要。进行资料编辑必须注意资料的可读性、完整性、一致性、时效性和准确性。例如在北欧诸国，啤酒被列为酒精性饮料，而在地中海沿岸国家，啤酒被算作软饮料。因此，只有对收集到的资料进行加工和处理，才能使其具有可比性并作为决策依据。

3. 统计和分析

根据需要运用数据分析技术如多元回归、判别分析、因子分析、集群分析、联合分析对资料进行处理。例如：凯迪车行想要根据调查结果判断采取何种促销手段，来增强凯迪山地车的知名度和美誉度。调查研究人员就需要判断消费者从何种渠道容易获得信息。

(四)解释并报告调研结果

调研的最后阶段是对调研结果作出解释和说明，得出结论，向营销决策部门提交调研报告，供决策者参考。报告是调研工作的过程和调查的成果赖以表达的工具，撰写报告要求：①有针对性，即报告的选题与实际工作要结合起来，以免两张皮，失去调研的意义。②有说服力，即报告的分析要有理有据，一般要通过数据、图表等来阐述和支持自己的观点。③结论明确，并要有相应的建议或改进措施。④注重时效性，报告必须及时，要为决策者提供适时的资料，为其决策服务。

二、国际营销调研的方法

(一)案头调研(desk research)

案头调研又称为二手资料调研(secondary data research)或文献调研，是指国际营销人员查寻并研究项目有关资料的过程，这些资料是经他人收集、整理或者公开发表的。成功地进行案头调研的关键是发现并确定文献资料的来源。

二手资料的来源主要可以分成两大类：内部资料来源和外部资料来源。

1. 本企业的内部资料

内部资料来源指的是我们所要调查的企业或公司内部的资料。包括：①会计账目和销售记录，市场营销调研人员也可从企业的销售记录、顾客名单、销售人员报告、代理商和经销商的信函、消费者的意见以及信访中找到有用的信息。②其他各类报告，包括以前的市场营销调研报告、企业自己做的专门审计报告和为以前的管理问题所购买的调研报告等信息资料。③本企业的营销信息系统和计算机数据库，其中储存了大量有关市场营销的数据资料，是调研人员的重要的二手资料来源。

2. 外部资料来源

外部资料指的是来自被调查的企业或公司以外的信息资料。一般来说，第二手资料主要来自以下几种外部信息源：

(1)政府机构。调研人员可以从本国政府有关部门和目标市场所在国的有关机构搜集到市场情报资料。本国政府有关部门如对外贸易部门和在国外设立的商务处等，可以提供对外贸易的咨询服务。政府有关机构如统计机构的出版物也是信息的重要来源，如《对外贸易年鉴》、《中国统计年鉴》、《外贸调研》、《国际经贸信息》、《国际贸易问题》、《国际贸易消息》、《国内国际市场动态》、《外贸参考》、《国际商报》、《亚太经济时报》等权威出版物。企业也可从目标市场所在国政府的有关机构如大使馆，得到更多的信息。

(2)国际组织。一些国际组织定期或不定期地出版或公开发表大量的市场资料。有时，国际组织制作的一些专门报告和特定信息不公开发表，但可以直接与国际组织中的负责单位联系获取。对国际营销调研最重要的组织有：国际贸易中心(International Trade Centre，ITC)、联合国(United Nations)及其下属的粮食与农业组织(Food and Agriculture Organization，FAO)、经济合作与发展组织(Organization for Economic Corporation and Development，OECD)、联合国贸易和发展会议(United Nations Conference on Trade and Development，UNCTAD)、联合国经济委员会(United Nations Economic Commissions，UNEC)、国际货币基金(International Monetary Fund，IMF)。重要的报告有联合国经济委员会定期出版的《欧洲经济调查》、《拉丁美洲经济调查》，联合国附属的国际货币基金组织发行的《国际金融统计》以及有关专题研究报告，世界银行(IBRD)的《世界发展报告》、《世界银行统计报表》及有关报告等。

【知识链接】

二手资料示例

接近60%的受访者认为目前全球饥饿问题严重。超过35%的受访者认为全球粮食生产不够，46%的受访者认为足够。超过80%的受访者认为全球粮食分配不平均。大部分人认为，分配不均才是饥饿问题的核心，而非与粮食产量有关。关于对基因改造农作物技术，可以增加粮食产量，有助于解决全球饥饿问题的说法，有超过30%的受访者不同意，接近55%的受访者同意。以上是绿色和平组织、乐施会对世界粮食问题态度与基因改造食物进行的调查。如果期望了解这方面的内容，只要查阅这份现成的二手资料就行了，完全没有必要去自己收集原始资料。

资料来源：许以洪.市场营销调研.武汉：武汉理工大学出版社，2006：43.

(3)行业协会。许多国家都有行业协会,许多行业协会都定期搜集、整理甚至出版一些有关本行业的产销信息。行业协会经常发表和保存详细的有关行业销售情况、经营特点、增长模式及其类似的信息资料。此外,他们也开展自己行业中各种有关因素的专门调研。

(4)专门调研机构。这里的调研机构主要指各国的咨询公司、市场调研公司。这些专门从事调研和咨询的机构经验丰富,搜集的资料很有价值,但一般收费较高。

(5)银行。银行尤其是一家国际性大银行的分行,一般能提供下列信息和服务:有关世界上大多数国家的经济趋势、政策及前景,重要产业及外贸发展等方面的信息;某一国外公司的有关商业资信状况的报告;各国有关信贷期限、支付方式、外汇汇率等方面的最新情报;介绍外商并帮助安排访问。

(二)实地调研(field research)

【知识链接】

日本本田雅阁的美国调研

日本本田汽车公司要在美国推出一款雅阁牌轿车。在设计新车前,他们派出工程技术人员专程到洛杉矶地区考察高速公路的情况,实地丈量路长、路宽,采集高速公路的柏油,拍摄进出口道路的设计。回到日本后,他们专门修了一条9英里长的高速公路,就连路标和告示牌都与美国公路上的一模一样。在设计行李箱时,设计人员意见有分歧,他们就到停车场看了一个下午,看人们如何放取行李。这样一来,意见马上统一起来。结果本田公司的雅阁牌轿车一到美国就备受欢迎,被称为是全世界都能接受的好车。

资料来源:张雁白,苗泽华.市场营销学概论.北京:经济科学出版社,中国铁道出版社,2004:9.

案头调研收集的资料是有限的,而且只能解答一般性的问题,往往达不到国际营销调研目标的要求,甚至有许多具体问题也无法通过案头调研找到答案。这时,调研工作就应转入实地调研阶段。实地调研是指由调研人员亲自搜集第一手资料的过程。相对二手资料调研而言,实地调研的成本很高。根据调研方法的不同,实地调研可分为访问法、观察法和实验法。

1. 访问法

访问法(survey research)又称采访法、询问法,是根据调研的目的,直接向被调查对象提出问题,进行调查的过程。一般需要配备科学合理的调查表和有经验的调研人员的询问来完成。在国际营销调研中,访问法最容易实行,且具有理想的可靠性,是第一手资料收集中最常用、最基本的一种方法。

【知识链接】

化妆品公司的访问调查

国内某化妆品有限责任公司于20世纪80年代初开发出适合东方女性需求特点的具有独特功效的系列化妆品,并在多个国家获得了专利保护。营销部经理初步分析了亚洲各国和地区的情况,首选日本作为主攻市场。为迅速掌握日本市场的情况,公司派人员直赴日本,主要运用访问法收集一手资料,包括电话访问、邮寄问卷和人员访问。调查显示,日本市场需求潜量大，购买力强，且没有同类产品竞争者，使公司人员兴奋不已。

在调查基础上又按年龄层次将日本女性化妆品市场划分为15～18岁、18～25岁（婚前）、25～35岁及35岁以上4个子市场，并选择了其中最大的一个子市场进行重点开发。营销经理对前期工作感到相当满意，为确保成功，他正在思考再进行一次市场试验。另外，公司经理还等着与他讨论应采取何种定价策略。

资料来源：戴秀英．市场营销学．北京：北京大学出版社，中国农业大学出版社，2009：96．

访问法一般包括下列几种：

（1）面谈访问法。面谈访问法是以访问的方式派调查员通过面对面地向被调查对象提出问题，得到答案的过程。面谈访问调查简单方便，灵活自由，可随机应变地提出问题，对不清楚的问题可加以阐述，使被调查者充分发表意见，还可互相启发，深入交换意见，使调查既有深度又有广度；面谈访问调查做的调查表回收率高，所得资料真实性强；其缺点是：调查的结果主要取决于调查者的素质、调查问题的性质和被调查者的合作态度；调研时间长，费用高，调查的范围有限；由于调查员水平参差不齐，资料会出现不一致情况；受访者由于某种原因，不接受调查，或者容易受到调查员情绪和看法影响，使资料带有偏见。例如，在印度进行的一项有关茶叶消费的调查中，来自中等收入阶层的70％的被访者声称自己饮用某种名牌茶叶。这一调查结果是不符合事实的，因为在印度市场上60％的茶叶是无牌、无包装的普通茶叶。

（2）电话访问法。电话访问即调研人员以电话为媒介工具询问被调查对象获取信息的一种调查方法。使用电话收集资料，既经济又迅速。由于国外电话普及率高，有完整的电话簿可查阅利用，对调查非常有利。这种方法只需要少数调查人员就可以对广大地区进行调查。尤其是对那些工作繁忙、抽不出时间接受面谈访问的调查对象，电话访问法是最佳的办法。电话调查速度快，成本低，有关调研表明，电话访问的成本仅相当于入户访问的25％，几乎无须耗费途中的时间和费用；访问者与受访者互不见面，涉及私人性问题较为坦然，交谈比较自由，可提出调查提纲以外的问题，取得额外的信息。缺点是：受通信条件的限制，调查对象的选择有局限性，造成调查总体不完整；调查员不能看到对方的表情、姿态等形体语言，甚至容易遭到被调查者拒绝；电话访问时间不宜过长，不能进行大量提问，问题的讨论无法深入；照片、图片、样品等无法应用。

（3）邮寄调查法。调查者将拟定的调查问卷通过邮局寄送被调查者，请他们填好寄回，以获取信息的方法。邮寄访问的具体形式多种多样，特别是问卷的发放形式，现在采用比较多的有邮局寄送、随广告发放、随产品发放等。邮寄访问的对象广泛，调查面广，凡邮政所达地区都可列入调查范围；调查成本也不高，而且被调查者匿名性较强，可利用空余时间填写问卷，提高配合性；填写较为灵活、自由、方便，还能避免由于调查人员的干扰而产生的调查误差。其缺点是：调查表回收率低、回收时间长，急需获得结果的调查不宜采用；受访者可能误解询问表中某些问题的含义，答非所问；甚至可能随意填写，或找他人代填，或只填部分问题（如放弃开放性问句），这些都将影响调研数据的质量。

（4）留置问卷访问法。留置问卷访问是指调查人员将调查表送到被调查者手中，并详细说明填写事项，由被调查者自行填写，再由调查人员定期回收的一种方法。留置问卷调查结合了面谈访问与邮寄访问的优势，回收率较高，被调查者不受调查人员的影响，可避免被调查者对问题的误解，有充分的时间来考虑问题。但是它也存在调查进度不易控制的缺陷，被调查者答卷的态度、答案的真实性等都较难掌握。

(5)计算机访问法。这种方法是建立交互式计算机终端，由计算机在显示屏幕上向被调查者显示问题，被调查者通过键盘输入其回答。这种方法操作简单、工作迅速、资料统计分析同步进行，且不受调研人员的主观影响，调查结果的准确性较高。

2. 观察法

观察法(observational research)是通过观察被调研者的活动从而取得第一手资料的一种调研方法。观察法是调研人员亲临现场，不直接向被调查者提问，而是耳闻目睹事情发生的过程，以判断消费者在某些情况下的行为、反应和感受，或者利用照相机、录像机、监视器等现代化工具间接地进行观察。观察法的使用场合主要是交通流量的调查、顾客在大商场的行动路线。在利用观察法开展调研活动的过程中，被调研者的活动可以不受外在因素的干扰，处于自然的活动状态；被调研者不愿意用语言表达的情感或实际感觉，也可以通过观察其实际行为而获悉。因而取得的资料更能反映实际情况。缺点是只能观察公开的行为；记录的东西往往只限于表面，而被调研者内在的思想难于被了解，如人们的动机、态度、计划与意见等是无法通过观察获悉的。在对一些不常发生的行为或持续时间较长的事件进行观察时，花费时间较长，成本费用很高。

3. 实验法

实验法(experimental research)是指调查者在一定范围内通过有目的地控制一个或几个因素的变动来研究某种市场现象在这些因素的影响下所发生变化的调研方法。实验法在国际营销调研活动中应用比较广泛，凡是某一种产品在改变品种、包装、设计、价格、广告以及服务时，都可采用这种方法。实验法常用的方式有实验室实验和现场实验，两者的根本区别在于环境，前者处于人为的环境中，后者则处于自然环境中。就实际营销工作而言，现场实验的实用性更好一些，如新产品销售实验和产品展销会实验。实验调查中，调查者可以主动地引起市场因素的变化，并通过控制其变化来分析、观察某些市场现象之间的因果关系以及相互影响程度，是进行因果性测试、研究事物因果关系的较好方法。在市场实验中，可以根据调查项目需要，进行合适的实验设计，有效地控制实验环境。进行反复研究，取得相应的数据，提高调查的精确度。缺点是可变因素难以掌握，实验结果不易相互比较。各种因素都会对市场发生作用，这必然会给实验结果带来影响，每次实验完全相同的条件是不存在的。市场实验要求制订精确的实验方案和计划，实验时间较长，有一定的风险，在操作时要由专门人员来运用，难度较大，费用也相对较高。

【知识链接】

改进咖啡杯设计的市场实验

美国某公司准备改进咖啡杯的设计，为此进行了市场实验。首先，他们进行咖啡杯选型调查，公司设计了多种咖啡杯子，让 500 个家庭主妇进行观摩评选，研究主妇们用干手拿杯子时，哪种形状好；用湿手拿杯子时，哪一种不易滑落。调研结果表明，选用四方长腰果型杯子较为理想。然后公司对产品名称、图案等也同样进行造型调查。接着他们利用各种颜色会使人产生不同感觉的特点，通过调查实验，选择了颜色最合适的咖啡杯子。公司调研的方法是，首先请来了30多个被调查者，要求他们每人各喝4杯相同浓度的咖啡，但是咖啡杯的颜色则分别为咖啡色、青色、黄色和红色4种。试饮的结果，使用咖啡色杯子的人认为“太浓了”的占2/3，使用青色杯子的人大都认为“太淡了”，使用黄色杯子的人主要倾向于“不浓，正好”。而使用红色杯子的10人中，有9个说“太浓了”。根据这一调查，公司咖啡店里的杯子以后一律改用红色杯子。该店借助于颜色，既可节约咖啡原料，又能使绝大多数顾客感到满意。结果这种咖啡杯投入市场后，与市场上的其他公司的产品开展了激烈的竞争，以销售量比对方多两倍的优势取得了胜利。

资料来源：许以洪．市场营销调研．武汉：武汉理工大学出版社，2006：86.

三、国际营销调研中应注意的问题

【知识链接】

联合利华日本市场调研

联合利华公司的冲浪超浓缩洗衣粉在进入日本市场前，做了大量的市场调研。Surf的包装经过预测试，设计成日本人装茶叶的香袋模样，很受欢迎；调研发现消费者使用Surf时，方便性是很重要的性能指标，产品又进行了改进。同时，消费者认为Surf的气味也很吸引人。联合利华就把“气味清新”作为Surf的主要诉求点。可是，当产品在日本全国导入后，发现市场份额仅能占到2.8%，远远低于原来的期望值，一时使得联合利华陷入窘境。问题出在哪里呢？

问题一：消费者发现Surf在洗涤时难以溶解，原因是日本当时正在流行使用慢速搅动的洗衣机。

问题二：“气味清新”基本上没有吸引力，原因是大多数日本人是露天晾衣服的。

显然，Surf进入市场时实施的调研设计存在严重缺陷，调研人员没有找到日本洗衣粉销售中应该考虑的关键属性，而提供了并不重要的认知——气味清新。导致了对消费者消费行为的误解。

资料来源：媒体资源网 http://www.allchina.cn/AdConsult/list.asp?kword=brand&commodityid=17.

（一）案头调研应注意的问题

1. 可获性

某些国家统计非常完备，企业可以很容易地得到所需要的资料，可是在另外一些国家（特别是发展中国家），统计手段落后，调研人员很难得到需要的资料。有些信息是靠二手资料无法得到的，我们想要知道消费者对某个新开餐馆菜品的意见，那么没有二手资料能回答这些问题，消费者必须亲自尝过这个餐馆的菜，然后才能做出评价。

2. 时效性

在某些国家某些信息来源中得到的数据资料往往已过时数年，不能作为企业决策的主要依据。用过时资资料来推断当前的市场状况，将使企业的调研缺乏时效性与准确性。

3. 可比性

由于各国条件不同、数据搜集程序和统计方法不同，同一类资料在不同的国家可能会使用不同的基准，相同的指标在含义上也可能不大相同，从不同国家得到的数据有时无法进行相互比较。各国数据在各国之间的不可比性，必然会影响到数据的有用性，从而影响到企业决策。

4. 相关性

收集到的资料都是静态的二手资料，其结果仅能做出叙述性的调查报告，不能满足需要。市场营销调研人员必须研究他所找到的资料是否最能切中问题的有关方面，任何牵强附会只能使调研结果得出错误的结论。

5. 精确性

得不到直接切题的第二手资料时，市场营销调研人员可能只得利用代用资料。要提高资料的精确度，市场营销调研人员还应当深入研究制作这类第二手资料时所用的方法，推敲一下它们是否能经得起科学的考验。

(二)实地调研应注意的问题

由于各国在经济、文化、社会政治诸方面存在着差异，在不同的国家或地区实地调研搜集资料，调研人员可能面临国内营销调研所没有的一些问题。

1. 调研样本问题

实地调研不可能对所有调研对象(即调研总体)逐一进行观察或调查，只能依据一定规则抽取部分具有代表性的个体作为调研对象(即调研样本)。一项抽样调查要取得成功，样本必须具有代表性。具有代表性的调研样本只有通过随机抽样的程序才能确定，但在许多国家进行实地调研时，调研人员常常发现当地市场必要的随机抽样依据，私人电话号码簿、街区门牌号码索引、人口社会统计数据和当地社会经济特征等资料欠缺或不完整。

2. 调研方法问题

问卷的邮寄在许多发展中国家十分困难。有些国家的邮电系统的效率极低，例如巴西的国内信函有30%根本收不到。在这样的国家，邮寄问卷的调查方法根本就行不通。在许多发展中国家，电话数量很少，除非只调查富裕阶层，否则电话调查法就没有价值。即使被调查人有电话，也并非都能应用电话调查法。据估计，在开罗，有50%的电话线可能同时失灵。在这些国家中，即使是进行工业调研，采用电话调研也是不足取的。

3. 问卷调查问题

在不同的国家或地区进行问卷调查，首先遇到的问题是问卷的翻译。由于不同的国家或地区使用不同的语言文字，同一问卷就需要从一种文字译为另一种文字，如果翻译不当则可能产生误解，导致信息失真或扭曲。例如，在扎伊尔，官方语言是法语，但人口中只有少数人能讲流利的法语。在这种情况下，问卷调查是极其困难的，因为一种语言中的成语、谚语和一些特殊的表达方式很难译成另一种语言。当一个国家同时使用多种语言时，问卷的翻译问题更加突出。例如，印度不同地区使用不同的官方语言，种类竟达14种之多，但绝大多数的政府文件和商业活动还是使用英语。

4. 调查效果问题

国际营销实地调研的最大障碍是无答复或虚假答复，即调研对象不愿意回答调研问题或者作了虚假的答复。被调查者对有些问题不会回答，原因是不知道这个问题该如何回答，或是问题太敏感不愿回答，比如与社会禁忌或忌讳有关的事情(不当/违法性行为、吸毒等)。例如，在伊斯兰国家，调研人员无法在电话上与家庭主妇谈论她所喜爱的品牌；在拉美国家，妇女往往不好意思同陌生人谈论卫生巾、洗发液或香水等个人用品的品牌选择问题。

【知识链接】

Research

为了保证调研质量，国际营销调研人员在开展调研时应遵循以下八项原则：

保证真实性(Reality)的原则；

确保准确性(Exactness)的原则；

确定标准化(Standardization)的原则；

考虑经济性(Economy)的原则；

互相配合(Assortment)的原则；

维持继续性(Renewal)的原则；

比较可能性(Comparison)的原则；

假定(Hypothesis)询问的原则。

有趣的是，上述每一项原则的第一个英文字母拼在一起，恰好构成 Research(调研)一词。

资料来源：许以洪.市场营销调研.武汉：武汉理工大学出版社，2006.

第三节 国际营销信息系统

经典语录：要管理好一个企业，必须管理它的未来；而管理未来就是管理信息。

一、国际市场营销信息的种类

国际营销信息，从广义上讲，包括任何与国际市场营销活动有关的直接的和间接的数据、资料和知识，包括人文地理、风俗习惯、政治经济状况以及企业自身的各种因素等；从狭义上讲，属于经济信息范畴，它是国际市场各种经济活动特别是关于市场要素的数据、资料和情报等的统称，有人称之为“国际商业情报”，或简称“国际商情”、“国际(市场)行情”，反映了国际市场的活动特征。从不同的角度来看，国际市场信息有不同的类别。

(一)按信息存储方式

按信息存储方式划分，可分为数字化信息和非数字化信息。数字化信息是指利用计算机处理和存储在计算机存储器中的数据，处理时可以利用计算机的高速、精确、自动等特性及时获取所需的有用信息，以供决策使用。非数字化信息是指一般信息，无法利用高速计算机处理而依赖于人的处理，将导致信息处理迟缓和误差，因此将这类信息数字化以转化为数字信息，是信息采集处理过程中的一个重要步骤。

(二)按信息来源渠道

按信息来源渠道划分，可分为传统信息源和计算机信息源。传统信息源主要是非数字化信息，不易于信息的处理、存储和传播，信息在使用传播过程中需要多次重复的处理，如复印、抄写、记录等。而计算机信息源，由于存储的信息是数字化信息，信息的复制、传播和存储相当容易且高效,可全部由计算机完成,而且准确无误,效率高,同时减少不必要的传统纸张文件信息。

(三)按信息的时间特征

按信息的时间特征划分,可分为过时市场信息、市场现状信息和市场发展信息。通过过时市场信息可以了解过去市场状况的历史资料,而市场现状信息和市场发展信息则是人们了解国际市场形势、企业制定市场战略决策和营销策略、预测未来市场发展趋势的重要依据。

(四)按信息自身的稳定性

按信息自身的稳定性划分,可分为流动性国际市场信息和固定性国际市场信息。流动性市场信息反映国际市场上经常变化、无规律出现的信息。及时搜集这类市场信息,并与企业的市场营销决策进行比较分析,有助于了解市场变化的全貌。固定性国际市场信息具有相对的稳定性,在一定时期可以在国际市场上重复出现,而不发生根本变化,企业开展国际市场营销的决策质量和经营效果,在很大程度上取决于固定性市场信息的搜集和利用。

(五)按信息处理特征

按信息处理特征划分,可分为第一次信息和第二次信息。第一次市场信息又叫国际市场原始信息,指未经任何处理的国际市场活动信息。第二次信息是指对第一次信息进行加工处理后的信息。

国际市场错综复杂,因此,反映市场状况的市场信息也多种多样。国际市场信息既有类别之分,又有质、量、度之别。而且市场信息的范畴本身很广,在整个国际市场运动过程中,市场信息无时不在、无处不在,但我们通常所说的国际市场信息,都是指在一定程度上经过人们加工整理的信息,有序化、规范化程度较强。

二、国际营销信息系统的构成

企业的管理信息系统通常可以分为营销信息系统、生产信息系统、财务信息系统、资源信息系统等子系统。营销信息系统是企业管理信息系统的重要组成部分。

国际市场营销信息系统是指由人、机器和程序组成的,能连续收集、保存、处理、分析、分配、提供营销信息,为企业管理者提供据以进行国际市场营销决策、改进国际市场营销计划及其执行和控制工作的系统。建立这个系统的目的在于:第一,保证搜集到信息;第二,保证信息与决策有关;第三,保证信息可以被管理部门容易地得到、理解和使用。

从信息开发的角度,一般可以将营销信息系统分为内部报告系统、国际市场营销情报系统、国际市场营销调研系统和国际市场信息分析管理系统四个子系统。

(一)内部报告系统

内部报告系统(internal databases)又称内部记录系统或内部会计系统,是营销主管人员使用的一个最基本的信息子系统,主要反映企业的生产量、订单、销售额、存货水平、价格、流动资金及应收应付账款以及国外分支机构、销售代表和中间商的财务会计方面的资料等情况。它的主要功能是向营销管理人员及时提供各种反映企业经营状况的信息,以便营销人员根据这些信息发现市场机会,找出管理中存在的问题。其中,“订货—发货—开出收款账单”这一循环是内部报告系统的核心,销售报告是营销管理人员最迫切需要的信息。企业的内部报告系统的关键是如何提高这一循环系统的运行效率,并使整个内部报告系统能够迅速、准确、可靠地向企业的营销决策者提供各种有用的信息。

（二）营销情报系统

营销情报系统(marketing intelligence system)是指对企业外部营销环境信息的日常搜集、整理、存贮而形成的情报中心，它为管理人员提供正在发生的外部数据或过程资料。营销人员可采用无目的观察、条件性观察、非正式搜寻等方式寻找信息，还可以从阅读书籍、报刊，与顾客、供应商、经销商等交谈中获得情报。营销情报系统与内部报告系统的主要区别在于后者为营销管理人员提供事件发生以后的结果数据，而前者为营销管理人员提供正在发生和变化中的数据。内部报告系统主要用于向管理人员提供内部运营“结果资料”；而市场营销情报系统则用于提供外部环境的“变化资料”，帮助解释前者并指明未来的新机会及问题。

（三）营销调研系统

营销调研系统(marketing research system)是为制定某项具体的营销决策而系统地设计、搜集、分析某一专题信息，提出数据资料并作出相关的调研报告。营销调研系统与内部报告系统和营销情报系统最本质的区别在于：它的针对性很强，是为解决特定问题而从事信息的收集、整理、分析。传统的国际市场调研成本比较高，现在利用因特网可以以较低成本在全球进行网上调查，这种调查由于及时、准确和广泛，因而信息具有很高的可靠性。

（四）营销分析系统

营销分析系统(analytical marketing system)主要根据研究内容建立各种数据库和市场营销分析模型，如回归分析法、相关分析法、因素分析法、最佳产品功能模型、国际市场广告模型和价格模型、消费者行为模型、营销决策模型等，通过这些方法和模型来说明、分析、预测及解决市场营销问题。

在国际营销信息系统中，来自国际市场中的各种信息如顾客信息、产品销售和服务信息、市场环信息等，在系统中经过分类、评估处理和存贮，作为各类营销决策的基础数据，并经过各种模型的分析处理，传递及时准确的国际市场信息，以供营销决策者改善国际营销规划、执行与控制工作，为决策服务。

上述四个子系统相互依赖，企业报告管理系统是整个系统的基础，它记录企业交易的原始数据和资料，是其他子系统分析对比的基础；市场营销情报系统可以独立于其他系统运转，该系统是营销调查系统和营销分析系统的基础；营销调研系统和营销分析系统作为高层次系统，是营销管理决策层根据外部环境变化考虑企业采取的营销策略和改进管理手段所必需的工具，它依赖于企业报告管理系统和营销情报系统（见图 4-1）。

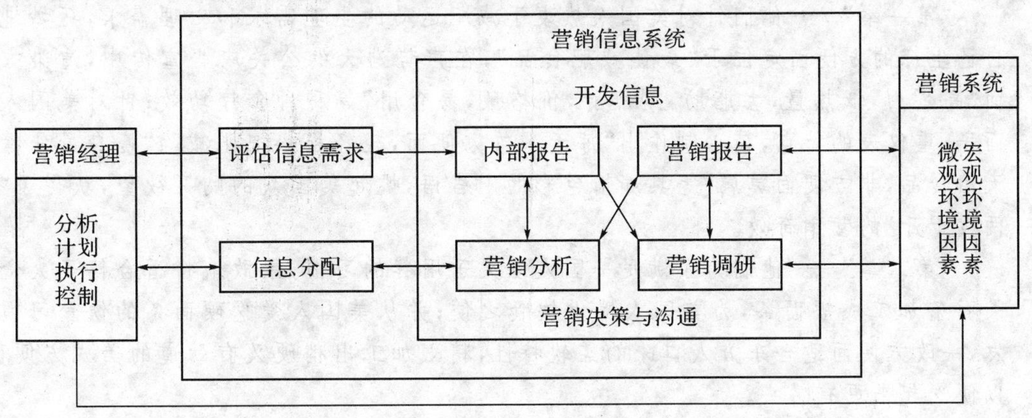

图 4-1 国际营销信息系统

复习思考

1. 什么是国际市场调研？
2. 国际市场调研与国内市场调研的区别是什么？
3. 加强国际营销调研工作对参与国际市场竞争有何重要意义？
4. 国际市场营销调研过程分为哪些步骤？
5. 国际市场调研的基本方法有哪些？
6. 国际市场营销信息系统由哪几个子系统构成？

案例分析

日清智取美国快餐市场的调研

日本日清食品公司在准备制订将营销触角伸向美国食品市场的计划之前，为了能够确定海外扩张的最佳切入点，曾不惜高薪聘请美国食品行业的市场调查权威机构，对方便面的市场前景和发展趋势进行全面细致的调查和预测。可是，美国食品行业的市场调查机构所得出的结论，却令日清食品公司大失所望——“由于美国人没有吃热汤面的饮食习惯，而是喜好干吃面条，单喝热汤，绝不会把面条和热汤混在一起食用，由此可以断定，汤面合一的方便面很难进入美国食品市场，更不会成为美国人一日三餐必不可少的快餐食品。”日清食品公司并没有盲目相信这一结论，而是抱着“求人不如求己”的自强自立的信念，派出自己的专家考察组前往美国进行实地调查。经过千辛万苦的商场问卷和家庭访问，专家考察组最后得出了与美国食品行业的市场调查机构截然相反的调查结论，即美国人的饮食习惯虽呈现出“汤面分食，决不混用”的特点，但是随着世界各地不同种族移民的大量增加，这种饮食习惯在悄悄地发生着变化。再者，美国人在饮食中越来越注重口感和营养，只要在口味上和营养上投其所好，方便面有可能迅速占领美国食品市场，成为美国人的饮食“新宠”。

日清食品公司基于自己的调查结论，从美国食品市场动态和消费者饮食需求出发，确定了“系列组合拳”的营销策略，全力以赴地向美国食品市场大举挺进。

“第一拳”——他们针对美国人热衷于减肥运动的生理需求和心理需求，巧妙地把自己生产的方便面定位于“最佳减肥食品”，在声势浩大的公关广告宣传中，渲染方便面“高蛋白，低热量，去脂肪，剔肥胖，价格廉，易食用”等种种食疗功效；针对美国人好面子、重仪表的特点，精心制作出“每天一包方便面，轻轻松松把肥减”、“瘦身最佳绿色天然食品，非方便面莫属”等具煽情色彩的广告语，挑起美国人的购买欲望，获得了“四两拨千斤”的营销奇效。

“第二拳”——他们为了满足美国人以叉子用餐的习惯，果敢地将适合筷子夹食的长面条加工成短面条，为美国人提供饮食之便；并从美国人爱吃硬面条的饮食习惯出发，一改方便面适合东方人口味的柔软特性，精心加工出稍硬又有劲道的美式方便面，以便吃起来更有嚼头。

“第三拳”——由于美国人“爱用杯不爱用碗”，日清公司别出心裁地把方便面命名为"杯面",并给它起了一个地地道道的美国式副名——"装在杯子里的热牛奶",期望"方便面"能像"牛奶"一样,成为美国人难以割舍的快餐食品;他们根据美国人"爱喝口味很重的浓汤"的独特口感,不仅在面条制作上精益求精,而且在汤味佐料上力调众口,使方便面成为"既能吃又能喝"的二合一方便食品。

"第四拳"——他们从美国人食用方便面时总是"把汤喝光而将面条剩下"的偏好中,灵敏地捕捉到了方便面制作工艺求变求新的着力点,一改方便面"面多汤少"的传统制作工艺,研制生产了"汤多面少"的美式方便面,从而使"杯面"迅速成为美国消费者人见人爱的"快餐汤"。

以此"系列组合拳"的营销策略,日清食品公司果敢挑战美国人的饮食习惯和就餐需求。它以"投其所好"为一切业务工作的出发点,不仅出奇制胜地突破了"众口难调"的产销瓶颈,而且轻而易举地打入了美国快餐食品市场,开出了一片新天地。

资料来源:新浪博客 http://blog.sina.com.cn/s/blog_4c74d5350100085a.html.

问题与讨论:

1. 透过案例分析市场营销调研的意义。
2. 透过案例分析市场营销调研的内容。
3. 透过案例分析市场营销调研需注意的问题。

第五章　国际市场营销战略

学习目标

1. 了解市场营销战略以及市场营销战略管理的概念、主要特点及过程；
2. 掌握企业进入国际市场的主要障碍；
3. 全面理解和掌握进入国际市场的几种方式的特性和概念；
4. 掌握影响国际市场进入方式选择的主要因素及决策过程；
5. 了解企业进行竞争分析的调研和分析方法；
6. 了解国际战略联盟的含义、特点、动因及主要原则。

案例导入

卡特匹勒的国际化

卡特匹勒(Caterpillar Inc)是世界上最著名的重型土建机械制造厂商，1996 年的销售额为 165.5 亿美元，该公司的前身是荷特兄弟公司。1880 年，荷特兄弟发明了马拉的履带式康拜因收割机，以后又改用蒸汽机代替马作动力。由于履带式机车可以在高低不平的田野上行驶，优势明显，荷特公司从 1910 年起即开始向邻近美国的墨西哥和加拿大出口农业机械。第一次世界大战期间，由于军用机械需要量大增，荷特公司的业务增长很快，其中向欧洲盟军提供的坦克车就达 1 万多辆。1925 年卡特匹勒公司组建后，公司在原来出口销售的基础上，在欧洲、澳洲和非洲设立了常设销售机构。第二次世界大战的爆发进一步刺激了对坦克和其他建筑机械的需求，到 1945 年，卡特匹勒的销售额已达 2.3 亿美元。第二次世界大战结束后，利用欧洲复兴重建过程中对土建机械的大量需求，该公司于 1954 年在英国建立了第一个海外生产分部。到目前为止，公司在全球已拥有 70 多个独资或合资的分公司，此外还有不少合营项目。据公司年报上的资料统计，从 1987—1991 年的 5 年间，卡特匹勒在企业扩大再生产方面总共投资 50.8 亿美元，其中 27%用于扩大海外生产规模。

资料来源：根据 http://www.baidu.com/s?wd=%BF%A8%CC%D8%B1%CB%C0%D5&rsp=0&oq=%BF%A8%CC%D8%B1%CB%C0%D5%B5%C4%B9%FA%BC%CA%BB%AF&f=1 资料整理.

第一节　国际市场营销战略

在当代市场营销学研究和实践中，对市场营销战略的研究与运用日渐加强。美国企业家曾断言：公司未来事业的成败，将由今天作出的判断来决定。西方国家的大公司一般都非常注重市场营销战略的制订，并以此指导市场营销管理。

一、市场营销战略和市场营销战略管理

（一）市场营销战略

1. 市场营销战略的概念

一般来讲，企业战略可以分为公司战略、事业部战略和职能战略三个层次。

公司战略也称为总体战略，是一个企业整体的战略纲领，是企业最高管理层指导和控制企业的一切行为的最高行为纲领。

事业部战略又称为经营战略或经营单位战略，是在总体性的公司战略指导下，经营管理某一个特定的战略经营单位的战略计划。

职能战略是为了贯彻、实施和支持公司战略与事业部战略而在企业特定的职能管理领域制定的战略。职能战略一般可以分为营销战略、人力资源战略、财务战略、生产战略、研发战略等。

市场营销战略是企业管理者在其经营理念的指导下，为完成企业的使命、实现企业的经营目标，对企业在一定时期内市场营销发展的总体设想和规划。

市场营销战略的目的是使整个企业的经营结构、资源特长和经营目标，在企业可以接受的风险限度内，与企业外部环境提供的各种机会取得动态平衡。

2. 市场营销战略的特点

（1）全局性。企业的市场营销战略管理是以企业的全局为对象，根据企业的总体发展需要而制订的。市场营销战略管理不是强调企业的某一职能部门的重要性，而是通过制定企业的使命、目标和战略来协调各个部门的活动。它所管理的是企业的营销总体活动，所追求的是企业的总体效果。

（2）长期性。市场营销战略管理中的战略决策是对企业未来较长时期（一般在5年以上）进行统筹规划。在迅速变化和竞争性的环境中，企业要取得成功必须对未来的变化采取预应性的应对措施，这就需要企业作出长期性的市场营销战略计划。

（3）适应性。目前，企业处于一种开放的环境中，其中的各种因素影响着企业的生存与发展，而这些因素又是企业所不能控制的，且处于不断的变化之中。因此，企业要适应环境的变化，在竞争中占据有利地位并取得竞争优势，就必须考虑有关的因素，调整与竞争者、供应者、购买者、银行、政府等的关系，重新配置内部的资源，以保证企业的生存和发展。

（4）竞争性。市场营销战略管理的关键和核心是增强企业的竞争能力，市场竞争能力的关键是企业的核心竞争能力。市场核心竞争能力是企业自身所独有的、其他企业不能直接模仿或不易学到的、对企业的发展具有决定性影响的能力。

(二)市场营销战略管理

市场营销战略管理,是企业为了能在市场竞争中长期处于竞争优势地位而制定的战略,用以指导企业的市场营销管理活动。经济发达国家工商企业经营管理史上无数事例都证明,企业市场营销战略计划正确与否,是企业兴衰成败的关键。

一般来说,营销战略管理应包括营销战略制定、营销战略实施和营销战略控制三个部分。

1. 营销战略制定

营销战略制定是营销战略管理的中心环节,是企业分析外部环境和内部条件,发现并把握经营机会,提出备选营销方案,评价、选择和确定战略方案的过程。

2. 营销战略实施

将战略付诸行动,需要从组织结构的调整、经营资源的分配和战略思想的落实等方面具体落实。

3. 营销战略控制

营销战略控制是营销战略管理过程中的重要步骤。企业必须密切监视营销战略的执行过程,评价执行情况,及时纠正偏差,以保证战略行动和战略要求的一致性。

二、市场营销战略的管理过程

营销战略管理的管理过程一般包括以下几个步骤:

(一)寻找市场机会

在国际市场营销活动中,各种各样的渠道和方法都可能为企业带来市场机会。企业同样可以通过产品—市场矩阵方法进行分析。

(二)选择目标市场

通常来讲,选择目标市场有以下四个标准:可测量性、需求足量性、可进入性和易反应性。

选择目标市场的过程可以分为两个步骤:市场筛选和市场评估。

1. 市场筛选

市场筛选应该首先确定国外销售将占公司总销售额的比例。其次,企业还要在少数几个国家目标市场销售和许多国家目标市场销售之间做出抉择。

2. 市场评估

市场评估可以按照国际目标市场的市场吸引力、竞争优势和风险水平,排出先后顺序。

(三)市场进入决策

可供进入市场的方式,通常包括出口进入方式、合同进入模式和投资进入模式。

(四)选择市场营销组合

市场营销组合是企业市场营销战略的一个重要组成部分。做好市场营销组合工作可以保证企业从整体上满足消费者的需求。

(五)制订市场营销计划

营销计划一般包括以下八个部分:计划概要、现状分析、机会与威胁分析、营销目标、营销策略、活动程序、预算、控制与调整。

（六）实施市场营销计划

通常包括以下步骤：第一，制订行动计划，这是有效实施营销战略的首要条件；第二，设计组织结构；第三，建立激励机制，这关系到组织实施计划的效果和成败；第四，建立监控体系。

第二节　国际市场进入战略

国际市场进入策略通常涉及进入的国别市场确定、进入的障碍分析、进入的时机把握以及进入的方式选择等问题。了解国际市场进入方式的种类，掌握相应的策略选择和应用技巧，具有重要的现实意义。本部分内容除了分析国际市场进入障碍和进入时机之外，将着重探讨国际市场进入方式及其选择的问题。

一、国际市场的进入障碍

随着“入世”与全球化发展，我们的企业正加快拓展国际化经营。然而，专家指出，我国企业“走出去”，面临着最大的障碍就是企业国际标准化，企业应予以高度重视，并尽快加以消除。

这种企业国际标准化的障碍主要体现在别国对我国设置的非关税壁垒上。

自我国加入 WTO 以来，一些企业原以为进入国际市场会更容易，外贸出口会大大增长。然而，“入世”后的前几个月内，外贸出口不仅没有太多增长，反而发生了多起外贸争端案件。美国、欧盟、日本、韩国等国家和地区纷纷亮出反倾销、环境与技术等标准壁垒，限制中国一些产品进入他们的市场。如美国限制钢铁进口的条款、欧盟针对中国打火机设置高技术门槛以及在环境技术等方面的提高标准等，使中国出口产品受到直接影响。近年来，我国企业与产品已成为世界上遭遇非关税贸易壁垒最多的国家之一。据权威部门分析，针对中国企业产品的国际贸易非关税壁垒措施，今后还会增加。

在 WTO 规则下，国际贸易中的关税壁垒作用不断削弱，而以技术标准为主要特征的技术性贸易壁垒正以超常力量阻挡弱势企业进入国际市场。近年来，许多国家以技术标准为支撑，在实施贸易进口管制时，通过颁布法律、法令、条例、规定，建立技术标准、认证制度，卫生检验检疫制度、检验程序以及包装、规格和标签标准等，提高对进口产品的技术要求，增加进口难度。目前，美、英、德等国家利用国际标准已达 80％以上，日本有 25 种认证体系，欧盟内部已有 9 种统一认证体系。在国际贸易中，因技术壁垒引起的国际贸易摩擦越来越多。

技术标准国际化已成为我国企业走出去、拓展国际经营的通行证。美国戴尔公司亚洲部负责人在谈到中国企业在全球化中的问题时认为，中国企业存在标准全球化的普遍障碍。我国企业大部分未能建立起国际标准化体系，消除全球标准化普遍障碍显得非常紧迫。可喜的是，部分企业已认识到这一点，并做出了可观业绩。如海尔建立了美国、欧盟等标准化体系，“厦华”用美国方式进入美国市场，攻克了美国、中东、欧盟等国家和地区市场，成为出口经营的知名企业与品牌产品。

消除企业国际标准化普遍障碍，亟待加大企业国际技术与标准化法制意识，打造国际出口经营的标准化通行证。我们的企业应尽快通过国际标准与质量认证，攻破国际贸易中的技术壁垒，提高国际经营核心竞争力。要在企业技术和标准的硬件上强化，铸就企业国际标准体系，创出国际品牌。从而使出口产品更加符合不同国家市场对产品标准的不同要求，掌握 WTO 规则，与国际化经营要求相对接，推进企业“走出去”更快发展。

二、国际市场进入模式

根据企业生产和经营活动进入国际市场的程度，以及企业的控制程度，国际市场进入模式通常被分为三个主要类型，从企业进入国际市场的实际过程来看，多数都采取先易后难的进入方式。在进入国际市场的多种方式中，最简单易行的是间接出口，然后依次是直接出口，设立企业在海外的销售机构，设立海外生产的分公司，建立全球性公司。本节将分别介绍国际市场进入模式的主要类型：包括出口进入模式、合同进入模式和投资进入模式，如图 5-1 所示。

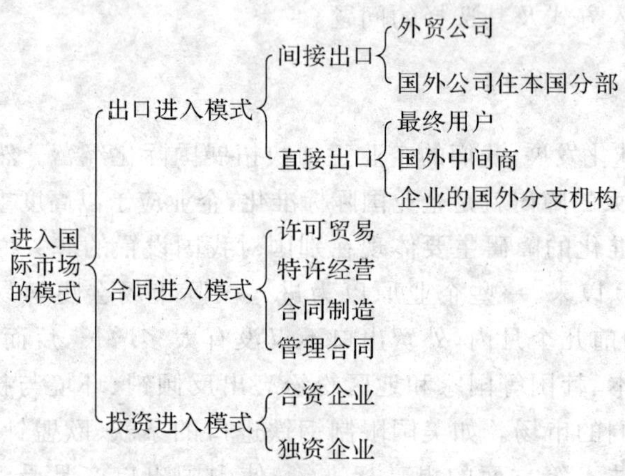

图 5-1　进入国际市场的主要模式

（一）出口进入模式

出口进入模式是指企业在本国制造产品，然后将其销往海外目标市场，它又包括间接出口和直接出口两种方式。出口是国内外企业进入国际市场最为常用的形式，据统计，大约 50％的美国企业在国际经营中采用出口方式，这也是我国企业在现阶段开拓国际市场的主要模式。

1. 间接出口

间接出口是通过本国的外贸公司或外国公司设在本国的机构以采购或代理方式出口产品。由于间接出口方式不需要对外投资和增设组织机构，其主要优点是成本低、风险小和简单易行。因此，企业刚涉足国际市场的初期普遍采用这种方法。然而，企业本身却与国际市场相对分离，不仅无法树立企业在国际市场的形象、难以掌握市场信息；而且对国际营销的控制程度很低或根本无法控制，外贸公司或外国公司掌握着企业的产品在海外市场的分销、走价和促销决策权。

从间接出口的特点可见，这种方式适合于那些准备或刚刚开始进入国际市场的企业，这些企业自身还没有足够的出口力量和渠道，需要借助其他组织的渠道、声誉和经验，将产品很快销往外国市场，在学习并积累了一定经验的基础上，就可以逐步采用更接近国际市场的方式，并提高企业对国际营销的控制程度和参与国际竞争的程度。在实践中，即使具

有独立出口能力和经验的企业，在采用直接进入国际市场的某些方式的同时，也往往采用间接出口作为辅助方式，并主要用于那些较小的次要市场。

2. 直接出口

直接出口是指企业把产品直接出售给海外的中间商或最终用户的方式。其主要形式为：利用国外的经销商或代理商，直接卖给海外最终用户，在国外市场设立办事处或营销子公司。直接出口与间接出口的根本区别在于：出口企业与国外中间商或最终用户直接接触，并组织实施各种国际市场营销活动。采用直接出口，企业需要从事多项国际营销任务。主要包括进行国际市场调查研究，进行市场分析和选择目标市场；开始建立国际营销组织；联系和发展海外客户；产品的出口业务和实体分销；出口产品定价和促销。

采用直接出门方式，企业才真正开始从事国际营销活动，直接接触海外客户。从这个意义上说，直接出口比间接出口方式具有明显的优势，但是，因为同样的原因，也加大了出口的难度。比如面临重大的风险，包括外汇风险交易风险等；直接出口意味着加大投资，以及对业务人员和营销管理的更高要求。如果企业的资源条件不能适应这方面的要求，就难以承担直接出口过程中的各项营销任务。同时，企业还面临开拓市场的压力。直接出口意味着企业无法借助外贸公司或外国公司的国际销售渠道和声誉外销产品，而必须自己联系顾客、建立跨国界的销售渠道。国与国市场之间的差别，远远大于国内市场之间的差别，这显然加大了开拓市场的成本和难度。

(二)合同进入模式

合同进入模式是国际营销企业和目标国家的企业之间在转让技术、工艺、经营方式等方面订立长期的非投资性合同，转让方由此而进入接受方市场。与出口进入模式和投资进入模式相比，合同进入模式以输出企业的知识和技能为主要特点，而不是企业产品的输出，也不需要国际营销企业对目标国家投资。合同进入模式具体包括许可贸易、特许经营、合同制造、服务和管理合同等多种方式。

1. 许可贸易

许可贸易是企业在一定时限内将其工业产权(专利、技术秘诀或商标)的使用权转移给国外另一企业，并得到许可费或其他补偿。

采用许可合同方式，企业能够充分利用其拥有的专有技术或著名商标的赢利能力，为此付出的成本也仅仅是签订合同的费用；通过许可合同，可以避开关税和非关税壁垒。比较迅速地进入外国市场，加快了新产品、新技术在更大范围的扩散；在不需对外投资的情况下，企业面临的风险也很小。显然，许可贸易是一个十分有吸引力的市场进入方式，拥有先进技术、著名商标的大型跨国公司，许多都采用这种方式进入其他国家的市场。

同其他进入方式一样，采用许可贸易也有些不利的因素。首先，在授权以后，许可方对转让专利的使用的控制能力和参与程度都十分有限。如果被许可方不能正确理解和使用许可方的技术或诀窍，就会造成两方面的问题：被许可方的生产和营销活动效益不好，许可企业面临收取许可费的风险；其生产的产品难以达到质量标准，损害许可方的形象。另一种可能的不利因素是，如果被许可方很快开发了自己的技术或诀窍，许可合同将难以延续。实际上，许可方可能遇到的最大问题，是被许可方将来可能成为自己的竞争对手。

在国际市场营销中，企业采用许可贸易的目的主要是为了创造出口市场和市场机会，而并非收取转让费用。为了充分发挥许可贸易在开拓海外市场方面的优势，避免可能发生的问题。

2.特许经营

特许经营与许可贸易具有相似之处，即企业（特许方）向特许接受者提供商标、商号和经营模式，容许销售其商标的产品，并收取使用费。与许可贸易不同的是，出售特许权的企业还要对被许可方提供建议和支持，包括在建立组织机构、企业管理和市场运作等方面的帮助，以保证特许经营的质量和标准。特许经营曾经主要在商业和服务业采用，但是，近年来，一些制造商也开始采用这种方式开拓市场，确保本企业产品的销路。

对于特许权出售者来说，购买者不仅可以借助特许权在不同市场建立销售网点，提高本企业品牌的影响力和产品销售额，还可以在大规模进入之前测试外国市场，以降低海外投资的风险。但是，由于特许毕竟是合作伙伴关系，特许购买者在法律上独立于特许权出售者，所以，特许企业对他们的指导和控制程度也是有限的，处理双方关系的复杂性和由此带来的困难以及潜在的冲突有时会导致特许经营的失败。

从发展趋势来看，越来越多的国际企业运用特许权作为进入海外市场的模式。但是，并非所有企业都适于选用特许经营，英国城市大学商学院的教授克里斯蒂娜·富勒普等人提出，采用特许经营的企业需具备一定条件。①企业提供的产品/服务实际上已经被公众认可，这可以使特许权购买者相信他们正在进行一项有利可图的事业。②产品/服务具有特色，并且其品牌或商标在特许权出售者潜在的经营领域已经很有名，从而使特许权购买者获得有价值的商业资产。③特许权出售者传递给特许权购买者的过程和系统必须是简单易学的，并能很快投入运作。

3.合同制造

合同制造是指企业与国外的生产厂家签订合同，规定由对方按照本企业的要求生产某种产品，由企业负责产品的营销。实践证明，在企业具有市场营销方面优势的条件下，如果能够在海外市场找到符合条件的制造商，合同制造也是一种有效的市场进入方式。合同制造不仅具有对外投资少、低风险的优势；同时，又可以使企业与海外的制造商建立起合作伙伴关系，为企业今后兼并当地制造商创造条件；企业掌握着对产品营销的控制权，在双方关系中处于主动地位。

当然，与其他合同进入方式一样，采用合同制造也有一定的不利因素。首先，企业对产品生产过程的控制能力十分有限，而且失去生产的潜在利润，只能得到销售利润。此外，制造合同终止后，对方可能成为本企业的竞争对手。

4.管理合同

以出售管理合同的方式进入外国市场，通常是企业为国外的旅馆、飞机场、医院或其他组织提供管理服务，并收取管理费。在这种方式下，企业出口的不是产品或技术，而是管理服务。管理合同也是一种低风险的市场进入方式，而且有利于扩大企业在当地市场的影响力和了解当地市场情况，并很快为企业带来收益。当然，管理合同进入方式也有其局限性。由于提供管理服务的企业和接受方通常是同类企业，在这个意义上说，他们又是企业的竞争者，显然，企业难以和自己的客户竞争。

（三）投资进入模式

投资进入模式是指企业用股份控制的方式，直接参与海外企业的生产或服务业的经营。国际投资者可以以合资或独资的形式，通过组建新企业或兼并某个当地公司在目标市场国家直接进行生产、商业或服务等经营活动。

在所有国际市场进入模式中，跨国直接投资给企业以最大限度的控制权和战略自由度。跨国投资企业可以根据其总体发展战略，制订、实施和控制在当地的生产和经营计划与策略。在贸易保护主义盛行的形势下，对外投资有利于避开各国的进口限制和关税壁垒。因而，对跨国公司开拓国际市场具有很强的吸引力。但是，由于该进入模式涉及大量投资，这种投资又具有不可逆转性或极为昂贵的逆转成本，投资进入也是一种风险最大的模式。此外，由于跨国直接投资使企业全面地进入当地市场，必然在更大程度上和范围内深受东道国市场的不可控因素影响，因此加大了企业经营管理的难度。

1. 合资企业

合资企业是由企业与国外的一个或几个企业共同投资、联合组建的。在合资企业中，投资各方都持有一定的股份，共同参与企业的经营管理。合资企业的基本特点是投资各方共同管理、共负盈亏、共担风险，而不是由任何一方的持股比重大得足以完全控制企业。

国际企业之所以选择合资形式进入外国市场，是因为该方式具有介于出口或合同进入与独资进入两者之间的优点。与出口和合同进入方式相比，合资使企业能够直接控制在外国市场上的生产经营活动；获取更高的利润；直接了解市场情况；并直接获得国际营销经验。从另一方面看，合资又比独资涉及的投资少、风险也较小；此外，合资往往比独资更容易被当地政府和消费者所接受，有些国家严格限制外国企业来本国独资经营，而鼓励建立合资企业。事实上，国际企业选择建立合资企业的形式，有时是因为自己确实缺乏独立经营所需要的能力和资源条件，但更多情况下，还是出于这方面的考虑。

值得注意的是，合资企业的优点往往比较明显而且见效较快。而合资企业的问题却往往具有潜在性，开始时不易发现。所以，合资企业的失败率很高，据统计，发达国家之间合资企业的失败率在50%以上，在发达国家与发展中国家之间这一比例更高。造成合资企业失败的主要原因之一，是投资各方往往存在着的潜在冲突，包括经营目标、销售市场、利益分配和企业文化等方面的冲突。对于国际企业来说，为减少冲突，提高合资企业的成功率，关键是要慎重选择外国市场的合资对象，全面了解和分析合资者的经营目标、资源条件、合资动机、惯用的管理和分配方式等；此外，还要在合资协议中充分考虑可能发生的有争议的问题，并明确规定解决问题的方式。

2. 独资企业

在海外投资建立独资企业，是企业进入国际市场的过程的最高阶段。在所有权和控制权方面，这种设在海外的独资经营企业是完全由母公司控制的子公司，企业承担在外国市场生产、营销的全部责任。

在所有进入国际市场的方式中，独资经营是投资企业享有全部决策自主权和利润收入的唯一形式。此外，该方式有利于国际企业制订、实施全球战略，并有效地协调多国生产和营销业务，而避免合资企业中经常出现的目标和利益冲突。更为重要的是，以这种方式最直接地进入外国市场，企业可以更好地根据市场需要组织生产和营销活动，大大提高企业的国际竞争能力。但是，以建立独资企业的形式进入外国市场也有一些不利因素。这主要表现为企业的投资规模大，风险也最大；如果东道国政府不欢迎外来独资企业，企业的发展就会受到各种各样的限制，难以拓展当地市场和扩大企业的影响力。

在外国市场建立独资企业可以采取两种方法，收购当地企业或组建新企业。从国际营销的角度看，收购当地企业是一种快速进入外国目标市场的方法，如果所收购的当地企业拥有先进的技术和产品、成熟的分销渠道、较高的声誉和管理水平，收购方可以充分利用这些有利条件，在较短的时间内取得较高的市场占有量和投资收益。但是，根据企业的国际营销战略，往往需要对收购企业的生产能力、产品的市场营销组织进行必要的改造。如果当地企业的基本条件比较差，这种改造将是十分困难的。如果在外国市场找不到合适的收购对象，选择组建新企业可能更加有利。相比之下，在外国市场组建新企业往往需要花费更多的时间和精力，但是能够从一开始就将该子公司纳入企业的全球战略，使其在生产能力、营销策略等方面达到企业的要求。

三、国际市场进入模式的选择

企业进入国际市场，可以选择出口进入、合同进入和投资进入三种模式，每一种模式又有若干不同方式，这些方式各有其利弊和适用的条件。因此，企业在选择国际市场进入方式时，必须综合考虑国外目标市场条件、企业内部因素，以及市场进入方式本身的特点等因素。本节介绍选择国际市场进入方式应考虑的主要因素，以及进入国际市场的实际决策过程。

(一)选择国际市场进入方式应考虑的主要因素

企业选择进入国外市场的方式，首先应当以国外目标市场的条件为出发点，分别考虑以下几个方面的因素：

1.目标国家的基本情况

(1)目标国家的市场规模

市场规模历来是影响企业营销决策的重要依据，同样是选择进入模式的重要影响因素。对于市场规模较小的国家，适合采用间接出口、许可贸易等合同进入模式，反之，对于市场潜力很大的国家，则需要考虑直接出口，或者直接投资进入的模式。

(2)目标国家的市场竞争情况

从当地的市场竞争的类型分析，对于分散型市场，竞争者的地位基本相当，一般可选择出口进入；而对于垄断型市场，则常常要求采用直接投资方式，以生产和营销的本土化增强企业在价格等方面的竞争力。

(3)目标国家的经济基础条件

目标国家的能源和原料供应、商业和金融业的服务水平、交通和通讯设施等都影响着市场进入方式的选择。在考虑建立当地的销售分支机构或在当地投资设厂的情况下，这类因素的影响作用就更为突出。

(4)目标国家的政策

对一国市场进入方式的选择，还深受东道国政府有关进口和外资的政策和法规的影响。一国政府采取减税、免税的优惠待遇，可能鼓励更多企业采用投资进入方式；反之，如果政府采取限制外来投资的政策，会使企业转向出口进入模式。

2.企业自身条件

(1)企业发展目标

发展目标说明企业是否决定走向国际化，以及实现国际化生产和经营的程度，在很大程度上决定着进入方式的选择。如果一个企业决定以本国市场为主要发展领域，在有机会的条件下也外销产品，就可以采用间接出口方式；如果企业的发展战略是成为国际企业或跨国公司，就应采用直接出口和投资方式，逐步形成企业的国际营销网络和国外生产基地。

(2)企业的资源条件

资源条件包括企业的生产能力、资金实力、人力资源和管理水平等。一般来说，企业的资源越丰富、实力越强，越可以采用直接的市场进入方式，例如直接投资；而对于资源有限的企业来说，只能采用出口，或在拥有某种技术或其他优势的情况下，通过许可、管理合同和合资等方式进入外围市场。

(3)企业的产品特征

如果产品的专用性强、技术复杂又要求较多服务，适合选择企业自己直接组织出口或特许经营等方式，以尽量接近最终用户。并保证良好的服务和零配件的供应等。而对于技术含量低、通用性的产品，则可以借助各种中间商以间接方式进入市场。

3. 市场进入方式的特征

在选择进入方式时，还需要考虑市场进入方式本身的特征与适用条件。从投资规模、风险程度、控制程度、营销经验和成本、赢利水平等方面分析，不难发现各种市场进入方式具有明显不同的特征。进一步来看，随着进入方式由间接出口到建立海外独资企业的逐步升级，这些特征的变化是有规律的。在一般情况下，从间接出口到建立海外独资企业，需要投入的资金增加、风险加大。但是，企业进入市场的程度加深，可以获得更多的利润和国际营销经验。这说明，不同的市场进入方式各有利弊，就不存在所谓“最好”，而需要根据具体情况选择“最合适”的。我们分别讨论了各种国际市场进入方式的特点。还需要从投资、风险和赢利水平等方面横向比较，以作为选择投资方式的依据。例如，从风险程度考虑，一般来说，采用越是直接的市场进入方式，企业所面临的风险越大；反之则越小。相比之下，间接出口的风险最小，而独资企业面临政治、外汇和市场等多方面的风险。在两者之间的选择，就不能不考虑企业对风险的承受能力。

(二)进入国际市场的实际决策过程

选择进入国际市场的方式是一个决策过程。根据决策的要求，这一过程包括确定目标、拟订方案、分析条件、比较选择、评价反馈等步骤。

选择进入方式是为实现国际市场营销目标服务的，因而确定进入国际市场的营销目标是选择进入方式的基础。如果企业把进入国际市场的目标定得很高，企业准备投入国际市场营销的力度很大，那么进入方式就要以国外投资为主，并可同时使用其他方式；反之，则应以出口贸易为主。

首先确定进入市场的目标。接下来要根据进入国际市场目标的要求，把能够达到目标的全部进入方式设计出来，以供选择。由于达到同一目标的进入方式可有多种，因而在设计进入方式时要尽可能全面，把所有想到、见到、听到的方式都罗列出来，以防止因方式太少而无可选择。

进行可行性分析是选择进入方式的关键步骤。这一阶段工作的状况，直接决定着选择的正确性。可行性分析要根据选择依据和选择标准的要求进行，每种方式都要考虑企业内部条件、国际市场因素和国内市场条件，又都要用效益标准、风险标准和便利标准来衡量。为了便于横向比较，对各个依据和标准要进行定量分析，同时，要全面考虑各因素和标准的制约关系。例如，在分析经济效益指标时，不仅要把投资指标和利润指标量化和规定应该达到的效益指标，还要根据风险指标对可能取得的效益指标进行调整。不同的进入方式可能遭遇的风险程度不同，一般来说，间接出口的风险最小，直接出口次之，其次是许可证贸易、承包合同、劳务出口、证券投资、合资经营，风险最大的是办独资企业。但是高风险往往与高效益并存，因而必须进行全面的分析，以确定每一方式的可行性。通过分析，把那些不可行的方式淘汰掉。

对于经过可行性分析认为可行的方式。还需要进行比较选择，以选出相对最佳的方式。在进入国际市场的方式中，虽然有多种方式可行，但从各方国条件比较来看，有些方式是最佳，有的方式可能只是勉强可行。对此，必须进行比较选择。对那些条件较差的方式要坚决放弃。应该注意的是，进入国际市场的相对较佳方式可能有多种，企业应根据各国市场的具体情况区别对待。

选出相对最佳的进入方式后，企业就要采用这些方式进入目标市场国家。为了使各种方式能取得更大的效益，在确定所进入的目标市场国家时还需要进行选择，因为某种方式进入这一国家可能最佳，但进入另一个国家时可能就不是最佳。因此，在运用不同的方式时要注意企业对各种方式的适应性，以达到既要选择正确又要使用正确的目标。

对各种进入方式在使用中进行评价是选择进入方式的最后一步。在这一步骤中，要把使用和评价的信息反馈到营销目标和对进入方式的设计中，以对原来确定的不适当的目标进行修订，并发现和补充一些新的进入方式，使企业进入国际市场的方式更全面和更完整(见图 5-2)。

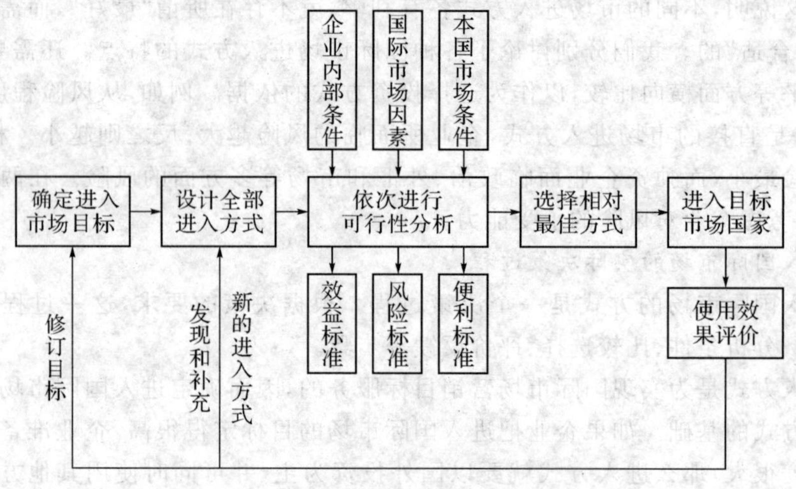

图 5-2　选择进入国际市场方式的决策过程

第三节　国际市场竞争战略

一、国际市场竞争分析

企业参与国际市场竞争必然要受各种环境因素的影响，其中有关政治、法律、文化、政治等宏观环境已在前面进行了详细的分析，在此仅从微观环境方面加以分析。

与企业相关的环境范围很广，但对企业影响最大的是本企业所在行业中各企业之间的竞争，企业在决定竞争原则和竞争战略策略时必须考虑同行成员的状况。当然，行业外的力量也不容忽视，它将对本行业中所有的企业产生影响。据此，美国战略学家迈克尔·波特在进行行业竞争结构分析时列出了5种影响行业竞争的基本力量(见图5-3)。

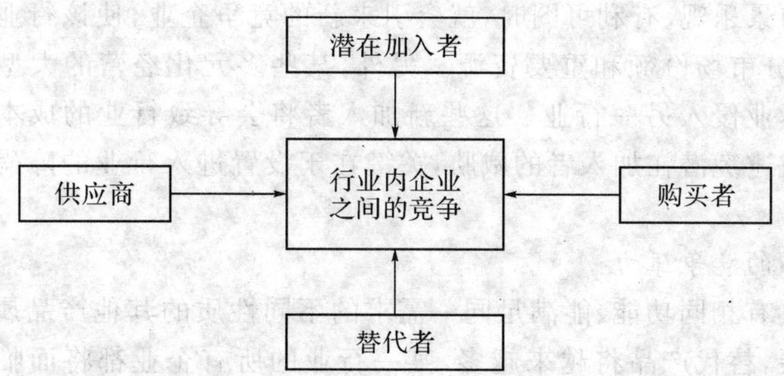

图5-3 迈克尔·波特行业竞争结构分析的五力模型

对于某一行业来说，5种基本力量的综合实力决定了该行业的赢利能力和竞争强度：行业内竞争激烈，投资收益率将会下降，导致某些企业转向其他行业，潜在加入者和替代者对该行业也缺乏兴趣，最终使竞争趋向缓和；竞争强度减缓可能使该行业的获利能力回升，高利润则会吸引替代者和潜在加入者，或促使行业成员增加投资，最终加深竞争的激烈程度。对于某一企业来说，这5种力量都将对自己起牵制作用，它们的竞争力有强有弱，强者将处于支配地位和起决定作用，弱者则处于次要地位。为此，企业应着重分析这些力量的竞争力的强弱，界定本企业的优势与劣势，然后确定自己在竞争中的有利位置。

下面我们可进一步对行业竞争的五种基本力量进行具体的分析。

(一)同行业内企业之间的竞争

俗话说："同行如敌国"，同行业内企业之间短兵相接的对抗是不可避免的。某一企业对来自其他企业的进攻或感受到外部的竞争压力时，会作出反击、抵制的反应；当它为了提高现有的市场地位而利用价格、广告、渠道、服务、产品特色等因素发起进攻时，又将导致同行业成员采取相应的竞争行动。同行业企业之间竞争的激烈程度主要受以下行业因素的制约：

(1)行业的发展阶段。新兴的或处于成长期的行业，其市场的潜力、市场的空间比较大，企业只要跟上行业的发展步伐，就一定有立足之地，竞争也相对缓和；当行业处于成熟期时，市场达饱和状态，各个企业寻求扩大市场占有率的努力会激化竞争的激烈程度。

(2)行业的集中程度。在分散行业中，大多数为中小企业，因此容易形成相互独立、彼此平等、没有垄断的局面。从表面上看，这类行业内的企业可以各行其是，不会产生对抗与摩擦。但实际上为了生存和谋求发展，或者怀着企图跨越别人的野心，都会促使它们进行激烈的争斗。相反，在集中程度高的行业中，存在着几个垄断企业，这些垄断企业能对行业中的其他企业施加影响，或者起协调作用。

(3)行业的产品差异程度。行业内各企业所提供的产品没有明显的差异时，价格、宣传、服务、公关等非产品因素的竞争比较激烈；如果产品能够表现出差异性，各个企业就可以利用这种差异性吸引不同的顾客，竞争也就相对缓和。

(4)行业的规模状况。假设行业的成员、生产数量比较稳定,竞争相对缓和;但若涌进许多新成员,或行业内某些成员为增强竞争能力而大批量增加生产数量,就容易引起激烈的市场竞争。

(二)潜在加入者的威胁

当某一行业前景乐观、有利可图时,就会引来新的竞争企业,使该行业增加新的生产能力,并要求重新瓜分市场份额和重要资源。另外,某些多元化经营的大型企业还经常利用其资源优势从一行业侵入另一行业。这些新加入者将会导致行业的成本上升、价格下降、利润减少。减少或避免潜在加入者的威胁,关键在于设置进入行业的障碍和行业成员的戒备、抵抗。

(三)替代产品的竞争压力

与某一产品具有相同功能、能满足同一需求的不同性质的其他产品属于替代产品。随着科学技术的发展,替代产品将越来越多,某一行业的所有企业都将面临与生产替代产品的其他行业的企业进行竞争的局面,竞争激烈的程度取决于产品替代的密切程度、替代产品的成本水平和行业的获利水平。抵御替代产品的威胁,仅靠一两个企业的努力难以奏效,最好是由行业采取集体行动,协同对待生产替代产品的竞争者,如组织行业协会、共同研制开发产品和改进产品的质量、联合开展持续性和大规模的广告宣传活动等。

(四)购买者的成交能力

行业成员面对购买者,在行业内部是卖方之间的竞争,与购买者是买卖方之间的竞争,竞争的焦点是价格、产品质量、服务等交易条件。这时,企业的竞争策略是防御,避开实力强大的购买者的威胁。在下列情况下,购买者具有较强的竞争力:

(1)需求量大的购买者。它具有讨价还价的能力,在企业的众多用户中处于较高的地位。

(2)标准化产品、大路货的购买者。这类用户可随意选择供应企业,并利用供应企业之间的竞争来得到好处。

(3)原材料、零部件的费用在购买者的产品成本中占很大比例时,购买者会在比较中选择供应企业。

(4)原材料、零部件的质量对购买者的产品影响不大时,购买者也会在众多供应企业中加以选择。

(5)购买者充分掌握市场需求、市场价格、市场竞争、产品成本等信息时,便具有很强的议价能力。

(6)购买者能够通过后向一体化取得所需原材料、品种,也可增强议价能力。

(五)供应商的成交能力

行业成员面对供应者,在行业内部变成了买方之间的竞争,而与供应者还是买卖之间的竞争,竞争的焦点同样是各种交易条件。供应商往往会通过提高价格、降低产品质量和服务水平、停止供货等手段对企业施加压力。为此,企业必须注意供应商在交易中的能力和表现:

(1)供应商是垄断企业,在价格、服务、质量等交易条件上会以强凌弱。

(2)某一企业不是供应商的重要客户供货,这些用户又均属零星分散、实力较弱时,供应商在交易中都处于有利位置。

(3)供应商的产品具有特殊性能,或暂时没有替代产品时,它往往会利用这一局部性垄断的优势对客户施加压力。

二、国际市场竞争战略

由于观察企业竞争行动所选择的角度不同,对竞争策略的表述和归类便相去甚远。在此,仅根据科特勒的提法来对竞争策略进行表述、归类和分析。所谓竞争策略,是指企业依据自己在行业中所处的地位,为实现竞争战略和适应竞争形势而采用的各种具体行动方式。企业在行业中所处的地位可具体分为四种不同的种类型:市场领导者、市场挑战者、市场追随者和市场拾遗补缺者。下面我们分别加以分析。

(一)市场领导者的竞争策略

市场领导者是指某一行业中拥有最大的市场占有率,在价格变动、新产品开发、分销覆盖面和促销强度等方面都起主导作用的某一大企业。例如,通用汽车公司(汽车业)、柯达公司(照相业)、国际商用机器公司(电脑)、施乐公司(复印机)、可口可乐公司(软饮料)等,均为国际市场中各自所在行业的市场领导者。这类企业为继续保持其霸主位置,都会围绕着扩大市场需求、维护现有市场占有率和提高市场占有率等 3 个策略目标来采用具体的竞争策略。

1. 扩大市场需求

一般而言,市场需求扩大,市场领导者的收益最大。因为即使在市场占有率不变的情况下,整体市场销量增加,市场领导者的销量便会随之增加,且增量会大大高于其他同行企业。围绕扩大市场需求这一策略目标,市场领导者可采用以下的竞争策略:

(1)发掘新使用者

某些顾客从未使用过某一企业的产品,这些顾客就是该企业的潜在顾客。企业可对“未使用”的原因进行具体分析,如有的不知道市场上存在这种产品,有的对产品的性能存在偏见,有的则认为产品的价格不当或缺乏某些特点而不想购买等,然后针对这些原因,采用不同对策,使潜在顾客成为本企业产品的新使用者。

(2)发现产品新用途

产品尚未利用的性能被发现,就具有新的用途;产品在某些特定的场合也可能具有新用途。企业可通过发现和推广产品的新用途来扩大市场。在这一方面,企业必须注意顾客对使用本企业产品情况的调查研究,因为产品新用途的发现者多为顾客。

(2)扩大使用量

说服顾客每次使用本企业产品时适当增加用量,扩大市场需求。

2. 维护市场占有率

在市场竞争中,作为市场领导者,往往会成为市场挑战者的攻击对象。因此,维护市场占有率也就成为市场领导者的一个重要的策略目标。即使它们不发动攻击,至少也应自我保护,防御竞争对手的进攻。把军事战争的模式移植到商战中,便有以下策略可供选择:

(1)阵地防御

企业为维护原有的地位,以现有的不变的产品和市场防御竞争者的攻击,就是阵地防御。阵地防御是一种古老的、传统的军事战争防御策略,但静态的城堡防御工事,实际上并非坚不可控。在商战中,也有人采用这种策略。例如,福特汽车公司在 20 世纪初推出耐用、便宜的T型车，独霸美国汽车市场长达19年。20世纪20年代，通用汽车公司顺应以汽车表现车主个性、身份、地位的新潮流，推出"雪佛莱"等多种适合不同收入水平的轿车。而这时福特以不变应万变，坚守作为交通工具的T型车这一阵地，结果被通用抛到后面，不但失去霸主地位至今翻不了身，而且当时还濒临破产的边缘。由此可见，阵地防御虽然也是一种竞争策略，但它在军事和商业上都是风险性极高的策略。一方面，它为竞争者提供了显而易见的固定目标，猛烈的攻击便可摧毁僵化的防线，最终失去原有的市场地位；另一方面，它完全放弃了在市场上与竞争者一较高低的进攻或防御的主动权，被动挨打的结果必然是优势的丧失。因此，企业即使采用这种防御策略，也要动态地维持现有的产品和市场，如致力于产品线的延伸与产品的改良，甚至向多元化发展等。

(2)侧翼防御

所谓侧翼防御，是指企业通过治理薄弱环节来防御竞争者乘虚而入，或建立一些次要业务作为防御的前沿阵地。显然，"侧翼"可理解为企业的薄弱环节或次要业务。挑战者在发起进攻时，往往是以攻击对手的薄弱环节或劣势作为突破点，加强对薄弱环节的管理，就是侧翼防御，从而保护了自己的原有市场。例如，日本企业劳动力成本增加这一劣势和薄弱环节成了"亚洲四小龙"共同攻击的目标。为此，日本企业耗巨资来提高劳动生产率，并把其重点放在对技术精密度和生产效率的提高上，继续维护日本产品在质量、功能、信誉和价格上的优势，成功地对"侧翼"进行了有效的封锁。有的企业在维护主要业务时，又往往会遇到来自其他企业的挑战。这时，发展一些次要业务作为侧翼防线用于截击这些进攻，也是行之有效的策略。例如，当食品企业受到廉价的无商标的大路货冲击时，可推出廉价优质的大路货来把那些低质的大路货挤出市场，解除其对企业主要业务的威胁。

既然企业选择了侧翼防御策略，就不要马虎应付，否则其效果必然是事倍功半或劳而无功。例如通用和福特汽车公司曾专门设计维佳、平驼这两种小型汽车，企图借以击退日本和欧洲汽车生产商发动的小汽车攻击战。但问题在于这两种小汽车粗制滥造，根本无法阻止人们购买外国小汽车，结果在这场竞争中以失败而告终。

(3)以攻为守

顾名思义，以攻为守即指企业在竞争对手对自己发动进攻之前，先发制人抢先进攻。这是一种积极的防御策略，其策略思想非常明确：进攻是最好的防御，先下手为强；与其坐等别人进攻，不如先向别人发动进攻；进攻为了防御，削弱进攻者的攻击能力。运用以攻为守的前提是充分掌握竞争者的意图。

(4)反击防御

反击防御是指企业在受到竞争者的攻击时，主动加以迎击。在市场竞争中以攻对攻是直接的、市场领导者为了防守自己的阵地(产品和市场)而进行的反击。反击的形式可根据具体情况加以选择。例如，日本富士通等公司以模仿IBM公司的大型计算机主机来夺取市场，而IBM则利用这些模仿机型必须与它的产品兼容的有利条件迅速改变机型，并推出一种无法与富士通产品兼容的软件系统，有效地遏制日本公司的进攻。另外，IBM公司曾于1980年初以每月2万多部的惊人速度推出个人电脑，以极低廉的价格销售，与日本公司在定价上进行正面对抗，使日本人无还手之力。

(5)机动防御

机动防御是指企业未雨绸缪，将其市场和产品发展到可作为未来防御和进攻的新领域。这一策略的指导思想是:预防胜于治疗,事先做好准备,将来就能攻能守。这里的“新领域”可以是拓展新的细分市场、区域市场;拓宽业务范围;实行多元化经营等。如石油公司转为能源公司,把业务范围从石油扩展到煤炭、核能、太阳能、水利和化工等领域。又如烟草公司进入啤酒、软材料、食品、旅游等新行业。

(6)撤退防御

当企业有计划地主动地放弃一部分无法防守的市场和实力弱小的产品时,这便是撤退防御。采用这一策略的理由是:在特定形势下,撤退才能更好地防守;与其被一部分次要的市场和产品拖累,不如尽早地甩掉它以增援较强的领域。例如,在世界经济下滑的外部环境下,松下公司及时调整了经营战略,从5万多种产品项目中大刀阔斧地砍掉30%,以便迎接新形势下的竞争。

3.提高市场占有率

市场占有率的提高是企业排斥竞争对手的结果,是市场竞争能力强的表现。因此,提高市场占有率几乎是所有企业都在追求的目标,更是市场领导者增强霸主地位的目标。但正如第十一章相关内容所述,提高市场占有率可能会受法律、成本、竞争对手反击等因素的制约,弄不好反而会产生负面效应。为此,不管采用什么办法来提高市场占有率都要适度,适度的衡量标准是:

(1)不违反《反托拉斯法》等限制垄断的法律法规;

(2)不会导致竞争对手采用联合行动加以反击;

(3)单位产品成本会随着市场占有率的提高而下降;

(4)企业能以高质高价产品提高市场占有率,但所提高的那部分价格应高于产品所增加的成本。

(二)市场挑战者的竞争策略

在行业中名列第二、三名或名次稍低的企业可称为市场挑战者。其中有一些是规模相当大的企业。对这些市场挑战者而言,也要解决防御的问题,但它们主要是市场竞争的进攻者,其攻击对象主要有:一是市场领导者。它们总是对市场的“王位”虎视眈眈,梦想总有一天能从市场领导者那里摘取皇冠。对市场领导者的进攻风险最大,但一旦成功便能使梦想成真。二是同等规模的企业。这种攻击往往是乘人之危,以实现扩大市场占有率的目标。三是中小企业。在市场竞争中对中小企业的蚕食、并吞,正是这一进攻的结果。由此可见,进攻市场领导者相同等规模的企业,一般不是以吃掉、打垮对方为目标,而是为争取更大的市场占有率;而攻击中小企业,则可能是想把它们赶出现有市场,或吞并之。根据上述进攻对象和目标,便可以集中优势为原则来选择适当的进攻策略。

1.正面进攻

正面进攻是指进攻者集中力量直接攻击竞争对手的长处、市场和产品。这是硬碰硬的攻坚战,其条件是:进攻者的实力大于竞争对手。著名军事家克劳塞维茨在《战争论》一书中指出:如果攻击者想要确保战斗的胜利,它所拥有的力量起码应该是防御者的两倍,否则等于鸡蛋碰石头自取灭亡。商战也不例外,守方的产品、市场受到直接攻击,威胁到它现有的地位甚至生死存亡,必然会进行顽强的抗争,因此正面攻击很可能是一场旷日持久的相持战,这时充足的人财物资源便成为决定性的因素。总而言之,正面进攻是以强攻弱,战而胜之,具体可采用以下策略方式:

(1)完全正面进攻

进攻者模仿其竞争对手追求同样的产品和市场,在产品、价格、推广等方面进行直接较量。如竞争对手采用高质高价高促销的手段,进攻者也以同样的手段攻击之。应该说,采用这种策略的进攻者是绝对的强者,实力远远大于竞争对手,优势远远超过竞争对手。因此,无论是理论分析或实际的商战,市场挑战者向市场领导者发动完全正面进攻,便可能是两败俱伤或是惨败。例如,美国无线电公司、通用电气公司和施乐公司都曾向国际商用机器公司发动完全正面进攻,然而防御者强大的实力反而使进攻者陷入被动、尝尽苦头。为此,在实际的商战中多数采用局部正面进攻策略来对完全正面进攻加以修正。

(2)局部正面进攻

在产品、价格、促销、渠道等营销因素中选择一个或少数几个因素进行正面进攻。只要在某一方面优于竞争对手,进攻者便可取得"相对强者"的地位,提高取胜的机会。例如,东芝公司在美国市场,各种营销因素与竞争对手不分伯仲,于是其富有攻击性的定价就成了决定胜负的关键因素。竞争对手不敢贸然跟随别人削减价格,又无法使消费者了解其高昂定价的合理性,这时廉价便能吸引更多的顾客。进攻者也可在产品的性能等方面占优势,来发动正面进攻。例如,录像机技术是由索尼公司首先发明的,该公司的"贝塔马克斯"牌录像机在市场上取得了领先地位。松下公司后来了解到消费者更欢迎放映时间长的录像机,于是设计出一种容量大、体积极小的录像系统,性能更可靠,价格比"贝塔马克斯"低15%,建立自己的竞争优势。

2.侧翼进攻

它是指进攻者以自己的相对优势进攻竞争对手的薄弱之处。上述正面进攻是攻击竞争对手的长处,而侧翼进攻则是攻击竞争对手的短处,体现为"扬长避短、避实击虚"的竞争原则:采用这种策略的前提是进攻者的实力较小。这些企业所拥有的技术、资金力量较小,根本无力发动正面进攻,但侧翼进攻则能发挥相对优势的作用:①所夺取的市场具有较大的潜力。这样,进攻者便有立足之地,并可以此为突破,待机发动正面进攻。②竞争对手不会采取报复行动。只要竞争对手对进攻者所进入的市场不屑一顾,认为这些市场微不足道,便有把握取得成功。

侧翼进攻攻击对手的薄弱环节。它不是为争夺同一市场而进行短兵相接的对抗,而是在整体市场上更广泛地满足顾客的需求,这正好体现"发现需求并满足需求"的现代市场营销观念。而且,侧翼进攻的成功概率还远大于正面进攻,是一种最有效和最经济的策略形式。侧翼进攻可分为以下几种策略类型:

(1)地理性侧攻

进攻者选择竞争对手实力较弱或根本未涉足的地区市场进行进攻。例如,日本制药和医疗器械公司为了进入美国市场,不是采用直接与强大的美国公司硬拼的办法,而是以美国公司的薄弱环节——南美洲为实验基地,确立自己在该市场的地位。这样,美国公司很难对这种侧攻组织起有效的反扑,日本公司却能以此为突破口登陆美国市场。

(2)细分市场侧攻

进攻者选择竞争对手未能满足消费者需求的细分市场为攻击目标。地理性侧攻以通过与竞争对手相同或相似的产品实施,其核心在于发现受到忽略的区域性市场。细分市场侧攻则迥然不同,它是针对被忽略的消费需求,推出竞争对手未生产的差异性产品。例如,德国和日本的汽车公司虽然知道美国市场主要经营大型、豪华、耗油多的汽车，但他们并不以相似的产品与实力强大的美国公司竞争，而是瞄准未被服务的需求节油小型汽车的细分市场，积极采取行动填补这个市场的空缺；结果使美国人对节油小汽车的爱好不断增长，并发展成为一个广阔的市场。美国公司的忽略，给德国、日本公司侧攻美国市场带来了良好的机会。

3. 包围进攻

所谓包围进攻，是指进攻者以更深的产品线或更广的市场来围攻竞争对手的阵地。侧翼进攻是占领竞争对手的次要市场或无法覆盖的市场，包围进攻则是企图通过"闪电"攻击，夺取竞争对手的一块市场。正面进攻与包围进攻的策略目标是一致的，但所使用的手段不同：正面进攻是在相同营销因素对抗中夺取竞争对手市场，而包围进攻则是以产品线的深度和市场的广度围攻竞争对手来夺取其一块市场。包围进攻的策略意图非常明确：进攻者从多个方面发动攻击，迫使竞争对手同时进行全面防御，分散其有限的力量，乘虚夺取其一部分市场。由此也可看出，一般而言，实施围攻策略的进攻者的实力必须远远超过竞争对手，其中包括具有雄厚的财务、强大的分销体系和研究发展能力，否则，力不从心的包围进攻就可能演变为实际上的正面进攻，最终导致失败。此外，还要看竞争对手是否愿意进行相同投资，以保护它的市场地位。如果竞争对手不想在所有方面设防，那么，对其所放弃的市场实施围攻也能奏效。包围进攻可采用以下两种策略类型。

(1)产品围攻

进攻者推出大量品质、款式、功能、特性各异的产品，加深产品线来压倒竞争对手。例如，美国波音公司是飞机行业的霸主，但 20 世纪 90 年代以来却要接受欧洲空中客车公司(以英、法、德、西班牙为后台老板)的挑战。空中客车的进攻策略正是产品围攻。在大型客机市场上波音 747 这一王牌机一枝独秀，而空中客车在 20 多年来则致力于中小机型市场，其中 4 种机型已有与波音 737、757、767 平分秋色之势，甚至在北大西洋这最繁忙的空中通道，空中客车、波音的中型机逐步取代波音 747，空中客车已成为波音霸主地位的最大威胁者。

(2)市场围攻

进攻者努力扩大销售区域来攻击竞争对手。例如，日本本田公司一方面采用产品围攻策略，推出轻型高质量的摩托车，增加二级变速、自动变速装置，向哈雷公用的豪华、重型车发起围攻。另一方面，又采用市场围攻的策略，以洛杉矶的销售公司为基地，逐步从西部向东部扩大销售区域，建立包括钓具店、运动器材商店、汽艇销售店在内的广泛销售网络，努力做好维修、零配件供应工作，终于使本田摩托顺利登陆美国市场，继而一跃成为世界驰名的产品。

4. 迂回进攻

进攻者避免与竞争对手正面冲突而向较容易进入的市场发动进攻的策略便是迂回进攻。上述正面进攻与包围进攻都是属于在特定市场上与特定的竞争对手进行竞争的策略；侧翼进攻的竞争尽管发生在竞争对手力量薄弱或根本不存在的市场上，但其攻击目标仍然是特定的竞争对手，因此这些进攻必然对现有市场构成威胁。但迂回进攻则是不针对特定的竞争对手和现有市场的最间接的进攻策略。其策略意图是避免在现阶段与竞争对手发生冲突，企图绕过过分拥挤的现有竞争战场来寻找开拓发展的新天地。当然，采用迂回进攻策略也应具备一定的条件，即进攻者在市场上拥有一定的地位和特殊的能力，它可反映在下面的策略类型上。

(1)发展新产品

进攻者以新产品超越竞争对手，而不必在现行产品上进行抗争。对现有产品进行模仿和改良，结果导致正面竞争；完全新产品的开发，则可避免与原有竞争对手的直接冲突。如日本开发的录像机、光盘等，虽然还留在原有的机电行业中，但营销的精力已转移到这些全新产品上，无需在原有市场上与竞争对手瓜分利益。采用这一策略要求进攻者拥有实力雄厚的科技能力。

(2)多元化经营

进攻者努力摆脱对单一业务的依赖，进入新行业，在更为广阔的市场空间中寻求立足点。多元化经营是当代企业营销的新潮流，原有的竞争对手的一方或多方向新行业进军，则可避开现有市场的竞争。采用这策略要求企业具有强大的研究力量和进入新行业的足够资源。

5. 游击进攻

游击进攻是指进攻者向竞争对手发动小范围、小规模、间歇性的进攻。上述进攻策略都要求对竞争对手进行多方面、大范围、持续性的攻击，而游击进攻正好相反，其策略目标在于消耗对手的精力和瓦解对手的士气，迫使对手作出让步，借以提高自己的市场地位。一般而言，实力较小的公司将会采用此策略攻击实力强大的公司，但每次攻击行动要使竞争对手的消耗大于自己，才能取得较好的效果。

游击进攻的具体行动几乎是没有固定模式的市场活动。这些营销活动往往是针对特定的竞争对手进行的。例如：在某一市场突然降低产品价格，某一时期采取强烈的促销行动，吞并竞争对手的渠道成员，挖走竞争对手的高级管理人员，盗取竞争对手的商业秘密等，都具有游击进攻的特点。

(三)市场追随者的竞争策略

市场追随者是指那些模仿市场领导者的产品、市场营销因素组合的企业。挑战者企图通过竞争行动来夺取领导者的市场，甚至存有争得市场领导地位的野心；追随者则不是向市场领导者发起进攻而仅仅是模仿领导者的行动，依附于领导者，从中取得高额利润。在市场竞争中，亚军公司并不是非得当挑战者不可。领导者有足够的实力抵御各种攻击时，亚军公司与其跟领导者争个鱼死网破，倒不如追随领导者，缓和矛盾。特别是在钢铁、肥料、化工等资本密集型的同质产品的行业中，难于使产品差异化，服务质量趋向。价格的敏感性较高，采用进攻策略便可能招致激烈的价格战和对挑战者的报复。为此，亚军公司更适合充当追随者的角色。追随者为了选择一条不会导致竞争者报复的发展道路，可采用以下策略：

1. 紧跟其后

紧跟其后即追随者尽可能在各个细分市场和市场营销组合领域模仿领导者。从表面上看，这种追随者如同挑战者，但只要它们不采取攻击性的手段刺激领导者，就不会发生直接的冲突。

2. 有距离追随

即追随者在目标市场、产品革新、公认的价格水平和分销等主要方面追随领导者，而在

其他次要方面则保持一定的距离。这种距离包括收购同行业的小企业、适当多元化经营等。追随者采用这种策略较容易被领导者接受，一方面它没有干扰领导者的营销战略，另一方面让追随者获得一定的市场占有率还有助于领导者免受实行垄断的指责。

3. 有选择追随

即追随者在某些方面步领导者后尘，另一些方面则自行其是。其中，它只模仿领导者行之有效的策略，在能发挥自己特长的领域便致力于创新。这两者的结合可能使其以后发展成为挑战者。

(四)市场拾遗补缺者的竞争策略

市场拾遗补缺者是指那些专门为大企业忽略或不屑一顾的小市场提供有效服务的小企业。这类小市场可称为小生境市场，它既没有风险，又有利可图。市场挑战者有时也占领小生境市场，其目标是以此为跳板攻击竞争对手，而市场拾遗补缺者占领小生境市场的策略目标则是为自身的生存和发展，为此它是不具攻击性的小企业。对于小企业来说，关键在于找到理想的小生境市场，其应具备以下特征：这个小生境市场有相当规模、购买力，可赢利并有发展潜力；强大的竞争者对该市场没有兴趣；企业具备为该市场服务所必需的能力和资源；企业已在顾客心中建立了良好的信誉，能借此抵御竞争者的攻占。小企业要成为一个成功的拾遗补缺者，就必须是服务于某一小市场的专家，并在该市场实施专业化策略。

1. 最终用户

针对某些最终用户进行专业化经营，例如：各种产品维修、维护服务；用于维修的军配件的生产与供应；各种咨询服务等。

2. 特定顾客

为某些特定顾客服务，既可起拾遗补缺作用，又有利于专业化经营。例如：专门为另一企业提供差异化产品，这一产品具有标准化生产不易兼顾的功能；专门为千差万别的顾客提供定制产品，成为加工专家；只为某些大企业提供所需的产品和服务。

3. 特定产品

其中包括：只为各个行业生产某一层次所需的产品，如调制品公司集中生产铜材、铜部件或铜制品满足各行业生产之需；只生产一条产品线的一种产品甚至其中的一种零件，以发挥自己的专长，如汽车行业的企业只生产敞篷汽车，或只生产某一优质的汽车零部件。

三、国际战略联盟

(一)国际战略联盟的形式

国际战略联盟是指两个或两个以上的、潜在的或实际的国际竞争企业之间，为了某一共同的特定目标所形成的合作协议。由于产品的特点、行业的性质、竞争的程度、企业的目标和自身的优势等因素各不相同，国际企业间所形成的战略联盟形式也呈现出多样性，既可以是正式的合资经营，也可以是几方为了一个特定问题而合作所形成的短期合同协议。

一般来说，战略联盟的形式有如下几种：

1. 契约性协议

战略联盟的伙伴共同投入力量进行联合的研究与开发、联合生产和联合营销活动等。联合行动可能包括许可证、交叉许可证和交叉营销等。例如瑞士雀巢公司和美国通用米勒公司达成联盟协议，雀巢公司的某些产品可在米勒公司的美国工厂中生产，然后成批运回欧洲，由雀巢公司以雀巢的产品包装在法国、西班牙和葡萄牙出售。

2. 国际联合

这种联盟主要是美国、西欧和日本的国际企业之间为了对付技术与开发的高额成本和巨大风险而建立的。在电子通讯、飞机发动机和制药等行业中这种国际联合非常普遍。

3. 股权参与

即国际企业在其他企业中占有少数股权，其战略目的在于确保供应商的能力和建立非正式的工作关系，也就是说合伙人继续以独立的实体而经营，但各自都能享受到对方优势所提供的好处。例如美国福特汽车公司拥有日本马自达公司的25%的股权，结果在小型汽车的设计与生产上得到马自达的大力支持，而后者也依靠福特公司进入国际市场。

4. 合资经营

即由两家或两家以上的国际企业共同出资、共担风险和共享利润而建立的独立企业，这种形式的联盟被普遍采用。

（二）国际战略联盟的动因

归纳起来，国际企业建立战略联盟的主要动因包括：

1. 开拓市场

这个动因是最普遍的，因为国际企业的首要目标就是向国外市场渗透，而建立战略联盟是开拓国际市场的有效方法之一。例如美国摩托罗拉公司与日本东芝电器公司建立战略联盟，就是为了使自己的产品能更大规模地进入日本市场。美国通用汽车公司和日本丰田汽车公司合资在美国生产汽车的案例恐怕是最典型的了。这两家公司于1983年利用加州濒临废弃的旧厂址，合资成立了新汽车联合制造公司。就日本丰田汽车公司来说，其最终目的就是进一步打开美国汽车市场和扩大市场份额。

2. 分担研究与开发的风险

在这些领域中，开发新一代技术和产品的费用是任何一家公司，即使是大公司所无法担负的。也就是说，科技的发展使企业从技术自给转向技术合作和技术相互依赖。国际企业通过建立战略联盟，共同支付技术开发费用，共同承担开发风险，最后共同享有技术开发成果。例如：波音公司与某一日本财团联盟共同制造767宽体商用喷气式飞机，波音公司的主要意图是寻求分担飞机开发所需要的巨大费用，这种研究与开发费用达几十亿美元。在开发费用高昂的医药行业，以分担风险为目的的战略联盟也很常见。

3. 优势互补

战略联盟可使各方的技能及资产形成互补的优势，而所形成的综合技能和资产是任何单独一方所不能够拥有或开发出来的，这种战略联盟使各方做到优势互补。以法国的辛普森公司和日本的JVC公司共同生产录像机所形成的战略联盟为例，JVC公司与辛普森公司两者之间实质上是在互换技能。因为辛普森公司需要产品技术和制造技术，而JVC公司需要知道如何在分散的欧洲市场上销售录像机产品。

4. 有利竞争

传统的企业竞争方式就是采取一切可能的手段，击败竞争对手，把他们逐出市场，因此企业的成功是以竞争对手的失败和消失为基础，"有你无我，誓不两立"是市场通行的竞争规则。战略联盟的出现使传统的竞争方式有了一个根本的变化，即企业为了自身的生存和成功，需要与竞争对手进行合作，即为竞争而合作，靠合作来竞争。

日本东芝公司的战略联盟就是一个很好的例证。在好多人刚刚知道“战略联盟”这个词的时候，人们发现东芝公司实施的这种战略已经有几十年的历史了，它几乎与世界上所有的相关企业建立了联盟关系，而且基本上无一失败。战略联盟使东芝公司成了一个世界上独一无二的竞争者，不仅帮助它渡过了日本经济严重萧条的时期，而且使之得到了世界上最重要最有希望的先进技术。与美国摩托罗拉公司的合资，使之成为世界第一号的大规模记忆芯片的生产者。在IBM公司的帮助下，东芝公司成为世界第二大彩色平面显示供应商。此外，核动力发电设备、电脑、传真机、复印机以及其他各种高级半导体、充电电池、医疗设备和家用电器等产品都是通过战略联盟而获得的。

（三）建立有效国际战略联盟的原则

麦肯锡公司对49家战略联盟追踪调查的结果显示，有1/3的联盟因未达到合伙人预期的目的而失败。失败的原因很多：其中大部分与战略联盟的协调有关。因为战略联盟的管理者来自不同国家的不同企业，有着不同的文化背景和企业文化。

建立有效的战略联盟通常应该遵循以下几个原则：

1. 要确定出合适的联盟伙伴

合伙人必须具有某种专长才能成为联盟的成员。合伙人的长处或优势还要能经得起时间的考验，仅仅具有相对的长处或优势的企业有时都不能算是好的联盟伙伴。建立战略联盟的目的是通过不同企业的优势互补和整合而达到“二加二等于五”的效果。

2. 明确联盟伙伴之间的关系

多数战略联盟不是依靠股权等法律机制来维系的，而是出于合作各方共同的目标而自愿结合在一起的。从联盟建立的一开始，各方的责任、义务、权利等都应当明确地加以界定。经过仔细审慎精心雕琢的联盟协议可以大大减少所具有的潜在冲突的发生。联盟实践证明，要减少联盟各方之间的矛盾，必须建立一种和谐、融洽、平等的关系。

3. 联盟各方要保持必要的弹性

这里的弹性是指：参与战略联盟的各方都必须随时能对市场和合伙各方的变化做出反应，特别是在联盟建立的初期。最成功的战略联盟在最初的几年内变化频繁而且变化幅度很大。原因很简单：市场变化，合作的双方也要变化；对方变化，自身也必须变化。例如：IBM公司与微软公司曾有过长期联盟的经历，但仍失败了。微软公司从几乎一无所有到拥有几百亿美元市值的发展，在很大程度上得益于与IBM公司的联盟关系。然而，就在开发新一代软件的问题上双方出现了分歧，结果使联盟破裂。双方都承认在联盟中要改变经营方向是相当困难的。

4. 坚持竞争中的合作

建立战略联盟不过是一种手段，最终目的是通过合作或联盟关系来增强自己的竞争能力，实现自己的经营目标。因此，联盟各方彼此平等相互信任是必要的，但绝不是无原则地迁就对方或向对方提供一切。

5. 在战略联盟中向联盟伙伴学习

一个企业在战略联盟中获益的决定因素之一是其向联盟伙伴学习的能力。在战略联盟中，不应只是付出，而应当学习联盟伙伴的长处，并将这种长处结合到自己的企业当中去。例如：日本企业与欧洲及美国许多企业形成战略联盟后，人们发现，日本公司在每次联盟之后变得越来越具有竞争力。其原因是日本企业都做出很大的努力去学习联盟伙伴的长处，他们将联盟看成是了解竞争对手竞争秘诀的绝好机会。

复习思考

1. 企业进入国际市场有什么意义和影响？
2. 国际市场营销战略的主要特征是什么？
3. 简述国际市场营销战略的过程。
4. 什么是进入国际市场的战略因素？一项产品进入一国市场面临哪些决策？
5. 如何对一个国家的市场进行评估？
6. 契约进入模式包括哪些形式？各有何利弊？
7. 合资进入模式和独资进入模式相比各有何利弊？影响进入模式选择的因素有哪些？
8. 试比较出口进入、合同进入和投资进入模式的特点。
8. 如何选择进入国际市场的不同方式？怎样理解企业进入国际市场的渐进性？
9. 进入国际市场的决策过程一般包括哪几个阶段？考察一个从事国际市场营销的企业，了解该企业最初进入国际市场的决策过程。
10. 如何进行国际市场竞争分析？
11. 在国际市场营销中，通常有哪些竞争战略？
12. 什么是国际战略联盟？国际战略联盟有什么主要形式？
13. 国际战略联盟有效运行的基本原则是什么？

案例分析

海尔集团的国际市场营销战略

一、海尔集团的产品出口与海外投资状况

（一）海尔集团的产品出口经营状况

从1986年青岛电冰箱总厂第一次出口产品并取得300万美元出口额开始，海尔集团的出口额逐年增加。尽管1997年爆发了东南亚金融危机，中国企业口受阻，但由于海尔产品附加值高，出口的重点是欧美，因此，仍能保持持续增长的势态：1998年，海尔出口创汇达到7675万美元，比1997年增长了36%。在其出口地区分布上，欧美国家约占60%，日本占20%，东南亚占16%，其他地区占4%，共计87个国家（地区）：出口欧美的产品以冰箱、空调为主。其中在美国180升以下冰箱市场份额中，海尔冰箱占到20%。

海尔已有14个海外贸易中心，175个海外专营商，38万个海外营销网，以及1.2万个售后服务中心。

（二）海尔集团的海外投资状况

从1984年到1991年，海尔只专注于做好冰箱产品。1992年到1998年，海尔在名牌战略成功的基础上进行新的战略创新和转移，由一个名牌产品发展成为全部系列家电名牌产品群。从1998年开始海尔实施其国际化战略，他们首先是在周边国家投资建厂，开始熟悉国际市场运作规则，为下一步进入欧洲、美国市场提供经验。

早在1995年，海尔集团就着手在海外投资建厂。经过洽谈和协商，终于在1996年2月在印尼雅加达建立了海尔的第一家以生产电冰箱为主的合资生产企业——海尔莎保罗(印度尼西亚)有限公司。它标志着海尔的国际化迈出了重要的一步。之后，1997年6月，菲律宾海尔LKG电器有限公司成立；1997年8月，马来西亚海尔工业(亚细亚)有限公司成立；1997年11月，南斯拉夫海尔空调生产厂成立；1999年12月海尔中东有限公司成立。此外，还在波士顿建立了设计中心，在纽约建立了营销中心，在南卡罗莱纳州建立了制造中心。

1999年海尔在美国投资3000万美元建厂，目的是为了整合全球资源，并把整合后的资源转移到国内。他们力图获得技术性资源的来源，通过国际化的生产网，直接转移软硬件生产技术，使国内企业获得更高技术的创新产品，掌握技术设计、技术发展和技术管理所需要的知识。现在，在硅谷设立的研究机构，已经把电脑、电视机的一些技术从硅谷输送回来，使海尔能够以最快的速度知道世界信息技术领域发展的最新信息，以便获得持续的国际市场竞争能力。

海尔在海外已经建成9个工厂，另有意大利等10个工厂正在建设之中。此外，海尔整合了在全球各地设立的6个设计分部、10个设计中心的设计资源，能够设计和生产欧、亚、美、日等全球四种主流冰箱，拥有12大系列5800余种型号产品，可以满足世界各地消费者的不同需求。

二、海尔集团国际化发展的战略指导原则

(一)“先难后易”原则

发展中国家企业的跨国经营发展模式，通常是先向同类型的发展中国家进行出口或投资，最后再将发展目标逐步转向发达国家。海尔集团一反这一定式，它的策略是：将海外发展的目标定位于执世界经济发展之牛耳的发达国家，一旦在发达国家站稳脚跟，便可以易如反掌地进入并占领发展中国家市场。

例如，海尔冰箱首先是成功地打入德国市场，德国市场是最难进入的。如今海尔在全面实施国际化战略中，将海外投资的绝大部分力量放在美国。美国是世界上最为复杂、开发难度极大的市场。但是，海尔人认为，这里的机遇也是极大的，根据主客观因素，成功的概率也很高，而且在美国的经验具有提纲挈领式的重要意义。

目前欧洲各大城市的著名连锁店里都有海尔的产品，1999年海尔在欧洲取得惊人的业绩，销售额是1998年的3倍；2001年海尔以国际化企业形象亮相法国国际家电展，已经成为世界家电大舞台的主角。在英国，海尔冰箱的市场份额已经占到10%，海尔空调占整个欧洲市场份额的10%；在不到两年的时间内，海尔的洗衣机、洗碗机已经成为具有较强竞争力的产品。

(二)“高起点”原则

海尔集团在国际化过程中，仅仅处于初级阶段，同世界500强相比，海尔集团起步晚，但是“起点高”。海尔集团在各个方面都要按照最高的国际标准去做，这就是海尔的“高起点”原则。例如，海尔集团要求所有事业部(指生产的各个部门)都必须有产品出口。他们认为，国际市场才是检验产品质量、检验本部门各方面工作是否有问题的试金石，通过国际市场的信息反馈，迫使企业改进管理，提高质量水平。

（三）"三个1/3"原则

所谓"三个1/3"原则，是指三个"1/3"的全球化战略，即在国内销售1/3，在海外市场销售1/3，在境外建厂就地销售1/3，为此，海尔在产品质量保证体系、产品国际认证、检测水平三个方面必须全方位与国际接轨。一方面，从1992年冰箱公司在全国家电行业内第一个通过ISO90001认证后，又有冷柜、空调、洗衣机等产品相继通过了这一认证。另一方面，海尔在全球40多个国家获得认证资格，国外市场可以覆盖160个国家和地区。同时，海尔集团必须在科研开发上与国际水平保持同步发展。在科研开发的国际化方面，海尔集团的三部曲是：引进技术、消化技术、创新发展。集团由原来的两个冰箱品种发展到目前拥有冰箱、空调、洗衣机、微波炉、热水器等众多门类3000多个规格的产品。在冰箱的大冷冻无氟节能技术，空调的变频技术，洗衣机的洗涤、脱水和烘干三合一技术和搅拌式洗衣机技术等方面都达到了目前国际同行的先进水平。

（四）"复合型人才"的用人原则

集团在其国际化的成长道路上深深感到人才是企业事业成败的关键，而企业国际化所急需的人才，分为专业型和复合型。专业型人才容易理解，如技术人才、外语人才等。而复合型人才则是指除了具有一定的专业技能外，还应该具备至为广泛的知识与能力。海尔总裁张瑞敏认为，要实现海尔集团的国际化战略目标，复合型人才应当具有财务、质量管理和营销三方面的能力，这三方面的能力就构成了复合型人才的三要素。三者缺一，在处理跨国经营出现的问题时，都不能得心应手。他认为，这是企业中高级管理人才都应加以重视的问题。在张瑞敏的号召下，海尔集团已有越来越多的管理者向这方面努力，同时，也有更多的人才被吸引到海尔集团工作。

三、海尔集团的主要成功经验

（一）"优质优价"的定价策略

在欧美国家的消费者心中，包括中国在内的发展中国家出口的产品，价廉是一个的重要特征。通过廉价倾销打开发达国家的市场也是一种惯用手段，海尔集团反其道而行之。为了在国际市场上树立自己的名牌产品形象，海尔从其产品在发达国家市场登陆的第一天起，就实行"优质优价"的定价策略，即与国外名牌同类产品的价格不相上下，虽然开始时由于西方消费者对中国产品的偏见，使海尔产品上市初期遇到冷遇，但经过配合适当的产品促销策略，并坚持不降价，逐渐引起了国外消费者的关注和兴趣。"优质优价"策略也适应了西方国家消费者在价格与质量的抉择中，更加注重质量而价格高低相对次要的消费心理。当国外消费者使用了海尔产品后，就会为其优良的产品质量而折服，从而带动其他消费者购买海尔的产品，海尔集团的国际名牌战略由此取得了巨大的成功。

（二）建立海外信息站和设计分部

为了了解国际家电市场的最新情况，包括技术和市场动态，海尔集团建立了由各个信息站组成的海尔国际信息网络，进行信息的搜集和反馈活动。已经建立的有香港、东京、里昂、洛杉矶、阿姆斯特丹、首尔、蒙特利尔、悉尼等10个信息站。信息站的工作人员是当地人或者海外留学生。平均每天由各个信息站发回的信息汇总起来，高达80万兆字节。海尔信息部每天将这些信息加以甄别、筛选和分类，把各种有用的信息

分门别类地送给决策机构和其他相关部门。

除了信息站外，海尔集团还分别在洛杉矶、阿姆斯特丹、东京、里昂、蒙特利尔和美国硅谷建立了6个海外设计分部。目前海尔集团可以成批生产适合欧、美、亚不同消费者需要的不同功能与规格的家电产品，这是连松下等著名公司都未能做到的事情。因此，在向海外发展过程中，海尔集团海外信息站和设计分部都起到了十分重要的作用。

(三)形成广泛的国际技术联盟

海尔集团与一些世界著名的跨国公司建立了许多技术联盟关系。最早的是1991年与日本三菱重工在空调上的技术合作，还同意大利的海梅公司、美国的ESS公司和朗讯公司、德国的迈兹公司、荷兰的飞利浦公司等建立了技术联盟，在冰箱、洗衣机、数字彩电等许多领域实行技术合作与共同开发，通过这些技术联盟，合作双方实现利益共享，海尔集团则可以不断获得先进的技术信息与技术能力。

(四)“盈亏平衡点”的投资思维

海尔集团非常注重海外投资的时机选择，因为当产品在国外尚无市场时，贸然进行投资的做法是危险的，失败的概率极大。为了规避投资风险和把成本降低到最低程度，合理的程序应当是“发展出口——售后服务——树立品牌——盈亏平衡点——投资建厂”。简单而言，就是会先有市场，再建工厂，从而使公司在投资之前对未来投资的目标市场有个科学的理性分析。在这一程序中，盈亏平衡点是决策是否在当地投资建厂的重要参考指标。出口创汇不是唯一目标，重要的是能否在当地市场中确立名牌地位。只有产品深受消费者的欢迎，才能获得收益，才能考虑投资建厂的问题。海尔集团国际化的历程就是在发展出口并不断取得成功的基础上，再在国外投资的。海尔集团在美国、欧盟和东南亚的投资过程都是如此。

(五)“合资与控股结合”的投资方式

海尔集团的海外子公司都是采取合资的投资方式。兼并现有的国外企业，或采用合资的方式，同在那里建设新厂并且独资的投资方式相比，这种方式既可以节约资金，又减少了一些令投资者头疼的法律事务。因为，有些问题可以由当地参股方直接代表子公司与东道国进行交涉，从而最大限度地降低了海外投资的风险。但合资必须坚持以我为主，海尔集团必须占大部分股权。因为新成立的合资企业生产的是海尔产品，使用的是海尔的技术，如果海尔集团不是采取控股的形式，一旦生产产品的质量或者服务出现了问题，海尔产品在国际市场上的声誉就会受到影响。

(六)“少而精，当地化”的人力资源管理方式

海尔集团从走出国门之初，就努力朝着管理当地化的方向发展。这对于实现“海尔本土化”具有重要意义，也是实现海尔国际化的重要内容与途径。在海尔集团的多个海外分厂中，大部分都是由当地人进行管理。在菲律宾，仅有3名中方人员，负责管理、财务和技术三方面的工作，而这几位派出去的人员实行当地化的薪金标准，即不低于东道国管理人员的平均薪金水平，这就是“少而精”思想的实际贯彻。

雇用当地人管理海外企业，实行企业管理人才当地化的政策，对母公司来说，是十分划算的。虽然付给国外管理人才的薪金要远高于国内，但通过综合比较与权衡，也只有符合东道国的薪金水平，才能聘请到理想的当地人才，而当地人利用自身的优势为企业创造的价值，则是中方管理人员难以达到的。其在美国波士顿的海尔营销中心

的负责人就是美国人，海尔集团付给他年薪25万美元。这样做，就是为了发挥其才智，使之安心为海尔服务。

（七）子公司的当地化政策

海尔集团除了向自己的海外企业输出技术外，在设备投资方面，在生产过程所需的原材料，甚至包括产品设计在内，都采用当地化的政策。这主要是考虑到产品生产出来后，主要是在当地及其邻国销售，如海尔集团在东南亚、美国和欧洲的生产基地都是以就地销售为主。实行当地化政策，对于减少公司的资金投入，对于海尔子公司同东道国管理当局建立和谐的关系，调动当地员工的积极性，最终实现海尔当地化的发展战略，具有十分重要的意义。

资料来源：百度文库 http://wenku.baidu.com/view/ebbb70f5f61fb7360b4c6579.html.

问题与讨论：

1. 海尔集团在进入国际市场方式的选择上有什么特点？
2. 海尔国际化经营取得成功的主要经验是什么？对中国其他企业有什么借鉴意义？

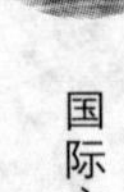

第六章　国际市场细分与国际目标市场的选择

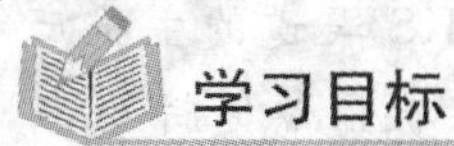

学习目标

1. 掌握国际市场细分的概念；
2. 领会市场细分对企业营销活动的意义、标准；
3. 灵活运用国际目标市场选择策略与模式；
4. 掌握国际市场定位的概念和方式；
5. 熟悉并灵活应用市场定位的步骤。

案例导入

海尔洗衣机跑赢日本市场

日本市场家电竞争激烈，许多国外品牌望而却步甚至相继退出。而海尔洗衣机却已进入 yodobashi、camera、jusco 等日本几百家连锁店进行全面销售，树立了自己不可动摇的品牌地位，且多款产品人气指数已超过了当地品牌，名列前茅。

例如在日本，无论是在寒冷的冬季，还是在炎热的夏天，日本农民下地干活时总要穿上一件“防护服”，主要目的是为了避免紫外线照射、农药等对身体的伤害。而且加油站的工人，船厂里的船员在工作过程中也穿类似于这样的“防护服”保护身体。但由于上述几类人群家中目前基本使用的是 5、6 千克小容量洗衣机，对这种衣服洗涤起来就非常麻烦，很难洗干净，大多数人往往穿上一段时间就将其扔掉。因此对这类日本消费者来说，一台大容量的洗衣机就是他们迫切的需求。

海尔洗衣机在发现这一细分市场后，迅速组织各方力量，针对厚衣物普遍存在厚重难洗涤的特点，研制出 8 千克大容量洗衣机。该款洗衣机独特的风干技术和盆型波轮设计，不仅洗得多、洗得干净，还具有杀菌消毒的功能。从上市到现在已经在日本第一大家居连锁渠道 Komery 旗下占到了近 50% 的市场份额，许多日本零售企业都追加了订单。海尔洗衣机成功的关键就在于对日本市场深入细致的调查基础上，对市场细分，抓住每一细分市场的消费者的需求，并不断推出满足人们需求的个性化产品。

2002 年 5 月，海尔洗衣机开始全系列进入日本市场销售，专为日本单身贵族设计的个人洗衣机，专为中老年设计的洗衣机，专为日本消费者设计的各种清洗机，如个性化的洗虾机、洗荞麦机等一系列当地化新品，凭借个性化的设计和产品功能满足了挑剔的日本消费者，并迅速抢占了被日韩品牌垄断的洗衣机市场；2003 年，海尔创新推出的世界第四种洗衣机——“双动力”开始批量出口日本，开创世界洗衣机发展历程的海尔“双动力”依靠高新技术把波轮、滚筒、搅拌式三大洗衣机的优点集为一身，以全新的洗涤方式在国际知名品牌云集的日本市场上创造了洗衣时间的“最快”，被日本当地人形象地称之为“最速”洗衣机；2004 年，海尔不用洗衣粉的“环保双动力”系列洗衣机，成功进入日本市场，并以其优越的洗衣性能和低污染排放、保护生态环境、不损害人体健康等诸多优势，迅速成为了日本消费者更新换代的首选。随后几年又推出“洗净即停”节能环保型洗衣机产品。2005 年，成功推出洗干一体机，不仅解决了当地气候湿润，衣物不易晾晒等社会难题，并一举成为高端市场最具竞争力产品之一；从 2006 年起产品先后进入当地前十大主流家电渠道中的七家，并成为 BIC Camera、KS 渠道的主推产品；2008 年在日本制造业遭到国际金融危机重创的情况下，海尔洗衣机依然保持 60% 的增长势头；进入 2009 年以来，海尔洗衣机在日本市场继续保持近 20% 的高速增长。

资料来源：闫国庆. 国际市场营销学（第二版）. 北京：清华大学出版社，2008：178—179.

第一节 国际市场细分

在全球化日益深入的 21 世纪，面对众多类型市场，营销企业必须对国际市场进行市场细分，选对目标市场，才能在激烈的市场竞争中脱颖而出。

一、国际市场细分概念

市场细分（market segmentation）的概念是美国市场学家温德尔·史密斯（Wendell R. Smith）于 20 世纪 50 年代中期提出来的。市场细分是指营销者通过市场调研，依据消费者的需要和欲望、购买行为和购买习惯等方面的差异，把某一产品的市场整体划分为若干消费者群的市场分类过程。每一个消费者群就是一个细分市场，每一个细分市场都是具有类似需求倾向的消费者构成的群体。市场细分的概念依据是顾客需求的异质性理论。

国际市场细分（international market segmentation）是在市场细分的基础上发展起来的，是市场细分概念在国际营销中的运用，是企业按照一定的细分标准，把整个国际市场细分为若干个需求不同的子市场，其中任何一个子市场中的消费者多具有相同或相似的需求特征，企业可以在这些子市场中选择一个或多个作为其国际目标市场。与国内市场相比，国际市场购买者更多，分布范围更广，作为企业由于自身实力的限制，往往更难满足全球范围内顾客的需要。为此，就需要对国际市场按照某种标准进行划分。

【知识链接】

定制营销

定制营销是指在大规模生产的基础上，将市场细分到极限程度——把每一位顾客视为一个潜在的细分市场，并根据每一位顾客的特定要求，单独设计、生产产品并迅捷交货的营销方式。它的核心目标是以顾客愿意支付的价格并以能获得一定利润的成本高效率地进行产品定制。美国著名营销学者科特勒将定制营销誉为21世纪市场营销最新领域之一。在全新的网络环境下,兴起了一大批像Dell、Amazon. com、P&G等为客户提供完全定制服务的企业。在宝洁的Reflect. com网站能够生产一种定制的皮肤护理或头发护理产品以满足顾客的需要。

资料来源:百度百科 http://baike. baidu. com/view/364841. htm.

二、国际市场细分的意义

市场细分是实现目标营销的基础。

首先,从国际营销机会角度分析,国际市场细分有利于发掘市场机会,开拓新市场。消费者的需求复杂,通过市场细分,可以发现消费者对产品感兴趣的程度,探索出有利于本企业的市场机会。

其次,从国际营销战略角度分析,国际市场细分有利于提高企业资源利用率和竞争能力。企业的资源都是有限的,通过细分市场,选择适合自己的目标市场,企业可以集中人、财、物等资源,争取细分市场上的优势。

再次,从国际营销策略角度分析,国际市场细分有利于选择目标市场和制订市场营销策略。市场细分后比较容易了解消费者的需求,企业可根据自己的经营思想、方针及生产技术和营销力量,确定目标市场。一旦消费者的需求发生变化,企业可迅速改变营销策略,以适应变化。

最后,从国际营销管理角度分析,国际市场细分有利于提高经济效益。企业通过市场细分,可以面对自己的目标市场,进行针对性的管理,生产出适销对路的产品,从而加速商品流转,加大生产批量,全面提高企业的经济效益。

【案例讨论】

美勒啤酒市场细分显神威

菲力普·莫里斯公司在1970年买下了位于密尔瓦基的美勒啤酒公司,运用市场细分使美勒公司在5年后上升为啤酒行业市场占有率的第2名。它由研究消费者的需要和欲望开始,将市场进行细分后,找到机会最好的细分市场,针对这一细分市场作大量广告进行促销。

美勒公司并入菲力普公司的第一步行动,是将原来的唯一产品“高生”牌重新定位,美其名为“啤酒中的香槟”,吸引了许多不常饮用啤酒的妇女及高收入者。在调查中还发现,占30%的狂饮者大约消耗啤酒量的80%,于是,它在广告中展示了石油钻井成功后两人狂饮的镜头,还有年轻人在沙滩上冲刺后开怀畅饮的镜头,塑造了一个“精力充沛的形象”,广告中强调“有空就喝美勒”,从而成功地占据了啤酒豪饮者的市场达10年之久。

美勒公司还寻找新的细分市场,怕身体发胖的妇女和年纪大的人觉得12盎司罐装啤酒的分量太多,一次喝不完,从而公司开发了一种7盎司的号称“小马力”的罐装啤酒,结果极为成功。

1975年后,美勒公司又成功地推出一种名叫“Lite”的低热量啤酒。虽然1900年以来，不少厂商试图生产低热量啤酒，但他们把销售对象放在节食者身上，广告宣传它是一种节食者的饮料，效果很差。因为节食者的大多数人原来不大喝啤酒，结果导致低热量啤酒被误认为是一种带娘娘腔的东西。美勒公司把它售给那些真正的喝啤酒者，并强调这种啤酒喝多了不会发胀，广告上聘请著名运动员现身说法，说少了1/3热量的Lite啤酒，喝多了不觉得发胀。包装上采用男性雄伟的线条，使它看起来不是娘娘腔的东西，而是更像真正的啤酒。低热量啤酒从此销路大开。

美勒公司还推出高质量的超级王牌啤酒，与啤酒头号公司——布什公司展开对攻战，定价很高，结果又获得很大成功，使人们认为在特殊场合一定要用这一美勒超级王牌啤酒——“鲁文伯罗”招待好朋友。

美勒公司的市场细分策略，使它跃到了啤酒业的领导地位。

资料来源：根据 http://www.chinavalue.net/Article/Archive/2009/3/4/162843.html《美勒啤酒公司的市场细分策略》改编.

讨论：

1. 分析美勒公司跃到领导地位的成功经验。

2. 分析美勒公司通过市场细分所达到的效果。

三、国际市场细分的标准

国际市场细分通常采用地理、人口、心理、行为等标准来进行划分，可以采用单一变量细分国际市场，也可以同时在几个变量合成的基础上划分。

(一)用地理标准细分国际市场

可将整个世界市场划分为北美市场、南美市场、非洲市场、中东市场、西欧市场、东欧市场以及亚洲市场等，也可以分为南方、北方、城市、农村、平原、山区、沿海、内地等。这是一个最常用的划分标准，有其可行之处。因为：

第一，地理上接近，便于管理。

第二，处于同一地理区域的各国有时具有相似的文化背景。

第三，第二次世界大战后，区域性贸易和经济上的一体化发展迅速，如欧盟、北美自由贸易区和亚太经合组织等，这些区域性集团对国际营销影响很大，有时企业进入了某一区域集团中的某一个国家，就相当于进入了该集团的其他所有国家。所以，地理细分有其可取之处。但是，应用地理标准也有其局限性，许多在地理上接近的国家并不一定能保证提供同样的市场机会，如处于海湾地区的伊朗、伊拉克、科威特、沙特阿拉伯、阿拉伯联合酋长国等国，彼此都存在着这样或那样的差异，各自都有不同的法律体系和政治制度。因此，这一地区难以构成一个共同市场。

(二)以人文标准细分国际市场

人文统计因素包括年龄、性别、文化、职业、教育、种族、宗教等。宝洁公司在欧洲市场开展业务时，由于缺乏对该市场细微差别的了解而使该公司尝尽了苦头，其在德国推销“蓬松”(Puff)牌卫生纸的重大促销努力完全失败了。之后，该公司发现，在德国某些地区“Puff”一词是“妓院”的俗称。该公司在英国的经历不比在德国的经历好多少，在英国，“Puff”被广泛用来指“同性恋”。

(三)以心理标准细分国际市场

心理因素主要包括生活态度、个性、购买动机、价值取向以及对商品供求形势和销售方式的感应程度等。20 世纪 50 年代后期,美国的福特和通用两家汽车公司就以不同的“个性”进行促销宣传。福特的购买者被认为是“独立的、易冲动的、孩子气的、机灵善变和自信的消费者”;而通用公司的雪佛莱的拥有者被认为是“保守的、节俭的、计较信誉的、较少男子气概和避免狂热的消费者”。

(四)以行为标准细分国际市场

消费者因素主要包括购买时机、寻求利益、使用者状况、使用率、忠诚度和购买者准备阶段等。例如有研究根据消费者利益需求特征把日本蔬菜市场细分为 5 类子市场:口味型、视觉型、安全型、便利型和多样化型。

(五)用组合法细分国际市场

这是由里兹克拉在 1980 年提出的一种新的以战略计划为基础的划分国际市场的方法,这种方法要求从国家潜量、竞争力和风险三个方面分析世界各国,从而把各国分成 18 类。

在组合法中,国家潜量是指企业的产品或服务在一国市场上的销售潜量。衡量国家潜量的基础包括人口、经济增长率、实际国民生产总值、人均国民收入、人口分布、工业生产和消费模式等资料。竞争力包括内部因素和外部因素两个方面。内部因素是指企业在该国市场上所占份额、企业资源、便利条件(包括对该国的了解程度)以及企业适应该国特点的能力和优势。外部因素包括该行业中竞争对手的竞争力、来自替代产品行业的竞争以及国内外的行业结构。风险是指企业在该国面临的政治风险、财务风险和业务风险以及各种影响利润、资金流动和其他经营结果的因素。组合法相对上述三种标准,显然是更全面、更实际,是企业进行国际市场宏观细分的一个很有用的方法。但这种方法在实施过程中比较复杂,要求掌握大量信息,因此要求企业事先进行大量的调查和研究。

除上述细分标准外,还可以以政治制度、生活方式等作为细分标准,等等。

就市场细分而言,细分的标准有多少并不重要,重要的是细分的有效性。企业可以把现有的市场用一个有效的标准去细分成若干个子市场(这叫“对号入座”);也可以按照消费者的消费动机、习惯和潜在需求来“勾勒”出一个全新的子市场(这叫“愿者上钩”)。关键是所细分出来的市场必须和企业实力相匹配,而且产品足以能够引起目标顾客的兴趣,并有足够的获利空间,如五谷道场的“非油炸”方便面和真功夫中式快餐的“蒸饭”。众所周知,方便面市场大多是用口味来细分的。诸如红烧牛肉面、香辣牛肉面、葱香牛肉面,等等。当然还有其他纬度,顾客年龄、收入水平和食用量,等等。但万万没有人想到的是方便面还可以从“油炸”和“非油炸”的角度来细分。“汇源”的“他+她-”水虽然败在了终端,但是按照性别对功能饮料进行细分还是首创。

【知识链接】

依据人口世代划分,认知消费者心理

对人口世代划分研究是当代市场细分理论的新发展。它既是认知消费者心理的基础,也是营销策略制订的重要依据。从这一角度思考营销策划问题,对于正确把握消费者心理脉搏,探讨整合方式的营销战略具有十分重要的意义。

美国人口学家依据出生年代不同,把人口划分成三个主要的世代,即生育高峰的一代

(Baby Boomer)、X一代(X-Generation)和新新人类(Neo-Generation)。所谓生育高峰的一代是指在1946年(第二次世界大战后)到1964年出生的人;X一代是指在1965年到1974年越战期间出生的人;新新人类是指在1975年之后出生的人。近10年来美国市场营销学家借鉴着这种人口世代的划分理论,策划了一系列行之有效的营销战略,甚至出现了市场奇迹。这是因为不同人口世代的消费者,其收入、兴趣、爱好、观念等等各不相同,对产品也就有着不同的需求和价值体验。

资料来源:http://mkt.icxo.com/htmlnews/2009/02/27/1362527_0.htm.

【案例讨论】

雀巢占据日本市场的一招

雀巢咖啡打入日本市场之前,该公司曾委托当地的市场调查机构从事一项调查分析工作。结果表明,战后出生的年轻人对咖啡的排斥性低于年纪大的人,男性接受的程度高于女性。针对这种情况,雀巢公司针对不同对象,制订了不同的营销策略,并通过广告传达产品的信息。

——针对以茶为主的老年人,雀巢公司极力塑造日本风味的印象,以日本的传统文化来表现咖啡的味道,说明这是具有深度,对日本有深刻认识的人的饮料。这一做法的目的,仅在于降低老年人对咖啡的排斥,并不是要取代喝茶。

——针对年轻人,雀巢则刻意塑造欢乐的气氛,以新潮、时髦、感情和爱情为表现主题。让年轻人感受到雀巢咖啡的超越国界和时代感,视其为年轻一代生活中的一项不可缺少的消费品,从而接受它、认同它。

——针对成熟、稳重、事业有成,有社会地位和经济条件优越的中年人,则用金牌咖啡来吸引,暗示成功的人应与金牌咖啡同在。雀巢咖啡虽然针对三种不同的消费者,制订了不同的细分化行销战略,但在商品风格的塑造上,却表现了统一的特点,即"高品位的格调,现代人的饮料"。由于雀巢把握了广告的策略和技巧,尽管广告表现的方式有异,却能收到互为补充,相辅相成的效果。

资料来源:http://hi.baidu.com/boyo_cnblogitem/f5e73b38b0fa8b2997ddd8fb.html.

讨论:雀巢是如何选择细分标准的?

四、国际市场细分模式

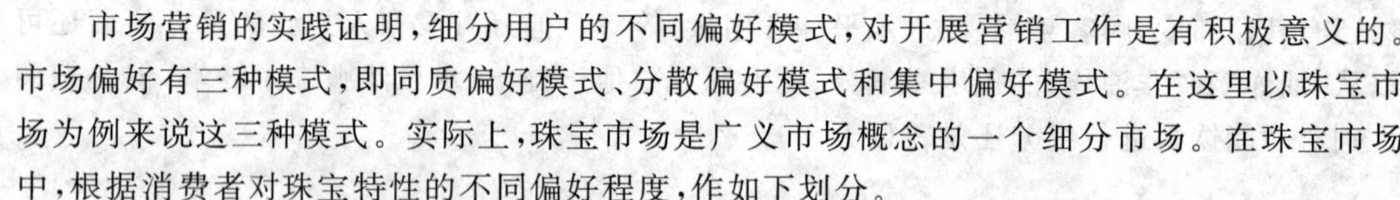

市场营销的实践证明,细分用户的不同偏好模式,对开展营销工作是有积极意义的。市场偏好有三种模式,即同质偏好模式、分散偏好模式和集中偏好模式。在这里以珠宝市场为例来说这三种模式。实际上,珠宝市场是广义市场概念的一个细分市场。在珠宝市场中,根据消费者对珠宝特性的不同偏好程度,作如下划分。

第一种模式是同质型偏好(homogeneous preferences)。当区域市场上的消费者对某类珠宝首饰的偏好大致相同,没有显著的需求差异时,这类消费者的偏好即属于同质型,如某二级城市珠宝市场上的消费者普遍对黄金首饰有独特的偏好,这类消费群即具有同质型偏好。在这种情况下,企业在制订营销策略时,必须同时兼顾商品的所有特性(如款式,价格,花色品种等),才能满足消费者的需求。

第二种模式是分散型偏好(diffused preferences)。在区域市场上,消费者的偏好不集中,如在钻石消费中,有的追求质量,有的追求款式,有的同时兼好两者,而这些不同偏好的消费者分布又比较均匀,这种消费者偏好的类型就是分散型偏好。在这种情况下,可供企业选择的细分市场也相应地多样化:一是企业可兼顾两种特性的消费者,以吸引尽可能多的顾客,把总体消费者的不满足感降低到最低程度,二是侧重于偏好某一特性的消费者,如侧重于满足追求钻石质量的消费者,从而把一部分重视款式而不满意兼顾型企业的顾客吸引过来。这样做的好处在于企业能够形成自己独特的目标市场。

第三种模式是集中型偏好(clustered preferences)。这种偏好类型与分散型偏好有一些相似之处,表现为消费者偏好不集中,对商品的各种特性各有偏重。但这两种偏好比较起来也有明显的不同之处,主要体现在:不同偏好的消费者分布不是呈均匀状态。例如,有的消费者偏重质量,有的偏重款式,有的偏重价格,有的偏重美观,有的偏重耐用,各自形成几个聚集点或消费者群,这样就自然地形成若干个子市场。

【知识链接】

市场细分新观念——实行市场泛化策略

营销管理者看到过分细分市场必然导致企业总经营成本上升,因而导致总收益下降。因此,在市场细分理论之后,又出现了一种"市场泛化"的理论。

1."市场泛化"的理论。市场泛化是指企业将客户在消费上具有某种相关性的不同需求综合起来,或者说将不同的市场综合起来,形成一个统一的新市场,并通过推出具有多种功能的产品,来满足这个新市场的需要。在当今市场上,市场泛化的例子随处可见。例如,组合音响是CD、VCD、卡拉OK等功能的综合,它针对的是那些有多种娱乐需求的细分市场。

2."市场泛化"与市场细分的关系。"市场泛化"的理论不是对市场细分理论的简单否定,而是对过度细分的反思和矫正,它的理论基础仍然是市场细分。市场细分是对客户的细分,是在一个大市场上辨别具有不同需求的消费群体,并加以分类的过程;而市场泛化则是将客户不同的需求综合起来,形成一个特定消费群体。市场细分是从"分"的角度认识、分析和开发市场,而市场泛化则是从"合"的角度去认识、分析和开发市场。市场泛化也是一种发掘机会、开发市场、应对竞争、规避风险的有效手段。

3."市场泛化"与市场细分的结合运用。在结束初步市场细分时,所细分出的市场中并不是所有的部分都对企业具有同等的吸引力。虽然那些缺乏吸引力的子市场只在整个市场上占有很小的一部分市场容量,但是,这类市场却往往在一个企业的营销策略中处于非常微妙的位置。如果一个企业轻易将这些市场抛掉,不仅会使其所面对的市场变得支离破碎,而且还会破坏整个企业市场营销策略的连续性。对于这种情况,市场泛化为我们提供了一个很好的解决方案。虽然某个市场的市场容量小、吸引力不足,但是如果我们找出这些市场的相似性,将其进行合并,那么就会出现一个容量可观的市场了。无论我们采取局部泛化——只合并众多细分市场中的某几个,还是采取完全泛化——合并所有的细分市场为一个统一的大市场,关键就是要找出细分市场间的需求相似性。

此外,还需要注意泛化后所形成的新市场不能与其他保留的市场重复,否则还需要进一步优化、完善各细分市场。

资料来源:http://www.mianfeilunwen.com/GongShang/Yingxiao/46357.html.

第二节　国际目标市场选择

目标市场指企业决定进入的、具有共同需要和特征的购买者的集合。在国际市场上，有效地选择目标市场对企业实现国际市场战略有着举足轻重的作用。

一、影响国际目标市场选择的因素

在进行国际目标市场选择时，为了准确选择目标市场，企业必须对各个细分市场进行全面的评估和分析，在综合比较分析的基础上，选择最优化的目标市场。一般从以下五个方面来考虑。

(一)市场规模和增长潜力

主要分析细分市场是否具有适当的规模和增长潜力。这里的适当规模是一个相对概念，是相对于企业的规模和实力而言的。还要分析市场的增长潜力，所有企业都希望目标市场的销售和利润具有良好的增长趋势，才能保证企业经营战略目标的实现。但增长潜力大的市场也常常是竞争者争夺的目标，会导致竞争的加剧，这又会削弱其获利机会。

(二)市场的吸引力

在进行国际目标市场选择时，主要是分析细分市场是否具有吸引力。所谓吸引力主要是指长期获利率的大小。即使是一个具有适当规模和增长潜力的细分市场，从获利观点来看也有可能缺乏赢利潜力，不一定具有吸引力。决定一个市场或细分市场是否具有长期赢利潜力的因素有五种：现实的竞争者、潜在的竞争者、替代产品、购买者、供应商。

(三)企业目标和资源

选择国际目标市场时还需分析企业自身的目标和资源状况。往往某些细分市场具有一定规模和发展潜力，并且也具有吸引力，但如果与企业的长远目标不适应，不具备在该市场营销获胜所必备的能力和资源，这样的细分市场对企业是不合适的，应该放弃。企业在选择上述三种营销策略时，应考虑：

(1)企业的资源条件。如果资源有限，最好选择集中性营销策略。

(2)产品同质性。如果产品差异不大，如钢铁、煤炭、粮食等，采用无差异营销策略比较合适，相反，则比较适合采用后两种策略。

(3)产品寿命周期。当产品处于介绍期时，宜采用无差异营销策略；处于成熟期时，宜采用差异性营销策略；处于衰退期时，则最好采用集中性营销策略。

(四)市场的同质性

对同质市场，由于顾客的需求相同，可以采取无差异营销策略。对异质市场，则应采取差异性或集中性营销策略。

(五)竞争对手的营销策略

可以采取“反其道而行”的方法，如果竞争对手采用无差异营销策略，企业就可采取差异性或集中性营销策略与之抗衡；反之亦然。

二、国际目标市场的选择策略

一般说，目标市场策略有三种，即无差异性目标市场选择策略、差异性目标市场选择策略和集中性目标市场选择策略。

(一)无差异性目标市场选择策略

企业把国际市场看作一个大的目标市场，不进行细分，用一种产品、统一的市场营销组合对待整体市场，努力进入更多国家，吸引更多顾客。这种策略的优点在于通过大批生产和标准化的营销活动，实现规模经济效益，降低生产和营销成本。只有少数大企业才能有能力采取这种策略，如美国可口可乐公司，曾一度采用单一的品种、瓶装和统一的广告宣传，将产品推销到全世界。这种策略的缺点是忽视不同国家、不同消费者需求之间的差异性，从而丧失了许多市场机会。

(二)差异性目标市场选择策略

企业经过市场细分后，把全部或多数子市场作为目标市场，并为不同的子市场设计不同的营销策略。这一策略的优点在于可以增加企业的竞争能力，扩大销售额。

【案例讨论】

宝洁将差异化进行到底

在洗衣粉市场上，宝洁公司以其高超的技能赢得了巨大的市场份额。宝洁公司曾经设计了九种品牌的洗衣粉，汰渍(Tide)、奇尔(Cheer)、格尼(Gain)、达诗(Dash)、波德(Bold)、卓夫特(Dreft)、象牙雪(IvorySnow)、奥克多(Oxydol)和时代(Eea)。他们认为，不同的顾客希望从产品中获得不同的利益组合。有些人认为洗涤和漂洗能力最重要；有些人认为使织物柔软最重要；还有人希望洗衣粉具有气味芬芳、碱性温和的特征。于是就利用洗衣粉的九个细分市场，设计了九种不同的品牌，不但从功能、价格上加以区别，还从心理上加以划分，赋予不同的品牌个性。

资料来源：百度文库 http://wenku. baidu. com/view/dfc2f9a6f524ccbff12184de. html.

讨论：宝洁是如何针对洗衣粉市场实施差异化策略的？

(三)集中性目标市场选择策略

无论是无差异性营销策略还是差异性营销策略，都是企业面向整个世界市场或其中大部分子市场。而采取集中性营销策略的企业则把自己的目标集中在一个或少数几个子市场上。采用这种策略的多是资源、能力有限的中、小型企业，它们追求的目标不是在较大的市场上占有一个较小的市场份额，而是在较小的细分市场上占较高的市场份额。这种策略的优点是克服了企业资源有限这一缺陷，可以集中力量向某一特定子市场提供最好的服务。并且由于生产和营销的集中性，企业的经营成本得以降低。这种策略的缺点是放弃了其他市场机会，而且风险较大，一旦目标市场突然变化，如价格暴跌，购买者兴趣转移，或突然出现强有力的竞争者，企业就可能陷入困境。

三、国际目标市场的选择模式

对目标市场做出全面评价时，企业会发现有一个或若干个市场值得进入。在具体选择时,可以根据产品/市场方格模式进行选择。

(一)市场集中模式

市场集中模式是指企业只选取一个细分市场,只生产一类产品,供应给一类顾客群,进行集中营销。在产品/市场方格图中,表现为企业仅仅占据其中一个方格,如图 6-1 所示。选择市场集中化模式一般基于以下考虑:企业具备在该细分市场从事专业化经营并能取胜的优势条件;限于资金能力,只能经营一个细分市场;准备以此为出发点,取得成功后向更多的细分市场扩展。

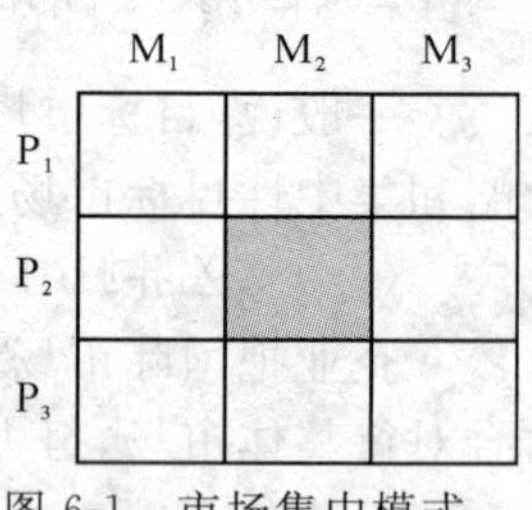

图 6-1 市场集中模式

(二)市场专业化模式

市场专业化模式是指企业生产满足某一类顾客群体的需要,专门生产这类消费者需要的各类产品。由于经营的产品类型众多,能有效地分散经营风险。但由于集中于某一类顾客,当这类顾客由于某种原因需求下降时,企业也会遇到收益下降的风险。采用这一模式的企业面对一个顾客群,生产经营他们所需的多种产品。在产品/市场方格图中,表现为企业用多种产品占据一个顾客群,如图 6-2 所示。

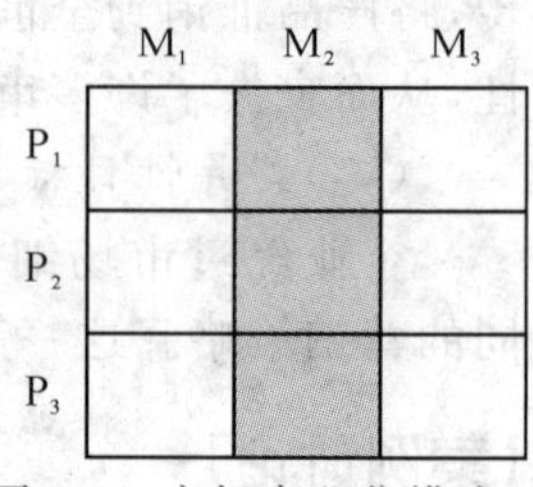

图 6-2 市场专业化模式

【案例讨论】

金利来征服男人世界

曾宪梓在香港创办"金利来"初期,面对来自国外名牌领带竞争,凭借对领带的用料、图案、颜色、商标及裁剪、缝合方式的一番努力,终于制作出与洋领带质量相媲美的产品,并一举在港产领带市场占据主要份额。在香港成功后,1983 年曾宪梓进入内地市场,产品从单一的领带逐渐扩展到男士的其他用品。金利来把最初的产品领带扩展到与男性有关的西装、饰品等行业是符合消费者联想的。金利来也正是靠这种单一的市场消费群体,在初期生产出不同款式的领带成功占领香港和东南亚市场。原来的广告词"金利来领带,男人的世界"改为"金利来,男人的世界"。表明此时金利来企业已完成从市场集中化模式到市场专业化模式的过渡,并步入国际化经营轨道。

资料来源:根据 http://www.qikan.com.cn/Article/xdgl/xdgl200801/xdgl20080130—1.html 改编.

讨论:金利来为何从单一产品拓展到男性相关产品?

(三)产品专业化模式

产品专业化模式是指企业集中生产一类产品,并向各类顾客销售这类产品。如格力电器专业化生产空调,同时向家庭、公司、政府机关、酒店等顾客群销售。优点是企业专注于某一种或一类产品的生产,有利于形成和发展生产和技术上的优势,在该专业化产品领域树立形象。局限性是当该产品领域被一种全新的技术所代替时,该产品销售量有大幅度下降的危险。由于该市场的顾客类型较多,营销风险要小得多。采用该模式的企业生产一种产品,

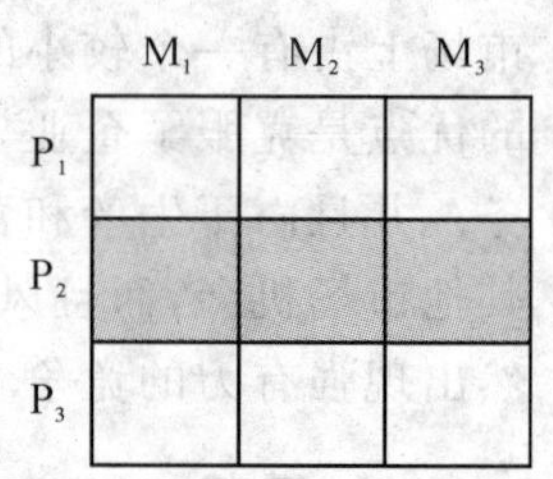

图 6-3 产品专业化模式

满足几个小细分的需求。在产品/市场方格图中，表现为企业用一个产品占据几个市场，如图 6-3 所示。

（四）选择专业化模式

选择专业化模式是指企业选取若干个具有良好的赢利潜力和结构吸引力，且符合企业的目标和资源的细分市场作为目标市场。该目标市场模式中的各个细分市场之间较少或基本不存在联系。优点是可以有效地分散经营风险，即使某个细分市场赢利不佳，企业仍可在其他细分市场取得赢利。选择专业化模式的企业应具有较强资源和营销实力。如奥驰亚正是大名鼎鼎的烟草巨头菲利普·莫里斯(Philip Morris)的母公司、“万宝路”香烟品牌的拥有者，也是当今世界卷烟市场的 NO.1！2003 年 1 月，为了确立一种多元化的经营结构，菲利普·莫里斯正式更名为奥驰亚集团。集团业务领域被清晰地划分为烟草(万宝路)、食品(卡夫、麦斯威尔)和金融服务三大块。在产品/市场方格图中，表现为一个企业占有几个相邻的或不相邻的方格，如图 6-4 所示。

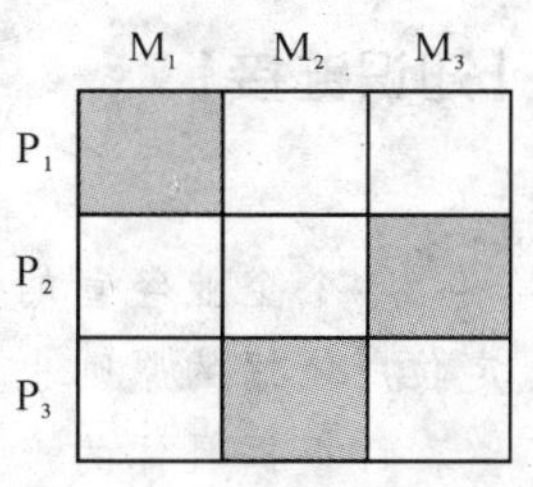

图 6-4 选择专业化模式

（五）市场全面化模式

市场全面化是指企业生产的多种产品能够满足各类顾客群体的需要。只有实力雄厚的大型企业才能选用市场全面化模式，这种市场模式由于面广量大，能够收到良好的营销效果。如德国大众试图以奥迪、桑塔纳 2000、普通型桑塔纳来满足中国市场上各级政府用车、公司商务用车、家庭用车的需要。在产品/市场方格图中，表现为企业占据全部方格，如图 6-5 所示。

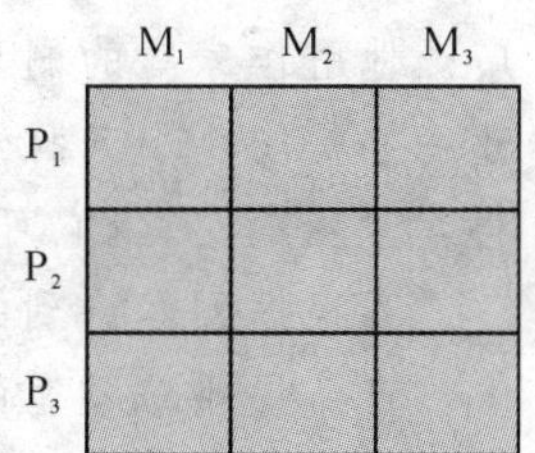

图 6-5 市场全面化模式

第三节 国际市场定位

一、国际市场定位概念

市场定位(market positioning)是在 20 世纪 70 年代由美国营销学家艾·里斯和杰克特劳特提出的，其含义是指企业根据竞争者现有产品在市场上所处的位置，针对顾客对该类产品某些特征或属性的重视程度，为本企业产品塑造与众不同的、给人印象鲜明的形象，并将这种形象生动地传递给顾客，从而使该产品在市场上确定适当的位置。

国际市场定位是指对国际整体市场进行细分，确定目标消费者，根据选定的目标市场上的竞争者现有产品所处的位置、市场需求以及企业自身的条件，为本企业的产品塑造有别于竞争者产品的鲜明个性，从而使该产品在目标市场上确定自己恰当的位置，以满足目标消费者。实质是取得目标市场的竞争优势，确定产品在顾客心目中的适当位置并留下深刻的印象，以便吸引更多的顾客。包括：①产品定位：侧重于产品实体定位质量、成本、特征、性能可靠性、款式；②企业定位：即企业形象塑造品牌、员工能力、知识、言表、可信度；③竞争定位：确定企业相对于竞争者的市场位置，如七喜汽水在广告中称它是“非可乐”饮料，暗示其他可乐饮料中含有咖啡因，对消费者健康有害；④消费者定位：确定企业的目标顾客群。

【知识链接】

国际市场定位所依据的原则

各个企业经营的产品不同，面对的顾客也不同，所处的竞争环境也不同，因而国际市场定位所依据的原则也不同。总的来讲，市场定位所依据的原则有以下四点：

1. 根据具体的产品特点定位

构成产品内在特色的许多因素都可以作为市场定位所依据的原则。比如所含成分、材料、质量、价格等。"七喜"汽水的定位是"非可乐"，强调它是不含咖啡因的饮料，与可乐类饮料不同。"泰宁诺"止痛药的定位是"非阿司匹林的止痛药"，显示药物成分与以往的止痛药有本质的差异。

2. 根据特定的使用场合及用途定位

为老产品找到一种新用途，是为该产品创造新的市场定位的好方法。小苏打曾一度被广泛地用作家庭的刷牙剂、除臭剂和烘焙配料，现在已有不少的新产品代替了小苏打的上述一些功能。小苏打可以定位为冰箱除臭剂，另外还有公司把它当做了调味汁和肉卤的配料，更有公司发现它可以作为冬季流行性感冒患者的饮料。

3. 根据顾客得到的利益定位

产品提供给顾客的利益是顾客最能切实体验到的，也可以用作定位的依据。例如，柯达公司推出的全自动傻瓜照相机，解除了许多消费者不会操作相机的烦恼，"只要一按快门，其余工作由我完成"的消费者利益诉求深入人心。

4. 根据消费者类型定位

企业常常试图将其产品指向某一类特定的使用者，以便根据这些顾客的看法塑造恰当的形象。例如，通用公司根据消费者消费水平，推出凯迪拉克、别克、雪佛莱等不同档次的汽车。

事实上，许多企业进行市场定位所依据的原则往往不止一个，而是多个原则同时使用。因为要体现企业及其产品的形象，市场定位必须是多维度、多侧面的。

资料来源：百度百科 http://baike.baidu.com/view/177980.htm=.

二、国际市场定位的方式

国际市场定位的方式主要有四种，即避强定位、迎头定位、创新定位和重新定位。

(一)避强定位

避强定位是指企业力图避免与实力最强的或较强的其他企业直接发生竞争，而将自己的产品定位于另一市场区域内，使自己的产品在某些特征或属性方面与最强或较强的对手有比较显著的区别。

优点：避强定位策略能使企业较快地在市场上站稳脚跟。并能在消费者或用户中树立形象，风险小。

缺点：避强往往意味着企业必须放弃某个最佳的市场位置，很可能使企业处于最差的市场位置。

（二）迎头定位

迎头定位是指企业根据自身的实力，为占据较佳的市场位置，不惜与市场上占支配地位的、实力最强或较强的竞争对手发生正面竞争，而使自己的产品进入与对手相同的市场位置。

优点：竞争过程中往往相当惹人注目，甚至产生所谓轰动效应，企业及其产品可以较快地为消费者或用户所了解，易于达到树立市场形象的目的。

缺点：具有较大的风险性。

（三）创新定位

创新定位即寻找新的尚未被占领但有潜在市场需求的位置，填补市场上的空缺，生产市场上没有的、具备某种特色的产品。如日本索尼公司的索尼随身听等一批新产品正是填补了市场上迷你电子产品的空缺，并进行不断的创新，使得索尼公司即使在二战时期也能迅速地发展，一跃成为世界级的跨国公司。采用这种定位方式时，公司应明确创新定位所需的产品在技术上、经济上是否可行，有无足够的市场容量，能否为公司带来合理而持续的赢利。

（四）重新定位

重新定位是指企业为已在某市场销售的产品重新确定某种形象，以改变消费者原有的认识，争取有利的市场地位的活动。公司在选定了市场定位目标后，如定位不准确或虽然开始定位得当，但市场情况发生变化时，如遇到竞争者定位与本公司接近，侵占了本公司部分市场，或由于某种原因消费者或用户的偏好发生变化，转移到竞争者方面时，就应考虑重新定位。

【案例讨论】

星巴克锁定中国小资

星巴克是在20世纪90年代中后期登陆中国大陆市场，都是定位在曾经“稀少”的中高端人群，起初“曲高和寡”，后来还是在中国市场，星巴克获得了前所未有的“高歌猛进”。它的成功之处，就在于它是“面对”着消费者，而不是“背对”着消费者。

100多年前，星巴克是美国一本家喻户晓的小说里主人公的名字。1971年，3个美国人开始把它变成一家咖啡店的招牌。1987年，霍华德·舒尔茨和他的律师，也就是比尔·盖茨的父亲以380万美元买下星巴克公司，开始了真正意义上的“星巴克之旅”。如今，星巴克咖啡已经成为世界连锁咖啡的第一品牌。星巴克咖啡已经在全球38个国家开设了13000家店。虽然传统意义上“根红苗正”的咖啡并非起源于美国，但星巴克咖啡目前已经俨然是这些品类最“正宗”的代名词。1999年1月11日，北京国贸中心一层开设了一家星巴克咖啡店，这意味着星巴克开始了美妙的中国之旅。那么，星巴克在中国是怎样进行市场定位的呢？

一、星巴克、哈根达斯征服的不仅仅是消费者的胃

在网络社区、博客或是文学作品的随笔中，不少人记下了诸如“星巴克的下午”、“哈根达斯的女人”这样的生活片断，似乎在这些地方每天发生着可能影响着人们生活质量与幸福指数的难忘故事：“我奋斗了五年，今天终于和你一样坐在星巴克里喝咖啡了！”此时的星巴克还是咖啡吗？不！它承载了一个年轻人奋斗的梦想；“如果你是一位适龄女子，你所生活的城市有哈根达斯，而你从来没被异性带入哈根达斯，或者已经很久没机会去了，那你就不得不在内心承认，没有人疼你、宠你了。”此时的哈根达斯还是冰淇淋吗？不！它变成了一个女人心中对爱的祈祷……

这种细腻的感情、美妙的感觉，不仅仅是偶然地在一个消费者心中激起涟漪，而是形成一种广泛的消费共鸣。我们不得不承认，星巴克、哈根达斯的成功与准确的品牌定位不无关系。

二、星巴克的“第三空间”

关于人们的生存空间，星巴克似乎很有研究。霍华德·舒尔茨曾这样表达星巴克对应的空间：人们的滞留空间分为家庭、办公室和除此以外的其他场所。第一空间是家，第二空间是办公地点。星巴克位于这两者之间，是让大家感到放松、安全的地方，是让你有归属感的地方。20世纪90年代兴起的网络浪潮也推动了星巴克“第三空间”的成长。于是星巴克在店内设置了无线上网的区域，为旅游者、商务移动办公人士提供服务。

其实我们不难看出，星巴克选择了一种“非家、非办公”的中间状态。舒尔茨指出，星巴克不是提供服务的咖啡公司，而是提供咖啡的服务公司。因此，作为“第三空间”的有机组成部分，音乐在星巴克已经上升到了仅次于咖啡的位置，因为星巴克的音乐已经不单单只是“咖啡伴侣”，它本身已经成了星巴克的一个很重要的商品。星巴克播放的大多数是自己开发的有自主知识产权的音乐。迷上星巴克咖啡的人很多也迷恋星巴克音乐。这些音乐正好迎合了那些时尚、新潮、追求前卫的白领阶层的需要。他们每天面临着强大的生存压力，十分需要精神安慰，星巴克的音乐正好起到了这种作用，确确实实让人感受到在消费一种文化，催醒人们内心某种也许已经快要消失的怀旧情感。

三、产品中国化

虽然因为一些限制，星巴克在中国的店铺中并没有像其他全球星巴克连锁那样销售星巴克音乐碟片。但星巴克利用自己独特的消费环境与目标人群，为顾客提供精美的商品和礼品。商品种类从各种咖啡的冲泡器具，到多种式样的咖啡杯。虽然这些副产品的销售在星巴克整体营业额中所占比例还比较小，但是近年来一直呈上升趋势。在中秋节等中国特色的节庆时，还推出“星巴克月饼”等。

所以“我不在办公室，就在星巴克；我不在星巴克，就在去星巴克的路上”，传递的是一种令人羡慕的“小资生活”，而这样的生活也许有人无法天天拥有，但没有人不希望“曾经拥有”。这就是品牌定位的魅力！

资料来源：陈广. 星巴克攻略：全球第一咖啡连锁店的行业创新与体验营销. 北京：企业管理出版社，2005 改编.

讨论：星巴克在中国是怎样进行市场定位的？谈谈对自己的定位。

三、国际市场定位的步骤

市场定位的关键是企业要设法在自己的产品上找出比竞争者更具有竞争优势的特性。竞争优势一般有两种基本类型：一是价格竞争优势，就是在同样的条件下比竞争者定出更低的价格。二是偏好竞争优势，即能提供确定的特色来满足顾客的特定偏好。因此，企业市场定位的全过程可以通过以下三大步骤来完成：

(一)分析竞争优势，掌握现状

围绕以下三个方面分析：一是竞争对手产品定位，二是目标市场上顾客欲望满足程度以及顾客欲望，三是企业能力。企业市场营销人员必须通过一切调研手段，系统地设计、搜索、分析并报告有关上述问题的资料和研究结果，从而把握和确定自己的潜在竞争优势。

(二)选择竞争优势，初步定位

竞争优势表明企业能够胜过竞争对手的能力。这种能力既可以是现有的，也可以是潜在的。选择竞争优势实际上就是一个企业与竞争者各方面实力相比较的过程。通常的方法是分析、比较企业与竞争者在经营管理、技术开发、采购、生产、市场营销、财务和产品等七个方面。借此选出最适合本企业的优势项目，以初步确定企业在目标市场上所处的位置。

(三)显示竞争优势，明确定位

这一步骤的主要任务是企业要通过一系列的宣传促销活动，将其独特的竞争优势准确传播给潜在顾客，并在顾客心目中留下深刻印象。为此，企业首先应使目标顾客了解、知道、熟悉、认同、喜欢和偏爱本企业的市场定位，在顾客心目中建立与该定位相一致的形象。其次，企业通过各种努力强化目标顾客形象，保持目标顾客的了解，稳定目标顾客的态度和加深目标顾客的感情来巩固与市场相一致的形象。最后，企业应注意目标顾客对其市场定位理解出现的偏差或由于企业市场定位宣传上的失误而造成的目标顾客模糊、混乱和误会，及时纠正与市场定位不一致的形象。

【案例讨论】

宝马勇夺美国市场

宝马背景：

宝马(BMW)品牌在世界上享有很高知名度，由德国制造，是全球技术最先进、造型最优雅、性能最优异的高档豪华型轿车之一。宝马汽车公司在世界豪华型汽车市场上占有率超过10%。

在美国市场的发展：

——初始知名度低。早在1974年，宝马公司就在美国设立了分公司，但知名度却一直很低，甚至当时有不少美国消费者误认为宝马汽车是英国产品。

——代表身份地位的高档轿车。1974年至1978年，宝马汽车在美国已跃变成一种能代表身份、地位的名牌轿车。

——品牌提升。20世纪80年代中后期，美国出现低价革命的行销新环境，日本高档轿车开始抢夺美国市场，凭借其高明的广告活动，宝马保持和提升了其品牌地位。

市场地位转变的原因：

1.市场重新定位

1974年，为了拓展宝马汽车在美国的潜在市场，宝马投下巨资在美国收购建立自己的销售渠道，并开展大量的广告活动。埃米雷提一普利斯(Ammirati&puris)广告公司获得宝马汽车公司的广告招标合同。当时美国市场上，凯迪拉克牌(Cadillac)汽车的销售量为150000辆,林肯牌(LINCON)为90000辆,奔驰牌(Benz)为40000辆。宝马要在美国市场上获得成功,势必要从这些竞争对手中夺取市场。

为测试宝马汽车在消费者心目中的形象地位,埃一普广告公司在美国西部进行了一项调查活动。活动中,埃一普广告公司把一辆宝马汽车与凯迪拉克、林肯等品牌汽车停放在一起,试探人们的反应。调查结果表明,几乎所有的人对宝马汽车均无好感。他们嘲笑宝马汽车的外形笨拙得像个铁盒,轮轴露在外面有损雅观。他们为自己的车有电动车窗、真皮椅座、镀铬车身而自豪,而宝马汽车在这些方面却一样也没有提供。宝马汽车优异的驾驶性能和精心的内部设计没有引起人们的注意。

埃一普广告公司决定把目标市场定位于战后新一代人身上。这一代出生于美国的生育高峰期,与习惯于坐卡迪拉克汽车的父辈相比,他们有自己的个性、追求和偏好,渴求有一种新的品牌来标志他们的价值观。宝马汽车优异的驾驶性能和精心的内部设计正好吻合战后新一代热情好动、追求刺激的消费心理。因此,在这个新的市场上,宝马汽车要充分利用其优异的驾驶性能,而不是简单地在电动车窗、皮革椅座、镀铬车身上和其他品牌竞争。

起初,由于经费限制,宝马汽车的广告都以印刷品形式出现,其目标主要是瞄准战后新一代。宝马汽车公司在广告中全力宣传其超人领先的技术和优异的驾驶性能,并在此基础上把宝马树立成为代表最新潮的豪华轿车。为进一步拓展目标市场,扩大销售,1977年,宝马汽车的广告开始在电视屏幕上露面,主题仍然是宣传其优异的驾驶性能。宝马汽车的销售量开始迅速上升。

1978年,宝马汽车的销售量直逼奔驰,达31439辆。宝马已经成为一种能显示身份、地位的品牌。

2.顺应市场环境变化

20世纪80年代初,营销环境有了新的变化。调查研究表明,消费者对汽车的质量、安全和可靠性开始十分关注。政府已就这方面问题制定了一系列法律。

当时,许多汽车厂商在广告中大力宣传在碰撞过程中其汽车安全度如何,而宝马汽车公司却与众不同,在广告中大谈其汽车在避免碰撞方面技术多么先进。极为典型的例子是宝马汽车在一个广告中大力宣传其优异的刹车系统。

1986年,宝马汽车的销售量达到了96759辆的历史最高纪录。

3.针对消费者心理调整竞争策略

20世纪80年代末,在美国和欧洲出现新的行销趋势,低价革命和价值行销逐渐抬头,人们的购买心理发生了转变,战后新一代步入中年后,价值观发生变化:从原先的强调个性、讲求身份地位演变成注重实效。此时日本的丰田、日产和本田三家汽车公司都成功地进入美国市场,并且在跟美国汽车竞争过程中,获得了高质量声誉。日本以Accura、Lexus、Infiniti等品牌挤入豪华轿车市场。这些品牌在外形上都仿制德国,但质优价廉、安全可靠,从而吸引了不少消费者。

宝马汽车公司的传统市场正逐步让位于诸如丰田、本田等日本汽车。自1986年以来,其销售量逐年下降,1991年销售量下降到5.2万辆,比1986年几乎减少一半。显然,一个追求质优价廉的豪华轿车市场在不断扩大,日本厂商定位于这个市场。这是一场超越宝马汽车公司实力的竞争。

宝马不愿从价格上进行调整，就将车子优良的性能与消费者自我实现的心理相结合。

• 驾驶凌志汽车，你感觉自己只是一个乘客，而驾驶宝马汽车，则能使你感觉自己是一驾驶手，促进你有一种不断进取、成为一名出色车手的欲望。

• 如果你感觉不到自己在驾车，你就会没有安全感，而驾驶宝马汽车，则让你有一种主宰自我的感觉。

自1992年2月起，宝马汽车公司投资2500万美元做广告，介绍了其先进的技术和优异的性能，并宣称宝马汽车能让消费者淋漓尽致地享受到驾车的乐趣。1992年宝马汽车销售额比上年增加了27%，这是在世界汽车普遍不景气情况下取得的。

资料来源：根据 http://www. soidc. net/articles/1192846370427/20060513/1197256656816_1. html《宝马汽车勇夺美国市场的广告谋略》改编.

讨论：

1. 通过案例分析如何进行国际市场定位。

2. 宝马是从哪些方面进行重新定位的？

复习思考

1. 论述市场细分对企业的作用。
2. 举例说明怎样给企业的产品进行定位？
3. 谈谈市场细分、目标市场和市场定位的关系。
4. 实习实践内容：通过收集资料，分析某一企业市场定位策略。

案例分析

万豪酒店赢在全球

万豪酒店(Marriott)是与希尔顿、香格里拉等齐名的酒店巨子之一，总部位于美国。现在，其业务已经遍及世界各地。就酒店业而言，上述企业在酒店管理工作，品牌及市场细分上就各有特色：希尔顿、香格里拉等这样单一品牌公司通常将内部质量和服务标准延伸到许多细分市场上；而"万豪"则偏向于使用多品牌策略来满足不同细分市场的需求，人们(尤其是美国人)熟知的万豪旗下的品牌有"庭院旅馆(Courtyard Inn)"、"波特曼丽嘉(Ritz Carlton)"等。

1. 万豪酒店概况

万豪酒店针对不同的细分市场成功推出了一系列品牌：公平(Fairfield)，庭院(Courtyard)、万豪(Marriott)以及万豪伯爵(Marriott Marquis)，等等。在早期，公平(Fairfield)是服务于销售人员的，庭院(Courtyard)是服务于销售经理的，万豪(Marriott)是为业务经理准备的，万豪伯爵(Marriott Marquis)则是为公司高级经理人员提供的。后来，万豪酒店对市场进行了进一步的细分，推出了更多的旅馆品牌。

在"市场细分"这一营销行为上，万豪可以被称为超级细分专家。在原有的四个品牌都在各自的细分市场上成为主导品牌之后，万豪又开发了一些新的品牌。在高端市场上,波特曼丽嘉(Ritz-Carlton)酒店为高档次的顾客提供服务方面赢得了很高的赞誉并备受赞赏;新生(Renaissance)作为间接商务和休闲品牌与万豪(Marriott)在价格上基本相同,但它面对的是不同消费心态的顾客群体——万豪吸引的是已经成家立业的人士,而"新生"的目标顾客则是那些职业年轻人;在低端酒店市场上,万豪酒店由公平客栈(Fairfield Inn)衍生出公平套房(Fairfield Suite),从而丰富了自己的产品线;位于高端和低端之间的酒店品牌是城镇套房(TownePlace Suites)、庭院(Courtyard)和居民客栈(Residence Inn)等,他们分别代表着不同的价格水准,并在各自的娱乐和风格上有效进行了区分。

伴随着市场细分的持续进行,万豪酒店的企业管理工作又推出了弹性套房(Springfield Suites)——比公平客栈(Fairfield Inn)的档次稍高一点,主要面对一晚75至95美元的顾客市场。为了获取较高的价格和收益,酒店使公平套房(Fairfield Suite)品牌逐步向弹性套房(Springfield)品牌转化。

经过多年的发展和演化,万豪酒店现在一共管理着八个品牌。通过市场细分来发现市场空白是万豪的一贯做法,正是这些市场空白成了万豪酒店成长的动力和源泉。万豪一旦发现有某个价格点的市场还没有被占领,或者现有价位的某些顾客还没有被很好地服务,就会马上填补这个"空白"。位于亚特兰大市的波特曼丽嘉酒店(Ritz Carlton)(现在已经被引入上海等国内城市)经营得非常好而且发展得很快,现在,该酒店甚至根本不用提自己是万豪(Marriott)麾下的品牌。

2. 万豪酒店创新之道

万豪会在什么样的情况下推出新品牌或新产品线呢? 答案是:当其通过调查发现在旅馆市场上有足够的、尚未填补的"需求空白"或没有被充分满足的顾客需求时,公司就会推出针对这些需求的新产品或服务——这意味着公司需要连续地进行顾客需求调研。通过分析可以发现,万豪的核心能力在于它的顾客调查和顾客知识,万豪将这一切都应用到了从"公平旅馆"到"丽嘉"所有的旅馆品牌上。从某种意义上说,万豪的专长并不是旅馆管理,而是对顾客知识的获取、处理和管理。

万豪一直致力于寻找其不同品牌间的空白地带。如果调查显示某细分市场上有足够的目标顾客需要一些新的产品或服务特色,那么万豪就会将产品或服务进行提升以满足顾客新的需求;如果调查表明在某一细分目标顾客群中,许多人对一系列不同的特性有需求,万豪将会把这些人作为一个新的顾客群并开发出一个新的品牌。

万豪公司宣布开发"弹性套房"这一品牌的做法是一个很好的案例。当时,万豪将"弹性套房"的价格定在75~95美元之间,并计划到1999年3月1日时建成14家,在随后的两年内再增加55家。"弹性套房"(Springfield Suites)源自"公平套房"(Fairfield Suites),而"公平套房"原来是"公平旅馆"(Fairfield Inns)的一部分。"公平"(Fairfield)始创于1997年,当时,华尔街日报是这样描绘"公平套房"的:宽敞但缺乏装饰,厕所没有门,客厅里铺的是油毡,它的定价是75美元。实际上,对于价格敏感的人来讲,这些套房是"公平旅馆"中比较宽敞的样本房。现在的问题是:"公平套房"的顾客可能不喜欢油毡,并愿意为"装饰得好一点"的房间多花一点钱。于是,万豪通过增加烫衣板和其他令人愉快的东西等来改变"公平套房"的形象,并通过铺设地毯、加装壁炉和早点房来改善客厅条件。通过这些方面的提升,万豪酒店吸引到了一批新的目标顾客——注重价值的购买者。但后来，万豪发现对"公平套房"所做的提升并不总是有效——价格敏感型顾客不想要，而注重价值的顾客对其又不屑一顾。于是，万豪考虑将"公平套房"转换成"弹性套房"，并重新细分了其顾客市场。通过测算，万豪得到了这样的数据：相对于价格敏感型顾客为"公平套房"所带来的收入，那些注重价值的顾客可以为"弹性套房"至少增加5美元的收入。

说到底，这其实就是营销上的STP战略，即市场细分(Segmentation)、选择(Targeting)和定位(Positioning)战略。酒店管理工作中的品牌战略归根到底是围绕着细分市场来设计和开发的，清晰的品牌战略来自于清晰的STP战略。在产品和服务严重同质化的今天，在大家为同一块市场拼得头破血流的时候，我们是否应该从战略高度来考虑突破和创新呢？但愿万豪酒店的案例能给我们带来一定的启发。

资料来源：http://blog.dichan.com/atp220-articlesshow-661234.html.

问题与讨论：

1. 万豪酒店的细分标准是什么？
2. 万豪酒店给中国同行的启示。

第七章　国际市场营销产品策略

学习目标

1. 了解国际市场产品整体概念；
2. 掌握国际市场产品的标准化与差异化策略；
3. 掌握国际产品的适应性管理策略；
4. 了解国际市场产品生命周期特点以及各阶段的营销策略；
5. 了解国际市场新产品开发的过程；
6. 掌握国际市场产品品牌和包装策略；
7. 掌握国际产品保证和服务策略。

案例导入

可口可乐的中国营销策略

可口可乐(COCA-COLA)太懂得建立市场之道了。该公司1986年在中国市场的可口可乐销量还只有400万箱，到2002年就已扩大到了4.5亿箱，使中国成为公司在全球的第六大市场。可口可乐东亚及南亚集团总裁帕特里克·西沃特(Patrick Siewert)说："在中国营销没有什么灵丹妙药，只是你必须要经常退一步，想想你同消费者之间的纽带到底是什么。这一点反映到竞争中应该被理解为：除去产品本身以外，你还必须了解自己在哪些方面与其他竞争对手面临着竞争，想办法把独到的设想转化为政策落实到工作中，最终使自己超出竞争对手。不过这一点往往在人们过于专注与对手的竞争时被忽略。作为企业，你必须保证把自己的信条传递给消费者，随时维护自己与消费者之间的纽带"。北京获得2008年奥运会举办权后才几小时，富有纪念意义的金色罐装可口可乐就摆上了中国大大小小市场的货架。这来源于公司遵循六大战略之一——在产品和客户关系上创新。创新的理念是渗透在产品和客户关系中的各个方面的，从了解客户对饮料的需求，到如何使公司的饮料同一些具有特殊意义的时刻挂上钩，再到明确公司与客户、分销商以及瓶装商之间到底建立怎样的新型关系，整个过程中无处不需要创新。

资料来源：《华尔街日报》中文网络版，2002-06-19.

思考：可口可乐为什么在中国会取得巨大成功？金色罐装可口可乐产品的整体概

念包括哪些内容?

产品策略是企业国际营销组合活动中的中心策略,直接影响和决定着其他营销策略。不言而喻,企业生产或销售哪些能够满足国际消费者需要的产品和劳务,关系到企业经营的成败。通过本章学习将掌握产品的整体概念、国际市场产品的标准化和差异化、国际产品的适应性、产品生命周期、新产品开发策略和产品的品牌、包装与保证策略。通过正确运用以上各种理论与方法,来解决企业市场营销实践中关于产品方面的各种问题。

第一节　国际市场产品整体概念

一、产品整体概念

人们通常理解的产品(Product)是指具有某种特定物质形状和用途的物品,是看得见、摸得着的东西。这是一种狭义的定义。而市场营销学认为,广义的产品是指人们通过购买而获得的能够满足某种需求和欲望的物品的总和,它既包括具有物质形态的产品实体,又包括非物质形态的利益,这就是"产品整体概念"。

现代市场营销理论认为,产品整体概念包含核心产品、有形产品、附加产品和心理产品四个层次,见图 7-1。产品的整体概念实质上是一种经营思想,了解这四层含义,才能制订出完善的产品策略。

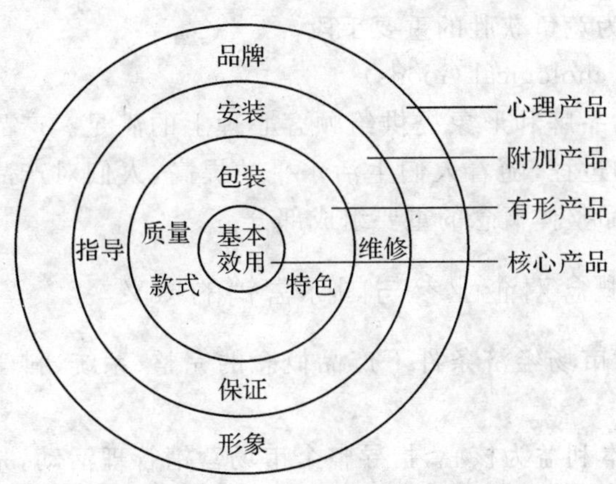

图 7-1　产品的四个层次

(一)核心产品(Core Goods)

核心产品也称实质产品,是指消费者购买某种产品时所追求的利益,是顾客真正要买的东西,因而在产品整体概念中也是最基本、最主要的部分。消费者购买某种产品,并不是为了占有或获得产品本身,而是为了获得能满足某种需要的效用或利益。

如买自行车是为了代步,买汉堡是为了充饥,买化妆品是希望美丽、体现气质、增加魅力等。因此，企业在开发产品、宣传产品时应明确地确定产品能提供的利益，产品才具有吸引力。

(二)有形产品(Tangible Goods)

有形产品是核心产品借以实现的形式，即向市场提供的实体和服务的形象。如果有形产品是实体物品，则它在市场上通常表现为产品质量水平、外观特色、式样、品牌名称和包装等。产品的基本效用必须通过某些具体的形式才得以实现。市场营销者应首先着眼于顾客购买产品时所追求的利益，以求更完美地满足顾客需要，从这一点出发再去寻求利益得以实现的形式，进行产品设计。

产品的有形特征主要指质量、款式、特色、包装。如冰箱，有形产品不仅仅指电冰箱的制冷功能，还包括它的质量、造型、颜色、容量等。

(三)附加产品(Additional Goods)

附加产品是顾客购买有形产品时所获得的全部附加服务和利益，包括提供信贷、免费送货、保证、安装、售后服务等。附加产品的概念来源于对市场需要的深入认识。因为购买者的目的是为了满足某种需要，因而他们希望得到与满足该项需要有关的一切。

美国学者西奥多·莱维特曾经指出："新的竞争不是发生在各个公司的工厂生产什么产品，而是发生在其产品能提供何种附加利益(如包装、服务、广告、顾客咨询、融资、送货、仓储及具有其他价值的形式)。"海尔产品能在激烈的市场竞争中保持不败，产品走进全国千千万万个家中，靠的就是热情周到的售后服务。到 1993 年 4 月，该厂已在全国设立了 236 个维修网点，并用最精密的维修检测设备，最先进的通讯和交通工具，最优秀的技术人才和最优质的技术服务，向市场提供最佳的附加产品。

由于产品的消费是一个连续的过程，既需要售前宣传产品，又需要售后持久、稳定地发挥效用，因此，服务是不能少的。可以预见，随着市场竞争的激烈展开和用户要求不断提高，附加产品越来越成为竞争获胜的重要手段。

(四)心理产品(Psychological Goods)

心理产品指产品的品牌和形象提供给顾客心理上的满足。产品的消费往往是生理消费和心理消费相结合的过程，随着人们生活水平的提高，人们对产品的品牌和形象看得越来越重，因而它也是产品整体概念的重要组成部分。

二、产品的整体概念对企业参与国际营销的意义

产品整体概念是对市场经济条件下产品概念的完整、系统、科学的表述。它对市场营销管理的意义表现在：

(1)它以消费者基本利益为核心，指导整个市场营销管理活动，是企业贯彻市场营销观念的基础。企业市场营销管理的根本目的就是要保证消费者的基本利益。消费者购买电视机是希望业余时间充实和快乐；消费者购买计算机是为了提高生产和管理效率；消费者购买服装是要满足舒适、风度和美感的要求，等等。

概括起来，消费者追求的基本利益大致包括功能和非功能两方面的要求。消费者对前者的要求是出于实际使用的需要，而对后者的要求则往往是出于社会心理动机。而且，这两方面的需要又往往交织在一起，并且非功能需求所占的比重越来越大。而产品整体概念，正是明确地向产品的生产经营者指出，要竭尽全力地通过有形产品和附加产品去满足核心产品所包含的一切功能和非功能的要求,充分满足消费者的需求。可以断言,不懂得产品整体概念的企业不可能真正贯彻市场营销观念。

(2)只有通过产品四层次的最佳组合才能确立产品的市场地位。营销人员要把对消费者提供的各种服务看做是产品实体的统一体。由于科学技术在今天的社会中能以更快的速度扩散,也由于消费者对切身利益关切度的提高,使得营销者的产品以独特形式出现越来越困难,消费者也就越来越以营销者产品的整体效果来确认哪个厂家、哪种品牌的产品是自己喜爱和满意的。

(3)产品差异构成企业特色的主体,企业要在激烈的市场竞争中取胜,就必须致力于创造自身产品的特色。不同产品项目之间的差异是非常明显的。这种差异或表现在功能上,如鸣笛水壶与一般水壶之别;或表现在设计风格、品牌、包装的独到之处,甚至表现在与之相联系的文化因素上,如各种服装的差异;或表现在产品的附加利益上,如各种不同的服务,可使产品各具特色。总之,在产品整体概念的三个层次上,企业都可以形成自己的特色,而与竞争产品区别开来。而随着现代市场经济的发展和市场竞争的加剧,企业所提供的附加利益在市场竞争中也显得越来越重要。国内外许多企业的成功,在很大程度上应归功于他们更好地认识了服务等附加产品在产品整体概念中的重要地位。

在国际市场上,激烈的竞争使各类国际企业已经普遍接受了产品的整体观念,千方百计地以具有多种效用的整体产品满足买方的多种需求。我国的企业只有真正接受这种观念,才能与之竞争。否则,是难以打入国际市场的。在这方面,我们有不少经验教训,例如,我国向德国出口的核桃,价格比美国的同类产品便宜30%,但是在竞争中却处于劣势,主要原因不在核桃本身质量,而是包装过于简陋。不少企业总是认为,产品打不开销路,关键是质量问题。产品的质量固然重要,但是,大量事实说明,我国的产品难以进入国际市场,在很多情况下,并不是质量造成的。其中很多是由于我们缺乏产品的整体观念而造成的,例如,忽视买方追求的利益,包装不善,没有提供必要的使用指导及维修服务等。例如,有时顾客想得到一种使用方便的一次性产品,你却提供了一种质量虽好,但是价格过高或过于笨重的商品,就不会引起买方的兴趣。我国的特产"龙虾片",质量很好,在销售到西欧时,仅仅由于没有写清"先炸后吃"的食用方法,当地顾客买后,直接放在嘴里吃,可以想象是什么滋味,人们会欢迎这种食品吗?

综上所述,我国企业要进入国际市场,必须真正树立起产品的整体观念,使我们的出口产品具有整体产品的特征,不仅向买方提供产品实体,还能为买方提供完善的附加利益;不仅使买方追求的各种利益得到满足,而且考虑到消费者的未来需要和高新技术的发展,不断完善和改进产品,使产品在竞争中处于不败之地。

三、出口对整体产品的特殊要求

根据现代市场营销观念,评价产品的最终标准是看其是否适应消费者的需要。而不同国家的消费者需求是存在着很大差异的,所以,产品"好与差"只能是相对于具体目标而言的。因此,产品一旦特定为出口产品,产品整体观念的具体内容也会发生某种变化。这是因为,产品整体观念是指产品实体及其一切满足买方需要的效用,但是在不同的外国市场上,买方要求得到的心理上的、物理和化学方面的效用是不同的。一个产品是否符合整体观念,要针对具体的目标市场而言。同样一个产品,在某国市场上满足了买方追求的各种利益，但是，在另一国却可能令人反感，东南亚地区喜欢大象的图案，而大象在英国就不受欢迎。再如，某产品在 A 国保修期为 2 年，用户很满意，在 B 国人们可能认为这个期限太短而不愿购买。

对于任何企业来说，都必须看到本国市场与外国市场之间的差异，不仅树立产品整体观念，还要认真分析研究每个外国市场对产品各种效用的评价和要求，了解当地人的消费观念和当地竞争产品提供的条件和服务，确定什么是对方真正要求的整体产品。能够反映产品的整体观念，具有满足买方需求的各种效用，而且这些效用是特定的外国市场所认可的，这就是出口产品所应具有的基本特性。

第二节　国际市场产品的标准化与差异化策略

一、产品标准化策略

（一）产品标准化含义

国际产品的标准化（international market product standardization）策略是指企业向全世界不同国家或地区的所有市场提供相同的产品。实施产品标准化策略的前提是市场全球化，随着时代的发展，社会、经济和技术的发展使得世界各个国家和地区之间的交往日益频繁，相互之间的依赖性日益增强，消费者需求也具有越来越多的共同性，相似的需求已构成了一个统一的世界市场。

1983 年，美国哈佛大学教授西奥多·里维特提出了国际市场产品标准化的“全球营销”的新概念和新理论，以便与“国际营销”相区别。国际营销强调国家之间的差异，企业必须针对不同的目标顾客开发不同的产品，采用不同的营销组合方案。结果人们发现，假如某一跨国公司以众多产品面向不同的国家市场，而且每一产品在不同国家市场都要作适应性调整和采用不同的品牌、广告等，甚至专门为外国市场开发新产品，这必然会给国际营销管理带来一系列的难题。里维特所主张的全球营销，则把世界视为完整的、统一的市场，注重国家之间的相似性和非差异性。他认为全球公司可以实行全球营销，向全世界提供标准化的产品，采用统一的广告、分销渠道和统一的营销管理。因此，他建议汽车公司制造一种世界性的汽车，洗涤用品公司生产世界性的洗发水……

实行全球营销具有充分的根据：首先，国际交通通讯的现代化，使各国之间在地理和文化上的差距逐步缩小。美国一份研究报告显示，在一个充满密集传播、标准化以及采用类似的决策技术的营销世界里，文化差异似乎逐渐消失，产品供应的全球化过程已经开始。事实上，由于美国的大众传播所造成的同质化效果，正在逐渐消除曾经存在的许多区域上的差异。其次，经济上的全球化，使跨国公司逐步消除国别色彩，汽车、食品、服装、电子等产品的全球化品牌正在不断增加；标准化的跨国连锁经营方式正通行于世界各地，以便争取吸引更多的国际消费者。最后，国际市场的统一化，推动全球消费品市场出现趋同现象。生活在不同国家的消费者更乐于接受相同的产品和生活方式。现在世界各地青年对摇滚、快餐、时装、健身用品等的爱好和需求所出现的高度一致性，就是一个很有力的证明。即使在许多发展中国家,人们也都开始从全球的观点来看待产品和市场,其原因在于这些国家的居民期望提高生活水平和追求现代化。

(二)产品标准化的优越性

产品国家市场标准化的优越性主要体现在如下几个方面:

(1)可以极大地节约成本。包括产品开发、宣传推广、经营管理等方面的费用都可以大大减少,同时降低了单位产品成本,可取得规模效益。以美国3M公司为例,过去它一直在不同国家采用差异化的商品包装、规格、品牌和广告,营销成本激增,最终导致价格上升,使它于20世纪80年代初期在北美、欧洲、日本等主要国际市场上失去竞争能力,市场份额逐步下降。实施以产品标准化为基础的全球营销策略后,立即采用全球化品牌"Scotch",以此象征产品的高质量;无论各国的特性是否一致,都采用一致性的包装;花巨款拍摄了一则全球性广告,展示公司的新标志,同步在目标国家进行宣传。结果,使3M公司明显降低营销费用,收复了失去的市场。

(2)可以扩大产品的影响力。相同的产品特色、设计、包装等,可使产品在国际市场上建立统一的全球形象。获得世界认同的品牌名称或公司标志,必将提高产品的效率和效果。扩大企业以及产品在全球市场的影响力和知名度。随着卫星传播技术的进步,国际互联网的发展,人们可接受的信息越来越繁杂,这就使统一的全球形象越来越显得重要。

(3)可以加强营销管理与控制。一则全球性的广告在数以百计的国家播放,比用不同风格的广告在多个国家宣传同一产品肯定要简单多,也容易得多。相同的产品标准、促销手段、包装与品牌,便于使用统一的管理技术、经验,贯彻公司的全球营销战略和执行各项具体政策。

(4)便于在全球市场转移、分享专有技术。即各国子公司利用新技术开发研制的产品可转换为全球产品,如联合利华公司曾成功地推介了两种全球性产品,其一是刺激身体的喷雾器,由南非子公司开发研制;二是可用于清除硬水的清洁剂,由欧洲分公司研制。

(5)便于在国际市场上调剂余缺,解决供求矛盾。

(6)能以低价格、高品质、高信赖度的标准化产品与差异化产品的优势相抗衡。

当然,各国市场差异的存在,给国际市场产品标准化带来了各种困难。政府和贸易限制、传播媒体的互质性、消费者偏好与反应模式的不同以及文化的差异,都是阻碍标准化的主要原因。同时,竞争对手专为目标国家市场开发的当地产品可能比标准化的产品更具有竞争能力。此外,从营销管理角度来看,产品标准化和全球营销的确可以集中权力加强管理,但却削弱了设在各国的经理人员的权力,当他们觉得必须拥有更大的权力来处理当地市场的特殊问题时,便会对全球营销标准化产品产生抵触情绪,最终无法实现加强控制和管理的目标。

(三)选择产品标准化的条件

企业应该根据以下几个方面来决定是否选择产品的标准化策略:

1.产品的需求特点

从全球消费者的角度来看,需求可以分为两大类:一类是全球消费者共同的与国别无关的共性需求;另一类是与各国环境相关的各国消费者的个性需求。在全球范围内销售的标准化产品一定是在全球具有相似需求的产品。消费者对任何一种国际产品的需求,都包括对产品无差别的共性需求和有差别的个性需求这两种成分。企业营销人员应当正确识别消费者在产品需求中究竟是无差别的共性需求占主导地位，还是有差别的个性需求占主导地位。对无差别的共性需求占主导地位的产品，宜采取产品标准化策略。

下列产品的需求特征表现为无差别共性需求成分偏大：大量的工业品，如各种原材料、生产设备、零部件等；某些日常用品，如软饮料、胶卷、洗涤用品、化妆品、保健品、体育用品等；具有地方和民族特色的产品，如中国的丝绸、法国的香水、古巴的雪茄等。

2. 产品的生产特点

从产品生产的角度来看，适宜于产品标准化的产品类别为在 R&D、采购、制造和分销等方面获得较大规模经济效益的产品。具体表现为，技术标准化的产品，如电视机、录像机、音响等产品；研究开发成本高的技术密集型产品，这类产品必须采取全球标准化，补偿产品研究与开发的巨额投资。

3. 竞争条件

如果在国际目标市场上没有竞争对手出现，或市场竞争不激烈，或者市场竞争虽很激烈，但本公司拥有独特的生产技能，且是其他公司无法效仿的，则可采用标准化产品策略。

4. 成本因素

实施标准化产品策略必须做成本—收入分析，严格根据收益情况来进行决策。产品、包装、品牌名称和促销宣传的标准化无疑都能大幅度降低成本，但只有对大量需求的标准化产品才有意义。

此外，还应考虑各国的技术标准、法律要求及各国的营销支持系统，即各国为企业从事营销活动提供服务与帮助的机构和职能，如有的国家零售商没有保鲜设施，新鲜食品就很难在该国销售。尽管产品标准化策略对从事国际营销的企业有诸多有利的一面，但缺陷也是非常明显的，即难以满足不同市场消费者不同的需求。

二、产品差异化策略

（一）产品差异化策略的含义

国际产品差异化（international market product variation）策略是指企业向世界范围内不同国家和地区的市场提供不同的产品，以适应不同国家或地区市场的特殊需求。如果说产品标准化策略是由于国际消费者存在某些共同的消费需求的话，那么产品差异化策略则是为了满足不同国家或地区的消费者由于所处不同的地理、经济、政治、文化及法律等环境，尤其是文化环境的差异而形成的对产品的千差万别的个性需求。

尽管人类存在着某些普通的需求共性，但在国际市场上不同国家或地区消费者的需求差异是主要的。在某些产品领域特别是与社会文化的关联性强的产品领域，国际消费者对产品的需求差异更加突出。企业必须根据国际市场消费者的具体情况改变原有产品的某些方面，以适应不同的消费需求。

（二）产品差异化策略的优劣分析

实施产品差异化策略，即企业根据不同目标市场营销环境的特殊性和需求特点，生产和销售满足当地消费者需求特点的产品。这种产品策略更多的是从国际消费者需求个性角度来生产和销售产品，能更好地满足消费者的个性需求，有利于开拓国际市场，也有利于树立企业良好的国际形象，是企业开展国际市场营销的主流产品策略。然而，产品差异化策略对企业也提出了更高的要求。首先是要鉴别各个目标市场国家消费者的需求特征，这对企业的市场调研能力提出了很高的要求；其次是要针对不同的国际市场开发设计不同的产品，要求企业的研究开发能力跟上；第三是企业生产和销售的产品种类增加，其生产成本及营销费用高于标准化产品，企业的管理难度也加大。因此，企业在选择产品差异化策略时，要分析企业自身的实力以及投入产出比，综合各方面的情况再作判断。

三、产品标准化与差异化策略的选择

随着经济的发展和人们生活水平的提高，消费者需求的个性化日益凸显，选择产品差异化策略应是从事国际营销企业的主要产品策略。然而在营销实践中，企业往往将产品差异化和产品标准化策略综合运用。许多产品的差异化、多样化主要是体现在外形上。如产品的形式、包装、品牌等方面，而产品的核心部分往往是一样的。可见，国际产品的差异化策略与标准化策略并不是独立的，而是相辅相成的。有些原产国产品并不需要很大的变动，而只需改变一下包装或品牌名称便可进入国际市场；有些原产国产品要想让世界消费者接受则需作较大的改变。由此可见企业的产品策略通常是产品差异化与产品标准化的一个组合，在这种组合中有时是产品差异化程度偏大，有时是产品标准化程度偏大。企业应根据具体状况来选择产品差异化与产品标准化的组合。

第三节　国际产品的适应性管理

一、产品组合

(一)产品组合概念

产品组合是指一个企业提供给市场的全部产品线和产品项目的组合和结构，即企业的生产经营范围。一个企业的产品组合往往包括若干产品线。产品线是指产品组合中的某一产品大类，是同一产品种类中密切相关的产品，其功能相同或相似，而型号规格不同。一个产品线内往往包括一个系列的产品项目。产品项目是指产品线中不同品种、规格、质量和价格的特定产品。如公司生产经营家电、轿车和房地产。其中家电、轿车、房地产等产品大类就是产品线，而家电中的冰箱、彩电等具体的品种与品牌则为产品项目。

产品组合包括四个影响因素，即宽度、长度、深度和相关性。产品组合的宽度(也称广度)是指产品组合中所拥有的产品线的总数，即企业有多少产品大类。产品组合的长度是指一个企业的产品组合中所包含的产品项目的总数。产品组合的深度是指一条产品线中所包括产品项目的数量。产品组合的关联性是指企业各条产品线在最终用途、生产条件、分销渠道等方面密切相关程度。如表 7-1 所示，就反映宝洁公司产品组合的宽度、长度及关联性等。

表 7-1　宝洁公司的产品组合的宽度与长度

	产品组合宽度					
	清洁剂	牙　膏	肥　皂	除臭剂	一次性尿布	咖　啡
产品线长度	象牙雪	格利	象牙	秘密	娇子	伏尔高
	格来夫特	佳洁士	佳美	必除	滤污	速溶伏尔高
	汰渍		洗污			高点速溶
	快乐		香味			伏尔高福兰克特
	奥克雪多		保洁净			
	桂尼		玉兰油			
	道尼					

分析产品组合的宽度、长度、深度和关联性在市场营销中具有重要的意义。企业增加产品的宽度，能够扩展企业的经营领域，实行多角化经营，分散经营风险，发挥企业潜力，使企业尤其是大企业的资源、技术等得到充分利用，提高经营效益。增加产品的长度和深度，如增加产品项目、品种和式样等，可以适应广大消费者不同的需求，有利于企业占领同类产品的更多市场，增加销售量，获得更多的利润。增加产品组合的关联性，可以提高企业在某一区域或行业的声誉，在特定的市场领域树立良好的形象。

(二)优化产品组合的分析

产品组合状况直接关系到企业的销售额和利润水平，从而影响企业的长期生存与发展。因此，企业必须对现有的产品组合进行系统的分析与评价，做出加强或取舍的决策。优化产品组合的过程，通常是分析、评价和调整现行产品组合的过程。随着社会经济技术的发展，企业需要优化产品组合。优化产品组合可以采取扩展的策略，也可以采取削减的策略。不论采取哪种策略，都要分析其目标市场、市场地位、产品销售额和利润等。常见的分析方法有以下几种：

1. 市场分析法

市场分析法主要是考虑各种产品现在和未来在市场上可能的占有率和销售增长率这两个因素，通过综合分析，选择有利产品进行组合。如表 7-2 所示。

表 7-2　产品市场矩阵

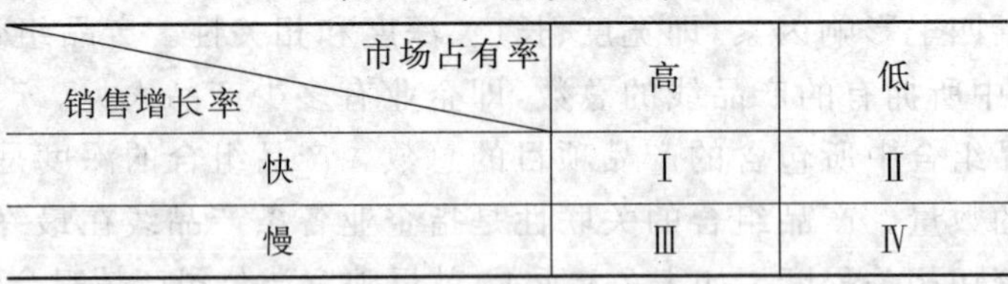

市场占有率 / 销售增长率	高	低
快	Ⅰ	Ⅱ
慢	Ⅲ	Ⅳ

按照各种预选产品项目的估算情况放入矩阵图中适当位置。凡是落入Ⅰ区的产品项目即为选中的产品组合，落入Ⅳ区的产品必须淘汰，而落入Ⅱ区和Ⅲ区的产品则需要作更细致具体的分析，再做出取舍的决策。

2. 三维分析法

三维分析法，是指用三维空间坐标上的 XYZ 三个坐标轴，分别表示为市场占有率、销

售增长率、利润率等。每个坐标轴又分为高低两端，这样能获八种可能位置，然后将产品按其不同情况，置于不同的位置，以分析各产品的优劣，选择有利产品加以组合，使企业产品组合得到优化。如图 7-2 所示。

由图可知，若企业的产品大多数处于Ⅰ号位置上为最佳的产品组合，处于Ⅷ号（注Ⅷ号隐在Ⅴ号的下侧，表面上看不见）位置上的产品是应该淘汰的，其他位置上的产品应作具体分析再做出取舍的决策。

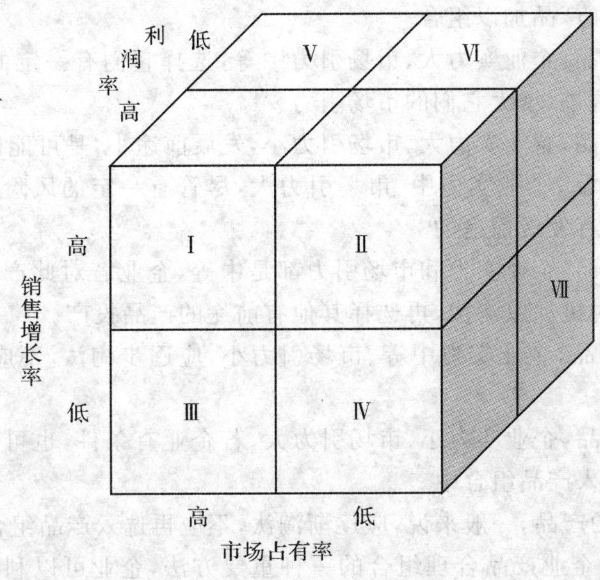

图 7-2　产品组合三维分析

3. 产品系列平衡法

产品系列平衡法是根据企业的经营能力和市场引力的好、中、差，将企业需要经营的产品分为九种情况，然后对其采取不同策略，实现产品的不同组合，使之接近于企业的总目标。此法也称为九象限评价法。

企业经营能力（又称企业实力）是指企业经营的产品满足社会需要的程度。它主要包括企业的生产能力、技术能力、销售能力、产品更新能力、应变能力、管理能力和企业信誉等。

市场引力是指市场对某一产品（或对企业）的吸引力。它主要由市场容量、需求增长速度、产品生命周期等因素构成。

根据以上两个方面的要素，构成了产品系列评价矩阵图，也称九象限图，如表 7-3 所示。

表 7-3　产品系列评价矩阵

企业实力 / 市场引力	大	中	小
大	Ⅰ	Ⅳ	Ⅶ
中	Ⅱ	Ⅴ	Ⅷ
小	Ⅲ	Ⅵ	Ⅸ

在制定产品系列评价矩阵图之前，首先要对每一个产品的企业实力和市场引力采取打分的方法分别评定其企业实力和市场引力的大、中、小。然后根据各产品的企业实力和市场引力的大小，将其置于产品系列评价矩阵图中的适当位置，从而选择不同的产品组合。

从产品系列评价矩阵图中，我们可得知以下信息，以支持产品决策：

在矩阵Ⅰ中的产品，企业实力大、市场引力大，可作为企业产品组合的重点，如果在Ⅰ内有数个产品，而且超出了企业组合产品的需要量时，那就要选择适量的最有利的产品，投入主要力量，作为支柱产品加以组合。

在矩阵Ⅱ中的产品，企业实力大、市场引力中等，选择它们有一定的风险。企业在选择时，应考虑是否加以改进，增大它们的市场引力。

在矩阵Ⅲ中的产品，企业实力大、市场引力小，发展前途小，是可能被市场淘汰的产品。

在矩阵Ⅳ中的产品，企业实力中、市场引力大，尽管有一定的风险，但企业只要增加实力、苦练内功，还是很有发展前途的。

在矩阵Ⅴ中的产品，企业实力和市场引力都是中等，企业若对此产品已经组织生产，可维持现状，在适当的时机加以淘汰，再选择其他有前途的产品投产。

在矩阵Ⅵ中的产品，企业实力中等、市场引力小，应逐步淘汰，不应再作为产品组合的组成部分。

在矩阵Ⅶ中的产品，企业实力小、市场引力大，若企业有条件，也可以通过增加实力，进行生产；否则，不应选入产品组合中。

在矩阵Ⅷ、Ⅸ中的产品，一般来说，应逐渐淘汰，不应再选入产品组合中。

九象限评价法是企业产品合理组合的一种重要方法，企业可以利用此法调整、优化产品组合，保证企业取得重大的经营成果。

（三）影响国外市场产品组合的因素

选择面向国际市场与选择面向国内市场的产品组合有许多共同点，如选择最佳组合、组合产品的成本及利润问题等；但除了这些共同点外，面向国外市场的产品组合所需考虑的问题远远比内销的产品组合所考虑的问题复杂得多。作为面向国际市场的企业，在考虑其出口产品组合时，必须与本企业的情况及当地目标市场的具体情况和联系企业的内部决策、竞争条件、市场环境、政府管制情况、经济发展阶段等。这些因素对选择出口产品组合有着很大的影响。

1. 企业的决策

如果某个企业在国内市场上已经形成了一个比较全面的产品组合，那么在面向国际市场时，它是否可以将原有的产品组合照搬到国外市场上去呢？当然，这并非绝对不可以，但是实际情况也并非如此。

一般来说，企业应该根据国外目标市场上的具体情况，选出那些具有优势的产品项目，组成新的产品组合进行出口。在开始阶段，进入国外市场的出口产品组合的深度、广度往往比内销产品组合要浅一些、窄一些。这是因为在最初步入国际市场时，对市场情况不十分了解，为降低风险，先挑选其中最强的产品打出去；在被证实受欢迎之后，才可逐步将其他产品打入市场，逐步扩大市场。

2. 竞争条件

不同的竞争条件使出口企业选择相同的产品组合，如果某一产品在国外市场竞争异常激烈，进入国外市场所需要的高风险使新来者望而却步，即便该产品是一种可能非常适销的好产品，也会因竞争而被逐出市场，这时企业就必须调整自己的出口产品组合。

3. 市场环境

消费者的市场水平、喜好和消费习惯也是决定产品组合的因素之一；消费者的一些消费习惯常常会妨碍他们接受某种产品，或某种产品的式样、颜色等。这时企业也应相应调整自己的出口产品组合。

4. 政府管制情况

本国和进口国政府的管制条件，会影响出口产品组合的选择。有些国家的政府出于国家安全、保护本国工业，或政治方面的考虑，明文禁止某些产品的出口、进口和经营。所以政府管制情况，是企业在制定出口产品组合时所要考虑的。

5. 经济发展阶段

在通常情况下，企业在国内的产品组合常包括它的基本产品、较成熟的产品、较先进的产品和高技术的产品。根据国际型企业的经验，选择什么样的产品组合常取决于进口市场的经济发展阶段。如果一味选择最先进的产品组合出口，可能会因为不切实际而造成不适销。

总之，要为国际市场选择一个适当的产品组合并不容易，要考虑各方面的因素，尤其是国外目标市场上的不同特点。

(四)国际市场产品组合策略

企业在调整和优化产品组合时，可根据企业实际和国际市场状况，选择以下策略：

1. 扩大产品组合策略

该策略主要包括开拓产品组合的宽度和加强产品组合的深度。开拓产品组合的宽度是指增加产品线，扩大产品经营范围；加强产品组合的深度是指在原有的产品线内增加新的产品项目。当企业预测现有产品线的销售额和利润率在未来时期可能下降时，就应考虑在现有的产品组合中增加新的产品线或加强其中有发展潜力的产品线。当企业打算增加产品特色或占领更细的市场时，应选择有实力、前景好的生产线增加新的产品项目。总之，扩大产品组合可以使企业充分地利用人、财、物等资源，促使企业抓住有利机会，分散风险，增强企业的竞争能力。

2. 缩减产品组合策略

当市场繁荣时，较长和较宽的产品组合策略为许多企业带来更多的获利机会；但当市场不景气时，许多企业会缩减产品线，即采取缩减产品组合的策略。缩减产品组合主要是淘汰或缩减利润小或市场前景不好或原材料涨价的产品线或产品项目。通过对产品组合的缩减，有利于企业保持实力，集中力量从事优势产品的生产经营，减少资源的浪费，提高竞争力，促进企业生产经营的专业化等。

3. 产品线延伸策略

任何企业的产品都有特定的市场定位，根据企业的实力和市场的变化调整企业产品的市场定位是非常必要的。产品线延伸策略就是全部或部分改变原有产品线市场定位的策略。产品线延伸策略一般有三种方式：即向上延伸、向下延伸和双向延伸。

(1)向上延伸。这是指原来定位于中低档产品市场的企业，在原有的产品线内增加高档产品项目，使企业进入高档市场。企业实行该策略的目的与原因有：①高档产品畅销，具有较高的销售增长率和利润率，企业可从中获得更好的经济效益；②企业的技术设备、营销能力和管理水平已经具备进入高档市场的条件，有实力进入高档产品市场；③企业根据需要对产品线进行重新定位，认为有必要进入高档产品市场；④高档品市场中的竞争者实力不太强。实行这一策略有利于提高企业的竞争能力，从而提高企业经济效益。值得强调的是实行这一策略要有承担更大风险的心理准备，如果该策略引起生产高档品企业的反攻，就会阻碍企业向上延伸策略的顺利实施。另外，企业的市场地位与形象并不容易改变，该策略运用不当，还可能影响企业原有的市场地位。也可能新的市场没能占领，原有的市场又受到竞争者的挤压。一旦落入这种得不偿失的尴尬地位是比较难受的。

(2)向下延伸。这是指企业原定位于高档市场的产品线，通过增加中、低档产品项目实现向下延伸。实行这一策略的目的是为了充分利用高档名牌的声誉，占领中、低产品市场，以迅速扩大市场占有率、市场覆盖率，提高销售增长率，填补产品线的某些空白。企业采取此策略的主要原因包括：①原高档品的市场销售增长率缓慢，需要企业产品线向下延伸；②高档品市场竞争激烈，企业需要另辟蹊径；③防御生产中低档产品的企业向上进攻，为了提高市场覆盖率，填补市场空白等。企业采取向下延伸策略时，也会遇到一些风险：一是影响其高档名牌的形象和企业的声誉；二是引起众多生产中低档产品企业的群攻，导致市场竞争的激烈化和两败俱伤；三是在市场占有率和覆盖率提高的同时，利润率提高缓慢，以致得不偿失。因此，企业采取向下延伸必须审时度势、有的放矢，以新的品牌占领中低档品市场，做到进退有余。

(3)双向延伸。这是原定于中档产品市场的企业在占据较大的市场优势后，决定向产品线的上下两个方向延伸。一方面增加高档产品项目，提高企业声誉，创建高档名牌；另一方面增加低档产品项目，提高市场占有率，扩大市场阵地。双向延伸策略是改变企业处于市场双重积压状态的一种策略，风险很大，既可能受到高档品竞争者的反攻，又可能受到低档品企业的群起而攻之，形成两面受敌的不利局面。因此，实行双向延伸策略也要因势利导，有所侧重，根据需要采取“瞒天过海”、“声东击西”、“暗度陈仓”等计策。

二、国际产品的适应策略

适应目标市场的消费者需求特点，是从事国际营销企业的产品策略的主导方向，各国消费者对产品的认识和看法是与其所在国的各种环境尤其是社会文化状况密切相关的，对产品每一层次的不同需求，是随着营销环境的变化而变化的。产品的第一层次在一种营销环境中可能是重要的，而在另一营销环境下则可能是不重要的，故销往目标环境的产品要适应各国营销环境的要求。一项对出口企业修改计划的研究表明，出口企业对出口产品都要做一项或若干项修改，对产品的修改要素包括产品特点、名称、标签、包装、颜色、材料、价格、促销、广告主题、广告媒体、广告技巧，在这可修改的11项要素中，平均每个产品要做四项修改，以适应目标市场的需求。对产品进行改进，并非企业的本意，这样很可能会削弱企业的规模经济效益，增加成本支出，营销风险也随之增大，但是有些因素迫使企业或吸引企业去改变出口产品。这些因素可分为两类：强制性适应改进产品和非强制性适应改进产品。

(一)强制性适应改进产品

强制性适应改进产品是指企业改进其产品是由于国外市场的一些强制性因素要求它

做适应性改进。各国政府为保护本国消费者的利益，维护已有的商业习惯，会对进口商品制定出一些特殊的法律、规则或要求，有些是永久性的，有些则是临时性的。影响产品调整的强制性因素主要表现在以下几个方面：

1. 各国对进口产品标准所作的特殊规定

各国政府对进口产品在质量标准、包装、商标、安全要求等方面都有其特殊要求，产品出口到这些国家必须遵守这些要求，否则根本无法进入该国市场。发达国家对产品的质量技术和安全性能要求非常高，对于这些规定，出口企业毫无例外地必须遵守，必须改变原有产品以适应各国市场的有关规则和标准。

2. 各国度量衡制度不同而导致计量单位上的差异

由于世界各国的度量衡制度不同，以致造成同一计量单位所表示的数量不一。在国际贸易中，通常采用公制、英制、美制和国际标准计量组织在公制基础上颁布的国际单位制。例如，就表示重量的吨而言，实行公制的国家一般采用公吨，每吨为 1000 千克；实行英制的国家一般采用长吨，每长吨为 1016 千克；实行美制的国家一般采用短吨，每吨为 907 千克。

此外，有些国家对某些商品还规定在自已习惯使用的或法定的计量单位，这就要求出口的电器产品必须根据目标市场的计量制度作相应的调整，否则，根本无法使用。

3. 各国气候等自然条件的特殊性

目标市场的气候、地理资源等条件也是企业必须改变原有产品的强制性因素之一。如加拿大是一个寒冷的国家，出口到该国的汽车轮胎就必须采用与出口到热带国家的汽车轮胎不同的原料成分进行生产。又如日本松下电视机厂对出口到不同国家区域的电视机要进行专门的磁场校正，以确保获得最好的接收效果。

此外，有些国家政府为保护本国利益，针对外资企业进口商品专门制定的一些条款、规定，也促使企业必须改进产品的某些方面。如有的国家要求外资企业或合资企业的产品必须使用当地的零配件。中国政府就对合资产品的零部件国产率有一定的要求，为满足这种要求，外资或合资企业便不得不进行适当的调整。

（二）非强制性适应改进产品

非强制性适应改进产品指企业为了提高在国际市场上的竞争力，适应目标市场的非强制性影响因素，而对产品做出的各种改进。非强制性改进产品对企业更有吸引力，但其改进难度更大。因为强制性改进产品基本上是因为各国市场对产品施加具体的强制性要求，如技术要求、政府要求、气候要求等，任何出口企业都必须按照这些要求对产品进行改变。而非强制性改变产品则因企业而异，是否改变产品，如何改变产品，对产品改变到什么程度，将视各出口企业对目标市场需求特点的了解程度，企业营销能力的强弱而定。而且促进企业改变产品的非强制性因素弹性太大，不可能也不会有现成的指导原则。而企业产品对目标市场的适应性关键又在于根据非强制性因素而做出相应改变。可见，因非强制性的因素而改变产品是企业从事国际市场营销成败的关键。非强制性产品改变的影响因素通常有以下几种：

1. 文化的适应性改变

各国或地区文化环境的差异，是促使从事国际市场营销企业改变产品的一个重要原因。处于不同文化环境中的消费者，对产品需求差异主要体现在价值观、道德规范、行为准则、宗教信仰、消费偏好以及使用模式等方面。国际目标市场的消费者是否接受新产品和新行为方式的主要障碍既非收入水平也非自然环境的差异，而在于产品所面对的目标市场的文化模式。将一种产品投放到并不需要甚至禁忌该物品的文化环境中，无论该产品如何物美价廉、品牌知名度如何高，也无法赢得消费者的青睐。如伊斯兰国家是禁止饮酒的，无论是法国的葡萄酒，还是苏格兰的威士忌，投放到伊斯兰国家都是徒劳无功的。

销售一种适应国际目标市场需求的产品，更多应考虑目标市场消费者的习惯、生活方式、消费价值导向等方面。当企业将一种文化背景下的畅销产品销售到另一种文化背景中去，而要改变该种文化背景中的消费者的价值观、生活方式、消费习惯时，必须注意克服阻碍改变的阻力。

2. 各国消费者的收入水平

收入水平高低在很大程度上影响消费者对产品效用、功能、质量、包装及品牌的要求。收入水平低的消费者通常注重对产品的基本性能的要求，如要求产品价格低廉、经久耐用，而对包装、品牌则不太注重。收入水平高的消费者则更多追求产品的优质、精美的包装、品牌的知名度等，如通用汽车公司在贫穷国家不是销售其标准的卡迪拉克汽车，而是为这些国家专门开发一种“基本运输工具”。世界各大汽车公司瞄准了中国这个巨大的家用小汽车市场，纷纷针对中国家庭的收入状况开发研制家用的汽车。

3. 消费者的不同偏好

消费者的不同偏好是吸引国际市场营销企业改变产品的一个重要原因。各国消费者的不同偏好主要是由社会文化因素所决定的，由于文化影响而产生的消费者偏好的差异主要体现在产品的外观、包装、商标、品牌名称以及使用模式等方面。而很少体现在产品的物理性或机械性方面。对一个以国际市场营销为导向的企业来说，当涉及产品的外观式样、味道及包装中颜色图案和文字的禁忌时，企业的秘诀是入乡随俗。

4. 国外市场教育水平

国外市场的教育水平也是促使企业改变其产品的非强制性因素。发达国家的消费者平均受过十年的正规教育，而且生长在一个高度商业化、工业化和技术化的社会中，他们文化水平高，易于识别和掌握及使用技术复杂的产品。而在一些贫穷落后的国家中，消费者受教育程度有限，甚至许多是文盲，他们难以掌握及使用技术复杂的产品。

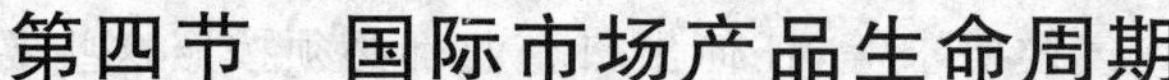

第四节 国际市场产品生命周期

产品生命周期(product life cycle)是企业研究和制订产品策略的重要组成部分。它可以帮助企业了解其产品的现状与未来发展趋势，适时更新、改造产品，以适应市场的变化和用户新的需求，从而提高企业竞争力和经济效益。

一、产品生命周期概述

市场对任何产品的需求并非固定不变，而是随着时间的推移而不断变化，任何产品都要经历适应市场到被市场淘汰的过程。这种变化就像生物生命历程一样，经历着诞生、成长、成熟、衰亡的过程。

所谓产品生命周期是指某种产品从进入市场到被市场淘汰退出市场所经历的全部过程。产品经过研究开发、试销，然后进入市场，产品进入市场标志着产品生命周期的开始；产品退出市场，标志着其生命周期的结束。典型的产品生命周期一般分为四个阶段，即：产品引入阶段，市场成长阶段，市场成熟阶段和市场衰退阶段。产品引入阶段(也称介绍期)是指市场上推出新产品，顾客对产品还不太了解，产品销售呈缓慢增长状态的阶段。成长阶段是指该产品在市场上迅速为消费者所接受，成本开始大幅度下降，销售额迅速上升，利润较大幅度地增长的阶段。成熟阶段是指大多数购买者已经接受该产品，市场销售额缓慢增长或下降的阶段。衰退阶段是销售额下降趋势明显增强，而利润趋于零的阶段。如图7-3所示。

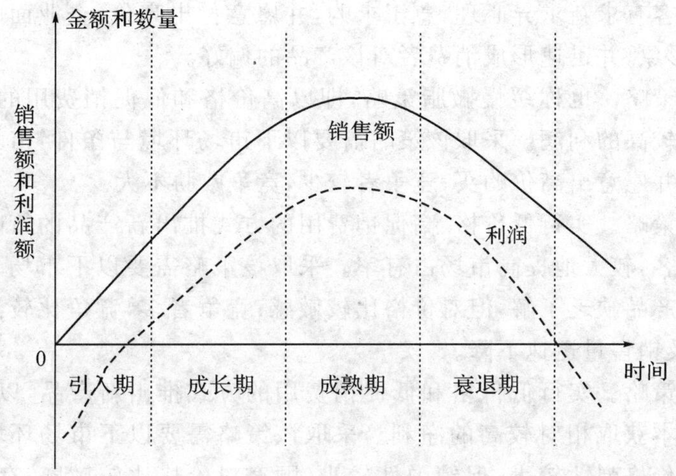

图 7-3　典型的产品生命周期

产品生命周期告诉我们：①任何产品的生命都是有一定限度的；②产品进入市场后，经历着几个不同的阶段，每个阶段都对企业的营销提出新的要求；③产品利润的高低在产品生命周期的不同阶段也有较大的差异；④重视产品生命周期，防治“营销近视症”，及时地调整产品策略是非常必要的。

二、产品生命周期各阶段的特点与营销策略

(一)引入期的市场特点与营销策略

1.引入期的市场特点

引入期开始于新产品首次在市场上普遍销售之时。新产品进入引入期以前，需要经历开发、研制、试销等过程。引入期的市场特点是：①大部分顾客对该产品缺乏了解，顾客原先的消费偏好不易改变，产品销售量较小，单位产品成本高；②产品技术不完善，产品性能、质量不稳定，生产批量较小；③销售增长率缓慢，利润较少，甚至出现亏损，企业风险大；④成本高，广告宣传费用及营销管理费用较大；⑤理想的销售渠道和分配模式尚未建立健全，产品成本与价格的关系未理顺；⑥生产该产品的企业较少，甚至独家生产，竞争不激烈等。

2. 引入期的市场营销策略

根据引入期的市场特点，其营销策略主要有以下四种可供选择，如表7-4所示。

表7-4　产品引入期可选择的市场策略

价格水平＼促销水平	高	低
高	快速—掠取策略	缓慢—掠取策略
低	快速—渗透策略	缓慢—渗透策略

(1)快速掠取策略。也称快速撇脂策略，即选择高价格和高水平的促销方式迅速推出新产品，迅速抢占市场，取得较高的市场占有率。采取该策略需要以下市场环境与条件：市场有较大潜力，顾客有求新求异心理，急于求购，并愿意付出高价；企业面临竞争威胁，需要创建高价名牌的形象，并迅速形成消费者对该产品的偏好。

(2)缓慢掠取策略。也称缓慢撇脂策略，即以高价格和低促销费用的方式推出新产品面向市场，以求取较高的利润。采取该策略需要以下市场环境与条件：市场规模较小，消费者已熟悉该产品，并愿意出高价购买；竞争者较少，竞争威胁不大。

(3)快速渗透策略。实行低价格、高促销费用的方式推出新产品的策略，以迅速占领市场，以低价赢得顾客，较大地提高市场占有率。采取该策略需要以下市场环境与条件：市场容量很大，顾客对产品缺乏了解，但对价格比较敏感；竞争者多，竞争比较激烈，产品单位成本可随生产规模及销售量迅速下降。

(4)缓慢渗透策略。实行低价格和低促销费用的方式推出新产品，以低价扩大市场份额，以低的促销成本获取相对较高的净利。采取该策略需要以下市场环境与条件：市场容量较大，市场需求价格弹性较大，促销弹性较小，顾客对价格比较敏感；存在较多潜在竞争者的威胁。

(二)成长期的市场特点与营销策略

1. 成长期的市场特点

新产品经过引入期后，开始进入成长期，其主要特点为：①顾客对该产品比较熟悉，销售习惯基本形成，销售量迅速增长；②产品基本定型，步入大批量生产阶段，大量的竞争者也开始生产此类产品，竞争比较激烈；③产品成本降低，市场价格趋于下降；④顾客开始重视产品性能、质量、特色与品牌；⑤单位产品促销费用随销售额的迅速增长而相对降低，利润开始较大地提高。

2. 成长期的市场营销策略

根据成长期的市场特点，企业一般可采取以下营销策略：

(1)改善产品品质、增加产品性能、提高产品质量。如发展新的款式、新的型号，增加产品新的用途等。

(2)加强促销、创建名牌、树立良好的形象。促销策略的重心逐步从建立产品知名度转移到建立产品美誉度上来，创建名牌、争取顾客偏好、树立良好的企业形象。

(3)加强市场细分，拓展市场。通过市场细分，发现市场空缺，根据需要组织生产，占领、开拓新的市场。

(4)重视产品价格、渠道、促销方式的巧妙组合，如在适当的时机大幅度降价，以新的促销方式吸引顾客，增加或拓宽销售渠道，开拓新的市场等。

(三)成熟期的市场特点与营销策略

1.成熟期的市场特点

新产品经过引入期和成长期后，开始进入成熟期，一般来说，成熟期可分为三个时期，其不同时期特点也不尽相同。

(1)成长成熟期。其特点主要有：①销售渠道处于基本饱和的状态；②销售增长率缓慢上升；③购买者人数增加缓慢。

(2)稳定成熟期。其特点主要有：①市场趋于饱和状态；②消费平稳，产品销售量比较稳定；③价格稳定；④顾客偏好稳定，顾客人数稳定，新的购买者较少。

(3)衰退成熟期。其特点主要有：①销售量有较大的减少，利润开始降低；②出现大量的替代产品或其他新产品，顾客的购买注意力开始转移；③全行业的同类产品出现过剩，价格有较大的下降；④各企业的市场份额变化较小，新加入的竞争者较少，竞争格局比较稳定。

2.成熟期的市场营销策略

根据成熟期不同阶段的市场特点，企业一般可采取以下营销策略：

(1)市场改进策略。该策略主要是通过发现产品新的用途或改变促销方式，发现新用户，开拓新市场，进一步提高产品销售量。

(2)产品改进策略。该策略主要是通过进一步改进产品的性能、质量和服务，实现产品的再次推出，吸引新老顾客。

(3)营销组合改进策略。该策略是通过对产品、价格、渠道和促销等因素加以改进，如降低价格、改良款式、变更广告、拓展渠道、延期付款、加强服务等刺激顾客消费，争取稳定的销售量，从而延长成熟期。

(四)衰退期的市场特点与营销策略

1.衰退期的市场特点

在衰退期，产品的销售量和利润额都大幅度下降，其主要特点为：①产品销售量急剧下降，性能和质量更好的新产品吸引了消费者的注意力；②价格降到最低水平，利润迅速下降，已无利可图，甚至出现亏损现象；③大量的竞争者退出市场；④消费趋势发生新的变化，消费习惯与偏好已经转移；⑤留在市场上的企业也开始减少服务，削减营销费用，处于维持经营的状态。

2.衰退期的市场营销策略

面对处于衰退期的产品，企业要认真分析、对症下药，可采取的策略主要有：

(1)维持策略。即保持原有的细分市场，继续使用原来的分销渠道、定价和促销等营销组合策略，维持较低水平的销售，直到该产品退出市场。

(2)集中策略。把企业的有限资源集中到最有利的细分市场和销售渠道上来，销售最易销售并且有利可图的品种。通过缩短战线，集中力量，获取较大的利润后再退出市场。

(3)收缩策略。大幅度降低销售费用，减少人员推销，保持低水平的销售，通过降低营销成本以获得微薄的利润。

(4)放弃策略。放弃落后产品的生产与经营，退出市场，保持实力，另辟蹊径，及早推出新产品，占领市场。

三、国际产品生命周期概述

上述产品生命周期的一般理论是从企业角度研究产品在市场上的销售情况，对企业从事市场营销有重要意义，但若站在国际市场的角度看，由于各国（地区）科技、经济发展的不平衡，影响产品生命周期的因素不同，产品生命周期在不同技术水平的国家里，发生的时间和过程是不一样的，其间存在一个较大的差距和时差，正是这一时差，同一产品在不同国家（地区）很可能处于生命周期的不同阶段，表现为不同国家在技术上的差距，它反映了同一产品在不同国家市场上的竞争地位的差异，从而决定了国际贸易和国际投资的变化。针对这种经济现象，美国经济学家费农 1966 年首先提出了国际产品生命周期亦即国际产品贸易周期理论。

该理论认为，在国际贸易中，如果不存在严重的壁垒（至少前半期不存在），则许多产品的生命周期会经历以下 3 个阶段（见图 7-4）：

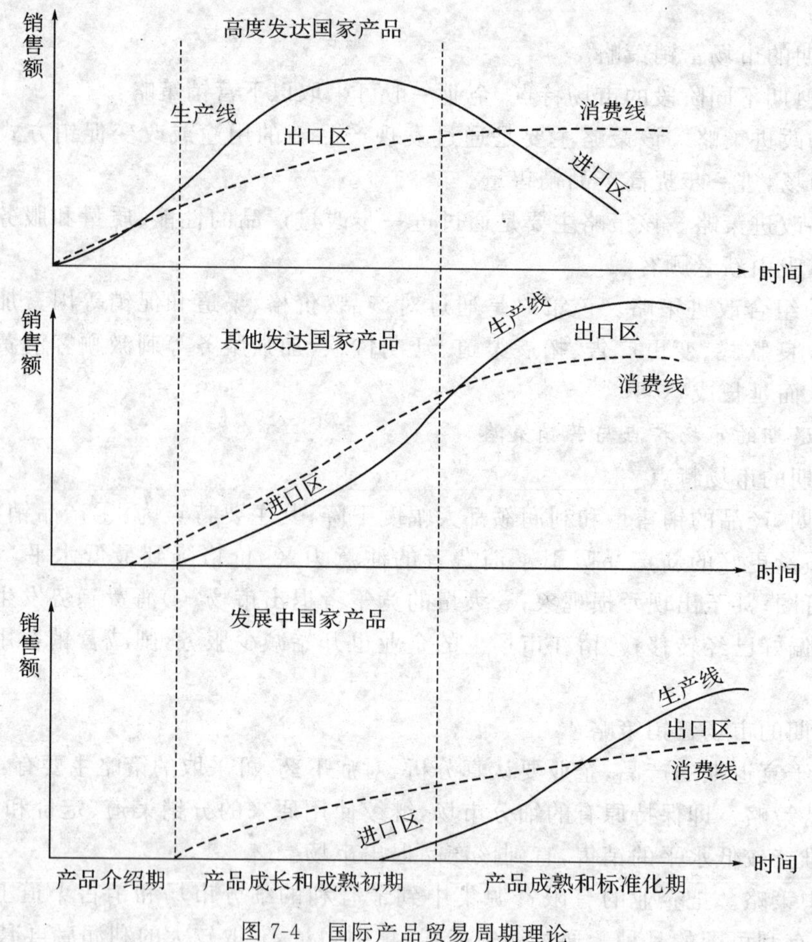

图 7-4　国际产品贸易周期理论

（1）新产品（new product）阶段。在新产品阶段，创新国利用其拥有的垄断技术优势，开发新产品。由于产品尚未完全成型，技术上未加完善，加之竞争者少，市场竞争不激烈，替代产品少，产品附加值高，国内市场就能满足其摄取高额利润的要求等，产品极少出口到其他国家，绝大部分产品都在国内销售。例如，某发达国家 A，国有企业耗资巨大首先开发、

创造了某种新产品,投放本国市场,并在导入期后期,凭借对技术的垄断,以较高价格将该产品出口到具备销售该产品的市场条件的其他发达国家,即把新产品导入了国际市场。这是一国出口垄断阶段。

(2)成熟产品(mature product)阶段。由于产品创新国技术垄断和市场寡头地位的打破,竞争者增加,市场竞争激烈,替代产品增多,产品的附加值不断走低。企业越来越重视产品成本的下降,较低的成本开始处于越来越有利的地位。创新国和一般发达国家市场开始出现饱和,为降低成本,提高经济效益,抑制国内外竞争者,企业纷纷到发展中国家投资建厂,逐步放弃国内生产。

该产品在其他发达国家销路良好,这些国家的企业也纷纷仿制或研制该产品以替代进口,成为A国原创者的竞争者。到了后期,这些竞争者研发的该产品往往拥有成本、价格优势且更适合本国需要,为了提高市场占有率,像A国这样的跨国公司开始从成本出发,在有较大需求的国家和地区设立分厂,转而到发展中国家寻找市场,而这些发达国家的企业也开始向发展中国家出口该产品,推行国际化生产战略,以满足当地消费者的需要,最大限度地获取利润。这是各国生产、出口阶段。

(3)标准化产品(standardized product)阶段。产品的生产技术、生产规模及产品本身已经完全成熟,这时对生产者技能的要求不高,原来新产品企业的垄断技术优势已经消失,成本、价格要素已经成为决定性的因素。这时发展中国家已经具备明显的成本因素优势,创新国和一般发达国家为进一步降低生产成本,开始大量地在发展中国家投资建厂,再将产品远销至别国和第三国市场。

随着生产技术提高、生产规模扩大,产品不断完善,形成标准化生产,越来越多的国家包括发展中国家也逐步引进发达国家的技术,以较低的成本生产出标准化产品投放市场。由于技术在各国扩散、普及,A国原创者的技术优势逐渐丧失,国际市场竞争日益加剧,A国原创者逐步退出本国已趋于饱和的该产品市场,将资金和精力转移到开发更新的技术和产品上。于是其他发达国家以及发展中国家就相继乘虚而入,向A国出口该产品,而A国则从最初的出口国变成了最终的进口国,把生产直接给那些更具有成本优势的企业,然后再贴自己的牌,利用自己的品牌影响,直接投放市场。这是全球竞争"反向出口"阶段。对于A国原创者而言,该产品的生命周期至此已告终止,但在其他国家产品的生命周期仍在继续。

四、国际市场产品生命周期研究的意义

对产品寿命周期概念的理解及各阶段的划分,为企业顺利地打入国际市场起到重要作用。

(1)有利于出口产品的更新换代。利用产品寿命周期分析国际市场趋势,积极开发新产品,及时淘汰衰退产品,可使我国出口产品在国际市场上保护持续旺盛的销售部分。

(2)根据产品在各国市场所处的不同寿命周期阶段,制订相应营销策略,打开新市场或扩大原有市场的销售。

根据国际产品寿命周期理论,产品在不同的市场处于寿命周期的不同阶段。如在A市场处于成熟期的产品,在B市场则处于增长期,或是新产品投放期。据此,企业可灵活机动地采取相应措施,延长现有产品的出口期限。

(3)根据产品寿命周期各阶段的变动状况,研制开发产品的多种用途,尽可能延长产品的成熟阶段。

某些产品在进入成熟期后,由于开发了它的新用途,发现了其新特性,而使该产品进入新的领域、新的市场,其产品寿命重新投入新的循环周期,持续不断地发展下去。如美国杜邦公司发明的尼龙产品,起初仅作为生产降落伞的原料,以后发展到制造绳索、衣服、袜子、地毯等。其寿命周期不断循环发展着。

第五节　国际市场新产品开发

一、国际市场新产品的含义及其分类

就其本质而言,新产品是一个相对的概念。因此,我们只能比较宽泛地将新产品定义为:在原理、结构、性能、材质、用途等某一方面或几方面具有新的改进或新的创新的产品,就可以认为是新产品。新产品根据不同标准可以作以下分类。

(一)根据新产品对企业和市场的创新程度

(1)全新产品。它是指运用新理论、新技术、新结构、新材料制造而成的新产品,也称无可置疑的新产品。这类产品的开发是极为艰难的,往往包含着发明创造,通过科技领域的重大突破才能成功。据统计,近100多年来,全世界公认的新产品只有近50项。因此,对绝大多数企业来说,是很难研制和生产出全新产品的,但一旦开发成功,就会给企业带来巨大的效益。

(2)换代新产品。它是指在原有产品的基础上,部分采用新材料、新技术而制成的性能有显著提高的新产品,也称为革新产品。如将黑白电视机革新为彩色电视机,将普通电烫斗改为自动调温、蒸汽电烫斗,将普通缝纫机改为电动缝纫机等。这类新产品与原有产品相比,性能有显著改善,因此具有较好的市场潜力,但消费者对这类产品的接受通常需要有一个过程。

(3)改进新产品。它是指企业采用各种新技术,改进现有产品的性能,提高其质量、增加款式和花色品种而制成的新产品。如普通牙膏到药物牙膏,普通酒到药酒和人参酒,以及服装款式的更新等。这类产品与原有产品差别不大,容易为市场迅速接受,竞争者易模仿。因此,此类新产品的竞争要比上述两类产品更为激烈。

(4)仿制新产品。是指市场上已有其他牌号的同类产品,企业只是生产出以自己牌号命名的新产品。如市场上大量出现的各种牌号的电视机、电风扇、洗衣机、自行车等。这类产品,由于生产技术已公开,有能力的企业均可生产。因此,仿制品的竞争是全方位的,不仅限于产品的质量、价格,而且在售后服务方面的竞争也同样激烈,生产仿制品的企业应分析市场供求状况,分析竞争企业的实力,以尽可能减少或避免盲目仿制所带来的市场风险。

(二)根据新产品的地域特征

(1)国际新产品。指在世界范围内第一次生产和销售的产品;

(2)国内新产品。指国外已有而在国内第一次生产和销售的产品;

(3)地方新产品或企业新产品。对本地区或本企业而言,第一次生产和销售的产品。

(三)根据新产品技术开发的方式

(1)独立研制的新产品,指企业自己组织力量研发,不借助外界或很少借助外界力量研制成功的新产品。

(2)联合开发的新产品。指与科研单位、大专院校等进行合作、联合研制开发的新产品。

(3)技术引进新产品。指采用技术引进的方式,通过吸收国外新的科技成果而开发的产品。

二、国际市场新产品开发的意义和风险

(一)国际市场新产品开发的意义

新产品的开发,其意义不仅在于增加产品项目,而且关系到企业的生存和发展。具体来说,新产品开发具有以下意义:

一是企业满足不断变化的消费者需求的必要手段。满足消费者的需要是企业的目的和使命,而消费者的需要是随着经济发展水平以及消费者自身文化程度的提高而不断变化的。因此,满足消费者需要的产品也应不断调整和改变,包括提高产品的质量、增加产品品种规格、完善产品的效用,这样迫使企业不能死守现有产品,而必须根据市场需求的变化不断地研制、开发新的产品。

二是企业增强竞争能力的需要。随着生产力的发展,技术革新和新技术扩散的速度越来越快,企业的规模在不断扩大,企业的数量在急剧增加,整个社会产品的供给越来越充裕,供给大于需求已成为市场常态。因此,企业之间的竞争也越来越激化。任何企业要想在激烈竞争的市场上求得生存和发展,除了要保证产品能满足消费者的需求,还要保证本企业的产品比竞争者的产品更好地满足消费者的需求,即在产品质量、性能相似的情况下,产品的价格比竞争者产品的价格更低,在产品价格相似的情况下,产品的品种、规格、质量和性能等方面更能适应消费者的需要。在这样的市场条件下,只有那些不断地淘汰旧产品,及时地开发新产品的企业才能在激烈的市场竞争中不断发展壮大。

三是有利于促进社会生产力的发展和增进国民的福利水平。企业作为社会经济活动的主体,它们在新产品的研制和开发过程中,总是不断地探索和利用新技术,从而促进了整个社会生产技术水平的提高,提高了整个社会的资源配置效率;而且,新的技术、新的产品推向市场以后,使消费者在支出水平一定的条件下,能够买到价格更低、质量更高、性能更优、品种更全的各种消费品。

(二)国际市场新产品开发的意义和风险

新产品的开发虽然对企业有着极其重要的意义,但在市场营销学中,效益与风险是并存的,由于企业的内部条件和外部环境的不确定性影响,使得企业进行新产品的开发工作存在着很大的风险。这些风险主要来自于以下因素:

一是在某些领域缺乏重要的新产品构思。如钢铁、洗涤剂这样的基本产品,缺乏研发创新。

二是市场在不断地被细分,竞争的激化导致市场不断地分裂。各公司不得不把新产品对准较小的细分市场,这意味着每种产品只能得到较少的销售量和较少的利润。

三是产品的生命周期在缩短。当一个新产品成功地推向市场，竞争对手便会迅速仿制，从而使市场很快达到饱和。过去，索尼公司在其新产品被竞争对手大量仿制之前有3年领先时间。而现在其他公司在6个月之内仿制出产品，几乎没有为索尼公司收回投资留下足够的时间。

四是新产品开发的成本越来越高。一个公司通常为了找出少数几个好的新产品，必须提出大量的新产品构思。而且，公司还不得不面对研究与开发、制造与市场营销费用的持续上升。

五是开发的时间加快，在同一时期内，很可能有多家竞争者得到相同的新产品构思，但胜利属于行动敏捷的企业。艾伯特公司不得不使用计算机辅助设计和制造。日本公司把这种挑战看作是"以比竞争者更低的价格、更快的速度实现更高的质量"。如消费电子产品的巨人荷兰菲利普公司，在1972年首先上市销售了盒式磁带录像机，比日本竞争者领先3年。但菲利普公司却花了7年开发第二代录像机模型。而同一时间内，日本公司至少推出了三代新产品。菲利普公司成了产品开发过程缓慢的牺牲品，再也没从日本公司的进攻中恢复元气。在当今竞争激烈、变化迅速的市场上，转向新产品的速度稍一迟缓，就会丧失市场和利润，甚至完全被挤出市场。

六是管理上的难度在增加。由于新产品开发的成本与巨大风险往往超过单个企业的资本承受能力，新产品开发的时间要求也可能超出单个企业技术力量，因此，目前很多领域的新产品开发需要若干家企业联合起来，组成新产品研制开发的战略联盟。如现在开发新一代记忆芯片至少需要10亿美元，研制一种新车型的费用通常需要20亿美元，组成新产品开发的战略联盟一方面能使合作各方共同分担投资的费用和风险，能够大大缩短新产品、新部件开发周期，提高投资效率，降低新产品开发成本。通用汽车公司与丰田汽车公司的联合使前者节省了25亿美元的研制与开发经费。但另一方面，也使得在新产品研制开发过程中，管理协调的难度不断增加。

七是社会和政府的限制在增强。新产品必须符合公共的标准，例如消费者的安全标准和环保标准。政府的要求已使得药品业的创新速度在减缓，也使得产品的设计和广告决策复杂化。例如在工业设备、化工产品、汽车、玩具业中就是如此。

正是由于这些因素的影响，导致新产品开发的成功率很低或者失败率太高。据估计在包装消费品中新产品失败率高达80%，新的金融产品和服务也有同样高的失败率。有人估计，将近75%的新产品在推出时就失败了。当然，这些估计是依赖于研究者如何定义新产品失败，例如，失败是产品得不到任何利润还是所获利润低于预计的水平。

三、国际市场新产品开发过程

新产品开发要想成功，一般要经过6个程序，如果试销阶段证明新产品开发是成功的，那么在投放市场时也会有几个关键问题需要很好地解决。

（一）新产品开发程序

每一家企业开发新产品的模式可能不尽相同，但是一般认为新产品开发都要经历以下几个阶段：

(1)集结新创意。创意的来源可以来自消费者、企业员工和专职的开发部门。事实上，企业新产品的创意更多的是由这些人相互影响、共同创作的，企业要善于激发和收集。

(2)筛选恰当的创意。任何一个企业都不可能对收集的所有点子进行试生产,筛选是必不可少的,只有各方面条件都符合的创意才可能被保留下来。各企业的标准、条件可能不同,但有 4 条是绝对不可缺少的:①产品本身的考察,相对优势如何、竞争能力强否、顾客的购买意愿;⑦企业的考察,技术能力、制造能力、市场营销能力;③大环境考察,竞争、物料供应商的配合程度、政府政策;④前瞻性考察,资金的筹集、投资的规模、企业战略。

(3)测试创意。在这阶段,许多创意开始进入实际运作的层面,对着图形或粗糙的模型,营销人员首先要问自己 3 个问题:①谁会买这个产品?②这个新产品的最基本利益是什么?③有哪些特定情况必须用到该产品?对这三个问题有了明确的答案之后,再去问目标消费者。

(4)商业调查。商业调查需要有专门的训练,或委托专门的中介机构,对新产品的创意进行目标消费者调研;同时调研同业竞争对手情况。

(5)开发实物产品。一个产品经过商业分析之后若评价较高,就可以交付研发部门制成实物。而后是功能测试,这时虽然无需营销人员操作,但是,营销人员要关心测试出来的数据,这是说服消费者的证据。

(6)试销。试销是将产品和营销方案导入真实的市场情境中去,其意义特别重大。通过试销,营销人员要掌握这些信息:①产品本身有哪些潜在问题;②营销方案有何不足,如定位、广告、定价等;③竞争对手的反应;④市场需求情况如何;⑤购买者的购买行为分析。

(二)正式投放市场的策略

新产品经市场试销等分析是成功的,就开始批量生产,并择机投放市场。一般来说,为了慎重地投放新产品,企业通常要做出以下四方面的决策:

(1)投放时间。通常要考虑这几个因素:对企业同类产品的影响;新产品是否还有可改进之处,若有,则应推迟;是否需要广告先行。

(2)投放地区。新产品应先在主要市场上投放,再扩大到其他地区。

(3)目标市场。企业要根据新产品的特点,选择最有潜力的消费者群体,作为自己的新产品销售的目标市场,以求一鸣惊人。

(4)投放时的营销策略。由于新产品投放市场成功与否对企业今后的工作关系极大,故企业一定要有严密的营销方案,不可贸然行事。

第六节　国际市场产品品牌和包装策略

在国际营销实践中,实施合理的品牌和包装策略,有助于突出产品的差异化,对国际产品在消费者心目中树立良好的产品形象,促进产品在国际市场上的销售,起着极为重要的作用。

一、国际产品的品牌策略

(一)品牌的概念及意义

美国营销协会对品牌(Branding)的定义是:品牌是用来识别一个或一些销售者的产品

或服务的，并用以与竞争者的产品或服务进行区别的一个名称、符号、标志、设计或它们的组合。

产品品牌由品牌名称和品牌标志两个部分组成。品牌名称是企业给自己的商品或服务起的一个名称，使自己生产或出售的商品或服务易于识别，并与竞争者生产或销售的商品或服务区别开来。品牌名称是品牌中用语言称呼的部分，如“惠普”、“联想”都是著名电脑的品牌名称。品牌标志是品牌中不能直接用语言称呼，但可以被识别的部分，如符号、图案、颜色等。例如，可口可乐以红色作为品牌的部分标志，而百事可乐则以蓝色作为品牌的部分标志。

商标是一个具有法律意义的名词，是产品品牌和品牌标志在政府有关部门登记注册之后，获得专用权而受到法律保护的品牌或品牌的一部分，通常被称之为注册商标。

品牌是企业宝贵的无形资产，优质的品牌形象反映商品的质量和内涵，有助于吸引国际消费者，扩大国际市场占有率，在竞争中发挥重要的作用。国际品牌的具体意义表现在如下三个方面：

(1)识别强化企业形象。国际市场上各类企业产品的种类繁多，良莠不齐。品牌作为辨别标记，有利于企业传达良好的产品及企业形象，维护企业声誉，使顾客得以明确区分与其他企业及其产品的优劣。

(2)建立顾客忠诚度。优秀的品牌代表过硬的产品质量，一旦在顾客心中确立了良好的形象和声誉，品牌就成为有效的广告，刺激顾客的购买欲望，诱导他们竞相购买该品牌的产品；名牌商品则进一步促进企业提高管理水平、技术、质量和服务，在市场上保持良好的形象，增强产品市场竞争力，使顾客忠诚度得到深化。

(3)法律保护。品牌经注册后(即商标)享有专用权，仿冒商标行为应受到杜绝，以保护企业正当的合法权益。

(二)国际品牌建立原则

品牌可以向消费者传达产品的六种信息：属性、利益、价值、文化、个性、使用者。如奔驰品牌使消费者联想到汽车产品形象中包含快速、昂贵、制造优良、设计良好的属性和性能高、安全性好及声望高的价值等，充分反映其品牌中的意义。建立优秀的国际品牌要遵从以下原则：

(1)合法性。产品品牌名称及标志应符合当地政府的法律法规，并向当地专利和商标管理部门申请注册，取得合法销售的地位，使企业的权益得到保护。

(2)独特性。产品品牌应别具一格，富于创意，易于识别，有别于其他企业的品牌。

(3)适应性。国际品牌要符合所在国当地市场的文化习俗，否则容易在意义上引起误解而造成国际营销的困难，如我国的男衬衣品牌名称“紫罗兰”在英文中意思为“无丈夫气的男子”；相反，美国饮料“可口可乐”品牌名称在我国却很适宜。

(4)提示性。品牌名称应向消费者暗示产品所含的某种意义或效用。如“五粮液”及其副品牌。“五粮液”酒作为国优粮食酒的老名牌，品牌定位是“国酒精品”。它又推出了诸多副品牌，如“哥俩好”、“干一杯”、“金六福”，各自的定位及表述均不相同，但五粮液“国酒精品”的价值主张并未改变。

(5)稳定性。国际品牌要具有稳定的品质，一方面有利于企业在国际上进一步延伸品牌；另一方面消费者也容易记住，世界上的著名品牌如“康柏”电脑和“飞利浦”等都具有极大的稳定性。

(6)简明性。品牌如能易于记忆、易于读取和易于理解，就有利于消费者识别，对企业而言也便于宣传，降低宣传成本。

(三)国际品牌决策

1. 品牌归属策略

企业在确定产品品牌时需考虑使用自有品牌还是中间商品牌。生产企业在做这一产品品牌决策时有三种策略可供选择。

(1)采用自己的品牌，如索尼、通用汽车等公司使用的都是自己公司的品牌。

(2)把产品批发给中间商，让中间商使用自己的品牌销售产品，称为中间商品牌或经销商品牌，如美国麦克斯公司销售的"皮尔·卡丹"成衣，采用的就是特许品牌。

(3)混合品牌，即企业将一部分产品使用自己的品牌，另外一些产品采用中间商的品牌。

国际化经营企业在作选择自己品牌还是中间商品牌的决策时，应权衡利弊，灵活操作。一般情况下，企业实力雄厚，且有长期的市场目标，可采用自有品牌；如实力相对较弱，中间商品牌则是一条可选的策略。

2. 多个品牌策略

企业可以同时创建经营两种或两种以上品牌，使其具有互相竞争的性质。美国宝洁公司首创这种策略。第二次世界大战后，该公司在推出"汰渍"牌洗涤剂大获成功之后，于1950年又推出"快乐"牌洗涤剂。"快乐"牌虽夺取了"汰渍"部分市场份额，但宝洁公司品牌各具特色，竞争力和总体市场占有率大为提高。该策略有如下作用：

(1)大部分顾客都倾向于转换品牌，试用其他品牌。企业提供新品牌，可以满足并赢得这样的消费者，以增加销售量，在不同的细分市场上获利，提高市场占有率。

(2)保护主打品牌。同类产品多种品牌可以在零售商店中占据更大的陈列空间，降低竞争产品的威胁，从而起到次要品牌保护主打品牌的目的。

多个品牌策略还应把握适度的原则。品牌越多，收益并非越多，资源应集中于少数有利的品牌上，使该品牌策略达到最优化。

3. 家族品牌策略

企业如决定使用自己的品牌，则还须决定使用统一品牌还是个别品牌。在这方面可供选择的策略有多种。

(1)统一品牌策略。这是指企业所有产品使用统一的一个品牌，或在某一品牌的基础上，通过相关文字组合，组成品牌系列。如飞利浦公司的所有产品都统一使用"Philips"这个品牌名称。统一品牌策略有利于提高顾客对新产品的信任感，使其容易在市场推广；可以集中利用宣传资源，节省品牌的设计和广告费用；可以确立企业的品牌在国际市场上的信誉和威望，带动其他产品，壮大企业声势，建立和巩固顾客忠诚度。但是使用统一品牌策略，企业必须保证该品牌在市场上已获得相当的声誉，且各种产品质量水平一致，否则，使用统一品牌就会影响品牌和整个企业的信誉。

(2)个别品牌策略。指企业在国际市场上的各种产品分别采用不同的品牌。如美国宝洁公司生产的洗发日用化工产品有海飞丝、飘柔、潘婷、沙宣、伊卡璐等品牌。采用个别品牌策略的优势：一是个别产品各自发展，即使一个产品声誉较差也不会连累其他产品及整个企业的信誉;二是可以使企业为每个新产品寻求最适当的品牌名称以吸引或满足顾客,对新产品和名优产品的推广十分有利;三是有利于企业在国际市场上进一步开辟细分市场,满足不同顾客的偏好。

二、国际产品的包装策略

国际市场发展到今日,许多国家的消费者在选购商品时越来越注重产品的包装。鉴于产品包装在消费者心目中的重要意义,许多国际市场营销人员将其列为继价格、产品、渠道、促销等4P之后的第五个P。可见,产品包装在产品整体概念中占有重要位置,其品质高低直接影响到产品在国际市场上的表现,因此,企业要正确把握国际产品的包装概念、设计、决策程序和策略。

(一)包装的概念

所谓包装(Packing),是指便于产品销售和传播产品信息的容器或包装材料,以及与此相关的一系列设计活动。包装可分为三个层面:

(1)主要包装,或称内包装,指离产品最近的容器或包装物;

(2)次要包装,或称中层包装,指在使用产品时脱离产品的包装;

(3)储运包装,或称外包装,指以储存、运输或辨别为目的的外层包装。

(二)包装的作用

在国际产品竞争中,包装对吸引争取顾客起着极为重要的作用,是国际营销强有力的手段之一。其作用具体表现在如下几个方面:

(1)保护产品。包装的最原始、最基本功能是保护商品,使产品在流通过程中免受损耗、变质、散落、被盗或渗漏。

(2)实用便利。包装使产品便于使用、携带和储存,如通用食品公司推出的方便塑料袋易于开启和密封,增加了其产品的价值;又如用真空速冻技术制成的纸封产品,可以延长商品在货架上的存放时间。

(3)广告促销。精美的包装是强大的营销手段,是一种极其实用有效的广告,体现产品的质量和品味,对消费者可以产生直接的吸引力。消费者首先注意的是吸引人的包装,而且精美的包装容易在亲朋好友或同事中传播,起到积极的广告促销作用。

(三)影响国际产品包装决策因素

世界各国对包装工业的发展越来越重视,使包装在国际市场上越来越显示出其重要意义。国际化经营企业努力利用漂亮的包装吸引消费者对其产品的注意,增加其产品在国际市场上的竞争力。美国《包装文摘》指出,世界包装市场年总值为5000亿美元,美国占据20%的份额,相比之下,中国占这一市场的0.03%,但近五年来保持着20%的平均增长率。国际营销者应考虑到包装决策中的各种因素,使自己的产品包装具有国际竞争力。

1.市场因素

不同的国家和地区在政治、经济和文化方面存有巨大的差异,对包装的需求也就各不相同。企业应针对不同的市场主体及其消费者的水平和特点,进行相应的包装设计。如发展中国家消费者较注重包装的实用价值,而发达国家的顾客更讲究包装后的方便和美观。同时,国际营销者应考虑当地市场消费者的使用习惯和气候条件等因素,在包装上作出相应的调整。

2.销售商的要求

分销渠道在国际产品的分销和销售过程中是不可缺少的。然而,各国中间商对包装也有所要求。作为连接消费者和生产商的桥梁,中间商在便于宣传、陈列、展销,或便于装卸、储存及容易处理等方面对包装有不同的要求。

3.环保要求

随着各国经济的发展和文明程度的提高,环保越来越受到重视。"绿色营销"已成为当今国际市场营销的新趋势,其本质就是环境保护。由于包装工业对环境保护有很大的影响,所以,"绿色包装"已在国际市场营销实践中逐渐为各国所接受和重视。国际营销者必须充分重视这一趋势。

(四)国际产品包装策略

国际化经营企业可以在包装设计上采取多种策略,以充分发挥包装的作用。

1.统一包装策略

企业生产的各种产品,在包装上采用相同或类似的图案、色彩或造型等特征,使顾客容易识别同一家企业的产品。统一包装策略的优势在于节省包装设计成本,强化视觉感受和品牌记忆,加强企业声誉形象,同时还有利于新产品介绍,等等。但是,统一包装,可能使优质产品的销售受到质量水平较低产品的拖累。

2.配套包装策略

企业在进行国际营销时,根据市场消费者的购买习惯,把使用时相关联的多种商品,配套放入一个包装容器内一起出售,方便消费者购买和使用,同时,也可以带动相关产品的销售。如烟酒礼包、家用药箱、工具箱等,既便于使用,也扩大了销路。

3.再利用包装策略

这种策略指原包装的商品用完后,其包装容器还可作其他用途。如糖果、饼干的包装盒可以装入散装的糖果、饼干继续使用;咖啡包装瓶可用作条杯等。这种包装策略可以增加包装本身的价值,因而能在引起顾客的购买兴趣之外,还可继续发挥广告的作用。

4.附赠品包装策略

有些商品如儿童饼干、糖果等商品附赠小玩具、连环画;有的商品包装中附有积分赠券,积累若干分数可得到不同的赠品;而有些商品包装内则附有奖券,提供获奖机会,中奖后可得到奖品,借以刺激消费者的购买兴趣。这种包装策略目前在市场上比较流行,效果不错。

5.多样化包装策略

企业可以根据当地市场的不同情况对产品采取多样化包装的策略。有些产品可采用不同等级或不同容量的包装,以适应不同购买力和购买心理的消费者;有的时候,某种产品销路不畅,就改换包装设计,这样对促进销售可以起到与改进产品本身同样的效果。即使某一种成功的产品包装已采用较长时间,也应考虑重新包装,以达到进一步扩大销售的目的。

第七节　国际产品保证和服务策略

消费者购买产品的动机在于产品所能提供的功能而非产品本身，因而产品的品质保证与售后服务就成为消费者要考虑的重要因素，特别是对于价值较大的工业设备或耐用消费品，这更成为消费者购买的必要条件之一。随着国际竞争的日益激烈、产品日益同质化，提供优良的产品品质保证和服务已成为企业提高综合竞争力的一个关键因素。

一、品质保证

品质保证(quality guaranteed)是企业向消费者所提供的有关产品性能或特性方面的承诺，以保证顾客能够得到购买本企业产品所应达到的预期功用，如承诺在产品出现损坏或达不到规定要求时，可以保修或退换。有效的品质保证可以消除消费者的购买顾虑，利于销售，因而增加品质保证条款已成为企业提高自身竞争力的重要手段，而有的国家更是规定进入该国市场的外国商品必须提供品质保证。

(一)品质保证的内容

国际营销中品质保证会因产品、目标市场国环境等差异而有所不同，但一般包括以下内容：①产品功用、使用期限；②产品出现问题时进行维修的方法和地点；②对产品及其组成部分的保证期限；④明确产品的使用条件与使用方法等。

(二)品质保证策略

实行品质保证一般有以下几种方式：

1. 标准化策略

标准化策略即对不同市场提供统一的品质保证，这样可以带来规模经济效益。在下面几种情况中通常采用这一策略。

(1)某种产品的营销以全球市场为目标市场时，必须提供相同的保证，特别是对于工业设备或耐用品更是如此。例如当用户是多国企业时，它不会容忍其子公司在不同市场上购买的同一商品拥有不同的保证。

(2)当产品本身具有移动性时，即产品在某一国市场被购买却在另一国使用时，保证产品品质的一致性就变得极为重要。

(3)产品本身的某些特性要求品质保证要一致。有些产品在使用安全性方面是一种非常重要的因素，出了差错可能会危害人的人身安全，因而要求这类产品必须实行统一的品质保证，如药品。

(4)对于生产全球化的某种产品也必须实行统一的品质保证。如日本索尼的单放机、电视机在世界许多国家都有生产，为维护统一的企业形象，应提供统一的品质保证。

2. 品质保证当地化策略

品质保证当地化策略即根据不同市场的具体情况提供不同的产品品质保证条款，一般适用于以下几种情况：

(1)当某些制造商实行生产全球化、营销全球化策略时，由于各地工厂的管理水平差

别较大，若提供统一的品质保证将耗资巨大且困难重重，可以采用品质保证当地化策略。

(2)当世界各国对某种产品的质量标准不统一时，难以提供统一的品质保证，可采用品质保证当地化策略。

(3)当世界各国的产品使用环境和使用条件不同时，如有的国家气候极热、极潮湿，而有的国家则很冷、很干燥，若实行统一的品质保证是不适宜的。

(4)当企业自身实力有限，无法提供统一的品质保证时，不应随意承诺，而应根据自身条件，实行品质保证的当地化。

二、出口产品的售后服务

售后服务(post-sale service)是指企业通过提供送货、安装、调试、更换零配件、人员培训等方式，以保证产品功能的正常发挥。由于空间的距离感和对国外企业的了解难度较大，许多消费者对于购买国外产品心存疑虑，唯恐产品出了问题时得不到援助及像本国产品那样的就近服务，这几乎成了消费者购买国外产品的最大障碍，因而增强企业售后服务已成为继产品品质竞争之后的二次竞争。

国际营销中的售后服务一般包括以下几个方面：

(一)创建服务网络

为国际消费者提供完善的售后服务网络是企业售后服务策略的重要环节，事关消费者能否得到及时、可靠的售后服务。企业根据自身条件、产品的复杂程度、中间商的服务能力、各种方式的费用大小选择采用以下几种方式：

(1)在国外设立自己的维修服务网。当企业产品在国外用户较多、销售量较大时，有实力的企业应在当地开设服务网点，提供直接的售后服务。

(2)定期上门维修。对数量较少、贵重的大型产品或高技术产品，成套设备，精密仪器等产品用户，可以采取定期上门进行维护保养或到使用现场提供及时、优质服务等具有预防性维护保养的服务形式。

(3)委托国外中间商向顾客提供售后服务。大部分公司在国外市场借助中间商的力量为顾客提供售后服务，为此在选择中间商时要充分考虑其售后服务能力，同时在产品设计时考虑使日后的维修更容易，使购买者容易进行一般的日常保养和维护，以解决一些中间商售后服务技术能力不足、减少购买者操作不当造成的频频损坏等问题。

(4)与国外中间商共同提供售后服务。

(二)培训国外维修服务人员

国际营销中的售后服务大都依靠当地的维修人员来完成，因而维修服务人员的培训工作就变得非常重要了。通常企业可以采用三种方式：①企业建立培训中心，将需要培训的维修人员送到培训中心进行培训，这种培训往往定期、有计划地进行；②将需要培训的维修人员接到本企业接受培训；②企业派出人员到世界各地进行流动培训，就地培训当地的维修人员。

(三)提供维修所需的零配件

良好、及时的售后服务需要充足的零配件供应。由于产品种类、型号较多，一件产品可能有很多零配件，有的零配件价格昂贵，造成零配件的储存困难。企业只有根据过去的经验，科学测定产品各个零配件的失效率，在考虑零配件的存货成本及零配件运送到维修点或用户的时间的基础上，配备合适的零配件清单和数量。

复习思考

1. 如何理解国际市场营销中产品的概念？

2. 国际市场产品为什么要注重标准化和差异化？

3. 如何对国际市场产品进行适应性调整？

4. 什么是产品生命周期和国际产品生命周期？在产品生命周期和国际产品生命周期的各阶段，营销决策有什么特点？

5. 企业开发新产品有什么意义？

6. 新产品开发要经过哪几个过程？

7. 企业如何进行品牌和包装决策？

8. 国际市场产品应如何进行保证和售后服务决策？

案例分析

耐克运动鞋

一个名叫奈特的年轻人，曾在美国一家著名的公司里供职。他在对社会发展趋势作了分析后认为，体育运动将会越来越受到人类的喜爱，体育用品必定风靡世界，从事这方面的生产经营肯定大有作为。于是奈特辞去了在公司的职务，和他的体育老师鲍尔曼一道，推销日本的“虎牌”运动鞋，开始了其体育用品的经销生涯。他们筹集了1000美元资金，举办了一个名叫“蓝色飘带”的运动会，将他们购买的日本“虎牌”运动鞋指定为运动会主要用鞋，然后向各学校推销。在推销中他们进行了市场调查，广泛收集消费者对“虎牌”运动鞋的各种意见和改进要求。在几年的推销工作中，他们全面了解了“虎牌”运动鞋的优点和缺点，经过反复研究设计，终于试制出了独具特色、优点更多的新型运动鞋。他们把这种运动鞋用希腊神话中的胜利女神的名字“耐克”(Nike)加以命名。其寓意为，运动员穿上“耐克”运动鞋，就得到胜利女神的保佑，无往而不胜。

1972年，德国慕尼黑奥运会前夕，正当日本“虎牌”如日中天的时候，“耐克”运动鞋以其无法比拟的优点向“虎牌”运动鞋发起了强有力的挑战，并一举击败“虎牌”，成为这届奥运会备受运动员欢迎的运动鞋。

20多年来，“耐克”鞋一直受到消费者的欢迎，其最主要的原因是作为公司的总经理，奈特对于新产品的研制从来都是不惜巨资。他本人还经常参与鞋子的设计。他有一个习惯，公司一旦出现设计上有问题的鞋，他就将其穿在自己的脚上，体验难受的滋味。他说这是“自作自受”。

今天，耐克公司不仅拥有深受全世界许多体育爱好者欢迎的“耐克”鞋，而且还拥有以“耐克”命名的系列体育用品，经营项目不断扩大。继战胜了日本的“虎牌”运动鞋之后，“耐克”公司接着又在许多市场上击败了著名的德国阿迪达斯(Adidas)运动鞋，从而誉满全球。

资料来源：中华学习网战略管理案例.

问题与讨论：

1. 请你谈谈争创世界名牌对企业的重要性。

2. “耐克”运动鞋成功的原因何在？

第八章　国际市场定价策略

学习目标

1. 明确国际市场的定价目标，了解影响国际市场定价的因素；
2. 掌握国际市场的定价方法和定价策略；
3. 熟悉国际营销价格发展趋势和定价取向。

案例导入

沃尔玛的价格策略

世界零售业巨头沃尔玛(Wal-Mart)的创始人山姆·沃顿(Sam Walton)说，“我们重视每一分钱的价值，因为我们服务的宗旨之一就是帮助每一名进店购物的顾客省钱。”沃尔玛通过降低商品价格推动销售，进而获得比高价销售更高的利润。

沃尔玛不仅在美国本土，而且在世界范围的每一家连锁店都坚持奉行“天天平价”(Always Low Prices)的价格哲学，实行薄利多销。所谓“天天平价”，就是指零售商总是使其商品价格低于其他零售商。在这种价格策略的指导下，同品质、品牌的商品都比其他零售商低。沃尔玛的平价和一般的削价让利有着本质的区别。“天天平价”是折扣销售额的基础，是把减价作为一种长期的营销战略手段。减价不再是一种短期促销行为，而是作为整个企业市场定价策略的核心，是企业存在的根本，是企业发展的依托。在所有折扣连锁店中，沃尔玛是将这一战略贯彻得最为彻底的一家公司。它想尽一切办法来降低成本，力求使其商品比其他商店的商品更便宜。为此，一方面沃尔玛的业务人员“苛刻地挑选供应商，顽强地讨价还价”，以尽可能低的价位从厂家采购商品；另一方面，他们实行高度节约化经营，并处处精打细算，降低成本和各项费用支出。这一指导思想使得沃尔玛成为本行业中的成本控制专家，真正做到天天平价。

资料来源：沃尔玛营销战略之价格策略，http://www.795.com.cn.

价格是市场营销组合的一个重要因素。产品价格的高低，直接决定着企业的收益水平，也影响到产品在国际市场上的竞争力。国内定价原本就很复杂，当产品销往国际市场时，运费、关税、汇率波动、政治形势等因素更增加了国际定价的难度。所以，企业必须花大力气研究确定国际营销中的定价策略。

第一节 国际市场定价的影响因素

一、定价目标

面对不同的国外市场,企业的定价目标不可能完全一样。有些企业将国内市场作为主导市场,而将国外市场看作国内市场的延伸和补充,因此针对国外市场往往会采用比较保守的定价策略。另外,一些企业将国际市场看得和国内市场一样重要,甚至把国内市场当作国际市场的一部分,这类企业采取的定价策略往往是进取型的。企业针对各个国外市场设定的不同目标,对定价策略也有很大影响。在迅速发展的国外市场上,企业可能更注重市场占有率的增长而暂时降低对利润的要求,采取低价渗透策略。而在低速发展的国外市场上,企业可能更多地考虑投资的回收,而采用高价撇脂策略。与当地厂商合资的企业,在定价上除了考虑自己本身的目标外,还必须考虑合作伙伴的要求。

企业的定价目标主要有以下几种:

(1)维持生存:企业生产能力过剩,在国际市场面临激烈竞争导致出口受阻时,为了确保工厂继续开工和使存货出手,企业必须制定较低的价格,以求扩大销量。此时,企业需要把维护生存作为主要目标。

(2)当期利润最大化:企业出于对目标市场的国家政治形势和经济形势复杂多变等原因的考虑,希望以最快的速度收回初期开拓市场的投入并获取最大的利润,往往会在已知产品成本的基础上,为产品确定一个最高价格,以求在最短时间内获取最大利润。采用这种定价策略,会使企业面临两种风险:第一,当前利润最大化,有可能会损害企业的长远利益。第二,对产品的需求弹性的测定和对产品生产、销售总成本的预计往往会有偏差,由此定出的价格可能不太准确,企业可能会因定价过高而达不到预期销售量,或者定价低于可达到的最高售价而蒙受损失。

(3)市场占有率最大化:采用这种策略需具备如下条件:①目标市场的需求弹性较大,偏低定价能刺激市场需求。②随着生产、销售规模的扩大,产品成本有明显的下降。③低价能吓退现有的和潜在的竞争者。

(4)产品质量最优化:由于获得质量领先地位的产品,往往比处于第二位的产品售价高出很多,以弥补质量领先所伴随的高额生产成本和研发费用。因此,采用这种策略,企业需要在生产和市场营销过程中始终贯彻产品质量最优化的指导思想,并辅以相应的优质服务。

此外,有些企业还考虑其产品或公司在国际市场上的形象,并以此作为定价目标。

二、成本因素

成本核算在定价中十分重要。产品销往的地域不同,其成本组成也就不同。出口产品与内销产品即使都在国内生产,其成本也不会完全一样。如果出口产品为了适应国外的度量衡制度、电力系统等其他方面而做出了改动,产品成本就可能增加。反之,如果出口产品被简化或者去掉了某些功能，生产成本就可能会降低。

国际营销与国内营销某些相同的成本项目对于两者的重要性可能差异很大。例如运费、保险费、包装费等在国际营销成本中占有较大比重。而另外一些成本项目则是国际营销所特有的，例如关税、报关、文件处理等。现在我们将对国际营销具有特殊意义的成本项目分别进行说明。

(一)关税

关税是当货物从一国进入另一国时所缴纳的费用，它是一种特殊形式的税收。关税是国际贸易最普遍的特点之一，它对进出口货物的价格有直接的影响。征收关税可以增加政府的财政收入，还可以保护本国市场。关税额一般是用关税率来表示，可以按从量、从价或混合方式征收。事实上，产品缴纳的进口签证费、配额管理费等其他管理费用也是一个很大的数额，成为实际上的另一种关税。此外，各国还可能征收交易税、增值税和零售税等，这些税收也会影响产品的最终售价。不过，这些税收一般并不仅仅是针对进口产品。

(二)中间商与运输成本

各个国家的市场分销体系与结构存在着很大的差别。在有些国家，企业可以利用比较直接的渠道把产品供应给目标市场，中间商负担的储运、促销等营销职能的成本也比较低。而在另外一些国家，由于缺乏有效的分销系统，中间商进行货物分销必须负担较高的成本。

出口产品价格还包括运输费用。据了解，全部运输成本约占出口产品价格的15%左右。可见，运输费用是构成出口价格的重要因素。

(三)风险成本

在国际营销实践中，风险成本主要包括融资、通货膨胀及汇率风险。由于货款收付等手续需要比较长的时间，因而增加了融资、通货膨胀以及汇率波动等方面的风险。此外，为了减少买卖双方的风险及交易障碍，经常需要有银行信用的介入，这也会增加费用负担。这些因素在国际营销定价中均应予以考虑。

三、市场因素

(一)市场需求

产品的最低价格取决于该产品的成本费用，而最高价格则取决于产品的市场需求状况。各国的文化背景、自然环境、经济条件等因素存在着差异性。这些差异性决定了各国消费者的消费偏好不尽相同。对某一产品感兴趣的消费者的数量和他们的收入水平，对确定产品的最终价格有重要意义。即使是低收入消费群体，对某产品的迫切需要也会导致这种产品能够卖出高价，但仅有需求是不够的，还需要有支付能力作后盾。所以，外国消费者的支付能力对企业出口产品定价有很大影响。要详细了解需求与支付能力，还需要深入研究该国国民的习俗及收入分布情况。

(二)市场竞争结构

产品的最低价格取决于该产品的成本费用，最高价格取决于产品的市场需求状况。在上限和下限之间，企业能把这种产品价格定多高，则取决于竞争者提供的同种产品的价格水平。与国内市场不同，企业在不同的国外市场面对着不同的竞争形势和竞争对手，竞争者的定价策略也千差万别。因此，企业就不得不针对不同的竞争状况而制订相应的价格策略。竞争对企业定价自由造成了限制，企业不得不适应市场的价格。除非企业的产品独一

无二并且受专利保护，否则没有可能实行高价策略。

根据行业内企业数目、企业规模以及产品是否同质三个条件，国际市场竞争结构可以划分为下列三种情况：

(1)完全竞争，价格主要取决于市场供求状况。

(2)不完全竞争，企业可以根据不同产品的成本、质量、促销力量等因素来规定价格。同时，应特别注意替代品的价格竞争。

(3)寡头竞争，因为竞争者少，价格受主要竞争者行为的影响。如果存在价格协议、默契，就会出现垄断价格，致使企业只能采用跟随价格。

四、政府因素

东道国政府可以从很多方面影响企业的定价政策，比如关税、税收、汇率、利息、竞争政策以及行业发展规划等。一些国家为保护民族工业而订立的关税和其他限制政策使得进口商品成本增加很多。作为出口企业，不可避免地要遇到各国政府的有关价格规定的限制，比如政府对进口商品实行的最低限价和最高限价，都约束了企业的定价自由。

即使东道国政府的干预很小，企业仍面临着如何对付国际价格协定的问题。国际价格协定是同行业各企业之间为了避免恶性竞争，尤其是竞相削价而达成的价格协议。这种协议有时是在政府支持下，由同一行业中的企业共同达成的；有时则是由政府直接出面，通过国际会议达成的多国协议。企业必须注意目标市场的价格协议，同时关注各国的公平交易法(或反不正当竞争法)对价格协定的影响。

本国政府对出口产品实行价格补贴，可以降低出口产品价格，增强产品的国际竞争力。如美国政府对农产品实行价格补贴，可以提高其农产品的国际市场竞争力。我国出口产品退税制也是为增强出口产品的竞争力。

【案例讨论】

日本电气公司(NEC)的定价目标

成立于1899年7月的日本电气股份有限公司(NEC Corporation)是一家跨国信息技术公司，总部位于日本东京港区(Minato-Ku)。NEC为商业企业、通信服务以及政府提供信息技术(IT)和网络产品，同时也是日本最大的集成电路厂商。

日本电气公司(NEC)的领导在开辟美国市场时，曾告诫下属：在竭力占有市场期间，不允许有发财的奢望。日美企业近十年来在各个领域的竞争大多以日本企业的胜利而告终，尽管有许多其他的原因，但定价目标不同也是一个重要因素。

资料来源：孙金霞. 国际市场营销实务. 北京：中国财政经济出版社，2005.

讨论：日本电器公司开辟美国市场时，以什么为定价目标？

第二节　国际市场定价方法

国际市场营销定价方法主要有成本导向定价、需求导向定价以及竞争导向定价。

一、成本导向定价

成本导向定价是指以收回经营成本为基础，并确定一定的赢利率。其优点是可保证企业不亏本，计算方法简单方便。任何交易都是买卖双方力量对比的结果，国际贸易更是如此。而成本导向定价是建立在一厢情愿的基础上的，购买者能否接受国际企业制定的价格，需由多种因素决定。成本导向定价有以下几种做法：

（一）成本加成定价

国际企业的外销成本主要包括制造成本、管理成本、研究开发成本、间接成本、运输成本、包装成本、订单处理成本、仓储成本、分销成本、报关费、汇率风险等。以上仅列举了一些常见的外销成本。上述成本再加上期望的利润水平，即为产品的外销价格。所谓成本加成定价，也就是单位产品外销成本加上某一固定百分比作为销售利润来制定价格的一种方法。其计算公式为：

$$P=C\times(1+R)$$

式中：P 为单位产品售价；

C 为单位产品成本；

R 为企业拟定的利润率。

成本加成定价的一个致命弱点是忽略了市场需求和竞争状况。此外，这种定价方法还常常以扭曲的成本估计为基础。然而，至少有两个理由使得成本加成定价依然为人们所采用：一是盯住成本来定价，可使定价程序简化，无须跟随需求的波动而调整价格；二是当同行业各企业都采用成本加成定价时，市场价格有可能趋于一致，从而使竞争强度降至最低。成本因素固然重要，但是价格是否具有竞争性也是国际营销成败的关键之一。正是出于这样的考虑，出口企业才常常将外销价格压低，原因不外乎以下三种：①国外市场购买者的收入水平可能较低；②为了对付东道国竞争对手或其他外国厂商的竞争；③消化国内厂房多余的生产能力。

许多企业只着眼于全部生产成本的计算，却忽略了一个重要方面，那就是在生产能力范围内，开发海外市场并不会使固定成本增加，即在定价时必须区别固定成本和可变成本。因为成本增量仅为可变成本的增加，这为企业定价提供了更多灵活处理的可能。

（二）目标利润定价

即根据某一特定产量 Q 和总成本 C 的条件下的经济利润率 R 来定价。以这种方法确定的价格 P 为：

$$P=C/Q(1+R)$$

赢利价格的选择依赖于预测的时期。短期定价决策必须基于超出计划期发生的所有成本，这些决策也必须明确潜在竞争者和政府的反应。因为这些变数是复杂的，许多企业宁愿追求另外的目标，而不是标准的利润最大化目标。

（三）边际成本定价

这种定价方法以边际成本或差分成本为定价基础，凡定价稍高于边际成本，企业便可获取边际利益或贡献，以抵补固定成本，多余者则为赢利。

二、需求导向定价

需求导向定价是以市场对产品的需求强度作为定价的基础，在其他条件相同的情况

下，市场需求越强烈，定价越高。采用这种方法定价时，关键在于提高顾客对该产品的认知价值，力求使顾客对本企业产品的认知价值与所定价格的比值较竞争者为高。其做法主要有：

（一）以顾客需求为基础

同一产品在不同市场上卖不同价格，以使各市场为企业提供相同的边际贡献。

例如，某产品欲进入美国市场，经调查，美国市场该产品零售价格为每件 4000 美元，零售商利润率为 20%，进口商利润率为 25%。以顾客需求为基础，确定 CIF 价为（不计进口关税）：

$$P_{CIF}=P_S-R_S-R_1$$

$$\because R_1=P_{CIF}\times 25\%=0.25P_{CIF}$$

$$R_S=(P_{CIF}+R_1)\times 20\%=0.2P_{CIF}+0.05P_{CIF}$$

$$=0.25P_{CIF}$$

$$\therefore P_{CIF}=P_S-0.25P_{CIF}-0.25P_{CIF}$$

即：$1.5P_{CIF}=P_S$

而 $P_S=4000$

$$\therefore P_{CIF}=4000/1.5=2667\text{(美元)}$$

式中：P_{CIF}为 CIF 价；

R_S为零售商利润；

R_1为进口商利润；

P_S为零售价。

（二）以产品说明为基础

为满足顾客不同的心理需要，对产品特征、性能及用途等予以不同的描述，制定不同的价格。

（三）以地点效用为基础

同一产品在不同的地方其效用不尽相同，因而，可制定不同的价格水平。

（四）以时间效用为基础

许多产品的市场需求，随着时间的流逝而变化，因而，对于不同季节、不同日期销售的同种产品，可以分别制定不同的价格。

三、竞争导向定价

竞争导向定价以市场供求关系为基础，并充分注意竞争者的定价水平，按照行业的平均现行价格水平来定价。企业在下列情况下，可采取这种定价方法：①难以估算成本；②企业打算与同行和平共处；③如果另行定价，很难了解购买者和竞争者对本企业价格的反应。

在高度竞争的市场上，销售同类产品的各个行业在定价时实际上没有多少选择余地，只能按照行业的现行价格水平来定价，如果某个企业把价格定得高于时价，其产品就卖不出去；反之，如果把价格定得低于时价，其他企业也会削价竞销。

而在寡头垄断的条件下，企业也倾向于和竞争对手定价相同。因为在这种条件下，市场上只有少数几家大企业，它们彼此十分了解，购买者对市场行情了解，因此，如果各大企业的价格稍有差异，顾客就会涌向价格较低的企业。所以，按照现行价格水平，在寡头垄断企业的需求曲线上有一个"纽结"。某企业如果将其价格定得高于这个"纽结",需求曲线就往往有弹性,即需求会相应减少,因为其他企业不会随之提价;相反,某企业如果将其价格定得低于这个"纽结",需求曲线就往往缺乏弹性,即需求不会相应增加,因为其他企业可能也削价。总之,当需求有弹性时,寡头垄断企业不能通过提价而获利;当需求缺乏弹性时,寡头垄断企业也不能通过降价而获利。

【案例讨论】

卡特匹勒公司(CATERPILLAR)的定价方法

美国的卡特匹勒公司(CATERPILLAR)生产和销售牵引机,它的定价方法十分奇特,同类牵引机的价格均在2万美元左右,然而该公司却卖2.4万美元。虽然一台高4000美元,但却比竞争对手卖得更多。当一位潜在顾客询问卡特匹勒公司(CATERPILLAR)的经销商,为何要多付4000美元之时,这个经销商答道:

20000美元,是牵引机的价格,与竞争者同一型号的产品价格相等;

+3000美元,是它具有优良的耐用性;

+2000美元,是它可靠性更好,使用年限长;

+2000美元,是因为提供优良的服务;

+1000美元,是保修期更长,零配件提供长期担保;

28000美元,是它应收的总价格;

-4000美元,是企业提供的折扣;

24000美元,是牵引机的最终价格。

卡特匹勒公司的经销商使目瞪口呆的顾客知道,虽然他要多付4000美元,但实际上他却享受了4000美元的折扣,即花24000美元就能买到28000美元的牵引机一台。从长远来看,购买卡特匹勒公司的牵引机比一般牵引机的成本更低,更合算。

资料来源:孙金霞.国际市场营销实务.北京:中国财政经济出版社,2005.

讨论:卡特匹勒公司采取了什么定价方法?这种定价法的关键是什么?

第三节　国际市场定价策略

企业在进行国际市场营销时,不仅要选择好定价目标与定价方法,还必须制订一整套定价策略。定价策略是企业在国际市场上,为达到某种定价目标,在综合考虑市场行情、竞争程度、购买者心理动态和市场营销组合等其他要素的基础上,灵活选择、巧妙运用多种定价方法,制定最有利的营销价格所拟订的工作方针与行动方案。定价策略的关键,就是在一定的营销组合条件下,如何把产品价格定得既能为购买者所接受,又能为企业获得更多的收益。

一般来说,在国际市场营销中,可供企业选用的定价策略主要有新产品定价策略、心理定价策略、折扣定价策略、地理定价策略、转移定价策略及调价策略等,现分别对这些策略进行具体阐述。

一、新产品定价策略

新产品定价的难点在于无法确定消费者对于新产品的理解价值。如果价格定高了，难以被消费者接受，影响新产品顺利进入市场；如果定价低了，则会影响企业效益。常见的新产品定价策略有三种截然不同的形式：即撇脂定价、渗透定价和适中定价。

(一)撇脂定价(Market Skimming Pricing)

新产品上市之初，将新产品价格定得较高，在短期内获取厚利，尽快收回投资。这一定价策略就像从牛奶中撇取其中所含的奶油一样，取其精华，所以称为"撇脂定价"策略。

一般而言，对于全新产品、受专利保护的产品、需求的价格弹性小的产品、流行产品、未来市场形势难以测定的产品等，可以采用撇脂定价策略。例如，圆珠笔在1945年发明时，属于全新产品，成本0.5美元一支，可是发明者却利用广告宣传和求新求异心理，以20美元的价格销售，仍然引起了人们的争相购买。

利用高价产生的厚利，使企业能够在新产品上市之初，即能迅速收回投资，减少了投资风险，这是使用撇脂策略的根本好处。此外，撇脂定价还有以下几个优点：

(1)在全新产品或换代新产品上市之初，顾客对其尚无理性的认识，此时的购买动机多属于求新求奇。利用这一心理，企业通过制定较高的价格，以提高产品身份，创造高价、优质、名牌的印象。

(2)先制定较高的价格，在其新产品进入成熟期后可以拥有较大的调价余地，不仅可以通过逐步降价保持企业的竞争力，而且可以从现有的目标市场上吸引潜在需求者，甚至可以争取到低收入阶层和对价格比较敏感的顾客。

(3)在新产品开发之初，由于资金、技术、资源、人力等条件的限制，企业很难以现有的规模满足所有的需求，利用高价可以限制需求的过快增长，缓解产品供不应求状况，并且可以利用高价获取的高额利润进行投资，逐步扩大生产规模，使之与需求状况相适应。

当然，撇脂定价策略也存在着某些缺点：

(1)高价产品的需求规模毕竟有限，过高的价格不利于市场开拓、增加销量，也不利于占领和稳定市场，容易导致新产品开发失败。

(2)高价高利会导致竞争者的大量涌入，仿制品、替代品迅速出现，从而迫使价格急剧下降。此时若无其他有效策略相配合，则企业苦心营造的高价优质形象可能会受到损害，失去一部分消费者。

(3)价格远远高于价值，在某种程度上损害了消费者利益，容易招致公众的反对和消费者抵制，甚至会被当做暴利来加以取缔，诱发公共关系问题。

从根本上看，撇脂定价是一种追求短期利润最大化的定价策略，若处置不当，则会影响企业的长期发展。因此，在实践当中，特别是在消费者日益成熟、购买行为日趋理性的今天，采用这一定价策略必须谨慎。

(二)渗透定价(Market Penetration Pricing)

这是与撇脂定价相反的一种定价策略，即在新产品上市之初将价格定得较低，吸引大量的购买者，扩大市场占有率。

利用渗透定价的前提条件有：①新产品的需求价格弹性较大；②新产品存在着规模经济效益。日本精工(SEIKO)手表即是在具备这样两个条件的基础上，采用渗透定价策略，以低价在国际市场与瑞士手表角逐，最终夺取了瑞士手表的大部分市场份额。

采用渗透价格的企业无疑只能获取微利，这是渗透定价的薄弱处。但是，由低价产生的两个好处是：首先，低价可以使产品尽快为市场所接受，并借助大批量销售来降低成本，获得长期稳定的市场地位；其次，微利阻止了竞争者的进入，增强了自身的市场竞争力。

对于企业来说，撇脂策略和渗透策略何者为优，不能一概而论，需要综合考虑市场需求、竞争、供给、市场潜力、价格弹性、产品特性、企业发展战略等因素才能确定。在定价实务中，往往要突破许多理论上的限制，通过对选定的目标市场进行大量调研和科学分析来制定价格。

（三）适中定价（Moderate Pricing）

适中定价策略既不是利用价格来获取高额利润，也不是让价格制约占领市场。适中定价策略尽量降低价格在营销手段中的地位，重视其他在产品市场上更有力或有成本效率的手段。当不存在适合于撇脂定价或渗透定价的环境时，公司一般采取适中定价。例如，一个管理者可能无法采用撇脂定价法，因为产品被市场看做是极其普通的产品，没有哪一个细分市场愿意为此支付高价。同样，它也无法采用渗透定价法，因为产品刚刚进入市场，顾客在购买之前无法确定产品的质量，会认为低价代表低质量（价格—质量效应）；或者是因为，如果破坏已有的价格结构，竞争者会做出强烈的反应。当消费者对价值极其敏感，不能采取撇脂定价，同时竞争者对市场份额极其敏感，不能采用渗透定价的时候，一般采用适中定价策略。采用适中定价策略还有另外一个原因，就是为了保持产品定价策略的一致性。

虽然与撇脂定价或渗透定价法相比，适中定价法缺乏主动进攻性，但并不是说正确执行它就非常容易或一点也不重要。适中定价没有必要将价格定得与竞争者一样或者接近平均水平。从原则上讲，它甚至可以是市场上最高的或最低的价格。东芝（TOSHIBA）笔记本电脑具有高清晰度的显示器和可靠的性能，认知价值很高，所以虽然产品比同类产品昂贵，市场占有率仍然很高。与撇脂价格和渗透价格类似，适中价格也是参考产品的经济价值决定的。当大多数潜在的购买者认为产品的价格与价值相当时，纵然价格很高也属适中价格。

二、心理定价策略

心理定价策略，是针对顾客心理而采用的一类定价策略，主要应用于零售商业。可分为：尾数定价策略、整数定价策略、声望定价策略、习惯定价策略、招徕定价策略等。

每一件产品都能满足消费者某一方面的需求，其价值与消费者的心理感受有着很大的关系。这就为心理定价策略的运用提供了基础，使得企业在定价时可以利用消费者心理因素，有意识地将产品价格定得高些或低些，以满足消费者生理的和心理的、物质的和精神的多方面需求，通过消费者对企业产品的偏爱或忠诚，扩大市场销售，获得最大效益。

心理定价策略主要有以下几种形式：

（一）尾数定价策略

尾数定价，也称零头定价或缺额定价，即给产品定一个零头数结尾的非整数价格。大多数消费者在购买产品时，尤其是购买一般的日用消费品时，乐于接受尾数价格，如0.99元、9.98元等。消费者会认为这种价格经过精确计算，购买不会吃亏，从而产生信任感。同时，价格虽离整数仅相差几分或几角钱，但给人一种低一位数的感觉，符合消费者求廉的心理愿望。这种策略通常适用于基本生活用品。

(二)整数定价策略

整数定价与尾数定价正好相反,企业有意将产品价格定为整数,以显示产品具有一定质量。整数定价多用于价格较高的耐用品或礼品,以及消费者不太了解的产品,对于价格较贵的高档产品,顾客对质量较为重视,往往把价格高低作为衡量产品质量的标准之一,容易产生"一分价钱一分货"的感觉,从而有利于销售。

(三)声望定价策略

声望定价即针对消费者"便宜无好货、价高质必优"的心理,对在消费者心目中享有一定声望,具有较高信誉的产品制定高价。不少高级名牌产品和稀缺产品,如豪华轿车、高档手表、名牌时装、名人字画、珠宝古董等,在消费者心目中享有极高的声望价值。购买这些产品的人,往往不在乎产品价格,而最关心的是产品能否显示其身份和地位,价格越高,心理满足的程度也就越大。

(四)习惯定价策略

有些产品在长期的市场交换过程中已经形成了为消费者所适应的价格,成为习惯价格。企业对这类产品定价时要充分考虑消费者的习惯倾向,采用"习惯成自然"的定价策略。对于消费者已经习惯了的价格,不宜轻易变动。降低价格会使消费者怀疑产品质量是否有问题。提高价格会使消费者产生不满情绪,导致购买的转移。在不得不需要提价时,应采取改换包装或品牌等措施,减少抵触心理,并引导消费者逐步形成新的习惯价格。

(五)招徕定价策略

这是适应消费者"求廉"的心理,将产品价格定得低于一般市价,个别的甚至低于成本,以吸引顾客、扩大销售的一种定价策略。采用这种策略,虽然几种低价产品不赚钱,甚至亏本,但从总的经济效益看,由于低价产品带动了其他产品的销售,企业还是有利可图的。

三、折扣定价策略

折扣定价是指对基本价格做出一定的让步,直接或间接降低价格,以争取顾客,扩大销量。其中,直接折扣的形式有数量折扣、现金折扣、功能折扣、季节折扣;间接折扣的形式有回扣和津贴。

(一)数量折扣(Quantity Discount)

指按购买数量的多少,分别给予不同的折扣,购买数量愈多,折扣愈大。其目的是鼓励大量购买,或集中向本企业购买。数量折扣包括累计数量折扣和一次性数量折扣两种形式。累计数量折扣规定顾客在一定时间内,购买商品若达到一定数量或金额,则按其总量给予一定折扣,其目的是鼓励顾客经常向本企业购买,成为可信赖的长期客户。一次性数量折扣规定一次购买某种产品达到一定数量或购买多种产品达到一定金额,则给予折扣优惠,其目的是鼓励顾客大批量购买,促进产品多销、快销。

数量折扣的促销作用非常明显,企业因单位产品利润减少而产生的损失完全可以从销量的增加中得到补偿。此外,销售速度的加快,使企业资金周转次数增加、流通费用下降、产品成本降低,从而导致企业总赢利水平上升。

运用数量折扣策略的难点是如何确定合适的折扣标准和折扣比例。如果享受折扣的数量标准定得太高,比例太低,则只有很少的顾客才能获得优待,绝大多数顾客将感到失望;购买数量标准过低,比例不合理,又起不到鼓励顾客购买和促进企业销售的作用。因此,企业应结合产品特点、销售目标、成本水平、企业资金利润率、需求规模、购买频率、竞争者手段以及传统的商业惯例等因素来制定科学的折扣标准和比例。

(二)现金折扣(Cash Discount)

现金折扣是对在规定的时间内提前付款或用现金付款者所给予的一种价格折扣,其目的是鼓励顾客尽早付款,加速资金周转,降低销售费用,减少财务风险。采用现金折扣一般要考虑三个因素:折扣比例,给予折扣的时间限制,付清全部货款的期限。在西方国家,典型的付款期限折扣表示为“3/20,Net 60”。其含义是在成交后20天内付款,买者可以得到3%的折扣;超过20天,在60天内付款不予折扣;超过60天付款要加付利息。

由于现金折扣的前提是商品的销售方式为赊销或分期付款,因此,有些企业采用附加风险费用、管理费用的方式,以避免可能发生的经营风险。同时,为了扩大销售,分期付款条件下买者支付的货款总额不宜高于现款交易价太多,否则就起不到“折扣”促销的效果。

提供现金折扣等于降低价格,所以,企业在运用这种手段时要考虑商品是否有足够的需求弹性,保证通过需求量的增加使企业获得足够利润。此外,由于我国的许多企业和消费者对现金折扣还不熟悉,运用这种手段的企业必须结合宣传手段,使买者更清楚自己将得到的好处。

(三)功能折扣(Functional Discount)

中间商在产品分销过程中所处的环节不同,其所承担的功能、责任和风险也不同,企业据此给予不同的折扣称为功能折扣。对生产性用户的价格折扣也属于一种功能折扣。功能折扣的比例,主要考虑中间商在分销渠道中的地位、对生产企业产品销售的重要性、购买批量、完成的促销功能、承担的风险、服务水平、履行的商业责任,以及产品在分销中所经历的层次和在市场上的最终售价等等。功能折扣的结果是形成购销差价和批零差价。

鼓励中间商大批量订货、扩大销售、争取顾客,并与生产企业建立长期、稳定、良好的合作关系是实行功能折扣的一个主要目标。功能折扣的另一个目的是对中间商经营的有关产品的成本和费用进行补偿,并让中间商有一定的赢利。

(四)季节折扣(Seasonal Discount)

有些商品的生产是连续的,而其消费却具有明显的季节性。为了调节供需矛盾,这些商品的生产企业便采用季节折扣的方式,对在淡季购买商品的顾客给予一定的优惠,使企业的生产和销售在一年四季能保持相对稳定。例如,啤酒生产厂家对在冬季进货的商业单位给予大幅度让利,羽绒服生产企业则为夏季购买其产品的客户提供折扣。

季节折扣比例的确定,应考虑成本、储存费用、基价和资金利息等因素。季节折扣有利于减轻库存、加速商品流通、迅速收回资金、促进企业均衡生产、充分发挥生产和销售潜力、避免因季节需求变化所带来的市场风险。

(五)回扣和津贴(Sales Rebate and Allowance)

回扣是间接折扣的一种形式,它是指购买者在按价格目录将货款全部付给销售者以后,销售者再按一定比例将货款的一部分返还给购买者。津贴是企业为特殊目的,对特殊顾客以特定形式所给予的价格补贴或其他补贴。比如,当中间商为企业产品提供了包括刊登地方性广告、设置样品陈列窗等在内的各种促销活动时,生产企业给予中间商一定数额的资助或补贴。又如,对于进入成熟期的消费者,开展以旧换新业务,将旧货折算成一定的价格，在新产品的价格中扣除，顾客只支付余额，以刺激消费需求，促进产品的更新换代，扩大新一代产品的销售。这也是一种津贴的形式。

四、地理定价策略

地理定价策略是一种根据商品销售地理位置不同而规定差别价格的策略。企业在国际市场上销售产品，由于各国地理分布的差异而带来了成本费用的差异，因而，企业需要对销售于不同地区的产品制定出差异价格。地理定价策略的形式主要有：

(一)产地交货价格(FOB)

产地交货价格是卖方按出厂价格交货或将货物送到买方指定的某种运输工具上交货的价格。在国际贸易术语(International Trade Terms)中，这种价格称为离岸价格或船上交货价格(FOB)。交货后的产品所有权归买方所有，运输过程中的一切费用和保险费均由买方承担。产地交货价格对卖方来说较为便利，费用最省、风险最小，但对扩大销售有一定影响。

(二)目的地交货价格(CIF)

目的地交货价格，是由卖方承担从产地到目的地的运费及保险费的价格。在国际贸易术语中，这种价格称为到岸价格或成本加运费和保险费价格(CIF)。还可分为目的地船上交货价格、目的地码头交货价格以及买方指定地点交货价格。目的地交货价格由出厂价格加上产地至目的地的手续费、运费和保险费等构成，虽然手续较繁琐，卖方承担的费用和风险较大，但有利于扩大产品销售。

(三)统一交货价格(Uniform Delivered Pricing)

统一交货价格，也称送货制价格，即卖方将产品送到买方所在地，不分路途远近，统一制定同样的价格。这种价格类似于到岸价格，其运费按平均运输成本核算，这样，可减轻较远地区顾客的价格负担，使买方认为运送产品是一项免费的附加服务，从而乐意购买，有利于扩大市场占有率。同时，能使企业维持一个全国性的广告价格，易于管理。该策略适用于体积小、重量轻、运费低或运费占成本比例较小的产品。

(四)分区运送价格(Zone Pricing)

分区运送价格，也称区域价格，指卖方根据顾客所在地区距离的远近，将产品覆盖的整个市场分成若干个区域，在每个区域内实行统一价格。这种价格介于产地交货价格和统一交货价格之间。实行这种办法，处于同一价格区域内的顾客，就得不到来自卖方的价格优惠；而处于两个价格区域交界地的顾客之间就得承受不同的价格负担。

(五)运费津贴价格(Freight Allowance Pricing)

运费津贴价格，是指为弥补产地交货价格策略的不足，减轻买方的运杂费、保险费等负担，由卖方补贴其部分或全部运费。该策略有利于减轻边远地区顾客的运费负担，使企业保持市场占有率，并不断开拓新市场。

五、转移定价策略

转移定价是指跨国公司内部，在母公司与子公司、子公司与子公司之间销代产品，提供商务、转让技术和资金借贷等活动所确定的企业集团内部价格。这种价格不由交易双方按市场供求关系变化和独立竞争原则确定，而是根据跨国公司或集团公司的战略目标和整体利益最大化的原则由总公司上层决策者人为确定。

(一)我国外商投资企业转移定价的动机

(1)利用转移定价,逃避我国税收管辖,最大限度地获取利润。跨国公司在国际激烈的竞争环境中,为了获取最大限度的利润,满足其专业分工和协作的要求,通常从世界市场的大范围出发,规划其生产和销售,使之更有效地组织经济要素的投入,往往利用转移定价这种手段。

(2)利用转移定价,实现跨国公司内部管理的需要。我国境内的外商投资企业,其领导层机构大都设在境外,为了实现跨国公司内部经营管理的需要,不惜牺牲中方合资者的利益。

(3)利用转移定价,规避各类风险。跨国投资时时刻刻都面临着各类政治或经济风险,如战争、政局动荡、政府征用、没收、外汇管制、通货膨胀、银根紧缩等。

(二)转移定价的具体手段

(1)通过关联企业之间的购销业务转移定价。

(2)通过关联企业之间的劳务提供转移定价。外资企业与境外的关联企业之间发生的劳务服务业务多种多样,转移定价很容易实现。

(3)通过关联企业之间的资金往来转移定价。主要是通过外资企业与境外关联企业之间的资金融通业务。

(4)通过关联企业设备的提供转移定价。

(三)转移定价对我国经济的负面影响

(1)转移定价背离了我国税收激励政策,对引进外资造成了负面影响。外商为了使自身利益的最大化,将利润转移到境外,造成了资本外流,影响再投资的效率,导致短期投资行为增加;外资企业的账面亏损,给其他潜在的外国投资者造成投资环境不良的印象,打击了这些投资者进入中国市场投资的决心,从而与我国采用税收激励政策吸引投资的意图相违背。

(2)转移定价侵害了我国的税收管辖权,导致政府财政收入减少的同时,给外商投资企业的中方造成了巨大的损失。跨国公司每年避税给我国造成的损失在300亿元以上,合资企业的中方更因企业亏损而不堪重负,其利益受到了严重的侵害。

(3)转移定价扰乱了我国正常的经济秩序,破坏了公平竞争的经济环境,毕竟不是全部的外资企业都从事转移定价,它显然不利于那些诚实纳税企业在市场经济条件下的公平竞争。

“九五”期间我国加快了反避税工作的基础建设,于1998年5月颁布了《关联企业间业务往来税务管理规程》,但效果与西方国家(如美、日)比较完善的转移定价对策税制相差甚远。因此,为体现WTO“自由、公平、公正”的竞争精神,在保障企业获得应有的基本权利的同时,首先必须完善我国外商投资企业的税收法律,针对逆向避税这一特殊问题,制定对策税制,严格区分合法避税与逃税,将利用转移定价转移利润出境界定为逃税,对此行为给予严厉的制裁。其次,设立外商投资企业时,应注意在各个方面保护中方投资者的利益。中外合资或合作合同要从保护投资双方的利益出发,不能因吸引外资而放弃中方应得的利益。在外资企业的经营管理上,中方应引进高素质的管理人才,充分了解市场信息,以掌握经营管理和利益分配的主动权。最后,改善我国的投资环境,在运用财政激励政策吸引外资的同时，不断提高我国法制化程度。大力发展基础设施建设，逐步用良好的投资环境代替税收利益的牺牲；加强对外资企业的管理和稽查，使用先进的税收征管手段，维护我国的经济权益。

六、调价策略

（一）产品的提价策略

由于国际市场供求关系及竞争状况的变化，产品价格在不断地变动，或者是价格提高，或者是价格下降。企业提高产品价格，有可能引起消费者和国外中间商的不满，甚至本公司的销售人员也会表示异议。但是，一个成功的提价策略可以使企业的利润大大增加。产品价格提高，除了追求更高利润外，还有一些其他导致企业不断提高产品价格的因素。

1. 通货膨胀

世界范围内持续的通货膨胀，使得企业的成本费用不断提高。与生产率增长不相称的成本增长速度，压低了出口企业的创汇幅度，使得许多企业不得不定期提高产品价格。需要注意的是，企业提高产品价格后，应该使用各种沟通渠道，向客户说明提价原因并听取反应。企业的外销人员应该帮助客户解决因提价而带来的各种问题。

2. 供不应求

企业的产品供不应求，不能满足所有顾客的需要。在这种情况下，企业也必须提价，或者对客户限额供应，或者两种措施共同采用。

3. 市场竞争

在国际市场营销实践中，企业会出于对竞争者价格或产品的考虑而提价。当同行业主导企业提价时，为了避免与其抵触所造成的损失，必须考虑随之提价。当企业产品在与竞争产品的抗衡过程中，已在顾客心理上确立了某种差别优势时，企业可以考虑利用自己的独特优势提价。但此时，提价幅度必须是顾客能够承受，且能够维系顾客忠诚的。提价幅度过大，差别优势就可能丧失，顾客将依据价格另选品牌，转向竞争产品。

（二）产品的降价策略

在经济全球化的推动下，市场竞争已经从国内竞争扩展到国际竞争，企业由于诸多因素的交织作用，有时不仅会提高产品价格，也会降低产品价格。如下情况可能会导致企业降低价格：

1. 供过于求

当国际市场产品供过于求时，企业为了追加出口额，可能会千方百计地改进产品，增加促销手段或者采用其他措施。这些均不能奏效时，就要考虑降低售价。

2. 竞争加剧

当国际市场上出现了强有力的竞争者时，往往会导致企业市场占有率的下降。例如，美国的汽车、消费类电子产品、照相机、钟表等行业，由于日本竞争者的产品质量高、价格较低的竞争优势，使美国产品已经丧失了一些市场份额。在这种情况下，美国一些公司不得不降低价格竞销。

3. 成本优势

当企业进入国际市场的成本费用比竞争者低时，一般会考虑通过降低价格来扩大市场或提高市场占有率，从而扩大生产和销售量及排挤竞争者。

总之，企业在采取降价策略之前一定要考虑降价对整个产品线的影响以及对企业利润的影响。由于价格高低常常被视为产品质量的象征，当产品降价时，顾客可能以为产品质量出了问题，且怀疑原先是否受骗了，从而影响到产品线其他产品的销售。而且，降价势必会减少企业的收益，因此，必须权衡利弊，慎重选择此策略。

（三）购买者对调价的反应

企业在国际市场无论是提高价格还是降低价格，都必然会影响到国外消费者的购买，进而影响到企业产品的销量。

一般来说，产品降价时，用户的购买量会增加，但也可能由于其他因素影响顾客的购买量。例如：①认为降价产品的式样过时，将被新型产品代替。②认为这种产品有某些缺点，销售不畅才降价。③认为企业财务困难，难以继续经营下去才会降价销售。④认为价格还要进一步下跌。⑤认为降价产品的质量下降了。

企业提高产品价格通常会使销售量减少，但是购买者也可能因提价而购买，其原因是：①提高价格，表明该产品很畅销，不赶快买就买不到了。②认为提价表明这种产品很有价值。

一般来说，购买者对于不同价值的产品价格变动的反应有所不同。购买者对于价值高、又是必需品的产品的价格变动比较敏感。对价低、不经常购买的小商品的价格变动不大注意。购买者对产品的价格变动，虽产生直接的反应，但他们通常更关心取得、使用和维护产品的总费用。因此，如果企业能使顾客相信某种产品购买、使用和维护的总费用较低就会积极购买，企业就可能把这种产品的价格定得比竞争者高，并取得较多的利润。

（四）企业对竞争者变价的反应

企业改变价格策略时，不仅要考虑到购买者的反应，还必须考虑竞争对手的反应。当某一企业中企业数目很少，产品差别不大，购买者颇具辨别力与知识时，竞争者的反应就显得更为重要。

事实上，企业可以通过竞争者的内部资料来估计竞争者可能出现的反应。内部资料来源于竞争者以前的雇员、顾客、金融机构、供应商、代理商或者其他渠道。企业要调查研究竞争对手目前的财务状况，销售和生产能力，顾客忠诚度以及企业目标等。如果竞争者的目标是提高市场占有率，他就可能随着本企业产品价格的变动而调整价格。如果竞争者的目标是取得最大利润，他可能会采取其他对策，如增加广告预算，加强促销或者提高产品质量等。总之，企业在变动价格时，必须善于利用企业内部和外部的信息来源，判断竞争对手的反应，以便采取适当的对策。

针对竞争者做出的价格反应，企业可以采取如下的应变措施：①维持原价。如果企业对产品一再降价，会造成较大的利润损失时，便可采用这一措施。②提高感受价值。企业可以通过改进质量、加强和用户之间的联系等手段，提高用户对产品的感受价值。③降价。当企业发现市场需求弹性很大，夺回失去市场的代价远远高于降价所造成的损失时，企业可以采取降低价格的策略，以求扩大销售量。④提高产品质量和价格。企业为了在竞争中采取主动进攻的策略，推出高质高价产品到国际市场销售，同时加强广告宣传，从两个方面来夹击竞争者。

【案例讨论】

新产品定价策略案例——苹果公司的撇脂定价和渗透定价

价格是一把"双刃剑"，一方面对着消费者和市场份额，另一方面对着竞争对手和企业利润。在新产品定价时，如何能巧妙地运用定价法，又应该如何及时调整以保持定价方式科学有效呢？

iPod的撇脂定价策略

苹果公司(Apple)的iPod是近10年来最成功的消费类数码产品之一。2001年10月23日苹果公司推出的第一款iPod(容量5GB)零售价高达399美元，即使对于美国人来说，也属于高价位产品。但是有很多"苹果迷"既有钱又愿意花钱，所以纷纷购买。之后，苹果公司认为依然可以"撇到更多的脂"。于是不到半年于2002年3月20日又推出了一款增添了新功能的、容量更大(10GB)的iPod，定价499美元，销售业绩依然很好。苹果的撇脂定价策略大获成功。

但是，企业必须明白，撇脂定价法即使取得了成功，也很快会由于竞争加剧而变得不合时宜，企业需要做的是：敏感地认识到市场的变化，主动从撇脂定价的高台阶上走下来，否则，一旦竞争对手在产品接近的情况下，采取渗透性定价，企业就会付出巨大代价。

定价策略及时调整

苹果的iPod在最初采取撇脂定价法取得成功后，就根据外部环境的变化，而主动改变了定价方法。2005年1月11日，苹果推出了iPod shuffle，这是一款大众化产品，价格降低至99美元一台。之所以在这个时候推出大众化产品，是因为一方面市场容量已经很大，占据低端市场也能获得大量利润；另一方面，竞争对手也推出了类似产品，苹果急需推出低价格产品来与之抗衡。但是，原来的高价格产品并没有退出市场，而是略微降价而已，苹果公司只是在产品线的结构上形成了"高低搭配"的良好结构，改变了原来只有高端产品的格局。苹果iPod系列产品在几年中的价格变化是撇脂定价和渗透式定价交互运用的典范。

从苹果公司的新产品定价策略中可以了解到，企业之间的竞争不仅是产品的竞争，也是定价策略的竞争。企业一方面要善于利用撇脂定价法、在新产品上市后的一段时期内尽量攫取丰厚利润；另一方面又要及时调整定价法，以适应竞争对手的步步紧逼，因为在市场竞争加剧的过程中，采用撇脂定价法的风险也随之增大，以高性价比迅速获得消费者的认可逐渐成为定价的主流。此外，调整撇脂定价的方法，不是简单地把价格降下来，而是要与推出的新产品相结合，通过丰富产品结构，以及推出更高性价比产品的方式积极调整撇脂定价法。或者把产品和服务打包，在整体上降低客户的购买成本，而不是直接诉诸低价，以保护自己的赢利能力。

另外需要强调的是，在快速消费品和电子消费品行业，由于产品生命周期短，采取撇脂定价法的现象比耐用品行业要少得多，即使采取，撇脂时间也非常短，很快就改变为渗透性定价，所以对企业推出新产品的速度就提出了很高要求。如果推出新产品速度快于竞争对手，就可以享受到一段难得的、短暂的撇脂时间，可以大幅获利，改善企业整体的赢利能力；如果推出新产品速度慢，每次推出时，都只能随行就市，产品缺乏差别化优势，企业的赢利情况就可能恶化，从而给企业的运营造成困难。

资料来源：新产品定价策略案例 http://www.795.com.cn. 案例中的数据参考《卖苹果的学问：科技营销的经典案例》，http://blog.sina.com.cn/s/blog_49526591010005jm.html.

讨论：

1. 试用新产品定价策略的理论来分析苹果公司 iPod 系列产品的成功经验。

2. 在什么情况下，针对什么特点的产品，企业可以采取撇脂定价策略，并且能够取得好的效果？

第四节 国际营销价格发展趋势及定价取向

一、国际营销价格发展趋势与企业对策

（一）价格逐步升级

同国内销售的产品相比，出口国际市场的产品由于地理距离的增加、经济差异的加大，导致了国际市场营销需要更多的运输和保险服务，需要更多的中间商和更长的分销渠道服务，还需要支付出口所需的各种案头工作费用和进口税。以上各种费用都会作为成本费用加在产品的最终售价上，从而导致产品在国际市场上的最终价格要比国内销售价格高出许多。我们把这种外销成本的逐渐加成所形成的出口价格逐步上涨的现象称为价格升级。

产品内销外销价格的巨大差异是由国际销售比国内销售需要增加更多的营销职能而决定的。出口过程中各环节费用的逐渐增加是造成价格升级的根本原因。因此，我们不能认为企业将产品销往国外就能得到更多的利润。事实上，价格升级并没有为出口企业带来任何额外的利润。相反，由于价格升级，使得企业目标市场的消费者需要花高价购买同样的商品。高的价格抑制了需求，减少了企业产品的销售量，对生产企业本身产生不利的影响。因此，企业有必要花大力气来解决价格升级的问题。

企业可以采取若干措施来减少价格升级所造成的消极影响。常用的方法有以下几种：

（1）降低净售价，即通过降低净售价的方法来抵消关税和运费。但这种策略常常行不通，一是因为减价可能使企业遭受严重的损失，二是企业这种行为可能被判定为倾销，被进口国政府征收反倾销税，使价格优势化为泡影，起不到扩大销量的作用。

（2）改变产品形式。例如，将零部件运到进口国，在当地组装，这样可以按照比较低的税率缴纳关税，在一定程度上降低了关税负担，从而使价格降低。

（3）在国外建厂生产。这样可以在很大程度上减少运费、关税、中间商毛利等价格升级造成的影响，但也会面临国外政治经济形势变动的风险。

（4）缩短分销渠道。可以减少交易次数，从而减少一部分中间费用。但是，有时渠道虽然缩短了，成本却未必会降低，因为许多营销的职能无法取消，仍然会有相应的成本支出。但是，在按照交易次数征收交易税的国家，可以采用这种办法，以达到减少税款缴纳的目

的，从而降低成本，控制价格升级。

(5)降低产品质量，即取消产品的某些成本昂贵的功能特性，甚至全面降低产品质量。一些发达国家需要的功能在发展中国家可能会显得多余，取消这些功能可以达到降低成本控制价格的目的。降低产品质量也可以降低产品的制造成本，不过这样做有一定的风险，决策时需要慎重。

(二)政府价格管制加强

随着经济全球化的发展，一方面，各国市场进一步扩大开放度；另一方面，各国政府为了保护国内市场，对价格控制力度加强，控制的形式多样化。政府对企业定价的调控是多方面的，既可以是宏观的，也可以是微观的；既可以是法律形式，也可以是行政命令形式。

国际营销中的定价要同时受到本国政府和外国政府的双重影响。国内政府多半采用价格补贴形式来降低企业出口产品的价格，增强其竞争实力。国外政府对价格的管制主要通过立法形式或行政手段规定产品价格的上限与下限；以反倾销法来反对倾销政策；通过直接定价来限制进口货的消费及保护国内市场，例如，日本政府曾一度对进入日本市场的美国小麦定价高于日本国产小麦定价的2倍；在国内经济滞膨时期，政府往往在一定时期内冻结一切价格。此外，各国政府对国际市场上某些产品定价起着日益重要的影响作用，诸如咖啡国际协定、可可国际协定、白糖国际协定，以及部分小麦价格通过政府间谈判来决定。

面对政府价格管制的加强，企业既要遵循东道国的相关法律，也必须善于运用“大市场营销”策略，特别是要注重运用政治力量这一手段，来赢得对企业有利的定价环境。

(三)倾销问题日益突出

目前对倾销的解释多种多样，没有统一的法律定义。一种比较公认的说法是，倾销是指出口到东道国市场上的产品价格按低于当地市场价格销售，致使当地市场上生产和销售同类产品的企业受到实质性的损害和威胁。倾销可分为四种类型：

1. 零星倾销

零星倾销即制造商抛售库存，处理过剩产品。这类制造商既要保护其在国内的竞争地位，又要避免引发可能伤害国内市场的价格战，因此，必然选择不论定价多低，只要能减少损失就大量销售的办法，向海外市场倾销。

2. 掠夺倾销

企业实施亏本销售，旨在进入某个外国市场，而且主要为了排斥国外竞争者。这种倾销持续时间较长。一旦企业在市场上的地位确立，该企业便依据其垄断地位而提价。

3. 持久倾销

企业在某一国际市场持续地以低于其他市场的价格销售，是持续时间最长的一类倾销。其适用前提是，各个市场的营销成本和需求特点各有不同。

4. 逆向倾销

这是指母公司从海外子公司输入廉价产品，以低于国内市场价格销售海外产品而被控告在国内市场倾销，这种情况在国际营销实践中时有发生。

事实上，国外许多公司都曾进行过倾销。它们为了逃避反倾销调查，除了采用付给进口商回扣、把出口产品伪装成进口国内生产的产品、开具假文件隐瞒出口产品真实价值等手段隐瞒倾销行为外，还经常通过如下措施“合法地”逃避反倾销控告：一是设法使出口产品从表面上与在国内市场销售的产品有差别，即对实质上的同一产品，通过促销宣传，使之差异化，在国内市场上也就没有相应产品作价格比较的基础，从而使倾销行为被掩盖。这种对策不可取。二是采取多种国际营销方式，变单纯的出口为在东道国生产，可以降低成本及低价销售。这是一种积极的对策。

二、国际营销定价取向

(一)控制价格升级

如前所述，由于各种因素的影响，特别是由于附加成本的增加，往往造成企业出口产品价格升级的现象，这大大增加了产品在国际市场上销售的难度。例如，一台心脏起搏器在美国的售价为 2100 美元，出口到日本后售价增至 4000 美元；在美国售价为 35 美元的自动烤面包机，在法国卖 80 美元等。控制价格升级是国际市场营销的首要问题。关于控制价格升级的途径，前面已有涉及，这里不再赘述。

(二)控制外销产品的报价

外销产品的报价可采用：工厂交货价、离岸价、到岸价、统一交货价、完税后交货价等。外销产品报价的基础是工厂交货价，即出厂价。控制最终价格，首先控制出厂价。另外，外销产品报价时应考虑以下一些因素：

1. 与客户之间的关系

一般情况下，老客户应按原价格条款报价，新客户则可参照老客户的报价。

2. 产品的竞争力

可以视产品竞争力的具体情况来适当调整价格条款。

3. 市场环境的变化

当市场环境有利于买方时，可以参照竞争对手的价格报价，然后在原报价的基础上，辅以优惠条件。当市场环境有利于卖方时，应及时提价，以获得应有的利润。

4. 新产品

刚进入国际市场的新产品的报价比较难把握，当出现偏高或偏低时，应及时调整。

复习思考

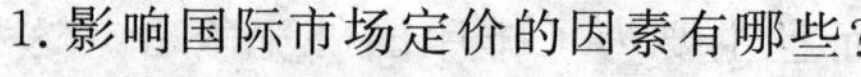

1. 影响国际市场定价的因素有哪些?
2. 国际市场营销定价的目标主要有哪几种?
3. 简述国际市场定价的方法。
4. 国际市场常见的定价策略有哪些?
5. 什么是撇脂定价策略?
6. 折扣定价的形式有哪些?
7. 什么是地理定价策略，其主要形式有哪些?
8. 简述转移定价的具体手段及其对我国经济的负面影响。
9. 简述国际营销价格的发展趋势。
10. 外销产品报价应注意哪些问题?

案例分析

肯德基“法风烧饼”的定价策略

2009 年 6 月 15 日，洋快餐肯德基正式推出早餐新品“法风烧饼”。“法风烧饼”创意十足，可谓是中西合璧的产物。其外表为长方形，表面洒满芝麻，馅料夹在中间，酷似中国传统的火烧或肉夹馍。这款烧饼的 54 层酥皮采用可颂与丹麦酥相结合的工艺，经过层层复杂的手工折叠和擀压，再经过烘焙而成。烧饼里的馅料则由整块烟熏鸡腿肉或培根片搭配鲜嫩的煎蛋及爽脆生菜丝组成，因此消费者有两种口味选择：熏鸡法风烧饼和培根蛋法风烧饼，售价 10 元一个。

烧饼是中国人的传统的大众化食品，其价格低廉，一般不会超过人民币 1 元钱，即使是内夹馅料的各种改良烧饼价格也无非 2～3 元，而肯德基的“洋烧饼”则定价 10 元。针对如此定价，网易财经于 2009 年 6 月 16 日至 23 日进行的一项网络调查显示，在 1431 人中，1330 人(93%)认为价格偏高，101 人(7%)认为价格合理。1428 人中，322 人(22%)表示会去品尝，654 人(46%)表示不会购买，452 人(32%)会在促销或降价时购买。从调查中可以看出，虽然普遍认为价格偏高，但表示出购买欲望的消费者不在少数。

肯德基在全球市场上虽然远不敌快餐业巨头麦当劳，但是其在中国的本土化进程却远远走在了麦当劳前面。肯德基充分利用丰富多彩的中餐饮食文化与洋快餐相结合，打造出“中西合璧”式的产品很快受到了中国消费者的青睐。自从进入中国以来，肯德基对于国内市场可谓是做足功课，有着十分敏锐的洞察力，执行力也很强。先后推出了老北京鸡肉卷、鲜虾春卷、油条、川辣嫩牛五方等受消费者，特别是年轻人和儿童喜爱的产品。到目前为止，法风烧饼也获得了不错的销售业绩。业内人士表示，“有效的本土化”是肯德基在中国市场取胜的关键。

其实，从很大程度上讲，只是冲着“肯德基”的招牌，“法风烧饼”也肯定不愁卖。肯德基刚推出油条时，3 元钱一根，人们就曾发出过“能否卖得出去”的疑问。可结果却是，非但卖出去了，而且相当火爆。

洋快餐在国内的盛行值得中国本土快餐业思考，而其定价策略也是国际市场定价的典型案例，同样值得我们思考和研究。

资料来源：根据网易财经频道文章归纳整理.

问题与讨论：

1.“法风烧饼”的定价是否合理，其采用的定价策略是什么？

2.试述为什么肯德基在中国能够坚持较高的价位？其定价哲学是什么？

第九章　国际市场分销渠道策略

学习目标

1. 理解国际市场分销渠道的结构；
2. 掌握国际市场分销渠道中不同类型中间商的特点；
3. 掌握国际市场分销渠道长度的含义及选择策略；
4. 掌握国际市场分销渠道宽度的含义及选择策略；
5. 理解影响企业选择国际分销渠道的因素；
6. 理解国际市场营销渠道管理的内容。

案例导入

波司登努力拓宽国际营销渠道

2007 年 9 月 11 日，国家质检总局正式宣布波司登羽绒服为"中国世界名牌产品"，波司登作为唯一的服装企业榜上有名。走过 10 多年的品牌创新之路后，波司登在国际市场开拓、品牌影响力、市场占有率等方面都有了很大的提升。

2006 年，波司登实现销售收入 106 亿元。最新统计数据显示，波司登品牌价值高达 1022 亿元。目前波司登公司拥有 1 个中国驰名商标、2 个国家出口免检商品、3 个中国名牌产品、13 个国家免检产品。在波司登旗下的诸如波司登、雪中飞、康博、冰洁、冰飞等众多品牌中，波司登羽绒服是波司登品牌家族中的主角。

自 1997 年获得自营进出口资格后，波司登相继在上海等地创办多家贸易公司，积极探索网上贸易、境外专卖店、分公司经营等直营模式扩大产品的国际影响和销路，并在日本、美国、俄罗斯等 68 个国家和地区分别注册"波司登"商标、在因特网上注册"波司登"的域名，大力发展电子商务。如今，波司登羽绒服成功进入美国等数十个国家和地区市场。"波司登"与美国"GAP"、日本"UNIQLO"一道，成为世界防寒服领域的三大领先品牌。

在开拓海外市场过程中，波司登逐步构建起独立的国际营销渠道。波司登在美国纽约成立分公司后，依托当地设计人才，使波司登羽绒服的款式风格与营销模式更贴近美国消费者，目前产品已进入"Burlington"和"Century 21"等大型连锁商场。在俄罗斯莫斯科，波司登设立了独具特色的波司登专卖店，专营"波司登"品牌羽绒服，以多种形式推广产品、了解流行趋势、拓展潜力市场。

案例来源：经济日报 2007-09-26.

在国际市场营销活动中，销售渠道的优劣直接影响到产品的销售速度、产品利润回收和扩大再生产。建立合理的国际分销销售渠道，是国际化经营企业的重要营销决策内容。

第一节　国际市场分销渠道结构

一、国际市场分销渠道的定义

国际市场分销渠道是指国际营销中商品的流通渠道。它是指某种产品及其所有权由生产商向国外消费者转移所经过的通道，也指生产商经过（或不经过）国际中间商转移到最终国外消费者的全部市场结构。国际市场分销渠道承担着商品的两种转移：一是通过各种运输工具和运输方式，在适当的时间把商品运送到国际市场的适当地点，实现产品的实体转移；二是通过国际分销渠道，把产品从生产者转移到消费者，实现商品所有权在国际市场的转移。

国际市场分销渠道管理主要有两个目标：一是将产品有效地从生产国转移到销售国市场；二是参加销售国的市场竞争，实现产品的销售和获取利润。为实现这两个目标，一次分销过程要经过三个环节：第一个环节是本国的国内分销渠道；第二个环节是由本国进入进口国的分销渠道；第三个环节是进口国的分销渠道。

二、国际市场分销渠道的结构

（一）国际市场分销渠道结构的含义

国际市场分销渠道结构指参与完成商品由生产者向消费者或用户转移的组织或个人的构成方式。当国际化经营企业采取不同的分销策略进入国际市场时，产品或服务从生产者向消费者的转移就会经过不同的营销中介机构，从而形成不同类型的国际分销结构。

根据不同的分类标准，国际营销中介机构可以被区分为不同类型。例如，根据各营销中介机构所执行的功能不同，可以分为经销商、代理商和营销辅助机构。营销辅助机构指那些不参与商品交换，但对商品交换的实现提供支持的各种机构，如管理咨询公司、商业银行、物流公司、保险公司等。另外，根据国际市场分销中所使用的营销中介机构所处的国境不同，国际分销渠道机构可以区分为国内中介机构和国外中介机构。

（二）国际市场分销渠道结构的选择

当企业以出口方式进入国际市场时，产品不仅要经过国内的分销渠道，而且要经过进口国的分销渠道，才能最终到达目标市场国家的消费者和用户手中。出口分销系统的结构如图 9-1 所示。

当国际化经营企业在国外设厂生产、就地销售时，产品或服务的分销所需经过的过程和环节，与出口的方式相比则可能要简单一些，最明显的就是在国外生产时不需要经过母

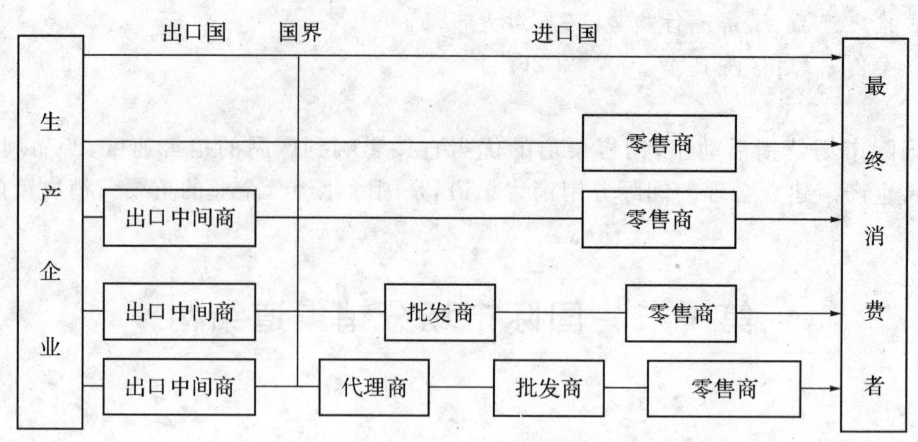

图 9-1 出口分销系统结构

公司所在国的国内中间商。

分销渠道的结构对国际化经营企业是一项重要决策。如何确定分销渠道结构，主要取决于企业进入国际市场的战略。除此之外，企业在选择具体的国际分销策略和设计国际分销渠道结构时，还必须充分考虑企业自身的资源及其所在行业的特点，竞争者的渠道策略，目标市场特征，目标市场国家的法律环境以及消费者的生活方式和购买习惯等。

三、国际市场分销渠道中间商的类型

国际市场分销渠道中的中间商是指帮助国际化经营企业将产品出售给最终消费者或用户的中间组织或个人。中间商是专门从事组织产品流通的独立行业，具有法人资格，在生产企业与消费者之间起着纽带和桥梁作用，生产越发展，产品交换越扩大，中间商的作用就越突出。国际市场分销渠道涉及多种中间商，其类型如下：

（一）出口中间商

出口中间商是与生产企业同处在一个国家的国内中间商。由于社会文化背景相同，彼此容易沟通和信任。特别是企业规模较小或者进入国际市场的初期，企业国际市场营销经验不足或者没有实力直接进入国际市场时，通过本国中间商进入国际市场是一条费用省、风险小、操作简便的有效途径。

选择出口中间商进入国际市场的缺点是远离目标市场，与目标顾客的联系接触是间接的，企业对市场的控制程度很低或根本无法控制，不利于企业在市场建立起自己的声誉，不利于出口规模的扩大和长远的发展。中间商为尽快获得利润，不会花很大力气去挖掘市场潜力等。

根据出口中间商是否拥有商品所有权可将它分为两类：出口经销商和出口代理商。凡对出口商品拥有所有权的，称为出口经销商；凡接受委托，以委托人身份买卖货物而非拥有商品所有权的，称为出口代理商。

1. 出口经销商

出口经销商是以自己的名义在本国市场上购买商品，然后再以自己的名义组织出口，将产品卖给国外买主的贸易企业。它自己决定买卖商品的花色品种和价格，自己筹集经营的资金，自己备有仓库，自己承担经营的风险。

出口经销商经营出口业务有两种形式。一种是“先买后卖”，即先在国内市场采购商品，然后再转售给国外买主。另一种出口形式是“先卖后买”，即先接受外国买主的订货，然后再根据订货向国内企业购买。常见的出口经销商主要有三种类型。

(1)出口行

有的国家称之为“国际贸易公司”，有的国家称之为“综合商社”(如日本、韩国)，我国则一般称之为“对外贸易公司”或“进出口公司”。出口行实质是在国外市场上从事经济活动的国内批发商。它们在国外有自己的销售人员、代理商，并往往设有分公司。由于出口行熟悉出口业务，与国外的客户联系广泛，拥有较多的国际市场信息，一般在国际市场上享有较高的声誉，而且拥有大批精通国际商务、外语和法律的专业人才，因此对一些初次进入国际市场的企业来说，使用出口行往往是比较理想的选择。对国外买主来说，由于出口行提供花色品种齐全的商品，他们也愿意与出口行打交道。

【知识链接】

日本综合商社

日本的综合商社是出口行的典型形式，是以贸易为主体，以产业为后盾，以金融为纽带，具有贸易、金融、情报、组织协调等多种功能的国际化、集团化、实业化、多元化的跨国企业集团。日本的综合商社与产业集团(财团)企业有着密不可分的联系，是日本企业走向世界的“流通窗口”。通过在金融、物流、调研、咨询、市场营销等方面直接为制造业企业提供支持。在诸如能源开发、大型基础建设等重大项目中，只要能见到日本企业的地方，毫无疑问地会发现日本综合商社的身影。

资料来源：中国社会科学院国际合作局网站.

(2)采购行

采购行也叫订货行，主要依据从国外收到的订单向国内生产企业进行采购，或者向国外买主指定的生产企业进行订货。他们拥有货物的所有权，但并不大量、长期地持有存货，在收购数量达到订单数量时，就直接运交国外买主。因采购(订货)行是先找到买主，而后才向生产企业进行采购，而且也不大量储备货物，所以其风险较低、资金周转快、成本较低。

(3)互补营销

互补市场营销又称“猪驮式出口”，它指的是这样一种出口情况：一个生产企业叫“负重者”，另一个生产企业叫“乘坐者”。“负重者”利用自己已经建立起来的海外分销渠道，将“乘坐者”和自己的产品一起进行销售。互补出口是一种对合作双方都有益的双赢出口方式：对于那些没力量进行直接出口的小企业来说，是一种简单易行、风险小的出口经营方式；对于“负重者”来说，由于增加了产品的范围，填补季节性短缺，也能增加利润。

2. 出口代理商

出口代理商是接受出口企业的委托，代理出口业务的中间商。出口代理商并不拥有货物所有权，不以自己的名义向国外买主出口商品，而是接受国内卖主的委托，按照委托协议向国外客商销售商品，收取佣金，风险由委托人承担。中小企业在刚从事国际市场营销时，使用出口代理商是一种理想的进入国际市场的方式。

在国际市场上，出口代理商常见的类型有：

(1)综合出口经理商

综合出口经理商为出口企业提供全面的出口管理服务，如海外广告、接洽客户、拟定销售计划、提供商业情报等，一般负责资金融通和单证的处理，有时还要承担信用风险。它以生产企业的名义从事业务活动，实际上起到生产企业出口部的作用。如果企业海外销售额占企业总销售额的比重不大，或者企业不愿设立外销部门处理国外市场业务时，选择综合出口经理商是一种理想的渠道。综合出口经理商一般同时接受几个委托人的委托业务，其获得报酬的形式一般是收取销售佣金，此外每年还收取一定的服务费用。

(2)制造商出口代理商

制造商出口代理商是一种专业化程度较高的出口代理商，又称为制造商出口代表。他们与综合出口经理商的作用相似，也相当于执行着生产企业的出口部的职能。他们接受生产企业的委托，为其代理出口业务，以佣金形式获得报酬。制造商出口代理商是以自己的名义而非制造商的名义做买卖，他所提供的服务一般要少于综合代理商，通常不负责出口资金、信贷风险、运输、出口单证等方面的业务。而且，由于制造商出口代理商同时接受许多生产企业的委托，其销售费用可以在不同厂家的产品上分摊，因此收取的佣金率也较低，制造商对其有较大的控制权。如在美国，凡数量大、已打开销路的产品，他们只收取销售额的 2%作为佣金。

(3)出口经营公司

出口经营公司行使类似制造商出口部的功能，它提供服务的范围很广，包括寻找客户、促销、市场调研、货物运输等，还可以为制造商讨债和寻求担保业务。不过，其最主要的职能是和国外的客户保持接触，并进行信贷磋商。选择出口经营公司渠道的优点是厂商可以以最小的投资将产品投放到国际市场，并可借此检验产品在国外市场的可接受程度，而制造商本身却无需介入。其缺点是这种分销渠道极不稳固，出口经营公司为了自己的利益不会为销售产品作长期努力，一旦产品在短期内难以赢利或是销量下降，将很可能被出口经营公司所抛弃。

(4)出口经纪人

出口经纪人只负责给买卖双方牵线搭桥，既不拥有商品所有权，也不实际持有商品和代办货物运输工作，在双方达成交易后收取佣金，佣金率一般不超过 2%。出口经纪人与买卖双方一般没有长期、固定的关系，出口经纪人一般专营一种或几种产品，多数经纪人经营的对象是笨重货物或季节性产品，如机械、矿山、大宗农产品等。

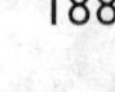

(二)进口中间商

进口中间商是处于东道国的中间商。与出口中间商类似，根据进口中间商是否拥有商品的所有权也将其区分为两大类:进口经销商和进口代理商。

1. 进口经销商

进口经销商又称为“进口行”，是以自己的名义从国外进口货物向国内市场销售，获取商业利润的贸易企业。它拥有货物所有权，因而须承担买卖风险。进口商可以“先买后卖”，即先从国外买进商品，然后卖给国内工业用户、批发商、零售商或其他用户，也可以“先卖后买”，即先根据样品与买主成交，然后再从国外买进商品。按其业务范围，一般可区分为专业进口经销商、特定地区进口经销商和从国际市场广泛选购商品的进口经销商三类。

与出口中间商相比,进口经销商熟悉所经营的产品和目标国际市场,并掌握一套商品的挑选、分级、包装等处理技术和销售技巧,因此国内中间商很难取代进口经销商的作用。

2. 进口代理商

进口代理商是接受出口国卖主的委托,代办进口,收取佣金的贸易服务企业。它们一般不承担信用、汇兑和市场风险,不拥有进口商品的所有权。进口代理商主要有以下几种类型:

(1)经纪人

经纪人是对提供低价代理服务的各种中间商的统称。他们主要经营大宗商品和粮食制品的交易。在大多数国家,经纪人为数不多。但由于其主要经营大宗商品,再加上在某些国家,经纪人组建了联营公司,他们熟悉当地市场,往往与客户建立了良好持久的关系,常常是初级产品市场上最重要的中间商。

(2)融资经纪商

融资经纪商是近年来迅速发展的一种代理中间商。这种代理中间商除具有一般经纪商的全部职能外,还可以为销售、制造商生产的各个阶段提供融资,为买主或卖主分担风险。

(3)制造商代理人

制造商代理人是指接受出口国制造商的委托,签订代理合同,为制造商推销产品收取佣金的进口国的中间商。制造商代理人有很多不同的名称,如销售代理人、国外常驻销售代理人、独家代理人、佣金代理人、订购代理人等。制造商代理人可以对一个城市、一个地区、一个国家或是相邻几个国家出口企业的产品负责。他们不承担信用、汇兑和市场风险,也不负责安排运输、装卸,不实际占有货物。他们忠实履行销售代理人的责任,为委托人提供市场信息并为出口企业开拓市场提供良好的服务。当出口企业无力向进口国派驻自己的销售机构,但希望对出口业务予以控制时,利用适当的制造商代理人是一种明智的选择。

(4)经营代理商

经营代理商在亚洲及非洲国家较为普遍,在某些地区也称作买办。它们根据同产品制造国的供应商签订的独家代理合同,在某一国境内开展业务。有时也对业务进行投资,其报酬通常是所用成本加母公司利润的一定百分比。

【知识链接】

经销和代理的区别与联系

经销:经销商与供货商之间也是买卖关系,经销商必须自垫资金购买供货商的货物,自行销售、自负盈亏、自担风险。

代理:代理人在委托人授权的范围内行事,不承担销售风险和费用,不必垫付资金,通常按达成交易的数额提取约定比例的佣金而不管交易的盈亏。

资料来源:http://www.sme.net.cn 厦门经贸信息网进口专栏.

第二节　国际市场分销渠道模式

国际化经营企业营销渠道的建立，通常要受到国内和国际社会、政治、文化和法律等多种因素的影响，具体的国际市场分销渠道形态是多种多样的。但是在多种多样分销渠道形态的背后，可以抽象出几种基本模式。根据不同的标准，国际市场分销渠道模式可做如下划分。

一、根据与最终消费者的距离远近划分

按国际化经营企业与最终消费者距离的远近，可将国际市场分销渠道模式划分为直接渠道与间接渠道，间接渠道又分为短渠道与长渠道。这种分类方式实际上也是指营销渠道的长度结构，又称为层级结构，是指按照其包含的渠道中间商（购销环节），即渠道层级数量的多少来定义的一种渠道结构。

（一）直接渠道模式

1. 直接渠道模式的含义

直接渠道模式指国际化经营企业不通过中间商环节，直接将产品销售给消费者。这是一种没有中间商参与的渠道结构，是最短的国际分销结构，未经任何中间层次就完成了商品流通过程。

直接营销渠道也叫零级渠道，其与间接渠道的区别在于有无中间商。零级渠道是大型或贵重产品以及技术复杂、需要提供专门服务的产品销售采取的主要渠道。在IT产业链中，一些国内外知名IT企业，如联想、IBM、HP等公司设立的大客户部或行业客户部等就属于零级渠道。另外，DELL的直销模式，更是一种典型的零级渠道。

2. 直接分销渠道模式的优点

首先，直接分销渠道有利于生产企业和需求方双方沟通信息，可以按需生产，更好地满足目标顾客的需要。由于是直接的销售，用户可更好地掌握商品的性能、特点和使用方法；生产者能直接了解用户的需求、购买等特点及其变化趋势，进而了解竞争对手的优势和劣势及其营销环境的变化，为按需生产创造了条件。

第二，直接分销渠道模式可以降低产品在流通过程中的损耗。国际市场营销中产品实体的转移要经历长距离的物流过程，由于去掉了商品流转的中间环节，减少了销售损失，有时也能加快商品的流转。

第三，可以使供需双方建立相对稳定的关系。一般来说，按照直销渠道模式进行商品交换都需要签订合同，数量、时间、价格、质量、服务等都按合同规定履行，购销双方的关系以法律的形式于一定时期内固定下来，使双方把精力用于其他方面的战略性谋划。

第四，可以在销售过程中直接进行促销。企业直接分销，实际上又往往是直接促销的活动。例如，企业派人员直接销售，不仅促进了用户订货，同时也扩大了企业和产品在国际市场中的影响，又促进了新用户的订货。

3. 直接分销渠道模式的缺点

直接分销渠道模式也有一些不可克服的缺点，表现在下面三个方面：

首先表现在产品和目标顾客方面。绝大多数生活资料商品的购买呈小型化、多样化和重复性的特点。生产者若凭自己的力量去广设销售网点，往往力不从心，甚至事与愿违，很难使产品在短期内广泛分销，很难迅速占领或巩固市场，企业目标顾客的需要得不到及时满足，势必转移方向购买其他厂家的产品，这就意味着企业失去目标顾客和市场占有率。

第二，在商业协作伙伴方面，中间商在销售方面比生产企业的经验丰富，这些中间商最了解目标顾客的需求和购买习性，在商业流转中起着不可缺少的桥梁作用。而生产企业自销产品，就拆除了这一桥梁，势必自己去进行市场调查，包揽了中间商所承担的人、财、物等费用，加重了生产者的工作负荷，也分散了生产者的精力。更重要的是，生产者将失去中间商在销售方面的协作，产品价值的实现增加了新的困难，目标顾客的需求难以得到及时满足。

第三方面的缺点表现在生产企业方面。当生产者仅以直接分销渠道销售商品，致使目标顾客的需求得不到及时满足时，同行生产者就可能趁势而进入目标市场，夺走目标顾客和商品协作伙伴。尤其是在生产性团体市场中，企业的目标顾客常常是购买本企业产品的生产性用户，他们又往往是本企业专业化协作的伙伴。所以，失去目标顾客，又意味着失去了协作伙伴。

(二)间接渠道模式

1. 间接分销渠道模式的含义及形式

间接分销渠道，指国际化经营企业通过中间商环节把产品传送到消费者手中。间接分销渠道是消费品分销的主要类型。根据其经过的流通环节的多少不同，间接分销渠道有长渠道和短渠道之分。具体包括以下几种形式：

(1)一级渠道。一级渠道包括一个渠道中间商。在工业品市场上，这个渠道中间商通常是一个代理商、佣金商或经销商；而在消费品市场上，这个渠道中间商则通常是零售商。

(2)二级渠道。二级渠道包括两个渠道中间商。在工业品市场上，这两个渠道中间商通常是代理商及批发商；而在消费品市场上，这两个渠道中间商则通常是批发商和零售商。

(3)三级渠道。三级渠道包括三个渠道中间商。这类渠道主要出现在消费面较宽的日用品中，比如肉食品及包装方便面等。

在IT产业链中，一些小型的零售商通常不是大型代理商的服务对象，因此，便在大型代理商和小型零售商之间衍生出一级专业性经销商，从而也出现了三级渠道结构。

2. 间接分销渠道模式的优点

(1)有助于产品广泛分销。中间商在商品流转的始点同生产者相连，在其终点与消费者相连，有利于调节生产与消费在品种、数量、时间与空间等方面的矛盾，既有利于满足目标顾客的需求，也有利于生产企业产品价值的实现，更能使产品广泛的分销，巩固已有的目标市场并扩大新的市场。

(2)缓解生产者人、财、物等力量的不足。中间商购走了生产者的产品并交付了款项，使生产者提前实现了产品的价值，开始新的资金循环和生产过程。此外，中间商还承担销售过程中的仓储、运输等费用，弥补了生产者营销中的力量不足。

(3)间接促销。消费者往往是货比数家后才购买产品，中间商通常经销众多厂家的同类产品，其对同类产品的不同介绍和宣传对产品销售影响很大。此外，实力较强的中间商还能支付一定的宣传广告费用，具有一定的售后服务能力。

(4)有利于培养国际化企业的核心能力。中间商是社会分工的产物。生产者产销合一，既难以有效地组织商品的流通，又使生产精力分散。有了中间商的协作，生产者可以从繁琐的销售业务中解脱出来，集中力量进行生产，专心致志地从事技术研究和技术革新，培育和发展自身的核心能力，以提高生产经营的效率和国际竞争力。

3. 间接分销渠道模式的缺点

(1)间接分销渠道模式可能造成供需不平衡。在国际市场营销活动中，中间商购走了产品，并不意味着产品就从中间商手中销售出去了，有可能销售受阻。对于国际化经营企业而言，一旦其多数中间商的销售受阻，就形成了“需求滞后差”，即需求在时间或空间上滞后于供给。但生产企业人员、机器、资金等照常运转，生产难以剧减。当需求继续减少，就会导致产品的供给更加大于需求。

(2)可能加重消费者的负担，导致抵触情绪。无论是出口中间商还是进口中间商，加入到国际分销渠道中来都要获取一定的利润。这些利润最终将以价格加价的形式分摊给消费者。此外，流通环节增大储存或运输中的商品损耗也会或多或少转嫁到价格中，增加消费者的负担。

(3)不便于直接沟通信息。如果与中间商协作不好，生产企业就难以从中间商的销售中了解和掌握消费者对产品的意见、竞争者产品的情况、企业与竞争对手的优势和劣势、目标市场状况的变化趋势等。因此生产经营必然会迷失方向，也难以保持较高的营销效益。

【知识链接】

“造得有多快，卖得就有多快”——Dell 公司的直销之道

尽管迈克·戴尔被誉为华尔街的赚钱机器，但他从来不被认为是一名技术先锋，其成功大半归结为给计算机业带来翻天覆地变化的“直销飓风”：越过零售商，将产品直接销售给终端用户。

戴尔最爱说的一句话就是：“两点之间，直线最短。”

DELL 公司为何能独领风骚？其经验可归纳为五点：

(1)为客户提供“量体裁衣”式服务；

(2)采用零库存运行模式；

(3)速度最快，应用最新的零件技术，快速组装；

(4)销售渠道最短，消费者通过免费直拨电话定制；

(5)网络销售，80%的新客户都通过这一渠道购买 Dell 的产品。

依靠直销模式，Dell 公司取得了巨大成功，创造了网络时代一个让人心血沸腾的神话。

资料来源：湘潭职业技术学院市场营销管理精品课网站.

二、根据同一层次上中间商数目的多少划分

根据同一层次上中间商数目的多少，国际市场分销渠道模式可分为宽渠道模式和窄渠道模式。营销渠道的“宽度”取决于渠道的每一个层次中使用同种类型中间商数目的多少。

一般来说，使用的同类中间商越多，企业产品在市场上的分销面就越广，反之则越窄。渠道越宽，销售网点越多，市场覆盖面越大；渠道越窄，销售网点越少，市场覆盖面越小。

（一）宽渠道模式

宽渠道模式是指国际化经营企业同时选择多个同类中间商销售商品。如卷烟厂通过许多批发商、零售商将其生产的香烟推销到不同国家和地区的广大消费者手中，这种产品分销渠道就较宽。

宽渠道模式的特点是范围广，广大消费者可以随时、随地买到企业的产品；而且可以造成中间商之间的竞争。但由于同类型的中间商数目多，使中间商推销企业的产品不专一，不愿为企业付出更多的费用；另外，在宽渠道模式下，生产企业和中间商之间的关系松散，中间商会不断变化。

（二）窄渠道模式

窄渠道模式是指国际化经营企业选择较少的中间商，甚至只选择一个中间商销售商品。如摩托车生产企业只通过少数批发商或零售商销售其产品，或在某一地区只授权某一批发企业或零售企业经销其产品，这种营销渠道就比较窄。

窄营销渠道模式使用范围较窄，适用于销售技术性强、生产批量小的商品，生产企业只选择那些熟悉本企业产品技术性能的中间商经销自己的产品。它的优点是生产企业和中间商之间的关系密切，相互间有较强的依附关系，销售和生产相互促进。不足的是风险较大，一旦双方关系出现变化，便会影响生产或销售。

三、根据产品类型划分

根据产品类型不同，国际分销渠道模式可以划分为工业品分销渠道模式和消费品分销渠道模式。

（一）工业品分销渠道模式

1. 工业品的含义及特点

工业品一般是指由工商企业、政府机构或事业单位所购买，用于生产、销售、维修或研发的产品与服务的总称，根据产品在生产中的不同用途细分为原材料、设备、组装件、零部件、消耗补给品和服务六种。

相对于消费品而言，工业品购买者人数较少，购买数量、金额较大，购买频率较低，需要较强的技术支持与服务等特点。工业品本身的特性决定了其与消费品行业在营销实践中存在较大差异。

2. 工业品国际分销渠道模式

工业品市场不同于消费品市场，它有其自身的特征，因此，工业品国际分销渠道模式在渠道类型、渠道策略、渠道成员等方面与消费品都有所区别。

一般而言，对工业品生产企业而言，由于其购买者人数少、次数少、间隔时间长、单位购买金额大等原因，适合建立直接、短、窄、单一的渠道。但因为工业品本身涉及工业原料、大中型设备、建材、汽配、电气自动化、IT 硬件行业等多种行业，造成在渠道模式上的千变万化。

工业品国际分销渠道模式主要有三种：

(1)经销代理模式。工业品企业通过发展经销商、代理商的模式，让产品实现区域市场分销的目的，这是工业品企业最为常用的渠道模式。在经销商代理模式下还存在两种情况：厂家——分公司/办事处——经销商/代理商——最终客户；厂家——区域经理——经销商/代理商——最终客户。

(2)合作经营模式。工业品企业与区域市场上的强势经销商合资合作成立区域分公司，采取股份制的形式。这在行业也有所尝试，但是不多见，如格力中央空调就是采取这种渠道模式。

(3)渠道自营模式。工业品企业通过设立分公司或办事处，直接面向目标客户开展市场销售与推广。

(二)消费品分销渠道模式

消费品是用来满足人们物质和文化生活需要的那部分社会产品。有生存资料(如衣、食、住、用方面的基本消费品)、发展资料(如用于发展体力、智力的体育、文化用品等)、享受资料(如高级营养品、华丽服饰、艺术珍藏品等)之分。

对于生产消费品的国际化经营企业来说，由于具有购买人数众多、购买间隔时间短、购买人数分散等特点，适合使用间接、相对较长、宽、多渠道策略。当然，也有一些跨国公司使用直销模式，这与其产品定位公司的文化理念是分不开的。国际化企业应该根据自己的实际情况和市场的发展变化来切实选择自己的渠道模式。

当前，消费品的国际分销渠道模式主要有以零售企业为主导的分销模式，以制造企业为主建立生产—销售分离的分销模式，国际品牌分销建立专有独立渠道等具体国际分销模式。

四、根据在目标市场国是否沿用本国分销模式划分

从事国际营销活动的企业，其经营因为跨越了国界而更加复杂化。根据企业在目标市场国是否沿用本国分销模式划分，可以分为标准化分销模式和多样化分销模式。

(一)标准化分销模式

分销模式标准化是指国际企业在海外市场上采用与母国相同的分销模式。从理论上讲，采用标准化的分销模式可以使营销人员易以经验为基础来提高营销效率，实现规模经济。

但是，分销模式的标准化策略有时实施起来却有一定难度。即使产品采用标准化策略，分销模式要采用标准化策略也未必可行。这主要是因为各国分销结构由于历史原因而相异殊多；各国消费者的特点不同，如购买数量、购买习惯、消费偏好、顾客地理分布等方面不可能完全相同；同时国际企业在确定分销渠道结构模式时还要考虑自身实力，竞争对手的渠道策略以及其他营销组合因素，这些因素在不同目标市场上也不一样。所以选择标准化的海外市场分销模式绝不仅仅是国际企业一厢情愿就可以。

(二)多样化分销模式

多样化分销模式是指企业在进行国际市场营销活动时，根据各个国家或地区的不同情况，分别采用不同的分销模式。

虽然跨国公司总部都倾向于将国际分销活动进行标准化，但在实践中会遇到很大困难，困难之一是不一定在目标市场国家都寻找到合适的中间商，之二是各有关国家营销环境存在差异。例如，外国企业如果要将肥皂销往日本，就得通过世界上最为复杂的分销系统，涉及总批发商、专业批发商、区域批发商、当地批发商、零售商。这样长的分销渠道使消

费者所付价格比进口价格高了2～3倍，同样的肥皂进入非洲，企业只要通过进口批发商、批发商以及当地市场的小商贩就可将产品送达最终用户手中。

因此，分销渠道模式很难实行国际标准化。在分销渠道设计中，目标市场国的经营者们应启用在当地行之有效的分销系统。各国都有其独特的分销系统，它们反映了相关国家的文化、经济和法律环境，并经过了长时间的发展，因而加以改变的余地不大。

第三节　国际分销渠道的选择策略

国际分销渠道选择策略是一种综合性的决策，不仅包括确定渠道模式的决策，还包括渠道内具体中间商的选择决策。

一、国际分销渠道的长度选择策略

国际分销渠道的长短是相对而言，由是否选用中间商，以及选用多少中间商构成几个中间环节来决定。没有中间环节的分销渠道是最短的，而包括所有中间环节（代理商、批发商、零售商、出口商、进口商）的分销渠道是最长的。

（一）长渠道与短渠道的选择决策

直接分销渠道是国际化经营企业直接向最终消费者或用户出售产品而不经过任何中间环节的分销渠道，是最短、最原始的分销渠道。选择这一策略，一般是从节约费用降低损耗等角度来考虑的。在生产者与消费者两端增加中间商，即为间接分销渠道。选择间接分销渠道的原因从根本上看是取决于产品不适合生产者直接向用户出售。目前多数满足国外市场需求的商品都是通过间接分销渠道完成流通过程的。

从加快产品流通速度、减少损耗、降低费用角度考虑，应采用短渠道策略。但从产品生产与消费或使用在时间和空间上的不一致，生产单一化与消费多样性等方面存在的矛盾上考虑，如果用中间环节过少的短渠道策略，建立的分销渠道会使商品难以顺利通过，从而造成渠道受阻，使费用增大。所以选择长短不同的分销渠道不仅要从取得最大经济效益角度出发，还要从解决生产、消费的矛盾上多加考虑。

（二）中间商的选择

当决定采用间接分销渠道策略后，就必须考虑如何选择中间商。在选择中间商时应考虑中间商的服务对象与本企业的产品所需达到的市场是否一致；中间商的地理位置是否方便顾客购买；中间商是否有利于本企业在竞争中取得优势；中间商的各种资源条件与其将在渠道中所承担的作用是否相符；中间商的管理水平和经营方式；中间商的信誉程度等。

二、国际分销渠道的宽度选择策略

分销渠道的宽度取决于在渠道中间环节上中间商数目的多少，中间商数目愈多则渠道愈宽。国际化企业选择分销渠道的宽窄一般经常使用三种策略。

(一)密集性分销渠道

密集性分销又称为广泛性或普通性分销。采用这种策略的具体表现是,国际企业选用尽可能多的中间商经销自己的产品,使产品在目标市场有铺天盖地而来之势,达到使自己产品品牌路人皆知和随处可买,最广泛地占领目标市场的目的。密集型分销渠道,多见于消费品领域中的便利品,比如牙膏、牙刷、饮料等。

采用密集性分销策略的国际化企业必须充分预计到,与其合作的每个中间商可能同时经销几个厂家、多种品牌的产品,使得他们不可能为每一产品的促销提供如广告宣传、人员促销等手段过程中发生的费用,这就要求企业在经济上向其提供一定的支持,使企业的渠道费用增加,因此从经济成本角度看密集性分销所产生的费用较大。同时,由于中间商数目众多,企业很难控制渠道行为,这些都是采用密集性分销策略将会给企业带来的不利之处。

(二)选择性分销渠道

选择性分销是国际企业从愿意合作的众多企业中选择一些条件好的批发、零售企业作为自己的中间商经销自己的商品。与密集性分销相比,选择性分销渠道可以集中地使用企业的资源,相对节省费用并能较好地控制渠道行为,企业可以获得更多的利益。

但是,这一策略也不是尽善尽美的。其市场渗透力要低于密集性分销渠道策略。国际化企业决定采用该策略时应考虑到,中间商是否能提供良好的合作。愿意参与渠道协作的中间商数目的多少与国际企业的实力密切相关。中间商非常关注国际企业能为其提供多少市场畅销的产品,在供货方式、价格上给多大优惠,在诸如采用广告宣传等措施所需用的费用上给予多大的支持等,国际企业能做出多大承诺。

(三)独家专营分销渠道

由于产品本身技术性强,使用复杂而独特,所以需要一系列的售后服务和特殊的推销措施相配套,使国际企业在一个目标市场只选择一个中间商来经销或代销它的产品。国际市场如汽车、家用电器、计算机和办公设备、照相器材等产品的许多生产企业都采用这种策略在世界许多国家或地区建立分销网络。采用这一策略的生产企业必须与被选中的独家经销商签订协议,协议保证作为独家经销商只能经销本企业的产品,不得同时经销其他厂家的同类产品,而生产企业必须常常在产品供应、运输和管理技术等方面给经销商以特殊的便利条件或支持。

采用独家分销策略可使国际企业十分容易地控制渠道行为。但是,采用这种策略会使国际企业与独家经销之间的互相依赖性大大增强,如果经销商经营失误,会使国际企业失去一条分销渠道,甚至失去一个目标市场。

三、影响企业选择国际分销渠道的因素

企业在选择国际分销渠道时一般要考虑六个因素:成本(Cost)、资金(Capital)、控制(Control)、覆盖(Coverage)、特性(Character)和连续性(Continuity)。这六个因素被称为分销渠道的六个"C"。

(一)成本

包括开发渠道的投资成本和维持渠道的持续成本。在这两种成本中,维持成本是主要的、经常的。它包括维持企业自身销售队伍的直接开支,支付给中间商的佣金,物流中发生

的运输、仓储、装卸费用，各种单据和文书的费用，提供给中间商的信用、广告、促销等方面的维持费用，以及业务洽谈、通讯等费用。支付渠道成本是任何企业都不可避免的，营销决策者必须在成本与效益间作出权衡和选择。如果增加的效益能够补偿增加的成本，渠道策略的选择在经济上就是合理的。较高的渠道成本常常是企业开拓国际市场的重要障碍。评价渠道成本的基本原则是以最小的成本达到预期的销售目标。

（二）资金

这是指建立分销渠道的资本要求，如果制造商要建立自己的国际市场分销渠道，使用自己的销售队伍，通常需要大量的投资。如果使用独家中间商，虽可减少现金投资，但有时却需要向中间商提供财务上的支持。通常情况下，资本不是渠道设计的关键因素，除非企业的业务正处在不断扩展阶段，或者建立自己投资的国际分销渠道，而其他几个因素才是左右渠道设计的关键。

（三）控制

企业自己投资建立国际分销渠道最有利于渠道的控制，但相应增加了分销渠道成本。如果使用中间商，企业对渠道的控制将会相对减弱，而且会受各中间商愿意接受控制的程度的影响。一般来说，渠道越长、越宽，企业对价格、促销、顾客服务等的控制就越弱。渠道控制与产品性质有一定的关系。对于工业品来说，由于使用它的客户相对比较少，分销渠道较短，中间商较依赖制造商对产品的服务，所以制造商对分销渠道进行控制的能力较强。而消费品则由于消费者人数多、市场分散，分销渠道也较长、较宽，制造商对分销渠道的控制能力较弱。

（四）覆盖

渠道的市场覆盖面，是指企业通过一定的分销渠道所能达到或影响的市场。营销者在考虑市场覆盖时要注意三个要素：一是渠道所覆盖的每个市场能否获取最大可能的销售额；二是这一市场覆盖能否确保合理的市场占有率；三是这一市场覆盖能否取得满意的市场渗透率。市场覆盖面并非越广越好，主要看其是否合理、有效，能否给企业带来好的效益。从事国际市场营销者在进行国际市场分销渠道设计时，必须考虑自身的企业特性、产品特性及营销企业的性质，即在考虑市场覆盖时还必须考虑各类、各个中间商的市场覆盖能力。对于大中间商来说，尽管数量不多，但市场覆盖面却非常大；中小中间商虽然为数众多，但单个中间商的市场覆盖面却非常有限。

（五）特性

营销者在进行国际市场分销渠道设计时，必须考虑自身的企业特性、产品特性以及东道国的市场特性、环境特性等因素。

(1)企业特性。企业特性涉及企业的规模、财务状况、产品组合、营销政策等。一般来说，企业的规模越大，越容易取得中间商的合作，因此，可选择的渠道方案也越多；如果企业的财务状况好、资金实力强，可自设销售机构，少用中间商，反之主要借助中间商进入国际市场；企业的产品组合种类多、差异大，一般要使用较多的中间商，如果产品组合中产品线少而深，则使用独家分销比较适宜。企业的营销政策也对分销渠道的选择产生影响，如果企业奉行的是快速交货的客户政策，就需要选择尽可能短的分销渠道。

(2)产品特性。产品的特性如标准化程度、易腐性、体积、服务要求等对渠道战略决策和设计具有重要影响。如对鲜活、易腐产品等，应尽量使用较短的分销渠道；单位价值较低的产品、标准化的产品，分销渠道可相应地长一些；技术要求高，需要提供较多客户服务的产品，如汽车、机电产品等，较宜采用直销的方式：原材料、初级产品一般宜于直接销售给进口国的制造商。

（3）市场特性。各国的市场各有其自身的特性，包括市场特征、顾客特性、竞争特性、中间商特性，等等。市场特征，这里主要分析市场集中程度即市场与顾客在地理上的集中或分散程度，如果市场集中，可采用短渠道或直销渠道。反之则采用间接或长渠道。顾客特性对分销渠道的设计有重要影响。因为各国顾客的收入、购买习惯及购买频率等千差万别，要求采取不同的分销渠道。从顾客的购买习惯和购买频率来看，日用品一般是就近购买，可采用较广泛的分销渠道。对于特殊品，顾客一般是向专业商店购买，则不宜采用广泛的分销渠道。如果市场中顾客购买某种商品的次数频繁，但每次购买数量不多，宜采用中间商。如果顾客一次购买批量大可采用直接渠道。

在国际市场营销中，必须认真研究东道国的分销体系并与本国和其他国反复比较，选择适宜的中间商。如日本的分销渠道是世界上最长、最复杂的，并且零售商总是期望退货可以被完全接受，以及大量融资和定期送货上门服务。竞争者的分销渠道是渠道决策需考虑的另一重要因素。国际市场营销者对付竞争者的分销一般采取两种策略：第一是建立能与竞争对手相抗衡的分销渠道体系。日立公司拥有1000个特许零售商和一支与几百家摩托车商店和其他设备有业务联系的销售队伍。为与其竞争，IBM公司在公司系统外招聘了60多个中间商来为顾客销售其产品。第二是采取与竞争对手不同的分销方式，以获得竞争优势。

（4）环境特性。就法律环境而言，东道国的法律和政府规定可能限制某些销售渠道，如美国的克莱顿法律禁止某些实质上减少竞争或造成垄断的渠道安排。如一些发展中国家规定某些进出口业务必须由特许企业经办，有些国家或地区规定要对代理商征收代销税。就经济环境而言，当一国经济衰退时，一般可能采用短渠道，以低价格将产品尽快销售给最终消费者。

（六）连续性

保持渠道的连续性是营销者的一项重要任务。分销渠道的连续性会受到三个方面力量的冲击：第一是中间商的终止，因为中间商本身存在一个寿命问题。由于某些中间商机构的领导人及原业务人员的更迭而变更经营范围，甚至由于企业经营不善而倒闭等引起寿命缩短。第二是激烈的市场竞争。当竞争激烈及商品销路不佳，或者利润较低时，原来的渠道成员可能会退出。第三是随着现代技术尤其是信息技术的不断变革，以及营销上的不断创新，一些新的分销渠道模式可能会出现，而传统的模式因此而失去其竞争力。因此，企业必须维护分销渠道的连续性。为此需要做好以下方面：

（1）要慎重地选择中间商，并采取有效的措施提供支持和服务，同时在用户或消费者中树立品牌信誉，培养中间商的忠诚度。

（2）对已加入本企业分销系统的中间商，只要他们愿意继续经营本企业的产品，而且符合本企业要求，则不宜轻易更换，应努力与之建立良好的长期关系。

（3）对那些可能不再经营本企业产品的中间商，企业应预先作出估计，提前安排好潜在的接替者，以保持分销渠道的连续性。

（4）时刻关注竞争者渠道策略、现代技术以及消费者购买习惯与购买模式的变化，以保证分销渠道的不断优化。

第四节 国际市场分销渠道管理

在国际企业确定其分销渠道采用的组织形式后，就要对这一分销渠道进行管理，使渠道达到最大的运行效率。

一、国际营销分销渠道管理的含义

国际营销分销渠道管理，指国际化经营企业解决渠道中存在的矛盾，提高渠道成员的满意度和营销积极性，促进渠道的协调性和提高效率的行为。国际分销渠道的管理包括对中间商的业绩评估、激励、约束及各分销商之间的关系协调的过程。国际市场分销渠道一般长于国内市场分销渠道，这就增加了企业控制渠道的难度。

二、国际营销分销渠道管理的内容

国际营销分销渠道管理的主要内容包括：中间商的选择、对中间商的激励、对中间商的评估、对分销渠道进行评估、调整渠道成员等五个方面。

（一）中间商的选择

国际企业的分销渠道有哪些中间商参与，这实际上是一个"双向选择"的问题。中间商必须拥有畅销产品，才能立足于市场。因此他们要寻找制造这些畅销产品的生产企业，渴望成为其分销渠道的成员。国际企业要更好地将产品送至用户手中就必须建立相应的分销渠道，渠道的效率与中间商素质有很大关系，必须认真选取。选择经销商要广泛收集有关经销商的声誉、市场经验、产品知识、合作意愿、市场范围和服务水平方面的信息，确定审核和比较的标准。

选取前必须吸引众多中间商前来"候选"，吸引的条件是国际企业是否具有很高的声誉，是否拥有优质畅销产品。中间商的选择是一项艰难的工作，一旦误选其后果很难预料。国际企业必须先确定各种中间商应具备的条件，然后从符合这些条件的企业中择优选出所有中间商。选择中间商的标准主要有：中间商的营销历史长短、声誉状况、经营范围、销售能力、协作精神、从业人员的素质、企业开设地点、面对顾客的类型，等等。

（二）对中间商的激励

中间商选择好之后，分销渠道也随之建立，企业必须采用各种措施来充分调动它们经销企业的产品的积极性。中间商作为独立的经营者，有自己的营销目标，所以生产企业要随时克服自己利益与中间商利益不一致而产生的矛盾，更应采取各种措施来调整相互关系。例如给中间商取得较高利润的机会，提供优惠的供货条件，同时还可以考虑给中间商各种人员培训及给以其广告等促销活动费用上的经济支持。不少国际企业对中间商采取"胡萝卜加大棒"的赏罚策略，来不断地激励它们。

对分销中间商的激励不仅包括给予丰厚的报酬，还包括人员培训、信息沟通、感情交流、给中间商独家专营、共同开展促销等。在很多情况下，制造商只注重利益的刺激，如销售利润、折扣、奖赏、销售比赛等。如果这些未能发生作用，往往改用惩罚的办法，甚至中止双方的合作关系。高报酬的刺激方法的代价很高又不见得有很大的成效，制造商应更多地保持与中间商的沟通与联系，努力与其建立长久的合作关系。

（三）对中间商的评估

企业应使渠道中的所有中间商明确了解到中间商也处于一个优胜劣汰的竞争状态之中。国际企业应经常性地对分销渠道成员加以考查和评估，可以确立一些标准来加以对照衡量，如中间商是否接受配额、销售指标完成情况，是否努力完成既定目标，付款是否及时以及市场覆盖面、促销工作的合作情况等。通过这些指标的分析来发现问题，进行诊断和改进。根据已确定的标准进行评估，目的是随时对中间商加以必要的调整。对达不到规定标准的中间商应采取各种措施调动其积极性，或者逐步将其从渠道中排除。

（四）对分销渠道进行评估

对分销渠道的评估内容主要有三项：分销渠道已取得的经济效益是否达到渠道设计时的预计经济效益；企业对渠道的控制力是否与设计时企业应用的对渠道的控制力相符；分销渠道的应变能力。

企业对分销渠道进行评估的目的，是为营销决策者在制订继续利用现有分销渠道，还是废弃原有分销渠道重新设计并建立新的分销渠道决策提供准确依据。有时企业发现竞争对手建立起一个全新的分销系统来与自己展开竞争，而自己这时又处于明显的不利地位，企业也会作出废弃旧渠道，重建新渠道的决策。无论从何种角度来讲，完全废弃原有渠道的现象比较少见，更多的是改造和建立新的分销渠道。随着国际市场环境的变化，企业会更积极地寻找各种适合自己发展的分销渠道及渠道的组织形式，发现开辟新的分销渠道机会愈来愈显得重要，将成为国际企业分销管理的一项重要内容。

（五）调整渠道成员

国际分销渠道各成员之间既存在合作，又存在着矛盾和竞争，企业除了让各中间商了解企业本身的目标政策外，还应平衡各成员间的关系，彼此互相协调，共同受益。国际市场分销渠道的成员调整方法主要有：增减渠道或中间商以及改变整个渠道系统。后者的难度更大。

调整渠道成员是使国际企业的渠道成员要适合分销的实际需要，因此必须建立在渠道成员评价的基础上。当所有渠道成员的业绩欠佳时，通常是生产企业自身营销问题和选择标准发生了偏差，调整的对象重点是生产企业的营销，或是渠道成员的选择标准。对于部分成员业绩优异、部分成员业绩较差的情况，要进行具体分析，首先要看看是否有可能帮助他们提高业绩水平，如果断定其不适合作为本公司的渠道成员，再终止合作。

【知识链接】

日本的分销渠道

日本是高度发达的市场经济国家，但它的渠道结构却不同于欧美各国。日本的销售渠道被称为是世界上最长、最复杂的销售渠道。其基本模式是：生产者＋总批发商＋行业批发商＋专业批发商＋区域性批发商＋地方批发商＋零售商＋最终使用者。日本的分销系统一直被看做是阻止外国商品进入日本市场的最有效的非关税壁垒。任何想要进入日本市场的企业都必须仔细研究其市场分销渠道。日本的分销体系有以下几个显著特点：

(1)中间商的密度很高。日本国内市场的中间商密度远远高于其他西方发达国家。由于日本消费者习惯于到附近的小商店去购买东西,量少且购买频率高,因此,日本小商店密度高,且存货量小,其结果就是需要同样密度的批发商来支持高密度且存活不多的小商店。

(2)生产商对分销渠道进行控制。生产商控制分销渠道的措施主要有:①为中间商解决存活资金;②提供折扣,生产者每年为中间商提供折扣的名目繁多,如大宗购买、迅速付款、提供服务、参与促销、维持规定的库存水平、坚持生产者的价格政策等都会获得生产者的折扣;③退货,中间商所有没销售完的商品都可以退还给生产者;④促销支持,生产者为中间商提供一系列的商品展览、销售广告设计等支持,以加强生产者与中间商的联系。

(3)独特的经营哲学。贸易习惯和日本较长的分销渠道产生了生产者与中间商之间紧密的经济联系和相互依赖性,从而形成了日本独特的经营哲学,即强调忠诚、和谐和友谊。这种价值体系维系着销售商和供应商之间长期的关系,只要双方觉得有利可图,这种关系就难以改变。

(4)大规模零售商店对小零售商进行保护。为了保护小零售商不受大商场竞争的侵害,日本制定了《大规模零售商店法》。该法规定营业面积超过5382平方英尺(约500平方米)的大型商店,只有经过市一级政府批准,才可建造、扩大、延长开门时间或改变歇业日期。所有建立"大"商场的计划必须首先经过国际贸易工业省的审批和零售商的一致同意,如果得不到市一级的批准及当地小零售商的全体同意,计划就会被发回重新修改,几年甚至10年以后再报批。该法限制了国内公司与外国公司在日本的发展。除了《大规模零售商店法》以外,还有许多许可证条例也对零售商店的开设进行限制,日本和美国的商人都把日本的分销体系看做是非关税壁垒。

(5)日本分销体系的改变。20世纪60年代以来,由于在美日结构性障碍倡议谈判中,日美两国达成的协议对日本的分销系统产生了深远的影响,最终导致日本撤销对零售业的管制,强化有关垄断商业惯例的法规。零售法对零售店的设立条件有所放宽,如允许不经事先批准建立1000平方米的新零售店,对开业时间和日期的限制也被取消。日本的分销系统发生了明显的变化,传统的零售业正在失去地盘,让位给专门商店、超级市场和廉价商店。日本分销体系的改变也有利于外国产品进入日本市场。

资料来源:豆丁网 http://www.docin.com/p－10812759.html.

复习思考

1. 长渠道与宽渠道的含义是什么？它们有何区别？

2. 密集性分销策略与独家分销策略、选择性分销策略三者之间的区别是什么？

3. 直接营销渠道的优缺点有哪些？

4. 国际企业分销渠道管理有哪些重要内容？

案例分析

越美集团的国际化之路

越美集团有限公司是浙江绍兴一家拥有自营进出口权的综合性企业。主要经营纺纱、织布、印染、刺绣等产业，下属境外销售公司6家，境外生产型企业2家，境外纺织工业园1家。集团目前总资产20多亿元，其中境外总投资7246万美元。

迥异于许多国内纺织企业青睐欧美市场，越美集团近几年来一直深耕非洲，并且成绩斐然。

越美在尼日利亚的纺织工业园是非洲第一个纺织工业园。由集团投资5000万美元设立的越美(尼日利亚)纺织工业园严格按照纺织业的厂房标准及配套设施建设，将形成集纺纱、织造、绣花、针织、成品服装于一体的完整产业链。与此同时，越美将以工业园区作为招商平台，从清关到园区管理，为入驻园区企业提供全套的服务。

远征非洲市场"掘金"的成功让越美一直保持着高速的成长:2008年，越美的销售收入已达21亿元。然而，就在8年前，这个数字还不到4000万。

尼日利亚有着世界第二大洲最多的人口，纺织品(布料)消费是最大的消费方向，但当地的纺织制造业却相当薄弱，80%纺织产品依靠进口。越美集团在尼日利亚的发迹是从2000年开始的，越美最初在这里办的是贸易公司，从事批发生意。经营过程中发现由于供求严重失衡，这里完全是卖方市场，印花布引发了当地批发商的大量抢购，有一次居然在一天之内涨价七次之多。

熟悉尼日利亚的人都知道，当地人穿衣是"三块布":头上包一块，身体裹两块。因此，这个国家对布料的需求巨大，然而，为了保护本国纺织业，从2004年开始，尼日利亚就严禁进口中国纺织品。再加上处于热带，布料容易霉烂，据估计，其布料需求量相当于五亿人口的国家。

2004年，经中国商务部和尼日利亚政府批准，越美投资100万美元，在尼日利亚卡拉巴保税区设立了第一家境外加工贸易生产企业——金美(尼日利亚)纺织品有限公司。企业在当地兴建厂房7000多平方米，招聘当地工人130多人，又从国内购买设备和聘用技术人员。近几年，集团不断追加投资，目前已累计投资1088万美元。2006年8月，又在西非塞内加尔投资500万美元，创建了第二家境外加工贸易企业。

"走出去"的越美突破了尼日利亚对纺织品进口的限制，并且还享受到了当地的免税和优惠政策。此外，由于非洲各国与欧美国家签订的国际贸易条约的存在，越美的产品得以畅通无阻地进入欧美市场。

在到非洲以前，越美也是做坯布的，做好以后就卖给印染厂，印染厂再卖给外贸公司，外贸公司卖给香港公司，香港公司再卖给尼日利亚的批发商。越美的利润率只有5%。一旦销售部门设到尼日利亚，一下子就剪掉了4个中间环节，公司2004年的利润率立刻上升到了40%，一些新产品甚至有100%的高额回报。更为重要的是，当地市场需要什么花色面料，越美几分钟就能知道，当天就能组织生产。在尼日利亚，越美还享受着作为保税区企业不受征纳税、关税、外汇等法律法规约束，外资设立与撤销变更自由，进出口畅通自由，不受配额限制以及产品出口享受高额退税奖励的待遇。

此外，投资办厂几年下来，越美也迅速带动了当地纺织产业链的完善和发展。由于订单多到忙不过来，集团将部分订单交给当地农户加工，当地农户借此发展了4000多台织布机，一年可增收4000多万元，同时带动了当地的棉纱贸易商、花版制作商、印染企业和仓储企业等各类企业发展。国内纺织企业的平均利润率是5%，经不起客商压价，越美有25%，空间大得多。在销售渠道完全被掌握在手中的同时，越美也规避了大量国际汇率波动的风险，甚至通过汇率上的调节，每年能增加收入2000多万元。

越美在获得了"走出去"的第一桶金后，陆续通过设立境外销售公司的方法来规避国内日益激烈的竞争，获得了较高的利润。目前，除尼日利亚外，越美集团已在俄罗斯、刚果、喀麦隆、迪拜、马里、安哥拉等国家和地区设立了销售公司。

资料来源：根据中国纺织网 http://www.texnet.com.cn 2010-02-06 整理.

问题与讨论：

越美集团的销售渠道变革说明了什么？

第十章　国际市场促销策略

学习目标

1. 了解国际市场广告策略；
2. 掌握开展国际公关的程序；
3. 掌握国际市场人员推销的结构与管理方法；
4. 了解国际市场营业推广的影响因素。

案例导入

喜力品牌形象的建立和传播

荷兰喜力啤酒公司由杰勒德·海内肯于1864年创建。1971年，弗雷迪·海内肯出任喜力公司总裁。在他的带领下，喜力公司由一个家族企业发展成为一个由家族控股的股份制公司集团。喜力啤酒进入欧洲其他国家，而且远涉重洋登陆北美、亚洲、非洲和拉美。2002年，香伦·德卡瓦略·海内肯继任公司总裁后，喜力公司在全球进行了多项并购交易。目前，喜力啤酒在50多个国家和地区与110多个啤酒企业联营，产品在超过170个国家和地区销售。这个拥有100多年历史的啤酒酿造商已经成为最具国际知名度的啤酒集团之一。喜力公司的第四代传人香伦·德卡瓦略·海内肯在2004年《福布斯》全球富豪排行榜上，以46亿美元列第94位。有效的整合营销传播是这位全球啤酒业巨人长盛不衰的法宝。

1999年，喜力在全球市场营销上所投入的费用高达公司年收入的14%，约为8.15亿美元。喜力巧妙地把啤酒与娱乐、体育有机结合起来，频繁地在各种国际体育赛事和音乐节上露面。在许多大型网球公开赛、音乐会及电影节中，人们都能看到喜力的绿色标识。喜力和它纯净晶亮而又充满活力的绿色体验正伴随着一次次赞助的音乐盛典、体育大赛而为全世界追求个性、追求新潮的生命所共享。

高收入人士是喜力所关注的主要目标顾客群。与目标市场的选择相对应，喜力对网球这一传统的贵族运动情有独钟。喜力赞助了澳洲网球公开赛、美国网球公开赛和戴维斯杯网球赛等赛事，在中国更从1998年开始创办上海喜力网球公开赛。喜力网球公开赛是中国首次举办的国际级网球锦标赛，云集了诺曼、张德培等国际一流选手，赛事的宣传使喜力品牌知名度大大提升。有统计数据显示，1998年喜力网球公开赛后，喜力啤酒的销量增加了30%。2002年夏季，喜力啤酒在中国台湾地区的销售业绩激增，达上年同期的3倍。

运用独辟蹊径、精耕细作的营销方案，喜力到达了又一个销售新高峰。

资料来源：http://www.zyjyrt.cn/archiver/? tid-407.html.

在现代国际市场营销活动中，企业不仅要拥有一流的产品、合理的价格、畅通的渠道，还需要与有力的促销手段相配合，国际促销已成为国际市场营销活动中一项必不可少的基本活动。

第一节　国际市场广告策略

一、国际市场广告的概念及发展概况

国际市场广告是国际企业以支持广告费用的形式，通过电视、广播、报纸、杂志等各种媒体，向国外消费者传播商品与劳务等信息的一种国际促销手段。与其他沟通方式相比，国际市场广告具有以下特点：广告刊登在大众传媒上，可以消除消费者的顾虑，增加信任，有利于产品顺利进入目标市场。同时，广告可以利用大众传媒广泛接触消费者，迅速扩大产品知名度。广告作为一种艺术表达形式可以用美或情感的表现力和感染力，表现企业和产品的价值以吸引消费者。

国际广告是随着国际贸易的发展而逐渐发展起来的。第二次世界大战后，世界政治形势发生了深刻变化，不同政治力量的抗衡为国际贸易的发展提供了相对稳定的国际环境。科学和信息技术的发展，全球经济一体化趋势的不断加强，世界商品经济的迅猛发展，都给国际广告业的发展带来了机遇和挑战。

当今世界已经形成一个大市场，各国都将国际贸易作为发展本国经济的主要手段。企业进入国际市场有间接出口和直接出口两种方式。间接出口包括进出口公司收购、进出口公司或国外机构代理出口；直接出口，就可以直接接受国外订货，直接与国外客户签订合同，直接参加国外投标，直接在国外寻找中间商和代理商，直接在国外建立销售机构。企业进入国际市场的方式的不同决定着国际广告的方式和方法。

企业走向国际化，商品要进入国外市场，首先是企业要对国外市场有充分的了解并且自身要有足够的财力和能力。一般来说，出口商品以国际市场营销组合策略为基点，从产品、价格、销售渠道、促销等几个方面综合考虑，广告仅是其促销战略的一个组成部分。

进入21世纪，全球广告支出增长速度有所放缓，一般估计，2007年世界范围内广告总支出在6000亿美元左右，预计到2012年将达7000亿美元。虽然面临2008年全球经济困难期，但每年增长4%仍然是可能的。在这一全球经济面临困难的时期，广告业将持续地进行重大的结构性调整。

表10-1和表10-2列举了国际广告支出最多的公司和产品类别。虽然在表中汽车公司占多数，但位居广告支出第一位的却是宝洁公司。从表中可以看出，多数产品类别和公司

的广告支出并没有增长。

表 10-1 全球广告主 20 强 （单位:100 万美元）

2006 年	2005 年	广告主	总 部	2006	百分比变化(%)
1	1	宝洁	辛辛那提	8522	4.1
2	2	联合利华	伦敦/鹿特丹	4537	8.1
3	3	通用汽车	底特律	3353	－17.4
4	5	L'Oreal	巴黎	3119	12.7
5	4	丰田汽车	日本丰田城	3098	9.1
6	6	福特汽车	迪尔伯恩	2869	8.5
7	7	时代华纳	纽约	2230	－13.8
8	10	雀巢	瑞士 Vevey	2114	0.2
9	8	强生	New Brunswick	2025	－13.2
10	9	戴姆勒一克莱斯勒	斯图加特	2003	－5.4
11	11	本田汽车	东京	1910	4.2
12	14	可口可乐	亚特兰大	1893	7.9
13	12	迪士尼	Burbank. CA	1755	－3.7
14	17	GlaxoSmithKline	Brentford，U. K.	1754	9.3
15	13	日产汽车	东京	1670	－6.2
16	19	索尼	东京	1620	5.4
17	18	麦当劳	Oak Brook. IL	1611	3.7
18	16	大众	Wolfsburg，Germany	1609	－0.1
19	21	Reckitt Benckiser	Slough，U. K.	1550	7.2
20	15	百事可乐	Purchase，NY	1530	－8.4

资料来源："21st Annual Global Marketers."Reprinted with permission from the November 19,2007,issue of Advertising Age. Copyright 2007 Crain Communications,Inc.

表 10-2 根据类别划分的广告主 100 强全球广告支出 （单位:100 万美元）

类 别	2006 年	百分比变化(相对于 2005 年)	份额(%)
汽 车	22195	－0.4	22.7
保 健	19526	6.2	20.0
媒体、娱乐	9538	－5.0	9.8
食 品	7793	2.0	8.0
药 品	7707	4.5	7.9
电子产品	4023	5.9	4.1
软饮料	3916	－0.6	4.0

续表

类 别	2006年	百分比变化(相对于2005年)	份额(%)
零 售	3576	6.6	3.7
洗涤用品	3571	7.5	3.7
餐 饮	3553	5.3	3.6
计算机	3247	0.7	3.3
电 话	2488	-15.8	2.5
金融服务	2433	-7.2	2.5
啤酒、葡萄酒和白酒	2050	-9.4	2.1
糖 果	1137	3.0	1.2

资料来源:"Special Report on Global Marketing."Reprinted with permission from the November 19, 2007, issue of Advertising Age. Copyright 2007 Crain Communications, Inc.

随着国际贸易的迅速扩大和增长,国际广告越来越受到各贸易国的重视。但因为国际广告业的发达程度,取决于各国或各地区的经济发展水平和国际贸易的发展状况。就目前的全球形势来说,发达国家或地区与发展中国家或地区之间的广告业发展却极不平衡。发达国家或地区的国际广告业高度发达,在全球国际广告业中占绝对优势。在世界排名前50名甚至前100名的广告公司,几乎清一色的都是发达国家或地区的广告公司。相比之下,发展中国家或地区的国际广告业却过于弱小,发达国家或地区对发展中国家或地区广告市场的全面进军,使得发展中国家或地区本来就很弱小的广告业,面临着更大的市场冲击和压力,并且随着国际广告业的整体发展和国际广告业务的日趋集中化,二者之间的差距将越来越大。

由于全球经济一体化趋势不断加强,作为国际贸易开路先锋的国际广告,也正有力地支持着发达国家或地区参与全球性的市场竞争,有力推进着发达国家或地区对发展中国家或地区的全面经济渗透。在这样的国际背景下,国际贸易的新格局、高科技的新发展与信息传播的新方式,都对国际广告的发展具有重大而直接的影响。

经济利益的驱动,使得国家和地区间的区域性市场壁垒与贸易障碍被突破,促进了世界区域经济集团化发展趋势,如欧洲统一市场的建立,北美自由贸易区的形成,环太平洋经济圈的出现等,而这最终又必将推进世界经济贸易一体化格局的形成。与此同时,中国、印度等发展中国家新的大商品市场的进一步开放,使全球性的市场变得更加复杂、竞争愈加激烈。

国际传播技术和传播媒介也获得极大发展。现代科学与技术的快速发展和应用,为全球人类建立了"天涯若比邻"的传播模式,电视、广播、传真、电脑的应用,使人们的联系更加密切。尤其卫星传播更加开拓了国际传播空间,是改变全球人类关系的最重要的工具,它代表着一种全新的沟通方式和信息传递技术,促进着全球人类一体化进程。

二、国际市场广告策略

国际广告策略是国际促销组合的主要组成部分,也是国际营销组合的一个不可或缺的要素。广告方案制订的目标是以尽量小的耗费发挥出最大的促销作用。

国际广告策略的主要内容包括:①设定广告目标;②决定广告的信息内容;③选择广告媒体;④确定广告预算;⑤确定广告效果评估的办法。

(一)设定广告目标

广告促销方案的第一步是制订广告目标,而广告目标与企业所做出的目标市场、市场定位及营销组合决策紧密相关。这些决策基本上决定了广告促销手段所要完成的任务,即在特定时期内对特定广告对象所要达到的沟通绩效水平。按沟通的直接目的可把广告目标分为提供信息、说服购买和提醒使用三种。

(1)告知性广告。此时的广告目标是建立初步需求,是企业在市场开拓阶段为迅速让消费者或用户了解产品的名称、性能、特点等而作的广告。目的是提高产品的知晓率,诱导早期购买。

(2)说服性广告。这是企业在产品生命周期的成长阶段所做的广告,目的在于介绍产品的实际使用效果,突出该产品的特色和用途,从而建立起对企业产品品牌的选择性需求。由于这种广告多在国际市场竞争激烈时使用,所以又称竞争性广告。说服性广告的目标是为特定的品牌培养选择性需求,因而某些说服性广告已变成比较性广告,即企业将其产品或服务与竞争者进行对比,通过与其他品牌的特定比较来突出自身的优势。今天的比较广告已随处可见,诸如百事可乐对可口可乐、汉莎航空公司对美国航空公司、奥迪汽车对奔驰和马自达汽车的比较广告大战已经尽人皆知。在世界各国,政府对比较广告的态度也不尽一致,英国、奥地利、瑞士等国允许使用比较广告;而法国、比利时、意大利和荷兰等国则禁止使用比较广告;德国法律虽规定有条件地允许比较广告存在,但比较广告在德国却极少见到。

(3)提醒性广告。这种广告对成熟的产品或处于衰退期的产品非常重要,目的是提示消费者不要忘记他们曾经购买或消费过的产品,刺激他们继续购买,加深购买者对产品的印象。通常适用于历史悠久的老产品、已经经销多年并处于成熟或衰退阶段的产品、因竞争激烈已由紧俏转为滞销的产品,比如美国杜邦公司、壳牌石油公司经常通过提示广告,宣传老企业的传统产品,以减弱人们的遗忘程度。提醒广告的另一种相关形式是强化性广告,目的是让购买者相信他们已经做出了非常正确的选择。

总的来说,广告目标应建立在对目前市场营销情况透彻分析的基础之上,广告所表达的思想应是一个循序渐进的深入过程。

(二)决定广告的信息内容

从事国际营销的企业首先面临信息内容表达方式的选择。不同国家对创意表现形式的接受程度、喜爱程度有所不同。例如,电视广告的诸多类型中,幽默诉求广告(appeals to humor)是在英国最受欢迎的类型。研究显示15%～20%的发达国家电视广告包含某些幽默因素,到了英国,这个比例还要高出许多,大约1/3以上的广告选择了幽默的形式。西方电视广告的创意特点是常用“反说法”和“异现法”。英国著名Stella Artois啤酒广告靠着机智和大笔预算,在宣传品牌时将其定位为“保证很贵”,以此加深观众对产品质量的信赖;美国不粘锅广告,只在画面上显示煎鸡蛋在锅中流通汁液到成形的全过程,最后一个画面是此锅的商标。画外音讲:这种最好的不粘锅,只能粘住“银石”商标。异现法是广告制作者以丰富的联想为构思想象的前提,打破常规思维,创造出一种出人意料的广告语言。如啤酒广告,国内以亲友聚会和喝酒为主,而英国某品牌啤酒广告用网球球童不间断地来回往返跑(像网球比赛快速取球一样)取空瓶来引出该品牌啤酒在酒吧的盛行。

在决定广告信息的内容时遇到的另一个问题是内容一体化与本土化的问题。国际广告的一体化策略和本土化策略,各有其理论基础。

所谓一体化策略,就是以统一的广告主题和内容、统一的创意和表现,在各目标市场的国家和地区实行一体化的信息传播。它认为尽管各国的文化差异是显著的,但人性是共通的,人人都具有对美、健康、安全等等的需要。世界正趋向于一体化,使人们也拥有了更多的共同需要和喜好,国际广告的一体化正顺应了这一历史潮流。依靠一体化策略取得成功的经典案例有万宝路、可口可乐、麦当劳等。

所谓本土化策略,就是根据目标市场的国家和地区的特点,采用有针对性的广告策略,制作具有不同广告诉求、广告创意和广告表现手法的广告作品。它是基于各国文化的差异性,认为国际广告活动只有遵从各目标市场区域的文化、国民心理等方面的特异性,才能使广告所传达的信息更易于为目标受众所接受。本土化策略实施的杰出代表有美国的宝洁公司、日本的松下电器等。

从国际广告的历史发展来看,国际广告运作正逐渐由早期的分权管理走向统一管理。即从 20 世纪 60 年代以来,越来越多的国际广告是由公司总部统一制订广告策略,再由各目标市场分部统一执行。1983 年,美国著名学者李维特发表的《市场全球化》一文,主张在国际市场趋于大同的时代背景下应推行国际广告划一策略,引起国际广告界的高度重视,加速了国际广告一体化策略的推广。

无论是一体化策略还是本土化策略,在具体的实施过程中,如果过分强调本土化,则将造成广告信息的分散和损耗,不利于建立统一的品牌形象;而过分强调一体化,广告信息又会难以被各目标市场国所接受。国际一体化策略有利于建立全球性的产品形象、品牌形象、企业形象,而且便于执行。但实施国际广告一体化策略是有前提条件的,那就是广告的产品自身的特点,即它必须具备世界性的共同主题,能符合各地消费者较一致的需求和期望。如万宝路、可口可乐、麦当劳这些产品本身就具备了实施一体化广告策略的先决条件。在具体实施过程中,由于各目标市场国实际存在的差异性,国际广告一体化更多的是广告主题和广告基本模式的一体化,就是广告总部统一提出广告信息传播的主题和原则,确定广告的基本模式,由各市场国分部根据当地的具体情况来执行和实施。这实际上是一体化策略和本土化策略的融合与变通。

【知识链接】

"我就喜欢"回归健康

近年来,日益流行的健康理念使得消费者对快餐的好感不断下降,一些营养学家将美国肥胖人群增多归咎于快餐。在 2004 年上映的纪录影片《超级汉堡王》中,导演摩根斯普尔洛克甚至连续 30 天三餐只吃麦当劳的食物,以掩饰食用过量快餐对人们健康的影响。迫于舆论的压力,肯德基、麦当劳相继举起"健康食品"的大旗。

2001 年,James Cantalupo 掌握麦当劳后,全力推动"麦当劳更新计划",其主旨就是扭转麦当劳在消费者心中"垃圾食品"的形象,使其成为"卫生、健康、生机勃勃的生活方式"的同义词。之后又推出全球统一的促销活动:"我就喜欢"(I'm lovin'it),取代 2002 年开始进行的以"微笑"为主题的营销活动,以重拾过去的辉煌。

2003年9月2日，麦当劳公司在德国慕尼黑宣布正式启动"我就喜欢"品牌更新计划。这是麦当劳公司第一次同时在全球100多个国家联合起来用同一组广告、同一种信息进行品牌宣传。新广告为麦当劳树立起前卫、时尚的崭新形象，随着"超级男孩"贾斯汀主唱的广告曲在青少年中的流行，人们逐渐接受了广告传达的信息：光顾麦当劳不仅是因为它便宜，而且是因为"我就喜欢"。

资料来源：郭国庆.国际营销学.北京：中国人民大学出版社，2008.

（三）选择广告媒体

几乎每个比较大的国家都拥有基本相同的媒体，尽管如此，还需要具体考虑到不同国家之间存在的不同问题和差异。在国际广告中，广告人员必须考虑可以利用何种媒体、费用、覆盖范围、是否合适等问题。媒体行业不断的竞争也要求相关决策要慎重考虑。例如，紧靠高速公路的广告牌不能包含多段文字。而且新近的研究表明，媒体的有效性因文化和产品种类的不同而不同。如果当地差异很大，又缺乏市场信息，就应当格外注意。随着媒体公司的形成和合理化，大型跨国公司开始意识到沟通渠道计划的重要性。事实上，媒体巨头迪士尼和美国在线—时代华纳等的覆盖面愈来愈广，跨国公司有必要重新思考与媒体服务商的关系。

世界各国的广告媒体种类很多，而且随着现代科学技术的发展，新的媒体还在不断出现。一般来说，主要的广告媒体有：

(1)报纸。在一些国家，报业苦于缺乏竞争，而在另一些国家，却又因为竞争过于激烈而苦苦挣扎。美国大多数城市只有一两份大的日报，但是在很多国家却有很多报纸，因此广告主即使想覆盖部分市场也很困难。乌拉圭只有300万人口，却有21家日报，总发行量达553000份。土耳其有380家报纸，广告主必须考虑每一份报纸的政治立场，才能保证产品的声誉不会因为和不受欢迎的立场有关而受到伤害。日本只有5家全国性的日报，但是出版日文报纸太复杂，因而每份日本报纸只有16～20个版面。广告主必须通过关系才能买到广告版面，据说日本最大的报纸《朝日新闻》每月要拒绝大量的广告客户，从而每月失去100多万美元的广告收入。

(2)杂志。国际广告主使用外国消费杂志的比例非常低，其原因有很多。发行量大或者能够提供可靠的发行数目的杂志寥寥无几。为了促进出口，专业杂志被广为使用，但是和报纸一样，纸张的缺乏给广告的编排造成了困难。媒体规划者常常面临这样一些大杂志，这些杂志接受的广告是他们所能安排的两倍，然后在付印前，通过摸彩的方式决定哪些广告可以刊印。

(3)广播和电视。可能是由于其固有的娱乐价值，广播和电视已经成为大多数国家的主要传媒。大多数人口较密集的地区都有电视播放设施。在某些市场如日本，几乎所有人都迷恋电视，因此为广告主找到了无数的观众。在中国的大城市，几乎所有家庭都拥有电视机，大多数成年人每天都听广播、看电视。在电视设施发达的国家，广播在媒体竞争中已经被置于从属的地位。然而在很多国家，广播是唯一能接触大量人口的媒体，因而是特别重要的广告媒体。

(4)卫星和有线电视。卫星电视的成长和发展使得它在电视广告中的地位越来越重要。总部设在英国的一家商业卫星电视台"空中频道"通过有线电视用户把节目和广告带进欧洲大部分国家。收看卫星电视的技术很简单,每个家庭只要有一支350美元左右“盛菜用盘子大小的”碟型天线就行,这大大增加了每一条信息的覆盖面和影响整个欧洲的能力。电视覆盖面的扩大对广告主的创造力提出了挑战,而且更加强调全球标准化的信息。表10-3为比较有线电视、卫星电视和互联网在几个国家的渗透率情况。

表10-3 若干国家的媒体渗透率 (单位:1 000人)

国 家	彩色电视	有线电视	卫星电视	电 话	互联网用户	日 报
美 国	871	255	284	645	621	196
加拿大	707	253	280	548	707	168
阿根廷	326	163	169	237	206	40
德 国	675	251	283	668	513	291
波 兰	229	94	117	332	368	102
以色列	342	190	258	420	647	250
南 非	177	58	96	97	93	25
中 国	350	75	57	318	144	59
日 本	785	193	182	455	538	566
澳大利亚	722	76	102	574	770	161

资料来源:Euromonitor,World Bank. World Development Indicators. 2008.

(5)直接邮寄。在越来越多的国家,直接邮寄是一种可行的媒体,当其他媒体难以利用时,它尤其重要。例如在智利,因为发信者只付一部分邮资,收件人必须为每一件物品支付其余的邮资,所以直接邮寄广告几乎不可能作为一种有效的媒介。毫无疑问,广告主不能迫使顾客支付他们不想要的广告费用而疏远顾客。尽管直接邮寄广告有一定的限制,很多公司仍然发现这是抵达目标市场的很有意义的方法。读者文摘协会曾经在墨西哥利用直接邮寄广告,成功地销售其杂志。

(6)互联网。尽管仍然处于形成过程中,互联网正在成为一种有效的广告媒体,公司在选择媒体时应把互联网考虑在内。在企业与企业通过商品目录和产品进行沟通和促销中,互联网的使用正迅速受到很多人的欢迎。因为许多公司已经联网,所以互联网可以到达很大一部分企业与企业之间的市场。

(7)新社交媒体。口头广告和同事推荐往往会是影响品牌选择的重要因素。不过,互联网的威力改变了口头宣传的速度和影响范围。社交媒体(如社交网络、博客、拟真世界、视频分享等)可以成为强有力的营销工具。

(四)确定广告预算

从事国际营销的企业面临的最困难的问题之一,就是决定到底在广告方面投入多少费用。主要困难在于很难确定广告支出的增加或减少到底对收益有多大的影响。销售额的增长或利润的增加,是企业各部门共同努力的结果,企业很难算出这里面广告的贡献有多大。尽管如此,国际企业营销实践还是摸索出了一些较为实际的方法,主要方法有:量入为出法、销售比例法、竞争对等法、目标任务法。

另外,不同行业的广告费支出有所不同,相对而言,汽车、银行、IT、日化、食品等行业的广告支出会大一些，国际性大公司的广告费投入会大一些。例如，宝洁注重在营销上增加投入是其一贯的做法，2004 年宝洁的广告费是 55.04 亿美元，占净销售额的 10.7%，比 2000 年增长 45%。在美国国内，据《广告时代》杂志的年度报告，2004 年通用汽车公司仍然是美国广告花费最多的公司，为了促进自己轿车和卡车的销售，通用在 2004 年的广告费用为 40 亿美元。

(五)确定广告效果评估的办法

规划和控制广告的关键是对广告效果的衡量。合理的广告促销应先在一个或几个城市开展小规模广告活动，评价其效果，然后再投入大笔费用在全国范围内铺开。广告效果衡量包括沟通效果和销售效果衡量两个方面。

1. 沟通效果衡量

这是指广告是否有效地将信息传递给了消费者。沟通效果的衡量可分为事前测试和事后评估。事前测试有直接评分法、组合测试法和实验室测试法；事后评估是在广告发布后对消费者进行的测试，一种是回忆测试，另一种是识别测试。

2. 销售效果衡量

衡量沟通效果可以帮助企业了解广告传递信息的结果，但却无法揭示其对销售额的影响，那么销售效果衡量就是直接评估广告使销售额增加了多少。这比沟通效果的测量更为困难，因为销售额的增长不仅受制于广告，而且受到其他各种因素的影响，如产品、价格、收入、渠道等，衡量效果的难度取决于影响因素的多少。比如直销方式下销售效果比较容易衡量，而在运用品牌广告或企业形象广告时，销售效果就很难衡量。对销售效果的衡量通常可采用历史分析法和实验分析法。

三、国际广告代理制度

广告代理商是通过为客户制作和安排广告向客户收取佣金的企业组织。国际营销的大部分功能都由企业内部员工完成，但国际广告却常常依赖广告代理商。因此，在国际广告决策中，营销人员面临的一个重要课题就是如何选择广告代理商。可供营销人员选择的方法通常有两种，即当地的广告机构和跨国的广告机构。

(一)当地的广告机构

在不同的广告投放地区选择不同的广告机构，对广告的效果有很大优势。当地的广告机构一般对本地的文化背景等比较熟悉，所制造的广告能更符合当地政府的要求，也便于当地消费者接受，因此能为公司产品树立很好的民族形象。如美国国际商用机器公司在国外市场采用当地广告机构，树立了本公司为当地优秀公民的形象。

(二)跨国的广告机构

有些企业在进行国际营销时，在不同的国家选择同一跨国广告机构的当地分支机构为自己提供广告的设计制作和代理服务。跨国广告机构因为多年的经营一般在各国有多方联系，这对没有国外分销机构的企业来说是难得的资源。同时，跨国广告机构在广告设计制作技术上经验比较丰富，可以制造出高质量的理想广告。采用跨国广告机构可以兼顾企业和产品在世界范围内的统一形象。另外，企业同单一的广告机构交流比起与多家当地广告机构的交流要容易控制。

第二节　国际公共关系策略

一、国际公共关系的概念

公共关系(Public Relations,简称公关或 PR)作为一个重要的市场营销工具,是指一个企业或组织为了搞好与公众的关系,增进公众对企业的信任和支持,树立企业良好的声誉和形象而采取的各种活动和策略。公共关系也被称为“塑造企业形象的艺术”。其实质是一种促销手段,其最终目的是促进和提高企业的产品销售。因为良好的公众关系,可以保证企业经营的稳定性和较强的凝聚力。同时也会受到消费者的青睐,提高企业的销售业绩。

国际公共关系则是指企业在国际市场上开展的公共关系活动,是一种通过信息沟通创造“人和”的艺术。

与国内营销相比,国际营销的公共关系更为重要。国际企业作为外国企业在东道国生产或经营,不如其东道国本国企业容易被当地顾客和政府所接受,因而搞好公共关系是国际企业需要完成的一项重要任务,特别是对于那些在东道国准备长期经营下去的国际企业来说,公共关系可能会成为决定企业经营成功的关键因素之一。1978 年之前,美国可口可乐公司一度垄断印度市场,但是由于与政府的关系没有处理好,在印度政府的压力下,可口可乐公司不得不退出印度市场。后来百事可乐公司却通过各种公关策略,成功地占领了印度市场。国际营销中,这种公共关系影响经营成败的例子屡见不鲜。

二、国际公共关系的内容和任务

国际公共关系是一种间接的促销手段,既不局限于企业和顾客间的关系,也不局限于单纯的宣传报道,它本身拥有多种活动,主要为了同社会公众建立起良好的关系来促进企业的长远发展。国际公共关系的主要内容包括如下方面。

(一)创造和利用新闻

公共关系部门可编写有关企业、产品的新闻,或举办活动以吸引新闻界和公众的注意,借机扩大影响,提高知名度。

(二)开展各种社会活动

国际企业可通过开展丰富多彩的活动来提高企业及产品的声誉。这种活动可以是展览会、研讨会,也可以是有奖比赛、纪念会等。此外企业还可以开展一些有意义的赞助活动,如在中国经营的一些外国企业纷纷向“希望工程”等公益事业捐款,以博得公众的好感。日本丰田汽车公司赞助“丰田杯”足球赛,使丰田公司的名字传遍全世界。

【知识链接】

赞助“创意英国”

2003年,“创意英国”活动在中国正式启动,这是一项由英国文化协会和英国政府主办的活动,旨在展现英国的最新创意与创新精神,为当代英国的创造与革新思想提供一个更为广阔的发展空间,让中国更好地了解现代英国。该项活动共有五个赞助商:百安居、BP、葛兰素史克公司、壳牌公司和泰晤士水务,共投入5000万英镑,活动完全是公益性的,大部分免费向公众开放。

葛兰素史克是“创意英国”活动中的五名赞助商之一,同时也是“DNA50周年”项目的主要赞助人。通过赞助支持“创意英国”系列活动之一“DNA50周年”巡展,葛兰素史克让更多人熟悉了他们领先的研究领域和医药方面的专长。葛兰素史克还展示了它对中国的承诺,展示了它在科学、创新和新药品领域保持优胜的决心。

资料来源:郭国庆.国际营销学.北京:中国人民大学出版社,2008.

(三)编写和制作各种宣传材料

这些材料主要是介绍企业或产品的业务通讯、期刊、录像带、幻灯片或电影等公众喜闻乐见的宣传品。

(四)加深公众印象的其他办法

如为了树立企业形象,培养目标顾客的偏好,企业可确定具有个性和特色的企业名称或产品名称;设计企业独特的标志,建造具有特色的厂房、办公楼;统一员工制服;印制专用信笺、信封、名片等。

国际市场公共关系任务与目标市场所在的国家或地区,企业在国际市场所处的地位,产品性质,经营范围,进出口的复杂程度,市场供求和竞争状况,企业面对的外部宏观环境,以及本国的对外贸易政策等密切相关。其任务主要体现在以下几个方面:信息收集、宣传企业、加强企业与公众之间的沟通、企业形象维护。

企业通过一系列公关活动沟通与国外公众之间的感情,向外国公众提供信息并进行交流,使目标市场国的社会成员了解、信任、关心和支持本企业,提高产品及企业的国际知名度,在有关国家乃至国际市场上树立起企业的良好形象。

三、国际公共关系策略

在实际的营销工作中,企业需根据不同时期,具体的主客观条件,确定公共关系的具体目标和策略。

(一)导入型公共关系策略

适用于企业初建时期或新产品投入期。这时公共关系的主要目的是尽快提高企业和产品的知名度,形成目标市场公众对企业和产品良好的第一印象。公关工作的重点在于宣传、沟通、向公众介绍企业及其产品或服务,使公众对企业、企业的新产品或服务有所认识、引起兴趣,争取有尽可能多的公众了解、信任、支持企业和产品。导入型公关一般可借助开业庆典、开业广告、新产品展销、新服务介绍、免费试用、免费招待参观、赠送宣传品、折价酬宾、社区活动等形式来进行。

(二)稳定型公共关系策略

稳定型公关策略的目的在于与公众保持长期的、稳定的、良好的相互关系。具体的实施策略有:

(1)通过优惠服务和感情联络来维系与公众的关系。就是通过提供各种优惠服务吸引目标公众的再合作。如企业对购买企业产品超过一定数量者免费赠送一定价值的礼品或服务等。这种做法适用于已经建立了业务往来的组织和个人。

(2)保持企业和产品一定的提及率。如定期广告、组织报道、提供新闻片等,以使公众不至于淡忘企业。这种做法不是直接宣传企业、促销产品,而是以低姿态的宣传为主,公众在不知不觉中了解了企业的情况,有利于加深其对企业及其产品的印象。

(3)参与或组织一些影响较大的公关宣传或活动。如捐资助学、资助文体活动和社会公益活动等,进一步强化企业的良好形象,更好地维系与公众的关系。

在实际中,企业可以单独采用一种方法,也可以将不同方法加以组合运用。如可通过某一公关活动,提高企业形象;通过宣传报道,向公众经常提示;通过优惠服务,使公众得到实惠,从自身利益需要出发去主动维持与企业的关系等。

(三)冲突型公共关系策略

也称危机公关。当企业与公众、企业与环境之间发生摩擦或冲突事件,进而影响到企业经营或品牌声誉时,企业为挽回不利影响或提升自身形象,必须考虑采取一定的冲突型公关策略加以应对。国外最新研究表明,如果企业未预先制订完善的公关战略,并且未在危机的最初阶段对其态势加以控制的话,危机造成的连锁反应将是一个加速发展的过程——从初始的经济损失,直至苦心经营的品牌形象和企业信誉毁于一旦。

危机公关策略有四种:

(1)创新。即开拓新的领域,改变企业对环境的旧的依赖关系。如采取开发新产品、开拓新市场、组建新的合作关系等方式,吸引新的顾客群,从而摆脱不利因素的影响。

(2)合作。主动交朋友,加入同业协会或举办协作性的交流会议,减少与竞争者的冲突、摩擦。

(3)转移。为避免环境中的消极因素给企业带来的不利影响,企业可以采取迂回策略,转移公众的注意力。

(4)矫正。当冲突或危机的出现,对企业和产品形象造成损害时,应及时发现问题、纠正错误、改善不良形象。如可以用实际行动或通过自我批评或借助权威等来矫正形象。

四、开展国际公关的程序

企业要想在国际市场上建立良好的公共关系,必须以诚信为基础,以社会公众利益为出发点,以树立企业形象为目的。高知名度和高美誉度企业形象的树立不可能一朝一夕完成,需要企业坚持不懈、持之以恒、有条不紊、稳扎稳打按计划地开展工作,并通过一定的程序给予保证。企业开展国际市场公共关系活动,一般应遵循以下四个程序:相关公众调查研究、拟定公关活动目标、有效沟通信息、公关活动效果评估。

(一)相关公众调查研究

开展国际公共关系前,企业首先要通过调查了解企业自身的状况以及在目标市场公众中的状况。企业可以通过自己设立的相关机构来收集信息,进行研究,也可以委托公共关系代理机构来完成。

(二)拟定公关活动目标

在一个时期内,国际企业的公关活动目标应是相对明确和具体的,企业进行国际公共关系的目标主要有以下几方面:

(1)改善和消费者的关系。企业可以通过及时答复公众提问、应对来访来信,从而建立起与公众的联系,在消费者心目中建立良好的印象与信赖感。

(2)协调与政府的关系。企业如能加强同东道国政府官员的联系,了解目标市场国法律、文化的特点,可有利于应对各国政府的限制和要求。

(3)加强与传媒的关系。媒体是大众了解企业的重要渠道,因此与媒体建立良好的关系,积极创造有新闻价值的事件并得到媒体主动、正面的报道,对企业的跨国营销有重要意义。

(三)有效沟通信息

公关目标确立之后,公关人员下一步的工作就是选择与目标相关的信息内容和工具。比如一所知名度不高的学院希望得到更多的认同,公关人员就要为此寻找一些有意义的信息。如该院教师或学生队伍中有无不寻常的事情发生? 正在进行什么不同凡响的活动? 最近开设了什么新颖的课程? 学校里发生了多少有趣的事情? 等等。通过上述诸多方面的信息寻找,可以发现并选择一些有趣的事件或故事,经媒体报道后就能扩大或提高这所学院的社会形象。倘若所寻找的信息内容还不够充分,公关人员还可以建议学院设计并创造出有新闻价值的事件,如召开学术讨论会、邀请专家或名人讲话、举办新闻发布会等,这些有意创造的事件都给不同媒体的报道提供了机会。可供国际公关人员选择甚至创造的公关信息工具主要有出版物、事件、新闻和公益活动等几类。

(四)公关活动效果评估

如果把公共关系活动作为单独的促销手段来使用,对其促销效果的衡量还是比较容易的。一旦把这一手段和其他几种促销工具混合使用,就会使这种衡量变得相对困难。而现实中混合使用的情况是经常存在的。衡量公关活动效果的困难还在于企业社会形象的评价需要一系列标准,而绝非产品销售量这一个因素。与社会形象有关的评估参数还包括以下几个:

(1)企业级产品名称在外界消费者中的知名度,比如公众中知道本企业及企业产品名称的比例。

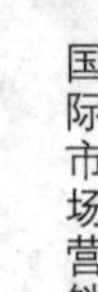

(2)企业在公众中的信誉,如公众对本企业技术、财务与管理服务等方面的评价。

(3)企业产品在消费者心目中的定位,比如产品是优质优价的还是物美价廉的。

(4)企业的长期顾客以及企业产品的品牌忠诚数量,占某类消费者总人数的比例。

(5)企业及产品在非商业广告性质的传播媒体中展露的次数与频率,比如某一时期内报纸、电台、电视、杂志中出现有助于企业形象宣传的报道数量。

(6)上级政府、合作组织以及社区内的某种团体与个人给予企业的荣誉和奖状,企业受表彰的层次与次数。

(7)其他方面的内容。

第三节 国际市场人员推销策略

一、国际市场人员推销的特点和功能

国际市场人员推销是指企业派出推销人员或雇用外国推销人员，向国外中间商和最终用户介绍宣传产品，以实现产品价值。

在国际市场上采用人员推销方式，有很多优势，如人员推销形式最直接，也最灵活；推销人员可当场对产品进行示范性使用，消除国际市场顾客由于对商品规格、性能、用途、语言文字等的不了解，或者由于社会文化、价值观念、审美观、风俗习惯的差异而产生的各种怀疑；人员推销可以促进买卖双方的良好关系，进而建立深厚的友谊，通过友谊又可以争取更多的买主；由于推销人员亲临市场，及时了解顾客的反应和竞争者的情况，可以迅速反馈信息，提出有价值的意见，为企业研究市场、开发新产品创造良好的条件。

当然，在国际市场上开展人员推销，也有不足之处。首先，推销人员不可能遍布国际市场，推销范围也不可能太大，往往只能作选择性和试点性的推销，有的效果不如非人员推销方式好。其次，人员推销的费用一般比较高，增加了销售成本，导致价格上升，显然不利于企业在国际市场上开展竞争。最后，国际市场推销人员的素质要求很高，而高素质的推销人员又很难得到，不易培养。

现代国际市场人员推销的功能是：

(1)推销人员必须具有一定的开拓能力，能够发现市场机会、发掘市场潜在需求、培养国际市场新客户。

(2)善于接近顾客、推荐商品、说服顾客接受订货、洽谈交易。

(3)搞好销售服务。主要包括：免费送货上门安装、提供咨询服务、开展技术协助、及时办理交货事宜、必要时帮助用户和中间商解决财务问题、搞好产品维修等。

(4)传递产品信息，让现有顾客和潜在顾客了解企业的产品和服务，树立形象，提高信誉。

(5)进行市场研究、搜集情报信息、反馈市场信息、制订营销策略。

【知识链接】

日本最能干的推销员

有一次，在日本享有“最能干的推销员”美誉的伊藤俊雄被公司派往爱知县某地去推销法国床。这个地方的居民相当富裕，但他们绝大多数仍沿袭日本传统习惯，只睡“榻榻米”。

通过调查，伊藤发现这里的居民很缺家具，许多家庭都想购置沙发，还发现当地居民对法国床一点也不了解。因此，他认为在这种情况下直接推销法国床肯定会碰壁的。伊藤想，既然他们想买沙发，那就以“沙发+床=沙发床”作为广告诉求的重点。

于是伊藤酝酿出如下的广告词：“这种家具，白天可以用来做接待客人的沙发，客人会感到它既美观又大方；到了晚上，它又可当做床，先生太太都能睡得很舒服。再也没有像这样一举两得的事了。”在以“沙发床”为先锋的推销广告受到人们的欢迎后，伊藤又进一步推销起双人床、双层床、铁床……这个地方的市场终于被他打开了。

资料来源：郭国庆.国际营销学.北京：中国人民大学出版社，2008.

二、国际市场人员推销的类型

在国际市场上，人员推销通常包括四个类型：

(一)企业经常性派出的外销人员或跨国公司的销售人员

他们在国外专门从事推销和贸易谈判业务，或定期到国际市场调研、考察和访问时代为推销。这是国际市场人员推销的一般形式。

(二)企业临时派出的有特殊任务的推销人员和销售服务人员

这种形式一般有三种情况：当国际目标市场出现特殊困难和问题时，其他办法不能解决，必须由企业组织专业推销人员或其他人员前往解决；企业突然发现了一个庞大的值得进入的市场，有必要派出一个专业推销小组，集中推销；企业建立一个后备推销小组和维修服务组织，待命而行。任务一到，出国推销兼做维修工作，或在国际市场维修时，开展推销工作。西方国家的许多公司还特别组织一个专家小组，在国际市场巡回考察、调研、推销，解决与本企业有关的经济、贸易和技术问题。

(三)企业在国外的分支机构(或附属机构)的推销人员

国外许多大公司特别是贸易公司，都在国外有分支机构(或附属机构)，这些机构一般都有自己的推销人员，专门负责本公司产品在有关地区的推销工作。这些推销人员不仅有本国人，往往还大量雇用当地人员或熟悉当地市场的第三国人员(比如，请第三国某公司在本地分公司的推销人员代为推销)。

(四)利用国际市场的代理商和经销商进行推销

在许多情况下，企业不是自己派员推销，而是请国外中间商代为推销。但是，请国外代理推销人员，必须有适当的监督和控制，而不能单听代理推销人的意见和策略，或者完全交给代理推销人去做。在必要的时候，企业应该直接了解目标市场顾客的有关情况，或派出专业人员陪同代理推销人员去推销，或企业派自己的推销人员，对这些做法企业须慎重选择。此外，企业还可以在主要市场派出常驻贸易代表，协助代理推销人员，在该市场上开展推销工作。

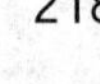

三、国际市场人员推销策略

国际人员推销必须有策略地使用推销员，在适当的时间以适当的方式去拜访适当的顾客，有以下策略可供选择。

(一)推销员面对一个顾客

企业外销人员可通过电话或亲自拜访，和一个现有顾客或潜在客户进行交谈，这通常是推销员主动登门拜访的方式。

(二)推销员面对一群顾客

推销员尽可能多地结识顾客群体中的成员，和一组顾客接触洽谈，回答询问，有可能促成多笔生意的谈成。

(三)推销小组面对顾客群体

当某一地区出现一个较为庞大的值得进入的市场时,国际企业有必要派出一个专业推销小组,集中推销,西方国家的一些大公司还特别组织一个专家小组,在国际市场巡回考察、调研、推销,解决与本企业有关的经济、贸易和技术问题。

(四)推销会议

利用订货会、博览会、展销会等会议形式介绍和宣传商品,具有接触面广、成交量大的特点。企业和客户在会议内外都有接触,只要商品对路、价格合理,容易达成大批量交易。

四、国际市场人员推销的结构

国际市场人员推销结构,指推销人员在国际市场的分布和内部构成。它一般包括四种类型:

(一)地区结构型

每个推销员负责一两个地区内本企业各种产品的推销业务。这种结构常用,也比较简单,因为划定国际市场销售地区,目标明确,容易考核推销人员的工作成绩,发挥推销人员的综合能力,也有利于企业节约推销费用。但是,当产品或市场差异性较大时,推销人员不易了解众多的产品和顾客,会直接影响推销效果。

(二)产品结构型

每个推销人员专门推销一种或几种产品,而不受国家和地区的限制。如果企业的出口产品种类多、分布范围广、差异性大、技术性能和技术结构复杂,采用这种形式效果较好,因为对产品的技术特征具有深刻了解的推销人员,有利于集中推销某种产品,专门服务于有关产品的顾客。但这种结构的最大缺点是,不同产品的推销员可能同时到一个地区(甚至一个单位)推销,这既不利于节约推销费用,也不利于制订国际市场促销策略。

(三)顾客结构型

按不同的顾客类型来组织推销人员结构。由于国际市场顾客类型众多,因而国际市场顾客结构形式也有多种。比如,按服务的产业区分,可以对机电系统、纺织系统、手工业系统等派出不同的推销员;按服务的企业区分,可以让甲推销员负责对A、B、C企业推销的任务,而让乙推销员负责对D、E、F企业销售产品;按销售渠道区分批发商、零售商、代理商等,由不同的推销人员包干;按客户的经营规模及其与企业关系区分,可以对大客户和小客户、主要客户和次要客户、现有客户和潜在客户等,分配不同比例的推销员。采用这种形式的突出优点是,企业与顾客之间的关系密切而又牢固,因而有着良好的公共关系,但若顾客分布地区较分散或销售路线过长时,往往使推销费用过大。

(四)综合结构型

综合地采用上述三种结构形式来组织国际市场推销人员。在企业规模大、产品多、市场范围广和顾客分散的条件下,采取上述三种单一的形式都无法有效地提高推销效率时,则可以采取综合结构型。

五、国际市场人员推销的管理

国际市场推销人员的管理主要包括招聘、培训、激励、评估各环节。

(一)国际市场推销人员的招聘

国际市场推销人员的招聘多数是在目标市场所在国进行。因为当地人对本国的风俗习惯、消费行为和商业惯例更加了解,并与当地政府及工商界人士,或者与消费者或潜在客户有着各种各样的联系。但是,在海外市场招聘当地推销员会受到当地市场人才结构和推销人员的社会地位的限制,在某些国家或地区要寻找合格的推销人选并非易事。

企业也可以从国内选派人员出国担任推销工作。企业选派的外销人员,最主要的是要能适应海外目标市场的社会文化环境。

(二)推销人员的培训

(1)培训的地点与培训内容。推销人员的培训既可在目标市场国进行,也可安排在企业所在地或者企业地区培训中心进行。跨国公司的推销人员培训多数是安排在目标市场所在国,培训内容主要包括产品知识、企业情况、市场知识和推销技巧等方面。若在当地招聘推销人员,培训的重点应是产品知识、企业概况与推销技巧;若从企业现有职员中选派推销人员,培训重点应为派驻国市场营销环境和当地商业习惯等。

(2)对推销高科技产品推销人员的培训。对于高科技产品,可以把推销人员集中起来,在企业培训中心或者地区培训中心进行培训。因为高科技产品市场在各国具有更高的相似性,培训的任务与技术要求也更加复杂,需要聘请有关专家或富有经验的业务人员任教。

(3)对推销人员的短期培训。对于这类性质的培训,企业既可采取组织巡回培训组到各地现场培训的方法,也可将推销人员集中到地区培训中心进行短期集训。

(4)对海外经销商推销员的培训。为海外经销商培训推销人员,也是工业用品生产厂家常常要承担的任务。对海外经销商推销人员的培训通常是免费的,因为经销商推销人员素质与技能的提高必然会带来海外市场销量的增加,生产厂家与经销商均可从中受益。

(三)推销人员的激励

对海外推销人员的激励,可分为物质奖励与精神鼓励两个方面。物质奖励通常指薪金、佣金或者奖金等直接报酬形式,精神鼓励可有进修培训、晋级提升或特权授予等多种方式。企业对推销人员的激励,应综合运用物质奖励和精神鼓励等手段,调动海外推销人员的积极性,提高他们的推销业绩。

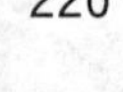

对海外推销人员的激励,更要考虑到不同社会文化因素的影响。海外推销人员可能来自不同的国家或地区,有着不同的社会文化背景、行为准则与价值观念,因而对同样的激励措施可能会作出不同的反应。

(四)推销人员业绩的评估

对于海外推销人员的激励,建立在对他们推销成绩进行考核与评估的基础上。但是企业对海外推销人员的考核与评估,不仅是为了表彰先进,而且还要发现推销效果不佳的市场与人员,分析原因、找出问题、加以改进。人员推销效果的考核评估指标可分为两个方面:一是直接的推销效果,比如所推销的产品数量与价值、推销的成本费用、新客户销量比率,等等;另一种是间接的推销效果,如访问的顾客人数与频率、产品与企业知名度的增加程度、顾客服务与市场调研任务的完成情况,等等。

企业在对人员推销效果进行考核与评估时,还应考虑到当地市场的特点以及不同社会文化因素的影响。比如,产品在某些地区可能难以销售,则要相应地降低推销限额或者提高酬金。若企业同时在多个海外市场上进行推销，可按市场特征进行分组，规定小组考核指标，从而更好地分析比较不同市场条件下推销员的推销成绩。

第四节　国际市场营业推广策略

一、国际市场营业推广的特点与功能

国际营业推广是指除了国际广告、国际人员推销、国际公共关系以外，企业在目标国市场上采取的一系列促销措施，以达到刺激需求、鼓励购买和扩大销售的目的。

作为一种促销策略和促销方式，营业推广见效快，可以在短期内刺激目标市场需求，使之大幅度地增长，特别是对一些优质名牌和具有民族风格的产品效果更佳。这种促销方式向国际市场消费者提供了一个特殊的购买机会，它能够唤起消费者的广泛注意，具体、实在、针对性强、灵活多样，对想购买便宜东西和低收入阶层的顾客等颇具吸引力。但是，在国际市场上开展营业推广，必须在适宜的条件下，以适宜的方式进行，否则，会降低产品的身价，影响产品在国际市场上的声誉，使消费者感到卖主急于出售，甚至会使顾客担心产品的质量不好，或者价格定得过高。在国际市场上开展营业推广，除了考虑市场供求和产品性质以外，还应考虑消费者的购买动机和购买习惯、产品在国际市场上的生命周期、竞争状况，以及目标市场的政治、经济、法律、文化、人口和科技发展等环境因素，进行适当的选择。

二、国际市场营业推广的方法

国际市场营业推广的方法主要可以分为三类。

(一)面向消费者的营业推广

(1)免费赠送样品。这是国际企业新产品打入市场时常用的方法，尤其适用于小商品，如糖果、饮料等。

(2)减价。在产品进入成熟期后，国际企业常用减价的方式来吸引顾客，扩大销量。减价的名目繁多，但都必须说明企业并非出于质量问题才减价的。折扣也是一种减价的方式，其最简单的办法是在价目旁标明折扣。其他方式还有代金券或折扣券等。

(3)廉价包装。在商品包装上或招贴上注明该产品比通常的包装减价若干，这种技巧对于低消费阶层非常有效。

(4)有奖销售。

(5)赠品印花。消费者在购买某一商品时，商店根据商品的价格给予一定张数的交易印花，凑满若干张就可兑换某些商品。

(6)商店陈列和现场表演。这是指在橱窗或柜台里专门布置某些商品，大量陈列或当场表演。

(二)面向中间商的营业推广

(1)交易推广。这是制造商为争取批发商或零售商的合作而采取的一种行动。

(2)业务会议和贸易展览。制造商可以召开专门的订货会或产品展销会，边展销边交易。

(三)面向推销人员的营业推广

在推销人员中开展促销竞赛,对于有业绩的推销员给予奖励,目的是激励他们热情推销本企业产品,积极开拓新市场。

【知识链接】

eBay推出新促销手段

每年2月的第三个星期一是美国的法定假期"总统日"(Presidents' Day),每年的这一天美国人都会用一些特殊的方式重温历史,缅怀备受尊敬的伟大总统,学校和家长也会在这一天对孩子进行爱国主义教育,让他们了解和熟悉美国的历史。

2006年总统日期间,拍卖网站eBay推出一项主题为"Back Roads"的促销活动。这次促销活动包括两项人们难以抗拒的东西:隐藏的宝藏和现金奖励。

eBay计划开始一个为期8天的网上搜宝活动,搜索隐藏在整个eBay网站中列出的各种商品中的1000美元奖金。在促销活动期间,eBay每天将向注册用户赠送2.5万美元。eBay许诺在促销期间任何在eBay网站上竞价、购买或者出售商品的用户都可以参加这个活动。获胜者还将获得50年免费经营一个eBay式商店的权利。

资料来源:郭国庆.国际营销学.北京:中国人民大学出版社,2008.

三、国际市场营业推广的影响因素

企业在国际市场采用营业推广这一促销手段时,应特别注意不同国家或地区对营业推广活动的限制、经销商等的合作态度以及当地市场的竞争程度等因素的影响。

(一)当地政府的限制

许多国家对营业推广方式在当地市场上的应用加以限制。例如,有的国家规定,企业在当地市场上进行营业推广活动要事先征得政府有关部门的同意。有的国家则限制企业营业推广活动的规模,还有的国家对营业推广的形式进行限制,规定赠送的物品必须与推销的商品有关。

(二)经销商的合作态度

企业国际市场营业推广活动的成功,需要得到当地经销商或者中间商的支持与协助。例如,由经销商代为分发赠品或优惠券,由零售商来负责交易印发处理,进行现场示范或者商店陈列,等等。对于那些零售商数量多、规模小的国家或地区,企业在当地市场的营业推广活动要想得到零售商的有效支持与合作就要困难得多了,因为零售商数量多、分布散、不容易联系、商场规模小,无法提供必要的营业面积或者示范表演场地,加上营业推广经验缺乏,难以收到满意的促销效果。

(三)市场的竞争程度

目标市场的竞争程度,以及竞争对手在促销方面的动向或措施,将会直接影响到企业的营业推广活动。比如,竞争对手推出新的促销举措来吸引顾客争夺市场,企业若不采取相应的对策,就有失去顾客而丧失市场的危险。同样地,企业在海外目标市场的营业推广活动,也可能遭到当地竞争者的反对或阻挠,甚至通过当地商会或政府部门利用法律或法规的形式来加以禁止。

复习思考

1. 国际市场促销策略包括哪些内容？
2. 如何选择国际广告媒体？
3. 国际公共关系的内容和任务是什么？
4. 企业为什么要采取国际公关活动？企业应如何开展国际公关？
5. 国际人员推销的类型有哪些？
6. 如何对国际市场推销进行管理？
7. 什么是国际市场营业推广？影响国际市场营业推广的因素有哪些？

案例分析

芝华士迅速在中国洋酒市场独占鳌头的成功之路

近几年，威士忌在国内市场迅速崛起，成为中国进口洋酒中最主要的品类之一。其中，来自遥远苏格兰高地的芝华士高级威士忌，更是在短短数年时间内，迅速上升为中国市场领先的威士忌品牌，独占市场鳌头。是什么令这一苏格兰瑰宝在拥有悠久酒文化的中国如此成功？让我们走近芝华士，揭开其背后的神秘面纱。

卓越品质始终如一

传承苏格兰威士忌酿造工艺的经典，芝华士的成功源自其始终如一的卓越品质。芝华士兄弟公司酿制陈年苏格兰威士忌的历史可以追溯到19世纪。1801年，詹姆士·芝华士和约翰·芝华士兄弟俩在苏格兰阿伯丁郡开设了一间食品和酒水店铺，他们梦想能够酿造一种与众不同的威士忌，口感醇和，易于饮用，并且适合与朋友分享。通过尝试将几种优质的陈年威士忌进行调和，他们最终得到了一种醇和丰润、风味独特的威士忌。芝华士兄弟也成为最早进行威士忌调和的先驱之一。

多年后，芝华士兄弟公司生产出芝华士12年高级苏格兰威士忌，使当年芝华士兄弟乐于分享的梦想得以延续。从优质原料的选用到蒸馏、醇化，最后调和，每一步的精心酿造都保证了芝华士的卓越品质，让每一瓶芝华士12年都成为精心制作的艺术品。

苏格兰威士忌被当地人视为天赐的珍宝，其酿造生产受到了英国政府及苏格兰威士忌协会的严格监管。同时，英国和欧盟的法律也对苏格兰威士忌的酿造、陈年、标签说明有着严格的规定。芝华士兄弟公司在苏格兰窖藏有超过600万大桶的陈年麦芽和谷物威士忌，一直以来，公司始终严格遵守相关法规进行酿制、陈年、调和及标签年份说明，其用以控制威士忌生产的管理体系和流程受到了业界的广泛认可。以芝华士的酒库保管为例，新酒一旦进来，电脑系统就会有严格的监管，海关也同步进行监管。所有酒库钥匙芝华士兄弟公司和海关都同时拥有，海关可随时开仓检查。威士忌在调和时，也要详细记录使用了哪些酒桶的酒。而且海关会一直跟踪到成品酒包装出厂，并核对每瓶酒的“出生证”，每一批出口产品都会由海关出具年份证明，这一证明属英国政府出具的对进口国的担保。海关除了对醇化年份监管外，更重要的是对酒的数量的监管，因为这是海关向企业征税的重要依据。在这样的重重监管之下，从芝华士的酒库出去的每一滴酒，其年份都是值得信任的。此外，芝华士兄弟公司还尤其重视陈年醇化过程，延长陈年时间，从而酿造出口感柔滑醇厚的优质苏格兰威士忌来进行调和，进一步确保了其威士忌产品始终如一的纯正品质。

凭借卓越品质和悠久传承，拥有纯正苏格兰血统的芝华士享誉世界，不仅获得了消费者们的一致肯定，众多威士忌评论家们更是对芝华士不吝赞美之辞。酒界权威保罗·帕科特曾说过："芝华士12年苏格兰威士忌，经典奢华的品牌带来调和型苏格兰威士忌中真正的'奢华'享受，Strathisla麦芽威士忌则是它的灵魂。"出色的质量更是令芝华士兄弟公司及芝华士陈年调和威士忌系列产品，包括芝华士12年、18年和25年，赢得了众多奖项。如在2006国际葡萄酒与烈酒大赛中，芝华士兄弟公司连续第三年问鼎"年度最佳酿酒商奖"；在1997年国际烈酒挑战赛，2005和2006国际葡萄酒和烈酒大赛上，芝华士18年苏格兰威士忌共荣获了三项金奖；不久前，芝华士25年更被列入威士忌业界权威专著《威士忌圣经》(*The Whisky Bible*)的2009新版中，并被作者Jim-Murray评为"年度最佳调和型苏格兰威士忌"。

一天花完300万广告费

2006年1月20日(距农历新年只有9天)，《国际金融报》的一篇名为《芝华士12年："勾兑"了多少谎言》的报道引发了"芝华士年份风波"。据该报报道，芝华士的真实成本也就是25元，摆足噱头的"芝华士生活"只是靠从客户身上牟来的暴利烧出的广告效应，更可怕的是，所谓的芝华士12年只是说说而已，瓶子里装的实际只有一小部分12年酒，其余的都是用2年、4年、6年等不同年份的酒勾兑出来的，中国根本没有真正意义上的12年酒。

报道一出即引起公众的关注，并很快通过网络、报纸、电视、电台等传媒迅速传播，一时间，芝华士12年的年份真伪和成本问题成为舆论的焦点。一直在中国新富心目中代表着阶层身份的芝华士12年，面临着前所未有的质疑。

"我们有一套应急机制，危机出来后第一件事就是尽快启动应急预案。"保乐力加(中国)的公关公司伟达公关首席顾问于李莉事后对媒体说。这套预案的第一要义就是快速发出自己的声音。

保乐力加确实行动很快。当日晚22点，即委托伟达公关在新浪财经发布新闻公告，对芝华士12年的生产年份控制和成本构成做了郑重声明。公告在一定程度上防止了负面信息的扩散。紧接着的21日，保乐力加(中国)散发了苏格兰威士忌协会(SWA)的《保护苏格兰威士忌的规定》，以权威说法再度否定质疑，重申芝华士12年的年份不存在问题。之后，保乐力加在新浪财经专栏"芝华士12年真相"里投放了"究竟什么是真相!"的统揽文字链广告，把事发之地变成了广告和公关的宣传要地。

25日，苏格兰威士忌协会、保乐力加(中国)和保乐力加集团下属的英国芝华士兄弟有限公司在上海举行记者招待会，英国驻上海总领事馆、欧盟驻华使团都派出代表为保乐力加站台助阵，众多高层人物现身，再次重申芝华士12年足酿。

2007年2月6日，保乐力加又在广告宣传上做了一些调整。一向以电视、杂志为主要广告媒体的保乐力加，在过去一般不涉足的30多家主流报纸上为芝华士12年做广告，据说当天的广告花费高达300万元，投放地点都选在了上海、北京等发达城市，并特别强调芝华士12年是用至少12年以上的威士忌调和而成，并严格遵守了相关规定。

这一调整被认为是保乐力加亲和媒体、进一步取信公众的后续公关措施。

品牌推广深入人心

目前，芝华士行销全球200多个市场，年销量达到450万箱（每箱9公升），不仅是全球备受推崇的高档苏格兰威士忌，更已成为中国最受欢迎的威士忌品牌。而芝华士在中国市场的成功，不仅得益于其卓越的产品质量，更离不开其深入人心的市场推广策略。

多年来对洋酒市场耐心培育的经验让芝华士的持有者保乐力加对中国市场、消费者有着更清晰的洞察和更深刻的理解。根据不同群体的消费、情感需求，芝华士针对中国市场制订了更具特色的本土推广战略。对此，保乐力加中国董事副总经理朱礼安先生曾经谈到："市场本身就具有强大的力量，指引品牌如何实现本土调整。而我们需要做的，就是悉心洞察市场，找到进行本土市场推广的突破点，进而营造品牌的渗透力和本土消费者对品牌的认同感。"

2008年10月，芝华士又将已经淡出人们视线的"骑士风范"重新诠释，在中国启动了新一轮全球广告活动"活出骑士风范"。正如朱礼安先生所说："其实每个人心中都住着一个骑士，但也许是忘了，也许是太忙，我们把它藏了起来。而保乐力加，就是想通过芝华士品牌，释放每个人心中的那位骑士。"此次，芝华士重新将"骑士风范"带入21世纪，并诠释了现代人应具有的荣耀、勇气、手足情义、绅士风度四大价值观，旨在激励人们以现代骑士的精神把握生活、重视荣耀、珍视友情、体验忠诚和勇气。此番推出的"活出骑士风范"广告片对于现代"骑士风范"的精彩演绎，赢得了包括中国在内的世界各国人士的赞誉，印证了在这个时代，价值观与美德回归再度成为人们的理想。此外，"活出骑士风范"活动还与知名门户网站合作开展了一系列互动活动，并通过网络论坛讨论、"骑士风范"主题派对和KTV主题夜活动的开展，进一步阐述了"骑士风范"理念。

为了让消费者能够更真切地感受到骑士风范，芝华士还特别打造了原创音乐剧《骑士星光》，通过故事与音乐完美糅合的方式，为人们奉上了一个关于现代骑士的传说，并近距离地感受到了"骑士精神"所具有的深刻内涵。该音乐剧先后在上海、北京、武汉、成都、广州、福州六大城市进行了巡演，每场都吸引了近2000名观众到场。

事实上，人们对于"活出骑士风范"所表现出的广泛认同与热情期许是在预期之中的。根据2008年8月权威调查机构对包括中国在内的全球17个国家逾3000位受访者中开展的调查结果表明，95%的受访者对骑士风范价值观表示充分认可，认为这是一种充满魅力的品质；71%的受访人士则认为，拥有骑士风范将令生活变得更美好。

来自中国的调查表明，尽管从未对骑士风范有一个具体而明确的定义，但多数受访者对它的理解基本包含以下几项特质：睿智是骑士风范的首要元素；紧随其后的是忠诚；同时，自信和荣誉亦被访问者广泛认同。从调查结果不难看出，对于骑士风范的基本构成元素，人们已经达成共识，同时亦抱以很高的关注度。值得一提的是，98%的女性受访者认为，拥有骑士风范的人士更具人格魅力。正如一名受访者所言：骑士风范能更好地体现这个时代人们应具有的品质。

在当今的时尚潮流中，骑士风范被认为是一个符号，它让拥有者更具人格魅力。人们相信具有骑士风范将令世界变得更为美好，同时它也将成为衡量这个时代男人的标准。芝华士通过“活出骑士风范”系列活动，鼓励人们拥有自信乐观，豁达睿智的生活方式，体现出芝华士品牌的优秀传承。

资料来源：中国好酒招商网→http://www.9998.tv/news_show_2054.html，郭国庆.国际营销学.北京：中国人民大学出版社.2008.

问题与讨论：

1.从芝华士的案例中你得到了什么启示？

2.如何评价保乐力加(中国)有限公司的公关策略？

第十一章　国际市场营销的组织与控制

学习目标

1. 掌握常见的国际营销组织结构的类型；
2. 了解常见的国际营销组织结构的优缺点；
3. 知道如何选择合适的国际营销组织结构；
4. 掌握国际市场营销的控制程序；
5. 了解国际市场营销的控制策略；
6. 识别母公司和子公司之间可能产生的冲突，并解释如何解决这些冲突。

案例导入

IBM 的组织结构大调整

1991 年，国际商用机器公司(IBM)对组织结构作重大调整，蓝色巨人由 13 个自负盈亏的小公司组成，即使是传统的人力资源部门也被赋予新的意义，有一部分职责，如人事政策、工资、绩效考核等，由每一个单位的小公司履行；另一部分职责由 IBM 组成的服务公司取代，为 IBM 的各个公司提供教育训练、员工生涯规划、咨询等服务，并按市场原则收费运行，如此一来，人力资源部门也成为一个利润中心。同时，IBM、Intel 与微软等几十家跨国公司建立战略联盟，在研究开发、市场营销信息等关键资源的利用上形成广泛的协作关系。

资料来源：根据 http://www.uctech.com.cn/uc/Website.nsf/IBM/self_integration.html 整理.

第一节　国际市场营销组织结构形式

国际市场营销组织是国际市场营销学研究的基本内容。组织对于决定进行国际市场营销的任何公司来说都是重要的。组织结构是解决重大问题的机制，当一家国内公司决定进行国际市场营销时，如何组织的问题就出现了。通过研究建立科学的国际市场营销组织，以保证企业的产品和劳务有计划地进入国际市场，满足消费者需要，为最大限度地实现企业目标做好机构上的准备。

国际市场营销组织结构主要有四种类型：出口战略的营销组织、海外生产战略的营销组织、全球经营战略的营销组织、国际营销的网络型组织。

一、出口战略的营销组织

（一）出口部

随着企业国外销售业务的开展，企业如果不计划将其对外业务外包给出口管理公司（或外贸公司），则需要建立出口部（exporting division）来统一处理其国外业务。这是最简单的国际营销组织形式。于是在营销部门下设出口部，负责与所有海外市场和海外顾客保持联系，解决出口中的问题，履行管理和财务职责，选择并监督代理商，如图 11-1 所示。但在实践中随着销售业务的开展，出口部往往缺乏公司总部和其他职能部门的支持，从而影响其海外业务的扩展。因此，为了解决这个问题，企业在出口业务发展到一定程度时会把其出口部从原来的营销部门独立出来，变成国际营销部，也即国际营销部和国内营销部分设，地位与国内营销部同等，直接向首席执行官负责，如图 11-2 所示。

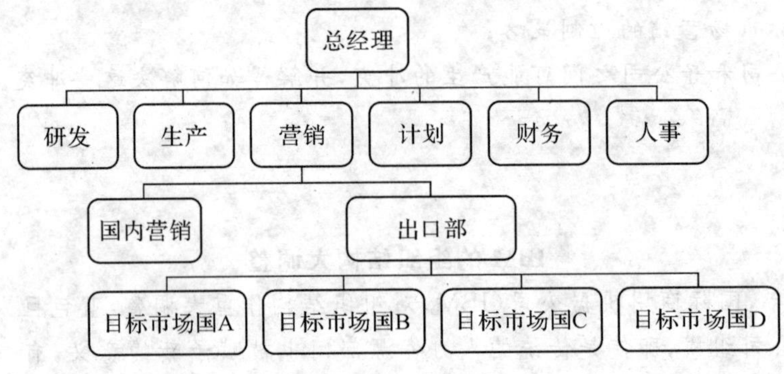

图 11-1　隶属于营销部的出口部

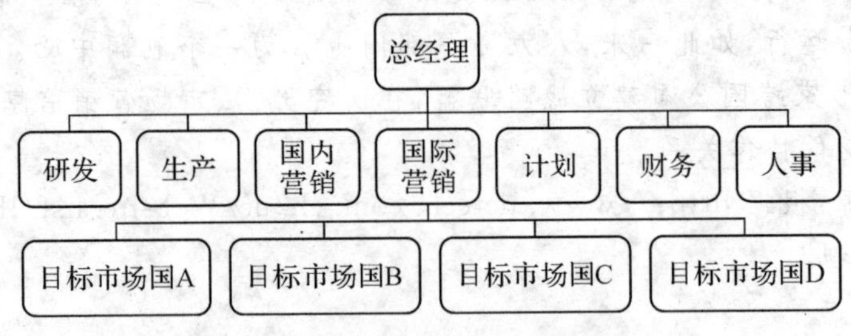

图 11-2　国际营销部组织结构形式

设立出口部组织出口业务，其优点在于统一协调和处理产品及劳务出口中出现的问题，便于经理人员学习、探索和积累国际营销的经验，减少管理障碍。其缺点是出口部对管理国际营销业务的范围十分有限，当企业开展对外直接投资或许可证贸易等综合性业务时，出口部难以协调企业内部利益的矛盾。上述矛盾的激化最终使得公司考虑直接采用独立的子公司或者建立国际分部的组织结构。

(二)海外子公司

随着企业出口业务量的增加,原来的出口部已经无法承担所有的出口业务,且在市场或潜在目标市场分布相对集中的情况下,企业为了自身长远发展的需要,以及克服国际市场营销中的贸易壁垒,会在传统的单纯开展产品运输的基础上开展许可证贸易、对外直接投资等综合性业务,促使在目标市场相对集中的地区组建分支机构,通常采取的法定形式是子公司。独立的国外子公司的组织结构,标志着一家国内企业正迈向国际化经营,逐渐发展成为真正的国际企业。如图 11-3 所示。

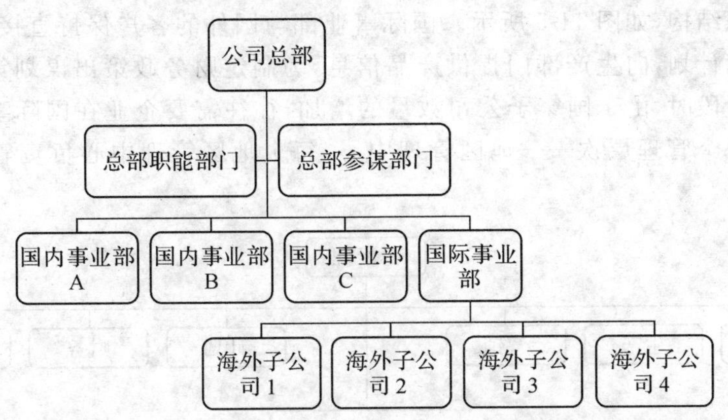

图 11-3　国际事业部组织结构形式

在这种结构形式下,母公司经常用控股方式实现对子公司的控制,母公司管理子公司的最终目的只是分红。海外子公司组织结构适用于以下几种情况:

(1)国际企业总部对海外市场营销工作不熟悉,缺乏相应的管理经验,因而对海外子公司的发展并未有明确的长远规划。

(2)海外子公司的营销业务在母公司总业务中所占比重较小。此时,母公司最高决策者对海外业务所关心的仅是降低经营风险、保本经营,有适当的赢利汇回母公司即可。

(3)海外子公司规模较小,面对的问题相当有限,风险性低,加之母公司资本总量有限,无力对子公司进行过多的资本投入。故母公司不采取直接控制,而允许海外子公司拥有经营权,让其独立成长,以减少对母公司的依赖。

(4)国际企业所拥有的海外子公司数目较少,一般仅拥有 1～4 个。

从海外子公司组织结构的条件,我们可以看出该组织结构的优势和劣势。其优势为:子公司较容易适应东道国的经营环境、经营灵活、自主性强、能充分发挥子公司的积极性;母公司资源投入较少、负担小、经营风险低。其缺点为:由于母公司没有专门的机构负责海外子公司的业务,故母公司常做出错误的决策;子公司未受到母公司的重视,无法享受母公司的各种资源;母公司与子公司的管理容易脱节,子公司难以得到母公司的有效经营指导。

二、海外生产战略的营销组织

随着国际业务的不断发展,海外市场销售量增加,企业进入国际市场的方式日趋多样化,国际化经营企业迫切需要加强日益增多的产品出口、技术转让和对外直接投资等综合性业务的管理。同时,对于具有海外子公司的国际企业,随着企业的规模逐渐扩大,海外子公司的数目增加，母公司的高层决策者开始关心海外事业，并认为有必要对海外业务进行直接控制，为此，由国际经营管理专家和其他人员组成的国际事业部(international division)应运而生。在这种结构下，公司活动分为两部分：国内事业部和国际事业部。国际事业部主要职责是分管公司在国外的业务活动。

国际事业部与公司其他职能部门平级，它由营销、生产、研发、财务、计划以及人力资源等部门组成，由国际部经理负责。国际部有两种形式，一种是职能型的国际部组织结构，如图11-4所示，这种组织形式适宜在改变出口部(或国际营销部)的初期；另一种是部门型的国际事业部组织结构，如图11-5所示。国际事业部与国外的客户保持直接关系，其职能是制订和实施促销计划，向生产部门提供产品信息，为制定财务政策出谋划策。这种组织结构发展到一定阶段时，由于国家子公司数量的增加，往往需要企业在国际事业部和国家子公司之间增加一个管理层次——地区管理中心，每个地区管理中心负责管理几个国家子公司。

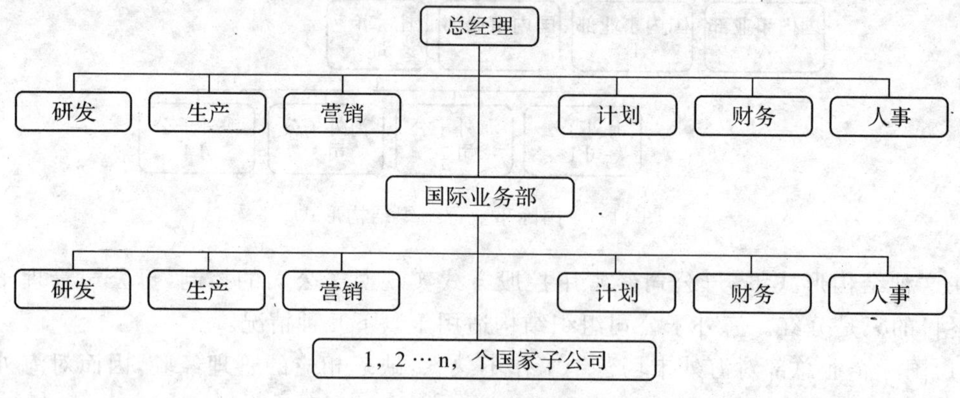

图 11-4　职能型的国际部组织结构

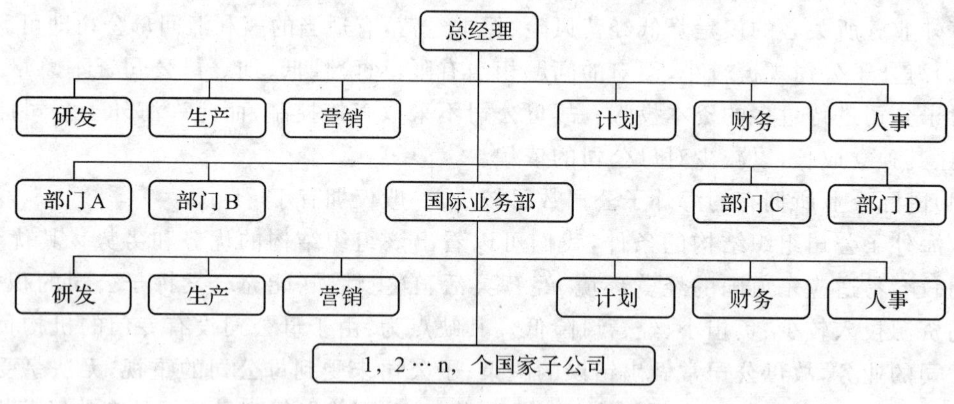

图 11-5　部门型的国际事业部组织结构

(一)国际事业部组织结构的优点

采用国际事业部组织结构有以下几方面的优点：

(1)在企业内部形成规范的管理和沟通国际业务的机制。国际事业部由一名副总经理或相应级别的高级管理者领导，向上对总经理负责，向下直接管理本企业在海外各国业务活动，并通过总部所设的职能机构和参谋机构进行深层次的沟通、联系工作，使国际业务管理走上了规范化、机构化的轨道，避免海外子公司结构中个人控制所产生的缺陷。

(2)协调各海外子公司的业务活动，使企业的总体绩效最优。在各子公司之间进行公司内产品和劳务转移时，国际事业部可通过转移定价和引到物流的方式，合理地减少企业的总体税负。而这一点在海外子公司结构中是很难做到的，因为这需要人为调整各子公司的利润。再者，在许多情况下，子公司间相互竞争，而通过国际事业部的集中控制，可以使出口产品生产由其中成本最低的子公司生产，其他子公司在国际事业部的统一安排下，负责配套资源、研发等业务，从而使企业总体利润水平提高并增强企业的国际竞争力。

(3)综合配置资源。设立国际事业部后，企业可在国内业务和国际业务间根据需要进行资源的合理调度和使用。如国际事业部依靠母公司的资产和信誉统一筹措资金，较各海外子公司依靠东道国市场自行筹集资金更容易，且可降低利息支出。再如国际事业部可根据各子公司东道国市场情况、组织技术、管理技能等有序合理流动，谋取总体的最大的竞争优势。

(4)有利于培养国际经营管理人才，积累国际管理经验。与国际业务分散在公司的各个部门相比，把国际业务集中于国际事业部，更有利于工作人员业务水平的提高，还有利于公司配备受过国际管理技能训练的管理人员，把这方面的知识和才能集中起来，相互配合，有利于积累国际管理经验及提高经营技巧。

（二）国际事业部组织结构的缺点

设立国际事业部，统一企业总部对国际业务的管理，反映了企业对集权管理的倾向。随着国际业务的不断扩大，这种集权管理倾向和专业化分工的组织结构也表现出缺点和不足：

(1)形成国际事业部与国内事业部的冲突。逐步削减出口直至最终完成当地生产、当地销售，是国际事业部的主要任务和职能。但是国内生产的产品出口削减可能会影响国内业务，并有可能引起母公司的“产业空洞化”，而海外子公司所需要的资源需由国际事业部从国内的相关部门获得，且作为利润中心，国际事业部可从海外子公司的经营中获得利润。与之相反，国内事业部虽为海外经营提供了宝贵的经营资源，但未从中得到相应的回报，因此，国内事业部和国际事业部的利益冲突是必须面对的课题，并且随着海外企业的成长，这种冲突可能日益加剧，更趋明显。

(2)国际事业部协调和支持海外子公司的能力有限。在国际事业部组织结构中，国内各部门依然是企业主体。它们掌握大量生产要素和资源，国际事业部无权支配。如果海外子公司在国外生产销售产品时，没有国内相应的部门提供工程、技术开发、设计等方面的支持和帮助，国际业务就会在海外失去优势。由于存在部门间的利益冲突，国内事业部经理们通常不愿提供支持和帮助，国际事业部因此不能实现企业内资源的优化配置，其支持能力有限。

(3)机构重叠。国际事业部为了摆脱力量相对单薄、在许多方面都仰仗国内有关部门的局面，往往倾向于增设机构、扩充队伍，结果易造成整个公司“小而全”、机构重叠和缺乏效率等问题。

(4)子公司的灵活性和竞争力受到一定程度的限制，并在利润分配上产生矛盾。产品系列和市场范围的多样化使海外生产经营所需解决的问题数量和复杂程度急剧提高。由于海外子公司经常要向国际事业部请示和汇报，情报往返造成时间上的延误，国际事业部也逐渐显的“力不从心”、“决策迟缓”，势必造成海外子公司经营困难，甚至停滞不前。同时，国际事业部介于国内和国外市场之间，转移价格的高低会直接影响利润在国内和国际事业部及海外子公司之间的分配，产生不可避免的矛盾。

虽然如此，国际事业部负责协调和实施由产品出口向国外生产的转移，至少在海外直接生产的初期仍是比较合理的，它比较适合于从事国际营销、产品标准化、地区分布不广、市场基本特点相同及技术稳定的中小型国际营销企业。一旦国外产品、市场、技术多样化程度提高，国际事业部管理协调能力和效率就会大大降低，国际营销组织结构调整逐渐成为必然。

三、全球经营战略的营销组织

随着公司国际业务的日益扩展，公司总部需要从全球的角度来组织和协调整个公司的生产、财务、计划、人力资源和营销工作，统一安排资金和利润，使国内经营和国外经营融为一体，强调各个部门都必须服从于公司全球营销的目标和任务。在这种情况下，公司会考虑采用全球性组织结构(global organization)。

全球性组织结构具有两个显著的特点：一是在这种结构中，全球范围的经营决策权都集中在总部，而不分国内和国外；二是公司总部的所有机构都是从全球利益角度按公司在世界范围内的需要而设置的，这样就为国际企业实施全球战略提供了组织条件。全球组织结构往往是一些大公司，尤其是跨国公司所采用的组织结构。

全球性组织结构可分为全球职能型组织结构、全球地区型组织结构、全球产品型组织结构和全球矩阵型组织结构四种结构。

(一)全球职能型组织结构

职能型组织结构，就是按照部门职能构造全球性组织机构。全球职能结构以企业业务活动的职能分工为基础，围绕公司或企业基本任务而设置的组织结构。在这种组织机构下，企业总部确定全球性公司计划，企业营销部门、财务部门等职能部门分别负有本职能的全球经营责任，各职能部门经理必须同时处理好面向国内和国外的业务活动。它对于产品品种少，全球市场覆盖范围已趋于稳定，且产品需求已不再受竞争影响的公司或企业比较适用，国际企业一般不采用这种组织形式。如图 11-6 所示。

全球职能结构的优势在于：第一，它具有严密、集中化控制的效果；第二，避免了设施的重叠与国内外两个不同分布之间的竞争；第三，减少了管理层次，使较少的管理者保持对分布广泛的企业组织实施有效的控制与调节。当然，这种调节的有效实现依赖于管理者自身的素质。这对于经营产品种类众多的国际企业来说是非常困难的。因此，在具体实践中，这种组织结构比较适合于规模不大、产品系列不太复杂、顾客需求大致相同、市场相对集中的国际化经营企业。此外，还适合于一些规模虽然较大，但技术特点使企业各职能部门的内部依存度较高、要求集中管理的国际化经营企业，如采矿企业。

(二)全球地区型组织结构

建立地域性结构即将全球各地理区域的经营责任分配给生产线管理者。企业总部保留了世界范围内计划和控制的责任，包括母国或者基础市场的全球每一地区在组织上都是平等的。对于发源于美国的公司来说，美国仅仅是这一组织设置下的地理性市场之一，这

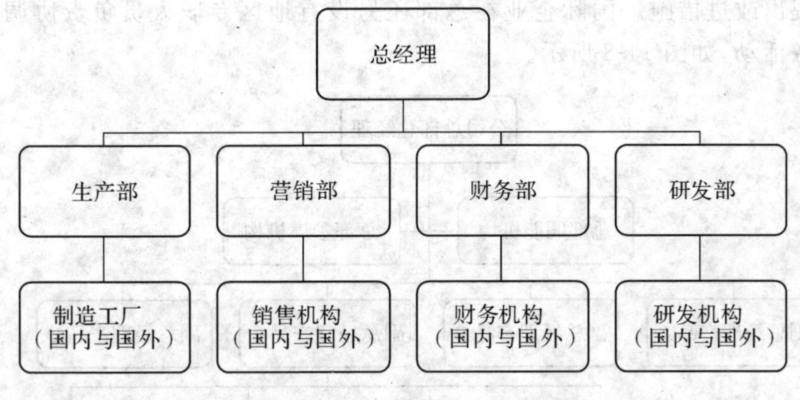

图 11-6 全球职能型组织结构

种结构常出现于各产品线关系紧密且最终用途市场相似的公司中。例如，几家主要的世界石油公司所采用的就是这种地域性结构，如图 11-7 所示。

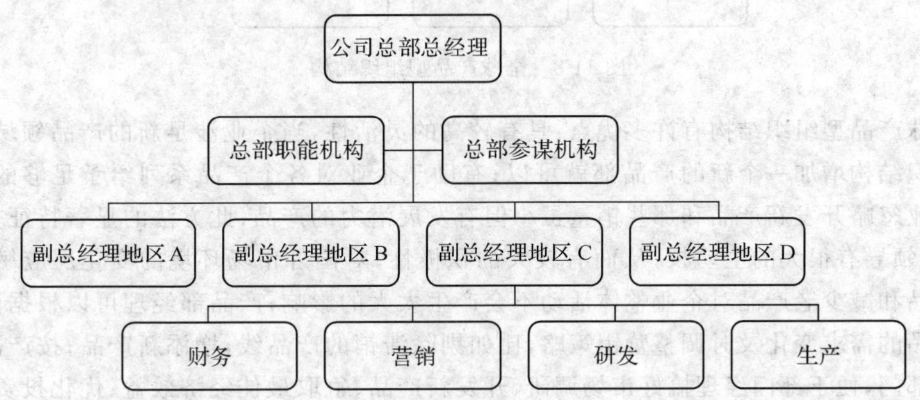

图 11-7 全球地区型组织结构

全球地区结构的优点主要有：有利于发挥公司的整体效益；有利于直线职权和责任的明确和委派；有利于产品销售和生产的协调发展；较好地发挥了集权和分权的各自优势，使企业组织结构既具有较高的灵活反应能力，又拥有统筹规划的整体优势。但是，这一组织结构也有明显的缺陷。首先，企业需要大量的管理人才；其次，由于没有专人负责特定产品的经营活动，从而造成单项产品管理上的混乱；此外，这种结构也可能导致各地区各自为政，从而牺牲企业的全局利益。

全球地区结构主要适用于那些各地区市场之间差别较大，而各地区内部的各国市场在经济、社会文化、地理、政治、自然条件等方面具有一定程度的相似性的国际企业。一些食品加工、医药和石油企业大多具有上述特点，因此可以考虑采用这种组织形式。当产品线结构复杂，按地区组织不容易处理好产品开发与资源分配，各子公司之间存在技术分享等问题时，国际企业便转向按产品划分的组织形式——全球产品结构。

（三）全球产品型组织结构

产品型组织结构（product organization）是指企业根据其所经营的产品类别来设计其营销组织结构。采用这一组织形式的国际企业通常有多少个产品大类，就设立多少个产品部，并由产品部经理负责全球营销活动。产品部经理的职责是制订产品开发计划，监督其实施结果并提出改进措施。国际企业在总部还另设有地区专职人员负责协调该地区的各种产品的业务活动,如图 11-8 所示。

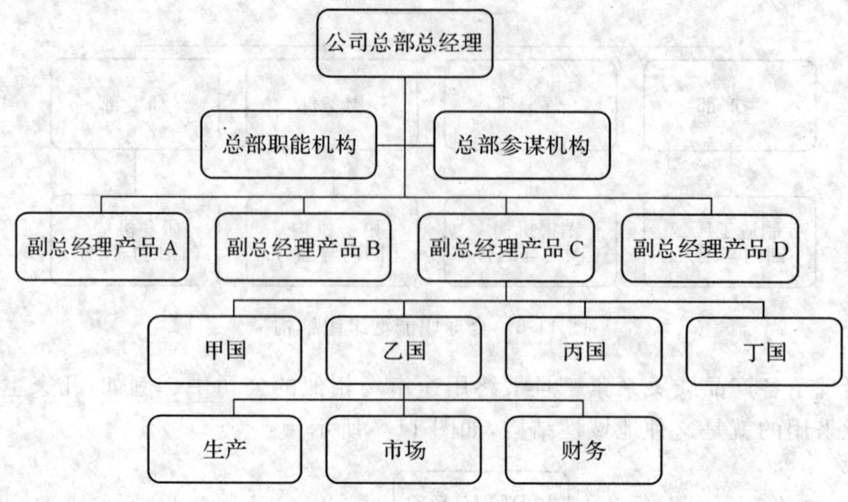

图 11-8　全球产品型组织结构

全球产品型组织结构有许多优点:具有较高的灵活性,当企业涉足新的产品领域时,只要在组织结构增加一个新的产品部就可以;有助于企业对各个产品系列给予足够的重视,防止企业忽略开发新产品和那些销量虽小但有发展潜力的产品;此方法的显著特征是分权化,部门领导有很大的主动权,从而有较大的积极性;对国外市场环境的变化反应敏感,增加新产品和减少老产品对企业整体活动不会产生太大的影响;产品部经理可以根据国际市场对产品的需求变化及时调整营销策略,比如剔除滞销的产品线,增添新产品;按产品线设立直线部门,便于部门经理搞好市场调研、开发新产品、争取最佳经济效益、优化投资结构;便于企业领导对比和评估各产品部门对企业的贡献,为资源分配提供依据。

不过,这种组织结构也存在不少缺点:缺乏整体观念,各产品部之间会由于各自的利益发生摩擦,协调起来比较困难,并且会增加管理成本;产品经理们未必能获得足够的权威以保证有效地履行职责,这就需要他们靠劝说的方式取得广告、销售、生产等部门的支持;由于权责划分不清,下级可能会得到多方面的指令,造成指挥混乱;被提升到公司总部职位上的原部门领导,可能会过分重视他们原来负责的产品线,从而出现某些产品线被忽略的情况。

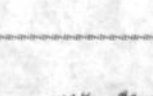

全球产品结构最适合用于具有下述特点的企业:企业有多种最终用户;企业既生产工业品又生产消费品;企业实行国外市场本土化生产;企业有多条产品线和高层次的技术能力。

(四)全球矩阵型组织结构

矩阵型组织结构(matrix organization)兼顾地区和产品两大变量在营销组织结构设计中的重要性,适用于那些产品和经营区域都高度多样化的国际企业,如图 11-9 所示。

由于每种基本组织形式都有其优点和缺点,因此将两个或两个以上的基本组织形式相混合的目的在于取长补短,充分发挥每种形式的优势。同时,也正因为是混合的原因,相对于其他简单的组织形式来说,矩阵式组织结构要复杂得多。

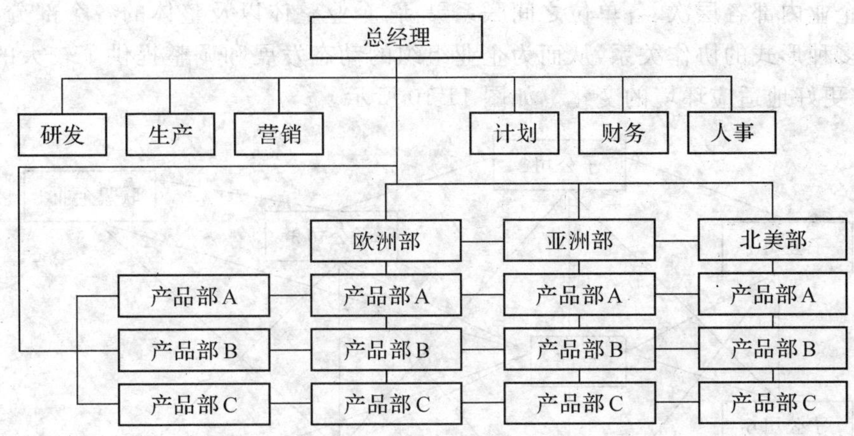

图 11-9　全球矩阵型组织结构

在地区—产品矩阵式组织结构中，按地理区域设置的地区部由总经理直接领导，负责企业所有产品在该地区的经营活动；按产品线设置的产品部也由总经理直接领导，负责该产品大类在世界各地的销售活动；企业产品在某一特定地区的经营活动同时受该地区部和有关产品部的双重领导。

矩阵式组织结构的优点主要包括：有利于企业更加有效地应付复杂的经营环境；能综合分析和处理各种环境因素；应变能力强，较好地解决了市场反应灵活性与规模经济之间的矛盾；加强了公司总部对各个区域的经营活动的计划和控制；加强了企业内部之间的协作，能集中各种专业人员的知识技能，又不增加编制、组建方便、适应性强、有利于提高效率；此外，这种结构试图创造一种协同力，使管理人员相互依赖和协作，建立起整体观念，能根据整体利益而不是部门利益来判断是非和衡量某项决策的得失。这种组织结构也有其不足之处：产品部和地区部更多地从自身利益出发来考虑问题，容易引发矛盾和摩擦；组织结构较为复杂，基层部门要同时受地区部和产品部的领导、监督、检查和评估，容易造成指挥混乱；双重指挥体系和双重检查体系会造成额外的管理费用，抵消了一部分效率；过分分权化，稳定性差。

四、国际营销的网络型组织

通过海外并购、合资或海外直接投资，跨国公司正在逐渐扩张。这些国际化经营企业必须面对日趋激烈的竞争市场、日新月异的技术创新、纷繁复杂的环境变化和加速变化的顾客需求。但是，主宰世界经济的巨型企业，尤其是庞大的跨国公司，因组织机构臃肿、官僚作风盛行、管理效率低下、风险意识和创新精神淡化而患上不同程度的"大企业病"。此时，传统的以分工细致、权限明确为主要特点的金字塔或科层制组织方式因缺乏灵活性而难以适应环境变化，没有谁能改变这一事实。这些公司趋于技术导向，它们需要保持灵活性，迅速地对先进技术做出反应，并成为或继续成为产品创新者。

进入 20 世纪 80 年代中期，许多企业及专家都积极探索，提出了不少新型的组织结构，有的已付诸实践，并取得了良好的效果。许多国际化经营企业以组织单纯化、单层化和联盟为目标，采取了网络型组织。

在网络型国际化经营企业内部没有严格的科层结构，代之以联盟式的分权经营的"独立公司”。企业内部各层次、各单位之间联系灵活，企业整体以及整体的各个部分与外部建立广泛的、多种形式的协作关系，从而为企业组织的动态发展和调整提供了较大的可能性，使企业能够更好地适应环境的变化。如图 11-10 所示。

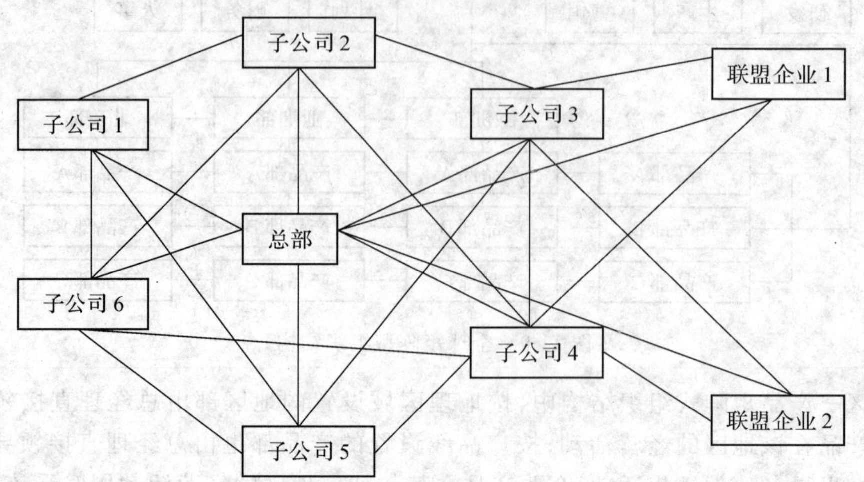

图 11-10　国际营销网络型组织

网络型组织实行内部分权化管理和外部广泛联盟，具有以下几个方面的优势：

(1)能够迅速适应多变的市场需要；

(2)没有官僚作风，富有企业家精神，能迅速反应，把握新机会，并勇于承担风险，是技术创新的生命力；

(3)存在有效的、非正式的内部沟通网络，能迅速解决企业内部问题和适应外部环境变化；

(4)能吸纳技术专家，支持并建立为各分权化管理单位服务的 R&D 系统；

(5)能合理地利用企业内外部的新技术进入新市场，实施多角度经营；

(6)可以聘任专利方面的专家，依靠法律保护专利，防止侵权。

网络性组织实行分权化管理也存在一些缺陷，主要表现为企业内部利益主体多元化，如果不适当地分权化管理，就失去了利用大企业组织资源配置的可能性，大企业就丧失了它应有的功能，违背了大企业的初衷，出现“各自为政”、“自谋出路”等内部竞争现象，甚至发生“窝里斗”、“吃里扒外”等严重损害企业整体利益的弊端。

总之，网络型组织可以实现大企业的规模经济、范围经济与小企业成长经济的优势互补，也存在因企业内部利益主体多元化而造成的内部竞争现象。因此，需要有效的沟通和协调，如信息共享、统一的企业文化、目标协调、人事协调、制度协调等，培养企业整体的凝聚力，使各分权经营管理的单位和企业整体更好地适应环境的要求，更有效地组织国际营销活动。

第二节　国际营销组织的选择

组织结构设计是关于如何进行劳动分工以及如何运用协调机制的决策，它影响着组织如何运转，即资源、权力、信息以及决策过程如何在一组织内流动。分析表明，国际营销组织形式没有一种是十全十美的。实际上，成功企业的营销组织形式千差万别，国际化经营企业需根据自己的特点和条件，选择适合于自己需要的组织形式，帮助企业高效地实现其国际营销目标。组织结构选择虽然没有一个可供依据的统一模式，但可以根据合理组织的要求，遵循一定的原则，分析和综合影响选择的因素，确定合适的组织模式，并不失时机地进行相应组织结构调整。

一、国际营销组织应符合的要求

合理的国际营销组织应符合以下要求：

(1)明晰，即组织内的职权与沟通关系、分工与协调关系明确，各单位成员权责清楚、简洁明了，但它又不能遗漏组织应有的任何必要功能。

(2)经济，即易于维持控制，并使摩擦降到最低程度。

(3)迅速，即决策、执行、控制所需信息通畅，企业对环境变化和组织内部变化作出及时的反应。

(4)自组织、自调节，即形成有效率的组织系统，不会因内外因素发生变化而影响企业的正常运行。同时又具备调适性，组织整体不断学习、吸收新的观念和事物。

二、国际营销组织结构选择的原则

企业组织结构服从于企业经营管理，选择或设计合理有效的组织结构时应遵循以下基本原则：

(一)目标统一原则

如果一个组织的结构能使每个人对实现企业目标有贡献，那么这样的组织结构是有效的。同理，如果国际化经营企业中每个人、每个部门、每个层次、每个方面都能为“创造顾客”、增加国际竞争力的营销目标的实现有所贡献，那么这样的国际营销组织结构也是有效的。

(二)精干高效原则

精干就是要求在保证满足企业完成经营管理任务需要的前提下，使企业管理层次机构以及管理人员数目降到最低程度。高效就是要根据本企业的特点，选择管理效率最高、经济效益最大的组织形式。机构臃肿庞杂，不仅会浪费管理费用，还会造成职责不清、推诿扯皮、决策迟钝，不可能产生高效率。同时，如果不结合本企业的特点，而是盲目照搬其他企业的组织形式，也不可能保证管理效率和企业的经济效益。

(三)合理授权原则

对每一位管理人员授权必须适当，以保证他们有能力来实现预期的结果，国际化经营企业的经营单位分布在国内外的许多地区，营销环境不断变化，要求国内外经营单位充分发挥其灵活性、主动性和积极性，因此，他们必须得到合理的授权，才能使他们根据市场变化灵活地决策，并在统一组织的目标和战略指导下，从企业整体利益出发，实现预期的国际营销效果。

(四)指挥统一性和职责绝对性原则

个人只对一个上级汇报工作，下级人员就其工作对上级负有绝对责任，这个原则贯彻得越彻底，相对矛盾和个人问题越少，个人对结果的责任感就越强(当然上级对下级的组织活动不能推脱责任)，各级组织及其个人形成以职责为中心、权力分层次、指挥统一的营销组织结构，对于规模庞大、经营复杂的国际化经营企业显得尤为重要。

(五)分工与协调平衡原则

任何组织活动，无论是复杂，还是简单，都涉及两个相对立的问题：一是通过分工将活动分解为许多作业任务；二是协调这些作业任务进行综合运作。组织结构就是将其劳动分解成相互独立的任务，进而再在这些任务之间进行协调。因此，在组织设计中，分工与协调两者要保持平衡，不可偏废。过度强调分工有碍于整体效率；过分强调协调则会有碍于局部的积极性。国际营销组织通过分工而形成各经营单位，可以调动其积极性；通过协调，可以沟通纵横方面信息，实现总部与子公司，子公司之间的相互配合，不因子公司局部利益而损害全局效率。只有这样国际营销组织才能从总体效率出发，利用自身优势，实现营销资源的最优配置。

(六)稳定性与适应性相结合原则

组织结构一旦确定下来，需保持相对的稳定。同时，每一组织内需建立能预料变革并能作出反应的措施和方法。国际营销环境在不断变化，为了能紧随国际营销战略的调整，组织结构必须适时做出相应的调整，因此，国际营销组织须实行稳定性与灵活性相结合的原则。

(七)结构紧跟战略原则

结构紧跟战略由美国学者钱德勒提出，认为一个企业通过地区多样化，或通过增加产品结构线和产品的最终用途来扩大其业务时，其组织必须从集中的职能形式变成一个分散的业务部制结构，以增强其有效性，该理论在国内企业和国际企业组织结构变化中得到了充分验证。

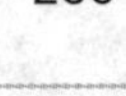

三、影响国际营销组织选择的因素

国际营销组织形式各有利弊，它们各自适合于不同的国际化经营企业以及其发展的不同阶段。企业对选择何种组织形式的决策中，除了领导人员个人的气质在一定程度上影响选择的结果外，其他因素也影响着决策，它们大部分都超出领导人的个人控制范围，任何一个成功的营销管理人员绝不能忽视这些因素。组织结构形式的选择首先以“职能”、“产品”和“地区”这三者的适度融合为核心，其主要的影响因素有：

(一)高层管理者对目前和未来的国内外市场的相对重要性的认识

国际企业要评价国际经营在当前和今后 3～5 年内的相对重要性。如果企业目前有 5％的业务是对海外进行，并且是由一个出口部从事国际营销，这一组织结构在当前来说也许就能够适应业务需要了。然而，如果国际企业预计，国际市场营销在今后 5 年中将增长到销售额的25%，那么公司便应考虑采用国际分部结构或某种全球结构。如果不进行这种转变，企业将难以处理预期的业务快速增长。

(二)企业国际化经营所处的阶段

它是决定企业国际营销组织结构的根本因素。实践经验及专家分析表明，国际化经营企业根据自己的产品和经营的地区多样化程度及海外销售额占销售总额的百分比，大致判断出目前和将来应选择的组织结构。

如果企业的国外子公司规模小、数量少，国外业务在整个企业经营中比重较小，其得失对企业来说并不重要，企业组织形式的重心自然放在国内业务上，因而应采用出口部或国外子公司及其他管理国际业务费用较低的组织形式。当企业在国外的经营日趋成熟时，国外业务在整个企业中占有重要地位，企业应选择国际事业部及全球性组织结构的各种形式。

(三)企业的历史和经验

对企业组织形式的选择，不可避免地受其历史和经验的影响。一个人在国际市场上经营多年，并拥有一大批具有国际管理经验的经理人员的国际化经营企业，与刚刚涉足国际市场的企业对组织结果的选择是不同的：经营活动刚刚向外扩张的国际化经营企业在选择组织结构时，往往注意把国内业务和国际业务分开，以利于国际市场的开拓；国外经营已趋成熟的国际化经营企业，更偏重于组织各部门、各单位活动的协调，考虑更多的是经营的性质和产品策略，以期获得更高的收益。

(四)管理哲学和经营思想

最高层管理人员的性格及他们信奉的哲学，对国际营销组织的选择起着重大影响。有时最高层管理人员是专制的，不能容忍谁来触犯他们小心戒备的权力。在许多情况下，最高管理层人员认识到职权的分散是使组织有活力的有效方法。管理哲学和经营思想的差异，一方面表现在地区及国别差异上。如欧洲有强调集中的传统，美国多数习惯于分散但注意正规控制。因此，欧洲的国际化经营企业多倾向于选择有利于集中管理的组织形式，如职能分部型组织结构；而美国的国际化经营企业多采用能有效进行监督、协调和控制的分权式组织结构，产品分部和地区分部的组织在美国企业较为普遍。另一方面，管理哲学和经营思想的差异还体现在不同的企业之间，有的企业敢于冒险，勇于根据环境的变化及时地改变组织结构；有的企业则谨小慎微，只在有万不得已时才对组织形式进行变革。此外，管理哲学和经营思想对企业选择组织结构的影响，还体现在企业总部及国外子公司对东道国价值观和思想文化的态度上。这种态度可分为母国导向、东道国导向、地区导向及全球导向四种。那些奉行东道国导向的企业，多采用较大分权的组织结构，而全球导向的企业则更乐于采用全球性组织结构。

(五)企业资源

企业资源包括人力、物力、财力、技术管理和经验等。它决定了国际营销活动的内容、方式和方向，因而也是影响国际营销组织形式选择的重要因素之一。很显然，如果没有能胜任职务的经理人员，那么最好的组织结构也等于零。特别是全球性组织结构，需要大批高素质的具有国际营销经验的经营管理人才，缺乏这类人才构成了采用全球性组织结构的严重障碍。

当企业缺乏国际营销经验，商品出口则是进入国际市场的主要方式，企业相应地建立出口部；当企业积累比较广泛的国际经验后，并拥有人力和物力资本及管理技能时，企业可选择对外直接投资，同时要求建立相应的组织结构。许多企业正是这样循序渐进地进入国际市场，经过学习，积累了人力、物力、财力、经验及管理技能等资源后，全方位地融入国际营销方式，就相应地采用不同的组织结构。

(六)各子公司之间的相互依存程度和分散程度

子公司之间业务上的依存程度越高，越适合更多的集中控制；否则，各子公司各自分散决策。国外子公司越分散，所跨地域越广，他们和母公司间的距离越长，信息传递和技术资源的转移所需的时间就越长，就越应赋予子公司较大的自主权；反之，子公司的自主权则可能受到较多限制。

(七)营销环境的差异性

国际营销组织在世界许多国家和地区进行营销活动，这些国家之间及它们与母国之间的政治、经济、法律、社会文化环境存在一定的差异，如果差异性越大，应越需要分散决策。因为国际营销环境的差异性要求较多的适应性的战略、策略和实践，国际营销组织相应地赋予子公司较大的经营自主权；反之，国际营销组织则可能采用较统一的组织形式。

(八)竞争因素

企业的国际营销活动处于一个竞争异常激励的国际环境中，其他企业的活动往往有示范作用，从而对企业组织结构的变化发生一定的影响。例如，企业某一个主要的竞争对手通过纵向合并其国际营销活动，取得了竞争优势，促使企业学习并效法其竞争者的组织结构。美国福特汽车公司在国际范围内实行了生产联合，并取得了成功。接着，美国通用汽车公司和欧洲的汽车公司也纷纷仿效。同样道理，如果某企业通过采用地区型结构取得竞争优势，其他企业则会试图借鉴并在营销领域取得成功。

(九)控制和调整组织结构的能力

在组织的任何一个层次的管理人员，在没有某种方法可以知道这项权限是否会得到适当的运用的情况下，就不能分权和授权，对于分布范围广泛的国际营销组织尤为如此，控制技术是组织结构选择时应考虑的因素之一。统计方法的改进、会计监督、计算机的使用、国际互联网(Internet)和企业互联网(Intranet)及其他技术都有助于加强和改进国际营销控制技术，有助于向管理职权分散化趋势的发展。

根据企业所处的营销环境调整组织结构的能力，在某种程度上影响企业组织结构的选择。当企业需调整其国际经营组织结构时，内部各单位都会从自身利益出发，形成对组织改革的阻力。面对这种局面，那些改变组织结构愿望不强、能力有限的企业，往往会对原有的结构进行局部的非正式的调整，以使其适应企业经营活动的需要；相反，有强烈愿望并有完全能力的企业则可以进行根本性的、彻底的企业再造(business reengineering)，取得突破性的、戏剧性的成就。

(十)国际企业的业务性质及其产品战略

如果企业只生产少数几种产品而且无需使产品适应海外消费者的口味，那么全球职能结构便可能是最满意的选择。但如果产品必须被改进以适应当地市场的需求，那么全球产品结构便可能更为有效。如果企业要在多个不同的地区从事经营，则全球地区结构可能被采用。

(十一)国际企业适应重大组织变革的能力

国际企业在从事国际营销的过程中,随着其海外销售的不断增加,将不断调整其组织结构。当企业规模比较小时,国内分部居于主导地位,出口部或国际部居于次要地位。而随着国际经营的增加,国内各分部经理的权力将下降,国际分部经理开始获得更大的权力,他们适应组织变革的愿望将影响企业的组织结构。

总之,在选择国际营销组织形式时,要分析并综合考虑多种因素,根据自身环境和经营状况,权衡各种组织形式的利弊,选择合适的组织结构,同时还必须随着环境和战略的变化,不断调整组织结构,保持组织结构的动态平衡和优化。

第三节　国际营销控制策略

跨国企业完成了计划的制订、选择了适合自身战略的组织结构,就具备了进行营销控制(market controlling)的先决条件。国际营销控制包括两个层次,第一个层次是公司总部对子公司的控制,第二个层次是子公司对其下属单位的控制。这两个层次控制的重要性取决于公司的集权和分权程度。如果跨国企业采取的是多母国战略,那么第二个的控制更为重要,在每个国家市场高度分权地进行控制,这与仅在一国内经营时的控制情形类似;如果跨国企业采取的是全球战略,选择高度集权的管理方法,那么第一个层次的控制更为重要,通过控制完成公司的全球战略布局,这样有利于公司在全球整体利益的实现。

一、国际市场营销的控制程序

国际营销控制的过程主要包括四个步骤:明确标准、绩效评估、分析偏差产生的原因和纠正偏差。

(一)明确标准

明确标准是控制的第一步,因为,如果没有用来衡量经营情况的标准,企业便无法知道自己的经营绩效如何,控制工作便无法继续进行。企业的国际营销计划是国际营销控制标准的依据和基础,企业在国际营销计划拟达到的目标的基础上制订出具体的控制标准。

(二)绩效评估

绩效评估就是根据已明确的控制标准对国际营销部门和人员的工作进行检查、评估和分析,以找出实际工作绩效与控制标准的差距,并分析差距产生的原因,以便为下一步纠正偏差提供可靠依据。国际营销管理者往往无法亲临各国际市场,经常会通过信息系统间接地获取所需资料。公司总部为了分析和比较的方便,一般会给子公司的报告设计标准。在反馈系统中要注意的是子公司报告的性质和次数,并且这些报告必须涵盖所有母公司想控制的因素。报告必须是定期的,以便使管理者随时发现问题。从母公司的角度来讲,内部报告系统中最常见的问题是无用的信息太多,而有用的信息却被淹没在众多无用的信息之中。从子公司的角度来说,母公司要求汇报的东西太多了,报告太多容易导致过度干涉和授权不足,于是引发子公司与母公司之间的埋怨和冲突。因此,虽然国际企业在某种程度上的集中是必要的,但是在具体行动中,要注意将报告的范围限制在那些与整体行动有关的重要内容上。

(三)分析偏差产生的原因

企业将实际绩效与预期绩效进行比较后，下一步就是判断出主要的差异并找出差异产生的原因。绩效偏差是一种表面现象，对企业来说更重要的是找出偏差产生的原因。偏差产生的原因可能包括：管理人员素质低下，跟不上时代的发展要求；经营环境的制约；企业的目标制订的不合理；企业采用的营销策略不合理等。

(四)纠正偏差

纠正偏差就是对出现的偏差采取相应的措施。纠正偏差可以分两种情况：如果偏差产生的原因出在国际营销本身，纠正偏差的工作就是改进国际营销工作，以提高绩效并消除差距；如果偏差产生的原因是营销目标或控制标准本身不合理，这时，纠正偏差的工作就是重新确定营销目标或控制标准，以达到消除偏差的目标。

二、国际市场营销的控制策略

管理者为实施组织控制，可以在以下三种基本控制方法中进行选择。这些方法是威廉姆·奥奇(William Ouchi)所提出的组织控制战略：官僚制控制、市场控制、小团体控制。每种控制策略要求的具体条件不同，但所有的三种类型可能会在一个组织中同时出现。国际经营企业与一般企业一样，可以根据企业国际经营的具体条件和要求，在这三种类型中选择符合自己的控制策略。

(一)官僚控制

官僚控制并没有什么贬义性质，它是利用规则、政策、书面文件、标准以及其他官僚机制来评估组织的业绩和促使组织行为的标准化。所谓“国有国法，家有家规”，无论何人，都需要约束，无论哪个组织都要有保证计划目标实现的各项规章制度。所以，几乎每个组织都要用到某种程度的官僚控制，官僚控制是最普遍的控制策略。

1. 官僚控制所依赖的三种方法是：前馈控制、同期控制和反馈控制

(1)前馈控制发生在事件开始之前，它要等结果出来后再将结果与目标进行比较，它对行为提前加以限定和控制。也就是说，事先规定什么可以做，什么不可以做。例如，公司规定每天要打卡考勤、超过1000元的费用必须由财务主管审批等。

(2)同期控制是在目标、计划执行过程中进行的控制，包括指导、监督和协调修正，是组织控制的核心。因为组织生产、经营的最直接目标就是在规定的时间内提供正确数量和质量的产品或服务。例如，在生产过程中原材料要及时送到生产地点，机器故障要及时修理，产成品要及时发货，等等。这就需要组织进行强有力的同期控制。

(3)反馈控制是指对绩效数据进行收集和分析整理，将结果反馈给管理者，以便与控制标准进行比较，对发生的偏差进行修正。所以，反馈控制发生在事后，其修正行为概括起来就是对好绩效的奖励和对坏绩效的惩罚。

2. 控制手段

以上三种控制方法在组织管理中具体运用的控制手段有以下几种，即审计控制、预算控制和财务控制。

(1)营销审计是指对国际化经营企业的营销环境、目标、战略和活动进行全面的、系统的、独立的、定期的检查。通过营销审计，确定营销问题，提出正确的短期和长期计划，提供

总体营销效益。

营销审计的内容包括国际营销环境审计、国际营销战略审计、国际营销组织审计、国际营销制度审计、国际营销生产率审计和国际营销功能审计等。方法一般有外部审计和内部审计两种。外部审计是由另外一个组织对本组织进行审计,最典型的就是请注册会计师事务所对本组织进行财务审计。当然,其他企业出于合作或竞争的目的也会对本组织实施外部审计,如合作方对本公司信誉的评估。内部审计是组织本身对自己进行的阶段性评估,具体实施评价的因素包括财务的稳定性、生产效率、销售业绩、人力资源开发,等等。审计通常可作为反馈控制手段,但也可以作为前馈控制手段,因为它所提供的过去信息可以指导一些未来行为的方向。

(2)预算控制是被广泛接受、采用最多的管理控制手段之一。它结合了前馈、同期和反馈控制,是通过编制营销预算,然后以编制的预算为基础,来执行和控制企业的营销活动,并比较预算与实际的差异,分析差异的原因,然后对差异进行处理。预算控制过程包括以下几个阶段。首先,建立一个预期计划,并要得到批准和公布。然后是该计划的执行阶段,明确计划的完成情况,将实际值与预期值相比较。最后,与其他控制过程一样,采取必要的更正行动。

通常有以下几种预算类型:

销售预算。包括按月、地区和产品制订的销售预算。

生产预算。通常以实物数量进行计量。制订这个预算需要的信息包括机器的生产能力、材料的可得性等。

生产成本预算。生产成本预算的信息有时就包含在生产预算中。但是,将生产成本与销售价格进行比较可以考察是否有足够的边缘利润。

现金预算。这对任何企业都很重要,是对预计的现金流入和流出、营运资金的可得性。需要的外部融资数量和每笔现金停留在账面的时间等进行估算。

主控预算。针对企业所有的主要活动,将所有的预算结合并协调在一起。它可以被看做是“预算的预算”。

可见,预算控制与前面的审计控制一样,都要借助于企业完整、正确的会计记录。会计记录的准确、真实,为建立可信的控制目标奠定了可靠的基础。

(3)财务控制。对企业整体绩效进行控制的两个有用的财务报表是资产负债表和损益表。所以,企业通常采用这两个报表进行财务控制。资产负债表反映的是企业在某一时点的财务结构。报表分为三块:资产、负债、所有者权益。资产是企业拥有的各种物品的价值。负债是企业对债权人的债务数量。所有者权益是企业应付给所有者的数额。这三者之间的关系为资产=负债+所有者权益。

所以,对一段时间的资产负债表数据进行分析可以揭示企业一些重要的发展趋势,使管理者进一步了解全部运营状况,作出必要的调整。

损益表列出的则是企业收入和支出的各项内容。损益控制是企业控制常用的手段。比如,在分权经营的企业中,控制是由部门进行的,那么就由部门经理对本部门的收入和费用、利润和亏损进行控制,预期净收入是衡量该部门绩效的标准。

进行财务控制时具体应用的控制标准主要有以下几个财务比率。

流动性比率。用来衡量企业偿还短期债务的能力。最常用的流动性比例是流动比,即流动资产和流动负债的比率，这个比率表明了企业用来偿还流动负债的流动资产的充足程度。一些研究认为，企业流动性比率的最低值为2。

杠杆比率。用来衡量企业履行长期债务的能力。一个重要的比率是债务—权益比率，如果这一比率高于1.5，一般就认为企业存在过度负债的现象。

赢利能力比率。用来衡量企业获得销售收入和投资收入的能力。例如，投资回报率是计算利润和资本的比率，也就是资本的回报率。

从上面的官僚控制系统的简要分析中可以看到，要达到有效的官僚控制，至少做到以下几点：建立有效的绩效标准；将信息充分传递给员工；员工可以接受；使用多种方法；认识到授权与控制之间的关系。

有效的绩效标准应是易于衡量的，善于反映当前管理质量的标准。然后，管理者要将控制标准的重要性和特点尽可能传递给员工，并保证是员工可以接受的，这样有助于克服员工的抵触情绪，并能鼓励员工根据标准对自己的行为进行自觉的修正，降低控制成本、提高控制效率。同时，多种控制方法是必要的，前面已经介绍了一些控制手段。在运用这些控制方法时，管理者不能像以往那样，把自己隔绝在豪华的办公室里，对公司的其他人员发号施令，而是要在权利的集中与下放之间寻找一个平衡点。

（二）市场控制

与官僚控制相比，市场控制主要使用经济手段——竞争价格来评估组织的产出和生产率、规范员工的行为。也就说，组织高层管理者通过比较价格和利润来评价组织或组织下属部门的绩效。所以，这种方法最基本的控制工具就是市场价格，利润也是根据市场价格的销售额和成本归结而来的。这就是“市场控制”的“市场”含义。

可见，采用市场控制方法，很容易将今年的组织业绩与以前年份相比较，从而衡量组织的活动是否符合组织目标；如若不符，能及时采取措施纠正组织的行动以确保控制。

市场控制主要应用于组织的总体层面，但也可以用于业务部门层面甚至个人层面。机制是这样发挥作用的：当某一个人、某一部门或企业本身的产品对他人有价值时，就可以通过协商价格进行交易。所以，只要成本能够确定，产出能被竞争性地定价，市场控制就能应用于任何规模的组织。

1. 公司层的市场控制

在大的控股公司集团中，下属业务部门或分支机构都是相对独立的利润中心。高层管理者对部门经理就很少用官僚控制，而是用盈亏指标来进行绩效评估，以保证部门与公司的整体目标保持一致。对于国际经营企业来说，所设立的全球性产品部门、区域性部门都是相对独立的利润中心，组织总部对每一个部门都可以在与其他部门比较损益的基础上进行评估，从而对这些部门实施有效的控制。

2. 部门层次的市场控制

市场控制也可以约束组织内部各部门之间的交易。转移价格就是用市场机制控制内部交易的一种典型方法。转移价格是组织内部一个部门（分支机构）向另一部门（分支机构）提供产品或服务所定的价格。其水平应低于所转移产品或服务在外部市场上的价格，这样就能增强对相应部门的控制，考核其成本和绩效。例如，公司的培训和开发既可以由公司自己的人力资源部来做，也可以由外部的咨询公司来做，如果人力资源部不能以合理的价格提供服务，那么就没有继续存在下去的理由了。

3. 个人层次的市场控制

个人层次的市场控制通常涉及工资水平,并通常与激励机制相关联。例如,为使管理者的行为与组织所有者利益相一致,董事会对管理层可能采取的激励方法有:奖金与短期利润目标相联系,或与公司股票价格相联系的长期策略。市场价值通常是员工潜在价值的最好衡量标准。

(三)小团体控制

小团体控制主要使用社会手段,例如公司文化、价值观、承诺、信念等来控制行为。当组织出现的问题无法通过市场价格定价,不确定性又很高,其变化速度超出了组织规章制度所能规范的范围,这时小团体控制就显示出它的优势来了。在小团体控制下,人们由于自己所认同的某个目标、价值观而被某个小团体接纳,在这个小团体中,通过自我控制(每个人对自己的行为负责)实现目标。由于小团体的目标、价值观、工作偏好在某种程度上与企业组织的总体目标相一致,所以,企业通过小团体达到了间接控制的目的。

文化问题是小团体控制的基础,又是最容易被人们忽略的一个方面。文化是一种共享的信念和价值观。虽然现在各个国家的人都喝可口可乐,但并不意味着人们都一样了。每个国家都因历史、语言、地理和社会背景的不同而形成自己独特的文化,这也揭示了国际经营企业跨国管理的基本问题。例如,美国人的文化强调个人主义,这与日本人的集体主义有很大的不同。到美国密歇根州建立第一个马自达汽车厂的日本管理人员曾经被警告说,管理美国的汽车工人比管理日本工人要困难。即使事先得到了警告,公司经理还是对他们所发现的事感到吃惊。到了第一个秋季,马自达汽车厂达到了第一年的生产额,这证明美国人是能干的。但随后的 11 月份,半数生产线工人和工头要求请假,生产速度明显减慢。为何有如此多的人请假? 回答是:猎鹿的季节到了。美国人狩猎这一事实对日本人来说并不陌生,但美国人为了猎鹿而不顾汽车生产的事实着实让日本人感到吃惊。

传统的控制机制基于严格的规则和紧密的监督,这对环境快速变化下的组织行为控制是无效的。对于那些转向了分权化、网络组织结构、员工参与等新型管理模式的企业通常可以采用小团体控制策略。借助于小团体的自我控制,完成小团体自设目标,从而达到公司的目标。当然,这种控制模式要依赖公司对小团体的有效控制,公司必须有能力将小团体的内在价值观、目标等导入公司整体的价值观和目标体系中。

以上三种控制模式通常都会在一个组织中出现,但总有一种控制方法占主导地位。

官僚控制机制是企业组织中应用最为广泛的控制战略。几乎每个组织中都能发现某种形式的官僚控制。当组织规模很大,且外部环境明确、稳定时,官僚控制最为合适。官僚制依赖于预算、统计报告、经营过程、薪酬系统等四个内部管理控制系统,着重于纵向的信息和控制过程。

小团体控制与官僚控制正好相反。当组织很小并且外部环境不明确、不稳定时,信任、传统、共享的文化和价值观就是重要的控制资源。当需要横向协作时,小团体控制就很适合。当然,规则和预算仍被使用,但信任、价值观、承诺、信念将是员工遵从组织的基本原因。

市场控制应用价值有限,但其作用在增长。当成本和产出能够被定价并且存在一个竞争性的有效市场时,就能使用市场控制方法。这种控制方法一般用于商业性公司的产品事业部,因为每个产品事业部都是一个利润中心。市场控制是有效的,因为绩效信息总能够反映在损益表中。

当企业组织在小规模经营阶段，人少、事少，容易做好经营管理的控制工作。但当企业发展到一定程度，对于一个大型的组织，每时每刻都发生着成千上万个工作行为和信息交换，就要采用适合的控制机制，从而使员工分工合作，发挥最大潜能，以促使企业不断发展。

对于国际经营企业来说，尤其要注意上述问题的解决。如果采用全球事业部结构形式，那么尤其要注重产品的标准化问题；如果采用全球区域性事业部结构，要注意各地区特有的需要；如果采用全球矩阵结构，由于要对基层实行双重管理，更要注重控制，避免发生混乱。

复习思考

1. 国际企业为什么要建立国际营销组织？国际企业应如何建立适当的国际营销组织？
2. 国际营销组织结构主要有哪些类型？试比较它们的优缺点。
3. 企业在选择国际营销组织结构的时候需要考虑哪些因素？
4. 国际市场营销的控制程序和控制策略有哪些？

案例分析

英荷壳牌石油公司的组织变革

英荷壳牌石油公司是全世界最大的非国有石油公司，其活动遍布130多个国家，雇员人数约10万人，有国际员工约5700名。从20世纪50年代到1994年，壳牌公司采取的是矩阵结构的组织形式，该结构由麦肯锡管理咨询公司首创。在这种矩阵结构中，每一营运公司的负责人都要向两名上级汇报。一名上级对该公司所在的地区或者国家负责，另一名上级则对该公司从事的业务活动负责（壳牌的业务活动包括石油勘探与生产、石油产品、化学制品、煤气和煤炭）。例如，壳牌澳大利亚化学公司的负责人不仅需要向壳牌澳洲公司的上级汇报，还要向总部设在伦敦的壳牌化学分部的上级汇报。理论上说，两名上级在组织上的地位和影响是相等的。

壳牌的这种矩阵结构产生的影响主要是两方面的。首先，每一营运公司要同时达到两位上司的要求，因此决策要在各方达成一致的基础上，地方上级与某一业务部门的上级要通过充分讨论来消除分歧。这一过程可能既缓慢又繁琐，但对石油业而言，不失为一件好事。因为石油业中大多数重大决策都是长远性的、涉及大笔开销的决策，充分讨论有助于透彻分析问题的利弊。其次，由于这种决策过程需要很长时间，所以只有针对最重要的决策时这一过程才被采用（如重要的资本投资）。而一般的决策则采取充分分权的方式，每一运营公司的负责人在很大程度上自主经营，这种分权有助于壳牌对政府规章制度、竞争条件以及消费者喜好的地区差异进行有效适应。例如，壳牌澳大利亚化学公司的负责人可自由决定澳洲市场的营销策略，只有其要做一项重要资本投资时，如新建一家化工厂时，才会采用矩阵结构中充分讨论达成一致的决策方法。

矩阵结构的确使得壳牌良好运行了近半个世纪，但公司于1995年宣布了一项激进的废除矩阵组织的计划。这是因为世界石油需求量持续低迷、石油价格疲软，使得壳

牌的利润率及相关业绩于20世纪90年代初开始下滑。与此同时，以埃克森公司为代表的其他一些石油公司却较快地适应了石油低价状况，它们大幅度削减管理费用，关闭为数众多但规模较小的设备，采用少量大规模设备来加强生产，满足国际市场。而仍采取矩阵结构的壳牌公司，其营运离不开伦敦的大型总部，该总部有员工3000名，各种工作需要在矩阵结构里充分协调。同时，壳牌在各营运分公司中大量重复配置石油和化工提炼设备，每家公司都根据地方特点开发适用于自己市场的设备。

1995年，壳牌高级管理层决定大幅度削减总部管理费用，消除各国不必要的设备重复设置以降低成本。按产品系列进行重组的壳牌公司由五大全球产品部门组成，分别是勘探与生产、石油产品、化学制品、燃气和煤炭，每家营运公司只向与其最相关的全球性分部汇报。这样，澳大利亚化学公司的负责人如今可以直接向全球化学制品分部的上级汇报。壳牌认为这样做能增强全球化学制品分部的权力，并能使该部门消除各国任何不必要的重复设备。最终，生产可能集中在较大规模的设备上，这些设备能服务于整个地区，而不是单个国家，以获得更大的规模经济。

原先国家(或地区)的负责人仍然保留，但他们的职能和职责减少了。如今，他们的主要职责是协调该国(或该地区)各营运公司之间的关系，以及它们与地方政府间的关系。营运公司负责人与全球分部负责人之间的汇报和责任关系可以用一条实线表示，而营运公司负责人与地区负责人之间的这种关系只能用一条虚线来表示。例如，壳牌澳大利亚负责人为澳洲化学公司作重大资本投资决策的能力被大大削弱，这就是这些变革所带来的结果。而且，这一简化的汇报制度不再需要一个庞大的总部官僚机构，削减伦敦总部人员使得公司降低了成本。

早期迹象表明这些变化正在取得令人满意的结果，壳牌的财务报表表明，其资本收益从1993年的7.9%上升到1997年的12%。

资料来源：摘自：[美]查尔斯 W. 希尔，周健临等译. 国际商务：全球市场竞争(第3版). 北京：中国人民大学出版社，2002. 本书节选并改动.

问题与讨论：

1. 为什么壳牌公司的组织结构变革取得了成功？
2. 从该案例中我们得到什么启示？

参考文献

1. 戴秀英. 市场营销学. 北京:北京大学出版社,中国农业大学出版社,2009.
2. 许以洪. 市场营销调研. 武汉:武汉理工大学出版社,2006.
3. 黄维梁. 国际营销学:原理、策略、应用. 北京:中国金融出版社,2000.
4. 吴健安主编,郭国庆、钟育赣副主编. 市场营销学. 北京:高等教育出版社,2000.
5. 陈广. 星巴克攻略:全球第一咖啡连锁店的行业创新与体验营销. 北京:企业管理出版社,2005.
6. 杰克·特劳特,史蒂夫·瑞维金著,李正栓、贾纪芳译. 新定位. 北京:中国财政经济出版社,2002.
7. 艾·里斯,杰克·特劳特著,王恩冕、于少蔚译. 定位. 北京:中国财政经济出版社,2002.
8. 中国消费者的五种面貌. 国际金融时报. 2002-04-04.
9. 薛荣久主编. 国际贸易修订本. 成都:四川人民出版社,1999.
10. 王松庆主编. 中华小百科全书·天文地理(第1版). 成都:四川人民出版社,1999.
11. 菲利普·科持勒. 市场营销管理. 北京:中国人民大学出版社,2001.
12. 徐子使,朱明侠. 国际营销学. 北京:对外经济贸易大学出版社,1999.
13. 博浙铭,刘莉. 企业管理战略. 广州:广东经济出版社,1999.
14. 陈启杰. 现代国际市场营销学. 上海:上海财经大学出版社,1999.
15. 杨锡怀企业战略管理. 北京:高等教育出版社,1999.
16. 原毅军. 跨国公司管理. 大连:大连理工大学出版社,2010.
17. 甘碧群,黄沛. 国际市场营销学. 武汉:武汉大学出版社,1999.
18. 金瑞圭,倪峻,白露. 国际市场营销战略与过程. 上海:华东师范大学出版社,1991.
19. 寇小营,王水萍. 国际市场营销学. 北京:首都经济贸易大学出版社,2001.
20. 于林生. 跨国经营理论与实务. 北京:对外经济贸易大学出版社,1999.
21. 王朝辉. 国际市场营销学. 大连:东北财经大学出版社,2009.
22. 孙金霞. 国际市场营销实务. 北京:中国财政经济出版社,2005.
23. 李志荣. 国际市场营销:理论与实务. 大连:东北财经大学出版社,2007.
24. 李健. 国际市场营销理论与实务. 大连:东北财经大学出版社,2006.
25. 林祖华. 市场营销学. 北京:中国时代经济出版社,2006.
26. [美]Donald A. Ball 等著. 刘东明等译. 国际商务——全球竞争的挑战(第8版). 北京:清华大学出版社,2004.
27. 寇小萱,王永萍. 国际市场营销学. 北京:首都经济贸易大学出版社,2002.

28. 刘桂新. 浅析我国企业跨国营销的渠道策略. 黑龙江科技信息,2009(25).
29. 庄贵军,刘世超. 国际营销渠道中文化差异对于跨组织沟通行为的影响. 西安交通大学学报:社会科学版,2009(2).
30. 郑吉昌. 知识经济条件下国际营销渠道的变革趋势与策略. 商业研究,2003(3).
31. 庄贵军. 国际营销渠道中的渠道行为. 商业经济与管理,2001(1).
32. 阎国庆. 国际市场营销学. 北京:清华大学出版社,2004.
33. 王英辉,李文陆. 国际市场分析与营销策略. 北京:中国物价出版社,2003.
34. 吴晓云. 国际市场营销学教程. 天津:天津大学出版社,2004.
35. 苏比哈什·C. 贾殷. 国际市场营销. 北京:中国人民大学出版社,2004.
36. 李永平. 国际市场营销管理. 北京:中国人民大学出版社,2004.
37. [美]查尔斯 W. 希尔. 国际商务:全球市场竞争(第3版). 周健临等译. 北京:中国人民大学出版社,2002.
38. 郭国庆. 国际营销学. 北京:中国人民大学出版社,2008.
39. 菲利普 R. 凯特奥拉,玛丽 C. 吉利,约翰 L. 格雷厄姆. 国际市场营销学. 北京:机械工业出版社,2009.
40. 王晓东. 国际市场营销(第二版). 北京:中国人民大学出版社,2008.

专业网站汇集

国际营销网 http://marketing.iader.com
国际营销传播网 http://www.globalmarketing.cn
中国营销网 http://www.ecm.com.cn
中国营销传播网 http://www.emkt.com.cn
第一营销网《销售与市场》官方网站 http://www.cmmo.cn
中华品牌营销网 http://www.caina.com
中国营销策划网 http://www.plan-china.com
中国营销咨询网 http://www.51cmc.com
中国营销管理网 http://www.yingxiaoguanli.net
有效营销——营销资料传播网 http://www.em-cn.com
华夏营销网 http://www.hx008.com
中国营销学社网 http://www.e-cmc.cn
《哈佛商业评论》(英文)http://www.hbsp.harvard.edu
《福布斯》(英文)http://www.forbes.com
中华工商时报 http://www.cbt.com.cn/cbtnews/frontend/default.asp
中国经营报 http://www.cb.com.cn
国际商报 http://www.ibdaily.com.cnmainhomepage.asp
经济观察报 http://www.eobserver.com.cn
战略与管理 http://xueshu.newyouth.beida-online.com/zlygl/index.php3
智库百科 http://wiki.mbalib.comwiki%E9%A6%96%E9%A1%B5
365 优办公资料网 http://www.365u.com.cn